U0454768

生命教育
理论与实践探索

——大中小学生生命教育体验式活动指引

夏晋祥 余 粤 段新焕 著

湖南大学出版社
·长沙·

图书在版编目（CIP）数据

生命教育理论与实践探索：大中小学生生命教育体验式活动指引 / 夏晋祥，余粤，段新焕著. -- 长沙：湖南大学出版社，2024.12. -- ISBN 978-7-5667-3919-3

Ⅰ . B083

中国国家版本馆 CIP 数据核字第 2024ET5673 号

生命教育理论与实践探索
——大中小学生生命教育体验式活动指引
SHENGMING JIAOYU LILUN YU SHIJIAN TANSUO
——DA ZHONG XIAO XUESHENG SHENGMING JIAOYU TIYAN SHI HUODONG ZHIYIN

著　　者：	夏晋祥　余　粤　段新焕
责任编辑：	周文娟
印　　装：	长沙鸿和印务有限公司
开　　本：	710 mm×1000 mm　1/16
印　　张：	29.5
字　　数：	505 千字
版　　次：	2024 年 12 月第 1 版
印　　次：	2024 年 12 月第 1 次印刷
书　　号：	ISBN 978-7-5667-3919-3
定　　价：	89.00 元

出 版 人：李文邦
出版发行：湖南大学出版社
社　　址：湖南·长沙·岳麓山
邮　　编：410082
电　　话：0731-88822559(营销部)，88821327(编辑室)，88821006(出版部)
传　　真：0731-88822264(总编室)
网　　址：http://press.hnu.edu.cn
电子邮箱：158854174@qq.com

版权所有，盗版必究

图书凡有印装差错，请与营销部联系

前　言

点燃生命之光，我们在行动

　　青少年如同宇宙中的一颗颗璀璨星辰，各自散发着独一无二的光芒。青春年少时期，正是生命之光最为耀眼、生命最具可塑性的黄金阶段，也是个性塑造、人生观奠基的关键时期。然而，在这个充满挑战与机遇的时代，青少年的生命状态却面临着前所未有的考验——升学就业的压力、竞争加剧的焦虑、人际关系的复杂以及对自我价值的迷茫，这一切都在悄然挑战着他们那颗稚嫩而又不羁的心。

　　引导青少年了解生命的真谛，珍爱宝贵的生命，培养坚忍不拔的意志，建立健康和谐的人际关系，已成为每一位教育工作者肩上的重大责任。在青少年成长的道路上，我们需要一盏明灯，照亮他们前行的方向，引领他们穿越成长的迷雾，发现生命的无限可能。

　　生命教育，正是这样一盏明灯，它超越传统的知识传授，着眼于青少年全面素养的培养，旨在引导他们探索生命的意义，学会关爱自我与他人，培养社会责任感以及面对困难的勇气和智慧。

　　长期以来，我们在学校的教育工作实践中，积极倡导生命教育，是因为我们深知，教育起于生命，教育即生命。教育与人的生命和生命历程密切相关。教育的开展既需要现实的基础——生命个体，又需要把提升人的生命境界、完善人的精神作为永恒的价值追求。教育本身就是人的一种生命现象，没有生命也就没有教育。人的完整的生命是教育的起点，人的生命的自然特性决定了教育"何为"的界限，同时，人的生命的超越特性又为教育"为何"留下了大有作为的空间。教育受制于生命发展的客观规律，它必须遵循生命个体身心发展的规律来进行。

生命教育，是帮助学生认识生命、激励生命、成就生命，提高学生生存技能和生命质量的一种教育活动。生命教育是在学生生命的成长过程中进行的。一个健全的生命是在社会、在自然、在内心自我成长之中获得养料和力量的，继而成长和发展的。生命向内探索，构成了生命与自我的关系；生命向外探索，构成了生命与社会的关系和生命与自然的关系。对生命的理解、珍爱、关怀、敬畏与欣赏，是在生命与自我、生命与社会、生命与自然这三种关系中得以体现的。因此，生命教育要致力于帮助学生建立生命历程中的这三种和谐关系。

一是生命与自我的和谐关系。身体是人的自然自我，心理是人的精神自我。我们既要重视自然的生命，又要重视精神的生命。生命与自我的和谐是指人的身心健康发展。二是生命与社会的和谐关系。个体生命的发展离不开社会环境。自然人是通过社会化的过程才能成为真正意义上的人（社会人）。个体生命融合于社会之中，生命才会有意义，生活才会更精彩。生命与社会的和谐关系要求我们学会与人相处、学会生存。三是生命与自然的和谐关系。自然界养育着人类的生命，人类的生命与自然息息共生。生命教育应帮助学生理解、尊重生命的多样性，热爱自然，保护环境，进而理解个体与人类的和谐关系，懂得关心人类的危机，创造人类美好的未来！

生命教育的核心在于使学生认识到生命意义的前提——活着，进而追求生命质量的提升，最终寻找生命的深层意义。2021年11月教育部印发的《生命安全与健康教育进中小学课程教材指南》，为生命安全与健康教育的标准化、系统化融入中小学课程体系奠定了坚固基石。该指南明确定义了各教育阶段的教学宗旨、内容及执行计划，为生命安全与健康教育课程的开发创新指明了路径。这些知识、情感与价值观的真正内化，需要在一系列精心设计的活动中得以实现，让学生亲身体验、主动参与，从而在实践中领悟生命的意义、学会自我保护并形成尊重生命的观念。因此，我们肩负起了传授"活着、活好、活出意义"的生命教育使命。我们积极进行生命教育的宣传与推广活动，把体验式活动作为推动生命教育的核心手段，确保生命教育理论与实践紧密结合，使学生能在体验参与的学习过程中，逐步建立起全方位的安全意识、健康的生活方式以及积极的人生观、价值观和世界观。

在生命教育的实践教学中，我们着重培养青少年的四种生命力，即爱自己的能力、爱他人的能力、爱父母的能力和爱世界的能力，让他们不仅关注个人生命的内在成长，也注重与他人的正向关系以及对社会和世界的积极贡献。这四种生命力的培养使生命与自我、生命与社会、生命与自然达成内在的和谐。生命教育通过这四种生命力的培养，旨在帮助青少年成长为身心健康、情感丰富、具有社会责任感和生命智慧的人。

在20多年生命教育理论与实践探索的基础上，我们汇总了20多年特别是近几年以来在区域内推动生命教育的实践经验，并进行归纳总结，撰写了《生命教育理论与实践探索——大中小学生生命教育体验式活动指引》。本书融合本地特色，创建了一套高效的生命教育模型，能全面促进学生的健康成长。

实践证明，生命教育要真正落地，不仅要有完整的理论构建和清晰的路径方法，而且在实施过程中，必须遵循大中小学生认知规律，即从感性到理性、具体到一般、形象到抽象；也要符合大中小学生的学习特点，即体验式和活动式。因此，本书依据体验式生命教育的优势，将理论知识与实践操作紧密结合，旨在为教育工作者提供一份全面而实用的操作指引，其中包含一系列精心设计的体验式活动，旨在激发青少年的内在潜能，促进他们的情感发展，引导他们在实践中体验和领悟生命的真谛和意义。

目　录

上编　生命教育理论探索

下编　实践探索
——体验式生命教育活动内容选择和设计范例

上　编

生命教育理论探索

一、生命教育及其价值追求

　　关于生命教育的兴起，目前，学术界普遍采用的方法是通过研究国内外生命教育现状，来追溯生命教育的起源与发展。这是正确的，是从事物本体进行研究。但是，倘若我们继续沿用此方法，难免有人云亦云之嫌。于是，我们尝试从知识论方向来开启对生命教育的再认识。即从教育价值开始谈起，沿着教育根本目标，慢慢地找到生命教育价值取向，剥洋葱似的一层层为广大读者梳理出对生命教育的另一种解释。

（一）人类教育价值追求的嬗变：从注重知识到尊重生命①

1. 三种教育价值追求

　　价值是一个具有广泛意义的社会范畴，它的产生同人的需要紧密相连。马克思曾说过："价值这个普遍概念是从人们对待满足他们需要的外界事物关系中产生的。"[1] 所以，"价值"概念，就其深层而言，是指客体和主体（人）的需要之间关系的普遍范畴，即客体满足人的需要的关系。教育价值是指作为客体的教育现象的属性与作为社会实践主体的人的需要之间的一种特殊的关系。由于作为客体的教育现象的属性与作为社会实践主体的人的需要之间的特殊关系总的来说，主要体现在教育与教育自身需要之间的关系、教育与外部社会需要之间的关系以及教育与人的发展需要之间的关系三个方面，这就决定了教育价值追求也体现在三个方面，即教育的内适质量的追求、外适质量的追求以及人文质量的追求。

　　所谓教育的内适质量，是用教育系统内部制定的质量标准进行评价的质量判断，是以教育自身内部需要、自身的内在逻辑体系为标准来判断教育的质量与价值，主要体现为一种知识的学习和一个阶段的学习为另一种知识的学习和另一个阶段的学习所做准备的充分程度。内适质量高低的主要标准就是看学生

---

　　① 本部分内容节选自夏晋祥著作《生命课堂论 夏晋祥生命课堂论文集》，上海财经大学出版社，2021 年，第 3-10 页。稍有改动。

掌握知识的多少。学生掌握的知识多，考试成绩好，分数高，就为学生另一种知识的学习及另一阶段的学习（如字为词的学习，小学为初中的学习）做好了充分的准备。外适质量是指学校培养的人才为社会的政治、经济、文化的发展所做准备的充分程度。它是以外部的社会需要为标准来判断教育的质量与价值。外适质量的主要标准就是看通过教育培养的学生满足社会需要的智能发展水平。知识多并不一定能力强，"高分低能"就是例证。所以在外适质量观看来，离开了外部社会的需要来谈教育自身的质量与价值是毫无意义的。人文质量是指教育为满足人身心健康发展和满足社会人文水平的提高所做准备的充分程度。它主要以学生身心健康发展需要为标准来判断教育的质量与价值。教育的人文质量观认为，促进学生知识的丰富和智能的发展是教育的一种工具性的价值目标，学生掌握知识发展能力是为学生的生命发展服务的。如果教育是通过压抑甚至是以摧残学生的生命为代价来实现学生的某些知识的增长与能力的发展，在人文质量观看来，这种教育质量也是意义不大的。[2]知识、智能与情感态度价值观的统一，即内适质量、外适质量和人文质量的统一是教育价值追求的理想目标。迄今为止，人类的教育价值追求经过了三个大的发展阶段：注重知识、发展智能、尊重生命，也可以称为生存而教、为发展而教、为享受而教三个阶段。但在不同的历史时期和在不同的教育发展阶段，知识、智能与情感态度价值观三者的地位及由此形成的关系结构却存在很大的差异，每个教育发展阶段的核心价值追求都有所不同，但其总的核心价值追求趋势是如我国有些学者所言的"从知识化、认知化到重视情感体验及情感发展"。[3]教育价值追求的每一次转换既有否定的一面，即新的教育价值追求否定、取代了过去的教育价值追求；也有继承与发展的一面，即新的教育价值追求继承与发展了过去的教育价值追求中的合理成分，并在新的历史条件下不断发展与补充，获得了新的内涵，最终形成了全面的科学的教育价值追求。

2. 人类教育价值追求的三次转换

人类对教育价值的认识与追求，是与一定的社会政治经济的发展紧密相连的，又与人们对教育的本质与功能的认识密切相关。有什么样的政治和经济形态就会有什么样的教育价值追求。人类社会的政治和经济的发展经过了一个漫长的过程，与此相适应，人类对教育价值的认识及追求，也是随着一定社会政治和经济的发展而不断深入与发展的：从之前的"注重知识"到当今知识经济时代的"尊重生命"。

（1）远古落后时代："为生存而教"

"为生存而教"的根本特征就是更注重生产生活知识的传授。人类初期，生存的环境极其恶劣，所以彼时彼刻，人类要生存，就必须尽快地将前人在生产生活实践中总结出来的经验性知识传给他人、传给下一代，否则，人类社会将难以为继。因此"为生存而教"就成为当时教育的迫切需要。即使在近代，尽管社会生产力有了很大的发展，人类生存的外部环境也有了很大的改变，但由于人们对教育本质的认识受思维惯性的影响并没有多少改变，所以在对教育价值的认识与追求上，仍然仅强调知识的接受与占有，如在欧洲的16—18世纪，理性成为判决一切的标准与权威，理性主义哲学成为时代的一面大旗，培根的"知识就是力量"、斯宾诺莎的"理智拯救说"、黑格尔的"绝对精神"，都是近代理性主义哲学的宣言。受其影响，教育也一味强调追求真知识、真观念，甚至为了达到这一目标，教育以牺牲老师和学生人格的充分自由发展为代价，这种片面追求外在工具价值的单向发展即哈贝马斯所说的理性的单向发展。如夸美纽斯的"泛智"教育理想，就是概括和综合全部人类知识，即普遍的广泛的知识，使所有的人都能接受教育，主张把"一切事物教给一切人"。还有如第斯多惠、赫尔巴特、斯宾塞等人也从不同的侧面表达了理性化教育理想，特别是赫尔巴特四阶段教学理论和斯宾塞"科学知识最有价值"这一经典命题的提出，为当时对教育价值的认识与追求做了最好的说明。

在我国，自孔子开始，在教育价值的认识与追求上偏重让学生掌握牢固、系统的书本知识，在学习方法上强调"记诵之学"，形成了明显的以知识为本的教育倾向。老师的主要作用就是教给学生各种生活与生产知识；学生主要从书本和老师身上学习各种生活与生产知识。陶行知先生对中国教育的这种价值认识与追求有过深刻的批判：中国教育的一个"普通的误解，便是一提到教育就联想到笔杆和书本，以为教育就是读书写字，除了读书写字之外，便不是教育"[4]。

通过对人类历史的简单回顾，我们知道，面对落后的生产方式，教育也用落后的形式为其服务，教育与知识的关系简单明了，就是"为生存而教"。彼时彼刻，教育的外在工具价值得到了最充分的体现与实现。它使人类得以保存和延续下来，知识本身所具有的直接使用价值和发展价值也得到了充分的实现。

(2)近现代发展时代:"为发展而教"

"为生存而教"在世界各国的教育发展历史上,都占据了相当长的历史时期,一方面,由于生产力的发展是一个渐进的过程;另一方面,由于某些习惯行为、思想观念一旦形成,也有极强的惯性。

作为对"为生存而教"的适应,教育"注重知识"是有其存在的合理性和必要性的,但自觉的能动性是人类的特点,当人类度过了"生存"的危机而高举"发展"的大旗奋勇开拓时,仅仅依靠先人积累的生产与生活知识是远远不够的。受制于人类的生产活动同时又服务于人类的生产活动的教育,必须"为发展而教"。社会历史的发展在此时要求教育不仅要传授先人积累的各种各样的知识和规范,更重要的是要发展人类的智力和能力,培养人的创新意识和实践能力,以促进社会更快更好地发展,于是发展学生的智能成为教育的主流。这正如认知心理学代表人物布鲁纳在其著作《教育过程》中开宗明义地指出的:由于人们处于以迅速发展为特征的社会,个人和国家要想更好地得到发展,有赖于年轻一代智能的充分发展,因此发展学生的智能就成为教育的主要目的,教育主要是"培养学生的操作技能、想象技能以及符号运演技能"[5]。澳大利亚科学、技术与工程理事会(Australian Science and Technoligy Council)在 20 世纪末发表了影响广泛的《澳大利亚未来的基石——小学的科学与技术教育》报告,指出社会的不断发展,要求人们具有与之相适应的科学技术能力和阅读写作水平,而传统教育和纯粹意义上的知识教学,已不能适应现代社会对教育的要求,现代社会的发展要求学校通过教育培养学生的质询意识、分析技巧、抽象思维能力、解决问题的能力和创造能力。[6]我国是世界上最大的发展中国家,社会的发展需要大量的智高能强的人才,1999 年 6 月 13 日公布的《中共中央国务院关于深化教育改革全面推进素质教育的决定》明确指出,实施素质教育,重点是"培养学生的创新精神和实践能力",以适应我国社会迅速发展的需要。

"为生存而教"和"为发展而教"使教育的外在工具价值得到了充分的实现。在当时的历史条件下,教育的主要价值追求体现为外在和客体的"传授知识"和"发展智能",既体现了社会发展的需要,也反映了人们对教育本质的认识水平,其合理性和必要性是显而易见的。其实一直到近代,人类历史都主要执着于对客体性的追求。人类之所以对主体相对缺乏应有的关怀，是因为人类在客体面前尚未"长大"。实践的历史产生了主客体的对立与分离，同时也产生了主体对客体漫长的遵从。但教育外在工具价值的实现和外在适应论的标准和机制带来了如日本学者池田大作所言的两个弊病："一是学问成了政治和经济的工具，失掉了本身应有的主动性，因而也失去了尊严性；另一个是认为唯有实利的知识和技术才有价值，所以做这种学问的人都成了知识和技术的奴隶，由此产生的结果是人类尊严的丧失。"[7]教育神圣的生命价值，在这种工具性教育中荡然无存。教育一旦把工具价值作为根本，把知识、能力、分数作为根本的追求，教育就不再是给生命自由和幸福的"福祉"，而是违反生命的本性，成为生命的"痛苦之源"。教育和人都成为工具，成为"异化"社会的奴役对象，其不合理性也是显而易见的，对它的摒弃也就成为历史的必然了。

（3）当代知识经济时代："为享受而教"

教育的根本目的有两种，一种是"有限的目的"，即指向谋生的外在的目的；另一种是更为重要的"无限的目的"，即指向人的自我创造、自我发展、自我实现的内在的目的。在人类社会的生存与发展阶段，教育的主要功能只是教人去适应、掌握、发展外部的物质世界，着力于教会人"何以为生"的知识与本领。它放弃了"为何而生"的内在目的。它不能让人们从人生的意义、生存的价值等根本问题上去认识和改变自己，它抛弃了塑造人自由心灵的那把神圣的尺，把一切教育的"无限的目的"都转化为谋取生存的"有限的目的"。教育的这种"外在化"弊病，造成了人只求手段与工具的合理性，而无目的的合理性。[8]其实科学的教育，不仅要让学生"学会"前人积累下来的各种经验与规则，还要发展学生的智力和能力，让学生变得更"会学"。最重要的是，要能让学生体会到知识与科学的美丽与神奇，充分体现学生个人的经验、价值与情感，使学生在教育中体会到自我生命的意义与价值，充分享受到教育对人的精神需要的满足与促进，变得更"爱学"。这样的教育，就让学生生命意义得以彰显、生命价值得以实现，成为学生的创造之源、幸福之源，成为师生一起成长共同享受的殿堂。因为人的生命延续和发展都需要教育，教育是生命存在的形式，是生命的一种内在品性，是生命自身的内在需要，正如教育人类学家所说，教育唯一属于人，教育和生命内在地融合在一起。当教育成为学生生命延续和发展的需要时，受教育的过程是学生需要满足的过程，是学生生命价值被不断发现、不断提升、得到尊重的过程，那么在这种教育中，学生就可以不断地获得自由和幸福，获得一种精神上的享受。

人类社会经过生存与发展阶段，社会财富的原始积累和不断扩充，为人类自身的进一步发展打下了坚实的物质基础。人类在不断地征服自然的过程中，也在不断地反思：人类不断发展的目的是什么？马克思和恩格斯对这个问题进行了终生思考并为之探索和奋斗了一生。他们的著作《德意志意识形态》《资本论》《社会主义从空想到科学的发展》等，都论述了人是人的最高目的，人类不断追求的目的，就是要让人自身得到全面和谐、自由的发展。马克思曾经说过，未来的社会是"以每个人的全面而自由的发展为基本原则的社会形式"[9]。这就是说，发展社会生产力和经济文化不是人类的最终目的，发展人类自身才是发展社会生产力和经济文化的终极目标。

正是基于以上对社会历史发展要求及教育本质的考察，我们认为，教育作为一种社会人的生产活动，是与总的历史发展相适应的，它的目的不仅反映社会对人的发展的需要，也反映作为社会生活主体的人对自身发展的追求，二者有着内在统一性。在今天，人类已经意识到也有条件去实现教育价值的根本转换：从为了社会到为了人。[10] 把自己当成最根本的目的，去享受前人和我们自己所创造的各种物质和精神的文明，包括享受我们的教育活动。因此，"为享受而教"就成为时代的强音。这种教育就成为培养真正的人的活动——引导学生去欣赏和享受人类的精神文化遗产并构筑自己的精神家园，引导学生去过有道德的、善的生活，培养学生的独立性、主体性和创造性。而"注重知识"体现为一种外在的目的，忽视了最根本的人，使高贵的人成为被奴役、被利用的社会的工具和手段。社会的发展和本真的教育要求我们关注人，关注生命的价值与尊严，以学生为本，"尊重生命"。情感心理学教学理论认为真正的学习涉及整个人，而不仅仅是为学习者提供事实，主张教学的根本目的是促使学生成为一个完善的人正体现了这一观点。[11] 而我国目前进行的新课改把培养学生正确的情感态度和价值观作为课程的基本要求和教学指导思想也正顺应了这一发展趋势。

3. 教育要尊重生命

教育要尊重生命，是由于教育起于生命、依赖生命、服务生命，生命是教育的基础。其主要体现：首先，生命价值是教育的基础性价值；其次，生命的精神能量是教育转换的基础性构成；最后，生命体的积极投入是学校教育成效的基础性保证。教育与人的生命和生命历程密切相关。教育的开展既需要现实的基础——生命个体，又要把提升人的生命境界、完善人的精神作为永恒的价值追求。教育受制于生命发展的客观规律，它必须遵循个体身心发展的规律来进行。教育的生命基础特性决定了教育必须依赖生命、尊重生命、提升生命。

教育要"尊重生命"，还因为，其一，学生生命个体是"意识的存在物"。正是由于学生是有意识的存在物，学生才可能现实地成为实际活动着的、实践创造着的主体，才能进行自由自觉的活动，才能不断地根据自己的意愿追求和塑造理想世界。其二，学生生命个体是"能动的存在物"。这里讲的能动性，是指人们通过实践，能动认识世界和能动改造世界。自觉的能动性是人的特点，是人区别于物的根本标志。正是由于这种自觉能动性，人再也不像一般动物那样，盲目地听任自然的摆布，而是把自身和自然界区别开来、个体与群体区别开来，并且在实践中不断地去能动认识世界和能动改造世界，以满足自己的生存、发展和享受的需要，并不断推动着人类社会的发展和进步。学生作为"能动存在物"，体现在学校生活中，他们是天生的学习者，人人都可以创新，潜能无限，具有较强的独立性。教育尊重了学生的这些特性，就等于是保护了他们最大发展的可能性。[12]其三，学生生命个体是"独特的存在物"。每一个学生的生命都是独特的，这种独特性以其独特的遗传因素与环境相互作用，并通过其经历与经验、感受与体验体现出来。[13]国内外许多学者都强调对生命个体独特性的尊重，并把这种独特性和差异性当成教育教学的宝贵资源，"并以之作为教学的出发点"而加以开发和利用。[14]

教育要"尊重生命"反映了教育哲学观的变迁。主知主义教育哲学把传授终身受用的知识、发展人的理性作为教育的最终目标。这种"知识中心主义"后来演变成教育的工具化与实用性逻辑。这种教育具有外施性、强制性、分离性的特性，却没有达到内外一体的体验境界，缺少应有的生命活力和育人魅力。"知识完全成了理性的事业，而理性则成了同人的需要、人的情感、人的意志、人的生活绝对无关的东西，它实际上已经从现实的人中抽象出来，独立出来了。因此，传统理性主义所理解的知识的理性化，也就是知识的非人化、知识的非社会化。"[15]教育的异化正是伴随着理性与人的情感、意志、需要相脱离而开始的。工具理性支配下的教育实践从根本上是与人的生命活动相隔离的，它剥夺了个体发展生命、创造生活的权利，这种教育使受教育者被淹没在理性编织成的"科学世界"中，而遗忘了丰富多彩的生活世界——一个充满生活的意义与价值的世界、一个充满鲜活体验的世界。随着社会的发展，人们通过对"技术至上"时代所造成的人的物化、异化的深刻批判与反思，在认识论上倾向于用人文哲学去找寻人类已经失去的精神家园，教育得以从理性王国回归生活世界、回归生命、回归和谐。当前国际上流行的现象学的、存在主义的、解释学的、后现代的课程与教学理论皆有这种特点。[16]教育哲学观的这种变迁反映了教育由对客观知识的占有转到对生命价值的追求，由重生存的技能转向重存在的生活意义，教育要"尊重生命"正是这种转变的产物。

参考文献：

[1]马克思恩格斯全集：第19卷[M].北京：人民出版社，1965：406.

[2]戚业国，陈玉昆.论教育质量观与素质教育[J].中国教育学刊，1997(03).26-29.

[3]朱小蔓.关于学校道德教育的思考[EB/OL].（2005-04-13）[2024-08-01].http：//baby.sina.com.cn/news/2005-04-13/160416091/.shtml.

[4]中央教科所.陶行知教育文选[M].北京：教育科学出版社，1981：96.

[5]施良方，崔允漷.教学理论：课堂教学的原理、策略与研究[M].上海：华东师范大学出版社，1999：61-62.

[6]张彤，唐德海，蒋士会.现代教育圣经[M].广州：广东旅游出版社，2000：64-65.

[7]汤因比，池田大作.展望二十一世纪：汤因比与池田大作对话录[M].荀春生，朱继征，陈国梁，译.北京：国际文化出版公司，1985：61.

[8]鲁洁.通识教育与人格陶冶[J].教育研究，1997(04)：16-19.

[9]马克思恩格斯全集：第23卷[M].北京：人民出版社，1972：649.

[10]冯建军.教育即生命[J].教育研究与实验，2004(01)：23-26.

[11]施良方，崔允漷.教学理论：课堂教学的原理、策略与研究[M].上海：华东师范大学出版社，1999：66.

[12]郭思乐.教育走向生本[M].北京：人民教育出版社，2001：37.

[13]刘慧，朱小蔓.多元社会中学校道德教育：关注学生个体的生命世界[J].教育研究，2001(09).8-12.

[14]卢敏玲，庞永欣，植佩敏.课堂学习研究：如何照顾学生个别差异[M].李树英，郭永贤，译.北京：教育科学出版社，2006：24.

[15]林建成.现代知识论对传统理性主义的超越[J].社会科学，1997(06)：42-45.

[16]范梅南.教学机智：教育智慧的意蕴[M].树树英,译.北京：教育科学出版社,
2001：12.

（二）教育的根本：培养学生健全的心灵

1. 人可持续发展的基础

教育的目的是促进人的发展,有什么样的要素影响着人的发展,教育就必须去培养什么样的要素。那么,在人的发展过程中是哪些要素起着制约作用呢? 事实说明,个人发展的前提和基础是科学知识,一个人如果没有掌握扎实而丰富的科学知识,谈其他发展将成为一句空话,正如人们熟知的一句西方格言："空袋不能直立。"苏霍姆林斯基说过,人如果不识记和牢固地保持这些基本知识,那就不可能有一般发展,因为所谓一般发展,就是要不断地去掌握知识和技能。知识掌握的过程也是不断发现问题的过程,而在发现、分析和解决问题的过程中,人的智能也得到了同步的发展。所以教育要实现其促进学生发展的目的,基础的功能就是要传授知识。

随着社会科学技术的迅猛发展,知识的发展呈现出知识更新周期缩短、知识总量激增,各学科不断分化又不断综合,边缘学科不断涌现的三大趋势。一方面,由于知识不断老化,加上人生有涯而学无涯,人不可能掌握世界上所有的科学知识。另一方面,并非每个人都需要所有知识。在这种情况下,一个人要在现代社会较好地生存,关键不在于知识量,而在于学会学习、学会适应。仅就学会适应而言,绝非知识广博适应能力就强,而是要基础扎实。世界教育史、发明史上无数事实也表明,知识,尤其是知识多少并不能决定一个人成就的高低。数学大师希尔伯特曾这样解读爱因斯坦：为什么在我们这一代,爱因斯坦说出了关于空间和时间的最有卓识、最深刻的东西? 因为一切有关时间和空间的哲学和数学他都没有学过。达尔文、斯宾塞等人都持有这样一种观点。所以,为了更好地促进学生的发展,教育的核心追求应该转到教育学生掌握和应用知识,教育的核心功能应为"引疑、启智、开能",教育要着重培养学生的创新意识、创新能力和创造精神。

人的发展以科学知识为基础,以智能为核心,那么人怎么样才能做到知识丰富、智商情商高、能力强呢? 也就是说人发展的动力是什么? 事实上,如果

11

一个人没有学习的要求，碰到困难就灰心丧气，缺乏学习的动力，那么他是不可能获得很好的发展的。在同样的环境和条件下，每个人发展的特点和成就，主要取决于其自身的心理素质，取决于他心灵是否健全，这是因为人只有具备了健全的心灵，才可能有目的地主动地去发展自己，并为实现预定的目标去克服困难，自觉奋斗，这也是健全心灵推动人发展的高度体现。所以，教育的终极功能是培养学生健全的心灵。健全的心灵包含着"有情、有意、有抱负"三层含义。"有情"，即对他人、对社会充满着爱；"有意"，即具有克服困难、不惧挫折与失败的意志和勇气；"有抱负"，即具有改造社会、推动历史进步的远大理想。当教育通过老师的努力，把每一个学生都培养成为具有健全心灵的人时，那么，"教"就真的可以"不教"了。因此我们可以这样说，健全心灵的形成不仅是教育的终极目标，也是教育充分实现其本体功能的条件。

教育的基础功能是要传授知识，核心功能是要培养学生的智能，终极功能是要培养学生健全的心灵。

2. "新双基"的提出——课堂教学新的根本的价值追求

随着社会的不断进步和人们对教育本质与规律认识的不断深入，"双基"教学在实践中带来的种种问题也不断促进人们思考：决定人发展的因素有哪些？什么因素才是决定个人发展的根本因素？通往深层教育的必由之路是由基本知识、基本技能铺设的，如果没有基础，就缺乏进一步学习与发展的潜能，这正如西方谚语"空袋不能直立"所言一样，基本知识和基本技能的重要性对一个学习者来说是不言而喻的。既然人的发展以基本知识基本技能为基础，那么人怎样才能做到知识丰富、智高能强呢？也就是说人发展的动力是什么？就像建设一栋大楼，需要水泥、钢材等基础性的材料，没有这些基础性材料，是无法建造一栋高楼的。但是，如果一个人从来就没有意愿去建造一栋大楼，又怎么会去寻找积累建造大楼所必需的材料呢？所以我们从近期来看，水泥和钢材等基础性材料对建造一栋大楼来说是非常重要的基础，但是如果从长期来看，建房的意愿与坚持精神才是建成一栋大楼的根本的因素。在学习上也同样如此，如果一个人没有学习的要求，碰到困难就灰心丧气，缺乏学习的动力，是不可能获得很多"知识"（基础性材料）的，所以一个人要想获得扎实的基本知识和基本技能，就必须具有一种强烈的可持续的学习动力以及一种持久的自动化的行为方式，这就是"爱心"和"良好的习惯"。

"爱心"是人的一种主观情感体验，具体表现为对爱的对象的靠近、关注、接纳甚至与爱的对象合二为一，从本质上讲，爱心是人和外在世界的相互连接、吸引、统一的关系的一种主观反映。"习惯"在《现代汉语词典》上的解释是：常常接触某种新的情况而逐渐适应；在长时期里逐渐养成的、一时不容易改变的行为、倾向或社会风尚。不难看出，习惯具有个体和社会群体两个层面的意义，从个体层面来看，习惯是个体后天习得的自动化了的动作、反应倾向和行为方式，它是条件反射在个体身上的积淀；从社会群体层面看，习惯是人们在长期的生活中形成的共同的、相对稳定的行为方式和反应倾向。

人类的学习、人生的发展，不是盲目的、被动的，而是需要一定动力的。人生的动力有很多种，爱心就是相当重要的一种。人总是情愿为自己所爱的东西付出。母亲因为爱自己的孩子，所以愿意为自己的孩子含辛茹苦；科学家因为热爱科学，所以会忘我工作、无私奉献；我们因为热爱祖国和人民，所以会在祖国和人民需要我们时献出我们的一切！在一定程度来说，爱心是人生根本的动力。相反，一个人不爱自己，不能与父母和谐相处，不能与他人搞好关系，就容易出现心理疾病。这其实就是缺乏人生动力的表现，从根本上来说就是心中缺乏爱心的表现。

教育工作说到底，根本的功能就是培养学生心中对生活、对事业、对社会的热爱。有了这种爱，便有了生活的动力；有了生活的动力，便会珍惜自己的生命，会主动去探索人生的奋斗目标和前进的方向，进而去寻找实现目标的路径和方法，会积累和学习事业发展与创新所需的种种基本知识和基本技能。

西方的一则寓言故事很能说明这个道理：

有位妇人走到屋外，看见三位有长白胡须的老人。她并不认识他们，于是说："我想我并不认识你们，不过你们应该饿了，请进来吃点东西吧。"

"我们不可以一起进到一个房屋内！"老人们回答说。

"为什么?"妇人不解地问。

其中一位老人解释说："他的名字是'财富'。"然后又指着另外一位老人说："他是'成功'，而我是'爱心'。"接着补充说，"你现在去跟你丈夫讨论一下，看你们家里需要我们其中的哪一位。"

妇人进屋告诉丈夫刚刚谈话的内容。她丈夫非常高兴地说："原来是这么一回事啊！让我们邀请财富进来！"

妇人并不同意，说道："亲爱的，我们何不邀请成功进来呢？"他们的儿媳在屋内听了他们的谈话，说出自己的建议："我们邀请爱心不是更好吗？"

丈夫对妇人说道："我们照着儿媳的意见办吧！快去请爱心来做客。"妇人走到屋外对那三位老者说："请爱心进来吧。"

爱心起身朝屋子走去。另外二位也跟着他一起走。妇人惊讶地问"财富"和"成功"："你们不是不可以一起进入一个房屋内吗？"

两位老者齐声回答："如果你邀请的是'财富'或'成功'，另外二人是不会跟着的；如果你邀请'爱心'的话，那么无论'爱心'走到哪，我们都会跟随。哪儿有'爱心'，'财富'和'成功'就会随之而去。"

这则寓言故事说明，一个人如果心中有爱，就情愿为自己所爱的东西付出，愿意去学习与拼搏，遇到挫折与困境也不会灰心丧气。即使跌倒，也能够再次爬起来，凭借着这股动力，事业自然就能成功，财富和成功自然就会随之而来。所以说，爱心能为人的终身发展提供一个根本而扎实的基础。

3. 生命教育价值追求——爱心

既然爱心在人的终身发展中如此的重要，那么，教育工作者很有必要弄清楚其内涵与外延，以及与生命教育的关系。

（1）爱心的定义

爱心，通常被定义为一种深厚而真挚的情感，体现为对他人的关怀、共情、帮助与无私奉献。

在生命教育范畴中，我们将爱心的定义进行拓展，它不仅体现为对自己的关心与爱护，也体现为对他人的关怀、共情、帮助与无私奉献，对父母的理解与尊重（反哺的爱），对世界万物的包容和积极贡献，即爱自己、爱他人、爱父母和爱世界的"四爱"。

爱自己：学会关心与照顾自己，在不同成长阶段，能够持续地进行自我认知与接纳，关注并维护身心健康，积极建立和谐的人际关系，勇于追求个人成长与梦想，同时承担个人责任，参与社会，保持一种积极向上的生活态度，从而不断实现自我价值。

爱他人：学会与他人和谐相处，能够在理解与满足他人需求中获得快乐，通过团队合作与共享美好增进人际关系，在寻找资源帮助他人远离身心危机中感受帮助的意义以及在做社会志愿服务中实现个人价值，获得成就感。

爱父母：学会理解和尊重父母，能够在理解和满足父母需求中获得快乐，在和谐的家庭沟通中增进亲子关系，在深入了解家庭成员尤其是父母的角色与付出中感受亲情，并在承担家庭责任中形成健康的人格和培养社会适应能力。

爱世界：学会包容万象与积极贡献，具备世界观的情怀，主动将个人成长融入人类命运共同体发展脉络之中，培养将个人的生命旅程与他人及世间万物紧密相连的能力，认识到每一个生命都是宏大生命共同体中不可或缺的一部分，通过共情、尊重与合作，共同促进所有生命的和谐共生，并在这一过程中培养全球视野、跨文化理解力、环境保护意识和社会责任感。

一个人具备了爱自己、爱他人、爱父母、爱世界的能力，不仅能够更好地处理自己与他人、家庭以及社会的关系，还能够在生活中得到更多的满足。这样的个体在生活中会更加积极向上，充满正能量，成为社会的有用之才。同时，也能够更好地应对生活中的挑战和困难，因为爱的力量会给予人无尽的勇气和动力。

（2）"四爱"思想形成

①学生核心素养的要求：学生核心素养的培养以"全面发展的人"为核心，分为文化基础、自主发展、社会参与三个方面，综合表现为人文底蕴、科学精神、学会学习、健康生活、责任担当、实践创新等六大素养。

爱自己倡导关心与爱护自己。学习是学生人生主题，健康是学生人生保障，因此，爱自己的关键就是要学会学习和健康生活。

爱他人主张与人和谐相处。中华传统美德中的"仁爱"思想，强调在人际交往中应以仁爱之心对待他人。因此，爱他人不仅是个人良好品行的表现，也是中华文化人文底蕴的要求。

爱父母要求理解与尊重父母，勇于承担家庭责任，这与核心素养强调的责任担当紧密相关。

爱世界宣扬包容万物和社会贡献，这要求用科学态度认识自然万物，通过社会实践践行全球命运共同体发展理念的责任担当。这与核心素养中的科学精神、实践创新、责任担当等要求紧密相连。

②生命危机事件干预的实践经验：笔者在长达七年的心理危机事件处理过程中积累了丰富的经验，认为生命教育核心是让学生树立"人的生命只有一次，活着才有一切的可能"的思想。简单地说，生命教育要让学生明白，首先

是活着，然后才是活得更好，最后是活得有意义。"活着"强调了基本的安全与健康，是生命教育的基础，因此培养学生的安全意识与求救能力至关重要。"活得更好"意味着在确保生理与心理安全的前提下，引导学生探索个人兴趣、建立积极的人际关系，以及追求学业与情感的充实。"活得有意义"则是鼓励学生反思生命的价值，参与社会服务，为他人和社会作出贡献，实现个人与社会的和谐共生。这进一步说明了生命教育的实施路径，即从满足基本的生存需求到追求生活的质量，再到实现生命的意义。

参考文献：

[1]苏霍姆林斯基.给教师的建议[M].2版.修订版.北京：教育科学出版社，1984：269.

[2]夏晋祥.论生命课堂及其价值追求[J].课程·教材·教法，2016(12)：91-97.

[3]邵光华，顾泠沅.中国双基教学的理论研究[J].教育理论与实践，2006(02)：48-52.

[4]杨启亮."双基"的局限：素质教育的迷失[J].教育研究，2001：7.

二、生命教育的理论基础①

生命教育是关于人的生命质量与价值的教育，聚焦于帮助个体学会如何活着、活好、活出意义。因此，它的理论基础是多学科交叉的，涵盖哲学、心理学、社会学等多个领域。

（一）生命教育的哲学基础

1. 马克思主义人学

马克思主义认为，人是人的最高目的，"历史不过是追求着自己目的的人的活动而已"[1]。又指出"人双重地存在着，主观上作为他自身而存在着，客观上又存在于自己生存的这些自然无机条件中"[2]。这就从根本上揭示了人与自然存在物的不同。人之所以能成为"万物之灵长"，就在于人是"能动的自然

---

① 本部分内容节选自夏晋祥著作《生命课堂论 夏晋祥生命课堂论文集》，上海财经大学出版社，2021年，第81-93页。稍有改动。

存在物"[3]。人的能动性意味着人在现实生活中，并不单纯受制于外物作用而被动存在。人的活动具有目的性、计划性、创造性。人作为社会生活的主体，是一种"创造着"历史和为历史"所创造"的生物。此外，人作为主体也是自主的。马克思、恩格斯在《德意志意识形态》中就把人的主体活动称为"自主活动"，并认为："这种自主活动就是对生产力总和的占有以及由此以来的才能总和的发挥。"[4]自主性是人本质力量的表现和主体地位的确证，它说明人对于影响和制约着自身存在和发展的主客观因素有了独立和自由支配自己的权利和责任、必要和可能。当然人作为主体，并不是超自然的，超社会的，必然要受自然和社会的制约。也就是说，人作为主体，不仅是主动的，也是被动的。从马克思主义人学对于人的论述中可以看出，人是我们一切工作的出发点和归宿，同时人又具有高度的自觉性、主动性和创造性，所以我们的生命教育工作必须一切为了学生。而学生首先必须健康地活着。这正是开展生命教育的宗旨之一。

2. 人本主义哲学

"生命教育"的哲学基础是人本主义哲学。人本主义是 20 世纪 80 年代以来我国学术界广泛使用的术语。它一般与科学主义相对使用，指某些西方哲学理论、学说或流派，有时也泛指一种以人为本、以人为目的和以人为尺度的思潮。[5]人本主义的主要哲学流派包括存在主义、弗洛伊德主义和法兰克福学派等。人本主义是"从人本身出发来研究人的本质以及人与自然的关系、人与人之间的关系"[6]的哲学流派。此流派认为人的本质不依赖于人的外部环境，而依赖于人给予其自身的价值。人不是外部环境的被动产物，人应当听从和尊重其内在原则，因而人本主义主张从人本身的存在出发来研究人。所谓人本身的存在，不是人的感性物质的存在，也不是人的理性意识的存在，而是人的非理性心理意识的存在。人本主义认为理性意识是人的表层的东西，正像不能根据一个人讲得头头是道的理论来判断这个人的本质一样，不能根据人的理性意识来确定人的本质。人的内心深处的情感意志、本能欲望才是人的真正本质。这些东西是不能用理性概念逻辑的方法来把握的，而只能靠"内省"、直觉的方法来体验。

和古典人道主义相比，现代人本主义更加强调人的主体能动性和个性自由，高扬人的自由与价值，反对把人视作物，强调人是人的最高目的。人的能动性意味着人在现实生活中，并不单纯是受制于外物或他人作用而被动存在的。此外，作为主体的人也是自主的。

把人的问题作为哲学的中心单独地进行研究，作为一种普遍的倾向进行研究，是从现代西方人本主义开始的。现代西方人本主义将人的精神活动从一般哲学中独立出来，将其作为哲学的根本问题，将其提高到本体论的地位，应该说是人类认识深化的表现。

（二）生命教育的心理学基础

生命教育是涉及人的生命质量的教育，许多心理学理论均有相关论述。基于篇幅所限，这里只列举其中三个，作为生命教育课程设计理论依据。

1. 发展心理学

发展心理学是研究人类从出生到年老的学科，通过认知、情感和社会化方面的动态变化和差异来研究人的心理。它关注的是人类在生命周期内认知、情感和社会化方面的发展，以及这些发展如何受到内在、外在因素的影响。[7]

发展心理学主要理论与代表人物：

（1）认知发展理论

这是由瑞士心理学家让·皮亚杰提出的，他认为儿童的认知发展经历了四个阶段：感觉运动期（0~2岁）、前运算时期（2~7岁）、具体运算期（7~11岁）和形式运算期（11~16岁）。这些阶段反映了儿童和青少年认知能力逐步成熟的过程。

根据认知发展理论，在实施生命教育过程中，各学段的推进策略有所区分：小学生主要通过故事和游戏的方式，感受和享受生命的快乐。中学生通过案例分析和自主学习，理解和感悟生命的价值。大学生通过理论学习和研究性学习，探索和追求生命的意义。

（2）心理社会发展阶段理论

这是由埃里克·埃里克森提出的，他强调个体的心理社会发展可分为八个阶段，每个阶段都有特定的任务和发展危机。如，小学处于勤奋与自卑冲突阶段，主要任务是在学校和社交活动中获得成就感。如果小学生在这个阶段没有获得足够的成就感，就有可能感到自卑。因此增强儿童自信心和成就感是小学生命教育的主要目标和任务。

中学处于角色同一性与角色混乱冲突阶段，主要任务是建立稳定的自我认同。如果中学生在这个阶段无法建立清晰的身份认同，就有可能感到迷茫和困惑。因此，增强青少年自我认同感和价值感，是中学生命教育的主要目标和任务。

大学处于亲密与孤独冲突阶段，主要任务是建立亲密关系，包括友情、爱情和家庭关系。如果大学生在这个阶段无法建立亲密关系，就有可能感到孤独。成功解决这一阶段的冲突有助于他们形成关心他人的品质。因此，提高大学生的情感和社会能力，是大学生生命教育的主要目标和任务。

（3）朱智贤的发展观

这是由我国儿童发展心理学家朱智贤提出的[8]，他的关于儿童心理发展理论观主要体现在对四大基本问题的阐述上：

①在先天与后天关系上，他坚持先天来自后天，后天决定先天。

②在内因与外因关系上，他认为环境和教育只是儿童心理发展的外部原因，必须通过内部矛盾起作用。

③在教育与发展关系上，他认为儿童心理发展不是由内因或外因孤立决定的，而是由适合内因的一定外因决定的。

④在年龄特征与个别特点关系上，他认为儿童心理素质的变化表现出年龄特征，年龄特征既有稳定性，也有可变性；同一年龄段中，既有本质的、一般的、典型的特点，又有人与人之间的差异性，即个别特点。

朱智贤的发展观对生命教育的启发：应多关注个体成长的环境因素和教育引导作用、激发内在动力、促进主客体交互、因材施教、尊重个别差异及运用系统观点进行整体研究和开放系统构建等方面的工作，帮助学生在多个方面健康成长。

2. 社会心理学

社会心理学是一门研究人们如何看待他人（社会思维）、如何相互影响（社会影响），以及如何与他人互相关联（社会关系）的科学。[9]

社会心理学主要理论与代表人物：

（1）社会学习理论

这是由阿尔伯特·班杜拉提出的，他认为个体通过观察他人的行为及其后果来学习。靠直接经验获得的任何行为，可以通过观察榜样的行为来获得；同样也可以不用亲自体验直接的强化，通过榜样的替代反应和替代强化也能学会某种行为。该理论对生命教育的启发：小学生可以通过榜样学习和行为模仿，建立积极的行为模式；中学生可以通过角色扮演和同伴支持，获得积极自我效能感；大学生可以通过社团活动和志愿服务，建立社会责任感。

自我效能理论是班杜拉社会学习理论体系的重要组成部分之一。它是个体以自身为对象的一种思维形式，指个体在执行某一行为操作之前对自己能够在什么水平上完成该行为活动所具有的信念、判断或主体自我感受（Bandura，1994）。简单来说，即个体对自己完成特定任务的能力的信心程度。

根据自我效能理论，在生命教育中，学生通过积极反馈与成功体验、榜样示范与同伴支持、自我激励与自我规划等方式建立自信，提高自我效能感。

（2）社会认同理论

这是由亨利·塔菲尔和约翰·特纳提出的，该理论认为，个体通过群体归属感来构建自我认同。维持积极的社会认同对于个体的心理健康和社会适应具有重要意义。当无法维持时，人们主要会采取以下三种策略[10]：

社会流动：指个体试图脱离以前从属的地位较低的群体进入地位较高的群体，来提升自身在社会中的位置。

社会创造：指通过重新定义群体边界或创建新的群体，来获得新的认同。

社会竞争：指通过与其他群体的竞争来提升自身群体的地位，从而获得积极的社会认同。

根据社会认同理论，我们在生命教育中可以通过创设情境、团队合作和群体展示，帮助学生建立积极的社会认同，提升他们的心理健康水平和社会适应能力。

（3）家庭系统理论

这是美国精神分析学家莫瑞·包文于20世纪50年代提出的。该理论以家庭为研究对象，将家庭视为一个系统，各成员之间相互影响、相互作用。

家庭系统理论有三个基本观点[11]：

①家庭成员的"问题"是由整个家庭不良的沟通交流方式导致的。

②所有的家庭都是一个社会系统，家庭成员之间互相依赖，互相影响，家庭所面临的危机，既是机会也是挑战。

③因"问题"而导致的家庭功能的失调能够得到有效解决。

根据以上家庭系统理论，我们在生命教育中改善家庭沟通，增进亲子关系，建立家庭支持网络，可以增进学生的家庭关系，提高学生社会适应能力。

3. 积极心理学

（1）幸福 PERMA 模型

它是"积极心理学之父"马丁·塞利格曼提出的。PERMA 模型包括五个方面，P 是积极情绪（positive emotion）、E 是投入（engagement）、R 是人际关系（relationship）、M 是意义（meaning）、A 是成就（accomplishment）。这五个方面共同构成了全面的幸福感。[12]

在生命教育中，PERMA 模型可以作为一种有效工具，帮助学生增强幸福感和提高生活质量。小学生可通过感恩日记活动、小组合作学习，中学生可通过项目式学习、团队合作项目，大学生可通过志愿服务、生涯规范等方式在积极情绪、投入、关系、意义和成就五个维度上获得全面发展。

（2）心理韧性

心理韧性的研究始于美国，有多个学者对此作过深入研究，其中彭凯平教授在《幸福的种子》[13]一书中提出"心理韧性"（psychological resilience），它是指从逆境、矛盾、失败甚至是积极事件中恢复常态的能力。它包括三层含义：

一是复原力，也叫心理弹性，是人们在痛苦、挫折、磨难、打击、失败、压力的挑战之下，能够迅速恢复到正常状态的心理能力，使人们能够坚忍不拔、持之以恒地走下去。

二是坚毅力，就是面对长远目标时体现出的努力和耐力。

三是创伤后的成长力，即从失败中学到成功的经验，从打击中得到进取的力量，对未来的希望和奋斗的精神。

根据彭凯平教授对心理韧性的理解，在生命教育中，我们应注重对个体的积极应对策略、社会支持、积极情绪、适应性认知和乐观态度的培养。

（3）成长型思维

成长型思维是斯坦福大学心理学教授卡罗尔·德韦克博士在她的《终身成长：重新定义成功的思维模式》一书中[14]提出的一个信念体系。她认为，人们对自己的智力、才能及能力的看法在很大程度上决定了他们的行为与成就。

同时，她将人的思维方式分为两种：成长型思维和固定型思维。拥有成长型思维方式的人，更相信天赋只是起点，才华、智慧都可以通过后天的不断训练加以提升，关键是个人的努力。他们往往更愿意接受挑战，并且在困境中体现出坚忍不拔的品质，表现出更高的心理韧性。而有着固定型思维方式的人害怕失败、不喜欢冒险，也不喜欢努力。他们认为一切事情都是先天决定的，再怎样努力也没有意义，是一种自暴自弃的心理状态。

成长型思维给予生命教育的启发：通过鼓励探索和尝试、培养积极态度、引导重视过程而非结果，培养适应性，促进学生自我反思等，助力学生更好地面对学习生活的挑战。

（三）生命教育的社会学基础

社会学是关于社会良性运行和协调发展的条件和机制的综合性具体社会科学[15]。社会学在生命教育中的应用广泛，涉及多个理论。下面选择跟"四爱"（爱自己、爱他人、爱父母、爱世界）紧密相关的几个理论加以分析。

1. 人际需要理论

人际需要理论是由社会心理学家舒茨 1958 年提出的，指每一个个体在人际互动过程中，都有三种基本的需要，即包容需要、支配需要和情感需要。这三种基本的人际需要决定了个体在人际交往中所采取的行为，以及如何描述、解释和预测他人行为。[16]

包容需要指个体想要与人接触、交往，隶属于某个群体，与他人建立并维持一种满意的相互关系的需要。

支配需要指个体控制别人或被别人控制的需要，是个体在权利关系上与他人建立或维持满意人际关系的需要。

情感需要指个体爱别人或被别人爱的需要，是个体在人际交往中建立并维持与他人亲密的情感联系的需要。

根据人际需要理论，在生命教育中，我们可以帮助学生加强与父母之间的互动，通过角色扮演、案例分析和表达爱意等方式，让学生学会如何满足双方的基本人际需要，增强归属感。

2. 镜中我理论

镜中我理论是美国社会学家查尔斯·霍顿·库利在他 1902 年出版的《人类

本性与社会秩序》一书中提出的理论[17]。他认为，人的行为很大程度上取决于对自我的认识，而这种认识主要是通过与他人的社会互动形成的，他人对自己的评价、态度等等，是反映自我的一面"镜子"，个人通过这面"镜子"认识和把握自己。因此，人的自我是通过与他人的相互作用形成的，这种联系包括三个方面：一是关于他人如何"认识"自己的想象；二是关于别人如何"评价"自己的想象；三是自己对他人的这些"认识"或"评价"的情感。

根据镜中我理论，我们在生命教育中，可以帮助学生提升自我认识、社交技能，通过强化情感教育等方式，提升学生自尊、自信以及同理心，让学生建立积极的自我形象，促进自我发展。

3. 社会生态系统理论[18]

社会生态系统理论是用以考察人类行为与社会环境交互关系的理论。该理论把人类成长的社会环境（如家庭、机构、团体、社区等）看作一种社会性的生态系统，强调生态环境（人的生存系统）对于分析和理解人类行为的重要性，注重人与环境间各系统的相互作用及其对人类行为的重大影响。

美国查尔斯·扎斯特罗教授是现代社会生态系统理论著名的代表性人物之一。他把人的社会生态系统区分为三种基本类型[19]：微观系统、中观系统、宏观系统。微观系统是指处在社会生态环境中的看似单个的人。个人既是一种生物的社会系统类型，也是一种社会的、心理的社会系统类型。中观系统是指小规模的群体，包括家庭、职业群体或其他社会群体。宏观系统则是指比小规模群体大一些的社会系统，包括文化、社区、机构和组织。

社会生态系统理论的主要观点[19]：

①人生来就有与环境和其他人互动的能力，人与环境的关系是互惠的，并且个人能够与环境形成良好的调适关系。

②个人的行动是有目的的，人类遵循适者生存的法则。个人生活的意义是环境赋予的，要理解个人，就必须将其置于其生存的环境之中。

③个人的问题是生活过程中的问题，对个人问题的理解和判定也必须在其生存的环境中来进行。

根据社会生态系统理论，在生命教育中，我们可以通过优化班级环境、增强师生关系、提供心理健康支持、强化家校社联动，支持学生在不同系统中获得最大利益。

参考文献：

[1] 马克思恩格斯全集：第2卷[M]. 北京：人民出版社，1957：118.

[2] 马克思恩格斯全集：第46卷[M]. 北京：人民出版社，1979：491.

[3] 马克思恩格斯全集：第42卷[M]. 北京：人民出版社，1979：167.

[4] 马克思恩格斯全集：第1卷[M]. 北京：人民出版社，1972：74.

[5] 金炳华. 哲学大辞典[M]. 修订本. 上海：上海辞书出版社，2001：1160.

[6] 刘放桐. 现代西方人本主义哲学思潮的来龙去脉：上[J]. 复旦学报(社会科学版)，1983(03)：70-77.

[7] 费尔德曼. 苏彦捷等译. 发展心理学：人的毕生发展[M]. 第6版. 苏彦捷，邹丹，等译. 北京：世界图书出版公司，2013.

[8] 雷雳. 发展心理学[M]. 北京：中国人民大学出版社，2021.

[9] 迈尔斯. 社会心理学[M]. 第11版. 侯玉波，乐国安，张智勇，等译. 北京：人民邮电出版社，2016.

[10] JACKSON L A, SULLIVAN L A, HARNISH R, et al. Achieving positive social identity：social mobility, social creativity, and permeability of group boundaries [J]. Journal of personality and social psychology, 1996, 70(02)：241.

[11] 吴志伟. 从家庭系统的视角看"问题"孩子[EB/OL]. (2018-06-30). https：//www. sohu. com/a/238537129_ 748573.

[12] 塞利格曼·持续的幸福[M]. 颜雅琴，译. 北京：北京联合出版公司，2022.

[13] 彭凯平. 幸福的种子[M]. 北京：生活书店出版有限公司，2024.

[14] 德韦克. 终身成长[M]. 楚祎楠，译. 南昌：江西人民出版社，2017.

[15] 郑杭生，李强，李路路，等. 社会学概论新修[M]. 5版. 北京：中国人民大学出版社，2019.

[16] 鲁姚姚，郭晓蓓. 关于人类需要理论的分析和研究[J]. 科技展望，2015，25(21)：263.

[17] 镜中我理论[EB/OL]. (2023-02-09). https：//baike. baidu. com/item/镜中我理论/6162384.

[18] 师海玲，范燕宁. 社会生态系统理论阐释下的人类行为与社会环境：2004年查尔斯·扎斯特罗关于人类行为与社会环境的新探讨[J]. 首都师范大学学报(社会科学版)，2005(04)：94-97.

[19] 扎斯特罗，阿什曼. 人类行为与社会环境[M]. 第6版. 师海玲，孙岳，等译. 北京：中国人民大学出版社，2006：15-25，594.

三、生命教育成功的关键

老师是课堂生活的主持者和引导人，有什么样的老师就会有什么样的课堂生活，学生的课堂生活掌握在老师手中。

雅斯贝尔斯把人类的教育分为三类：第一类是师徒制，学生只能重复老师的言行，老师怎么说，学生就怎么做，老师反对什么，学生就反对什么。第二类是课程制，教育者把对学生的要求具体化为各种课程，学生学完一定的课程并通过考试，便万事大吉。第三类是苏格拉底的方式，即通过一系列的提问、对话，对学生的各种既有观念提出质疑，学生不得不进行更进一步的反省，为其观念寻求进一步的根据，当学生有幸找到根据时，又会有新的质疑，于是学生又得为其根据寻找根据。在这样一个无穷无尽的过程中，学生的心智被充分调动起来，渐渐地懂得如何从事物的表面进入它的核心，区分真理与谬误。雅斯贝尔斯认为，前两类方式实质上都是基于人类天性中的弱点，即人们由于懒惰，而企图依靠老师或课程来一劳永逸地解决一切问题。只有第三类方式才符合求知的真谛。用我们的话来说，第一类方式是奴役，第二类方式是训练，第三类方式才是教育。

真正的教育应包含智慧之爱，它与人的灵魂有关，因为"教育是人的灵魂的教育，而非理智知识和认识的堆积"（雅斯贝尔斯语）。教育本身就意味着：一棵树摇动另一棵树，一朵云推动另一朵云，一个灵魂唤醒另一个灵魂。如果一种教育未能触及人的灵魂，未能引起人的灵魂深处的变革，它就不成其为教育。

雅斯贝尔斯认为，教育最重要的是选择完美的教育内容和尽可能使学生之"思"不误入歧路，而导向事物的本质，在本质中把握安身立命之感。如果单纯把教育局限于学生的认知上，即使其学习能力非常强，其灵魂也是匮乏而不健全的。从这个角度看，现今流行的教育口号，诸如培养学习兴趣、学得一技之长、增长能力和才干、增广见闻、塑造个性都只是教育的形式，而非教育的灵魂。

从这个意义来说，生命教育对老师的要求更高，它不仅要求老师具有广博的科学知识、聪明的才智，还要求老师具有无限广阔的精神境界，即一种整体的面貌，一种自尊、自谦、自持的精神，一种关心人、关心社会、关心大自然的情怀，一种自强不息、乐观向上、心胸宽广的气质，一种品位，一种人格。

（一）生命教育老师应具备的素质

1. 生命教育老师应具备的道德素质

老师职业道德的特殊性，决定了社会主义社会老师道德素质的内容是多方面性的，它体现在老师生活的各个领域和老师行为的各个方面：第一，献身教育，甘为人梯是老师道德的崇高境界，是决定老师其他道德素质的前提。一个老师如果不热爱教育事业，没有培养后人的献身精神，就不可能是一个合格的老师。第二，热爱学生、诲人不倦是老师道德的基本原则，是衡量老师水准的标尺，是老师的神圣职责。热爱学生，还要根据不同情况区别对待学生，因材施教。第三，严于律己、为人师表是老师道德的重要规范。老师的一举一动都会引起学生的关注，以至于产生影响，因此，老师必须严格要求自己，处处为学生作出榜样。第四，严谨治学、不断进取是老师道德的主要要求，做学问容不得半点虚假，老师作为科学文化的传播者，治学态度一定要严谨，学无止境。老师更要孜孜不倦地学习，以适应教育工作的新形势对老师提出的新要求。第五，引导学生超过自己是老师道德的显著特征。根据学生的不同特点，因材施教。第六，团结协作、互勉共进是老师道德的主要内容，是老师忠诚于人民教育事业的体现。教育工作者为了共同的目标，要齐心协力，共同配合。第七，尊重学生家长，密切配合教育好学生，是老师道德的重要方面。为了教育好学生，老师要尽可能抽出时间与学生家长取得联系，虚心向他们请教，了解学生在家庭中的种种表现，并把学生在学校中的表现如实地向学生家长反映，共同配合好、教育好学生。

2. 生命教育老师应具备的文化素质

根据我国社会主义现代化建设对人才的要求，结合各类学校的具体培养目标，从整体上看，老师应具备如下文化素质：第一，比较系统的马列主义理论修养，学校的培养目标决定了老师必须具备比较系统的马列主义理论修养。老师的专业教学和科研进修也离不开马列主义理论指导。第二，精深的专业知识，老师的主要职责是教学，是通过系统的知识技能的传授达到培养一代人的目的，因此老师在专业知识方面要求应更高、更完整、更系统、更扎实。第三，必备的教育科学知识，任何一位老师可以因承担不同科目的教学而彼此有专业分工，但教育科学的知识都是大家必须具备的。从某种意义上说，是否掌握教育理论和技巧，将决定着老师教学活动的成败。第四，广博的相关学科知识，教师具有广泛的文化修养和兴趣爱好，知识广博，可以增强教学效果，唤起学生的强烈求知欲，营造朝气蓬勃的智力生活。第五，基本的美育知识是老师科学文化素质的又一个重要方面。老师对学生的思想教育过程，就是用美好的情景、美好的形象，启发学生为美好的理想而奋斗。美育具有形象化、情感化、艺术化等特点，被老师作为对学生进行教育的有效途径之一，要在各学科教学中引导学生认识美、欣赏美、创造美。

3. 生命教育老师应具备的能力素质

能力素质是老师渊博的知识、执教的热忱得以充分发挥，实现开发学生智能的实际工作本领，它包括如下几种：第一，组织教学的能力。在对教学大纲和教学目的充分理解的基础上，具备制订教学计划的能力，确定适量的教学内容的能力，灵活运用切合实际的教学方法的能力，在教学过程中的组织领导和指挥的能力。第二，语言表达能力。针对不同年龄、不同知识水平的学生，选择有利于促进学生语言表达能力提高和语言思维发展的语言，做到口齿清晰、准确鲜明，形象生动、富有激情，逻辑严密、富于哲理。第三，分析教材的能力。老师分析、研究教材的能力，是全面、熟练地掌握教材的内容，上好每一堂课的前提，其表现为更深入细致地钻研教材，准确、熟练地掌握教材的内容，纵横联系、扩展充实教材的内容，注重求异思维，充分把握教材的智力因素。第四，板书能力。板书是老师提示教材内容、演示试题及检查学生学习效果的必要环节，是反映老师书法修养的一面镜子，因而板书形式上要做到布局合理，板书的位置选择要适宜，板书的内容要简明扼要、分量适当，字迹要求工整、端正，避免错字、漏字的出现。第五，开展第二课堂活动的能力。老师既要有领导组织的能力，又要有参与实践的能力和总结推广的能力。第六，对学生进行思想疏导和常规管理的能力。每一位老师都承担着教书育人的重任，需积极探索学生思想政治工作的新途径、新方法。第七，创造思维的能力。在前人的知识和技能的基础上运用求异思维，提出创见和作出分析的能力，体现为创造思维的敏捷、求异性、坚忍性和独立思考性。第八，科学研究能力，即具备教学理论的研究能力，应用科学的研究能力以及基础理论的研究能力，从而成为新教育思想、新教育理论和新教学方法的实验者和研究者。第九，开展社会活动的能力。深入社会，了解生活，进行社会调查，同时了解学生，掌握学生参加社会活动的情况及其所接受教育的程度等。第十，应用多媒体等现代教育技术的能力。

4. 生命教育老师应具备的身体素质

老师特定的生活环境和工作特点，要求老师的身体素质全面发展。第一，体质健康，耐受力强，从而使老师在职业劳动中长时间坚持工作而不感到疲惫劳累。第二，反应敏捷，精力充沛，老师把知识生动、准确、简捷地传授给学生，需要具备畅达和敏捷的思维能力，而这种反应的灵敏程度与老师的充沛精力有直接的关系。第三，耳聪目明、声音洪亮，是身体素质方面对老师的一般要求，听力、视力、音带的保护对老师来说极为重要。

5. 生命教育老师应具备的心理素质

老师的认识过程、情感过程、意志过程以及所有心理素质的形成和发展，都是客观现实在老师头脑中的反映。所以，老师积极的心境、情绪和毅力等心理素质也就根据其特殊环境、特殊劳动而构成了其特殊的内容。第一，轻松愉快的心境。轻松愉快的心境可以使学生产生一种愉快的感情体验，激发学生进入兴奋状态，提高学习积极性。同时，日常生活中轻松愉快的心境，可以使老师消除心理障碍，最大限度地发挥其身心的潜能。第二，昂扬振奋的精神。老师具备生动、深刻、感人心扉的精神，能感染学生。第三，平静的情绪和幽默的性格。老师应该有自己控制情绪的能力，以积极的情绪体验激发和感染学生。在教学中机智、风趣、幽默，有助于调节课堂气氛，调动学生学习和思维的积极性。第四，豁达开朗的心胸，老师在和学生相处中，尤其重要的是表现出豁达开朗的心胸，然后通过这种情感，将暗含期待的信息传递给学生，使学生的情感得到感染，得到帮助。第五，坚忍不拔的毅力。老师在教育和教学的实践中，都存在着许多困难。老师应具备不怕困难、知难而上、持之以恒的意志品质。

（二）生命教育老师素质提升途径

1. 老师的职业成长的途径

老师的职业成长，就其途径和方式而言，包括两个大的方面：一是外在的影响。指对老师进行有计划、有组织的培训和提高，它源于社会进步和教育发展对老师角色与行为改善的规范、要求和期望。二是老师内在因素的影响。指老师的自我完善，它源于老师自我角色愿望、需要以及实践和追求。老师职前教育固然重要，职后自我提升教育更是老师职业成熟的推进器。老师的劳动特点是实践性，实践技能的提高必须依靠老师主体功能的发挥。

老师专业发展是一个持续不断的过程，既是一种状态，又是一个不断深化的过程，更是终身学习、不断更新的自觉追求。老师专业化运动中，西方先后出现了老师发展的多元化格局，如老师的能力本位运动、教学效果本位运动和学校本位老师发展运动。国际上有六种老师培育范式：知识范式、能力范式、情感范式、"建构论"范式、"批判论"范式、"反思论"范式。归纳起来可以概括为两种模式。第一种模式是技能熟练模式——主张老师职业同其他专业一样，把专业属性与专业领域的科学知识与技术的成熟度联系起来，认为老师的专业能力是受学科内容的专业知识，教育学、心理学的科学原理与技术所制约的，在这种模式中，教育实践被视为学科内容的知识与教育学、心理学原理与技术在教学中的合理运用。老师教学就是凭借这些专业知识、原理、技术进行组织的。现行老师教育的制度、内容、方法，可以说就是以这种专业化思想为背景形成的。第二种模式是反思实践模式——认为教育实践是一种囊括了政治、经济、伦理、文化、社会的实践活动。这种模式中的老师专业化程度是凭借"实践性知识"来加以保障的。同其他专业相比，老师工作的最大特点是不确凿性（混沌性）、情景性，这要求老师针对情景作出灵活应变的决策。

多年来老师进修的内容大多停留在对教育学、心理学基本原理的课堂灌输上，脱离了老师自身的教学实践。教育界倡导"学者型教师"，这当然不错，但是，教育报刊的舆论很少能引导老师反思自己的教育实践，许多优秀老师也纷纷以树立某种教育理论为追逐目标，这无异于"缘木求鱼"。教育理论家所追求的、所拥有的理论知识，并不就是中小学老师所拥有的的理论知识。老师的实践性知识,有其特定的含义。我们要求老师的,是建立在对老师自身的实践的反思的基础上,特别是借助于教育理论观的案例解读,逐渐积累与形成的富有个性的教育实践的见解和创意。

2. 反思实践是老师的主体性觉醒的选择

当"反思论"培养范式逐步成为国际教师培养的主流时,教师的主体性觉醒应当成为老师专业化与素质提高的策略选择。

第一,反思来自自我意识的觉醒,自我意识的觉醒产生于旧有理念导向下的实践的困惑和迷茫。反思作为自我认识和实践,只有以自我实践中所暴露的问题为基础和前提,才有力量的效果。

第二,老师的本体性知识与学生的成绩几乎不存在统计上的关系,并不是本体性知识越多越好。老师教学效能的提高,关键是获取实践性知识——"指老师面临现实目的而进行的行为中,所具有的课堂情景知识及与之相关的知识。"而这类知识的获取,因为其特有的个体性、情景性、开发性和探索性特征,要求老师通过自我实践的反思和训练才能得到和确认,靠他人的给予似乎是不可能的。

第三,主体性觉醒能调动老师对自我教学实践的考查,立足对自己的行为表现及其行为依据进行回顾、诊断、自我监控和自我调适,达到对不良行为、方法和策略的改善和优化,提高教学能力和水平,并加深对教学活动规律的认识、理解,从而适应不断发展变化着的教学要求。

第四,主体性觉醒能唤起老师自己即为自我专业化的教育者的意识,在自我教育、在研究状态下工作,使老师工作获得尊严和生命力,表现出与其他专业如律师、医生相当的学术地位,使老师群体从以往无专业特征的"知识传授者"的角色定位,提高到具有一定专业性质的学术层级上来,进而改善自己的社会形象与地位。

老师从来就不应该被视为机械的被改造者,我们不应漠视老师自我教育、自我提升的主体性,更不能以某种外在的不恰当的老师培育模式压抑老师的主体性。当老师自我提升的主体性得以唤醒,且主体性充满生命的活力时,老师内在的动力、创造力才能得以释放,老师素质的提高才有了最根本、最持久的保证。[1]

参考文献：

[1]于淑云，夏晋祥.理念、思考与超越[M].贵阳：贵州人民出版社，2003：325-328.

四、生命教育实施路径与课程设计

（一）生命教育实施路径

关于学校生命教育的路径，一直以来是学者关注及争论的内容之一。按目前国内情况来看，主要有如下几种建议：

①三分法。[1]董新良、张盼盼（2020）在《疫情背景下的生命教育：理念、内容与实施途径》一文中，认为疫情背景下生命教育的实施途径主要有：以学校为主体，践行生命教育理念；以家庭为基础，携手开展生命教育；以社区为依托，营造生命教育氛围。

②四分法。[2]卢锋、冯建军（2023）在《生命教育的路径与新面向》一文中指出，国内对生命教育的实践路径主要认为有问题论、发展论、理念论、融入论等四条。

③五分法。[3]杨晓萍、刘海、雷吉红（2020）在《重大疫情下的儿童生命教育：内涵、价值及实现路径》一文中强调实施生命教育的路径有：将儿童生命教育纳入国家课程体系，建设儿童生命教育老师队伍，开发儿童生命教育园本课程，创设儿童生命教育实践环境，构建三位一体的儿童生命教育网络。

④六分法。[4]肖川、马朝阳、曹专（2013）在《生命教育的内涵、价值与实施路径》一文中强调了生命教育的六条实施路径：一是建设充满生命情怀的校园文化；二是打造生命化的课堂；三是开发生命教育校本课程；四是提升老师生活的幸福指数；五是引导和鼓励学生在生活经验中学习；六是深化家校合作，助力家长的生命成长。

以上学者的观点，从不同角度思考，给出不一样的思路，这些观点值得借鉴。同时，根据学校实际情况，从谁可以来、谁更有可能实施生命教育的角度入手，我们提出三条可操作的生命教育实施路径。

1. 生命教育主题班会课

由班主任组织实施，根据学生成长需求，结合学校月教育教学主题，针对学生表现，确定一个具体的生命教育主题(如爱自己，或爱他人，或爱父母，或爱世界，等等)，通过互动、体验和反思等多种方式，促进学生生命健康成长。主题班会课是学校落实生命教育的主阵地。

2. 生命教育专题课

由心理老师负责上课，根据学生成长需求，结合生命教育内容(爱自己、爱他人、爱父母、爱世界等)，利用系统的教学活动，引导学生通过体验式学习，学会"四爱"，提升生命质量，形成积极的人生观和世界观。专题课属于专门的生命教育课程，是学校推进生命教育的主抓手。

3. 多学科渗透生命教育

由学科老师负责落实，在各学科的教学过程中自然而然地融入生命教育的理念和内容。它不是强加式地进行，而是润物式地进行。多学科渗透生命教育的本质是上好学科知识课，让学生爱上学科知识，愿意排除万难执着地学好学科知识。一句话，就是让知识课堂转向生命课堂。

以上三个实施生命教育的课程，真正涉及课程开发设计的有生命教育主题班会课和生命教育专题课，因为多学科渗透生命教育本身就有专门的固定的课程，只需进行相应生命课堂方法论培训即可完成生命教育渗透任务。

本书的实践操作指引，主要针对生命教育主题班会课和生命教育专题课两类。

(二)生命教育课程设计

生命教育是通过课程来实现的。我们认为生命教育课程必须是一种体验式活动课程，才能够走进学生心灵。因此，生命教育课程设计必须遵循体验式活动设计原则、步骤与策略。

1. 体验式活动设计原则

(1)参与性与相关性

设计的活动，要保证所有学生均可以参与，愿意参加。要做到这一点，在设计活动时，还要考虑学生的年龄特点及活动的趣味性。如，在一个名为"两真一假"的游戏中，每个人说出关于自己的三个陈述，其中两个是真的，一个是假的，其他人猜测哪个是假的。这个游戏设计必须放在小学高年级学段，学生才更愿意参加。

（2）渐进式与阶段式

创设活动时，要从简单的互动开始，逐渐增加难度和深度，以适应参与者的情感和认知发展。如，在活动初期，可以组织一些游戏，让参与者在轻松的氛围中记住彼此的名字，随后逐步布置需要更多思考和合作的任务，催化团体动力向前发展。

（3）情感线和时间线

创造能触及学生心灵的体验式活动，引发学生强烈的情感体验或深度思考，促使学生发生认知或情感上的转变，为突破重难点目标做铺垫。在营造情感线时，必须注意把握活动时间，一般是在活动推进 15～25 分钟才可安排高情感体验的活动。如，设计五年级"人际交往的秘诀"，在活动进行到第 20 分钟时，安排体验式活动"蒙眼自由跑"（六人一组，围成一圈，中间一个同学蒙着眼睛，其他人手拉手围着他，让他在圈中自由奔跑），体验者开始时总是小心地移着小步跑，直到他能够完全相信周围小伙伴可以为他提供安全保护时，才能过渡到自由奔跑。

（4）安全性与尊重感

活动设计再精彩，情感升华再强烈，如果无法保障参与活动的学生的安全，就不是成功的活动设计。因此，确保活动安全，尊重每位参与者的感受与隐私，是活动设计的基础。

（5）促进反思与成长

活动的效果，主要看学生的反思与总结。因此在创设活动时，可以使用深度对话、反思日记、体验发言等形式帮助学生进行活动总结，促进新认知及新信念的形成。活动反思设计可以贯穿整个活动过程。

2. 体验式活动设计步骤

（1）体验式生命教育主题班会课教学设计步骤

①明确目的：确立班会课的主旨，拟进行哪个方面的教育，培养学生"四爱"（爱自己、爱他人、爱父母、爱世界）中的哪个能力。

②选定主题：根据学生发展阶段和心理需求，确定具体、有针对性的主题方向。如，选择爱自己中的哪个主题方向，是启蒙自我认知，是提升自信品质，还是强韧性善求助？

③进行学情分析：依据主题需要，对学生年龄特点、认知水平等情况进行分析，着重分析某个年龄段的学生已经具备了哪些知识与经验，欠缺哪些知识与经验，需要提升哪些知识与能力。

④设定活动目标：生命教育主题班会课目标按认知目标、情感目标、行为目标等三项内容设定，其关注的是学生在集体中的表现，因此，更强调学生行为习惯养成教育。

⑤选择教学方法：按照主题班会课特点，它往往需要选择符合团队互动要求的一些教学方法来开展课程，常见的有故事讲述、游戏、角色扮演、小组学习等等。

⑥规划活动流程，生命教育主题班会课活动流程有五步，具体如下：

导入环节(5分钟左右)：分为两部分内容，一是简短总结上周班务情况，二是开场说明本次班会课主旨。

主题讲解或展示环节(10~15分钟)：活动主题及相关知识解读，常用方式有故事讲述、图片展示、活动呈现，总之须做到生动有趣，提高学生对主题知识的认知。

讨论或分享环节(5~10分钟)：组织学生对主题展示的重要知识点进行讨论，分享彼此间的体验与感受，促进知识与经验的交流与共鸣。

实践活动环节(5~10分钟)：将所学知识与经验，通过具体活动，如行为练习、角色扮演等进行分享。

总结与提升环节(5分钟左右)：回顾班会课内容，强化认知，鼓励学生将学到的知识应用到日常生活中。

⑦准备活动物资：根据活动流程需要，准备好相关活动场地、物资材料等。

⑧进行反馈与总结：班会课活动结束后，引导学生分享感受，老师进行总结反馈；布置相关行为养成的作业，如撰写观察日记、参与社区服务等，巩固教育成果。

⑨提供参考文献：根据班会课程所需，提供诸如书籍等资源。

（2）体验式生命教育专题课教学设计步骤

①明确内容范畴：在进行生命教育专题课教学设计时，首先需要明确生命教育专题内容，即需要从"四爱"（爱自己、爱他人、爱父母、爱世界）内容中确定其中一种"爱"作为某一次课程的专题内容。

②设定主题类型：在"四爱"内容的板块中，对每种"爱"根据学生年级的不同，设定三个或四个子目标，如，小学生生命教育中的爱他人目标内容细化为三个：同理心培养、有效沟通、学会互助与支持。设定主题类型，指的是从子目标中选出其中一个，作为某一次专题课的主题目标，并根据这个主题目标，拟定活动的主题名称。

③搜索理论依据：从心理学相关理论中，找到一个符合主题内容的理论，并分析该理论在主题中的运用。

④进行学情分析：根据主题目标，分析学生的年龄特点、认知水平，了解学生在主题目标上已经具备哪些知识与经验，欠缺哪些知识，需要提升哪些知识和能力。

⑤设定活动目标：生命教育专题课，往往根据三维目标来设计专题活动课的目标。知识与技能目标，设定学生在知识及能力层面需要达到的目标；过程与方法目标，指实现目标所采取的策略以及采用的具体方法；情感态度与价值观目标，指在教育过程中期望学生形成或发展的关于个人情感、对待事物的态度以及价值判断的能力。

体验式生命教育专题课的目标关注的不仅仅是知识和技能的习得，更侧重于学生的个人成长、社会性和道德观的培养，即更看重的是情感态度与价值观目标的实现。

⑥选择教学方法：生命教育专题课因追求个体中"我"的表现，所以，它常见的教学方法有情景活动、角色扮演、头脑风暴、自我反思等。

⑦规划活动流程：按团体动力发展规律进行设计。

热身阶段（5分钟）：使用轻松愉快的游戏或活动，调动学生参与的积极性。

情境导入阶段（5分钟）：设计一个与活动目标紧密相关的问题，激发学生学习欲望。

探索阶段（10~15分钟）：引入一个新问题，引导学生开展小组合作学习，推动学生从"认知冲突(认知偏差等)"转向"情感共鸣"。

成效阶段(10~15分钟):老师组织学生参加活动或讨论,促使学生将所学知识、技能及正面价值观内化为自身新的信念及行为准则。

总结阶段(5分钟):总结回顾课程,使学生情感得到升华,新认知得到强化。

⑧准备物资材料:安排场地与桌椅摆放、准备所需的教具和材料,或者选择合适的背景音乐,营造活动氛围等。

⑨活动反馈与评估:活动结束后,通过问卷调查或口头反馈收集学生的意见和建议;根据反馈和评估结果,调整活动内容和形式,以优化未来的活动设计。

⑩提供参考文献:依据专题课程需要,提供必要的书籍等。

3. 体验式活动过程设计策略

体验式学习活动过程的把握是体验式学习活动的核心。其设计的优与劣决定着整个活动的成与败。

团体活动过程需要遵循团体发展的规律。一般来说,团体发展可以分为若干阶段,有的学者提出"三阶段":开始阶段、工作阶段、结束阶段。有的学者提出"四阶段":团体暖身阶段、团体转换阶段、团体工作阶段、团体结束阶段。有的学者提出"五阶段":开始阶段、冲突阶段、转换阶段、成效阶段、结束阶段。

本书参考"五阶段"划分,将团体活动过程设计为五个阶段(考虑主题班会由班主任负责实施,活动过程按照班级管理习惯方式进行,阶段名称与相关学者提出的"五阶段"名称不一样),具体如下:

(1)热身阶段

目标:建立安全感与信任感。

任务:调动成员的参与积极性,让成员能够放松并集中精力参与活动。

方式:使用轻松愉快的游戏或活动,如"自我介绍接龙""两真一假"等,以增强成员之间的相互了解和信任感。

(2)情境导入阶段

目标:设立问题与目的,明确活动方向,促进目标共识。

任务:构建与活动目标紧密相关的问题情景,引导参与者深度思考,进而激发团队为达成共同目标而共同努力的热情与创造力。

方式：通过故事讲述、案例研究或多媒体展示等方式引入主题背景，明确活动的目的和期望达到的结果。

如，故事讲述："在遥远的星球上，有一个小镇叫作'快乐镇'。快乐镇的居民都有特别的超能力，比如有的孩子会飞，有的孩子能听懂动物的语言。有一天，快乐镇遇到了麻烦……"

多媒体展示：展示一些具有特殊能力的人物图片，比如动画片中的超级英雄，或者是一些具有特殊才能的真实人物的故事。这样可以激发孩子们的好奇心，让他们更愿意参与到接下来的活动中去。

（3）探索阶段

目标：推动"认知冲突（认知偏差等）"转向"情感共鸣"，激发深度探讨与团队合作。

任务：在活动中，引入新视角或挑战既有观念，促使学生在思想碰撞中实现冲突融合或产生新知，进而达成情感共鸣。

方式：组织角色扮演、模拟演练、小组讨论等活动，使学生在实践中发现自身的优势与不足，促进深层次的学习和反思。

在探索阶段，往往会设置一个有趣的活动，催化学生情感，如，将学生分成小组，每组得到一个任务卡片，上面写着一个模拟的问题情境——"你的小镇突然停电了，你需要找到一种方法来解决这个问题"。小组讨论并发挥各自的"超能力"来解决问题。

（4）成效阶段

目标：实现认知重建与价值内化，推动学生新认知的建构或新价值的形成。

任务：促使学生将所学知识、技能及正面价值观内化为自身新的信念及行为准则。

方式：通过体验式活动、行为训练等手段，学生在进一步互动过程中，获得他人的支持、指导和理解，从而体验自己的感受，或纠正自己的错误，或提升自己的认知，进而在活动中得到收获与感悟。

（5）总结阶段

目标：达到情感升华或认知强化，推动经验分享与未来应用。

任务：协助学生整理学习成果并运用于实际生活中，处理好学生离别的情绪，继续尊重他人，维护学生的权益。

方式：通过仪式化活动，升华情感；通过分享个人的感受和经验来深化学习体验，强化新的认知。此外，还可以通过撰写个人反思日记或小组报告的形式来巩固学习成果。

参考文献：

[1]董新良，张盼盼. 疫情背景下的生命教育：理念、内容与实施途径[J]. 山西师大学报（社会科学版），2021(01)：106-111.

[2]卢锋，冯建军. 生命教育的路径与新面向[J]. 人民教育，2023(22)：68-71.

[3]杨晓萍，刘海，雷吉红. 重大疫情下的儿童生命教育：内涵、价值及实现路径[J]. 教育与教学研究，2020(03)：32-40.

[4]肖川，马朝阳，曹专. 生命教育的内涵、价值与实施路径[J]. 人民教育，2013(24)：12-15.

五、生命教育体验式活动策划与组织

体验式生命教育是一种教学方法，让学生参与真实或模拟的生活场景，在其中体验和学习。这种方法强调学生的主动参与和亲身体验，从而达到深层次的学习目的。[1]

在实施体验式生命教育的课程设计时，教育者们必须精心策划和组织一系列活动，以确保学生的生命体验既丰富又富有成效。

活动的策划与组织，需要周密考虑每一个细节。从场地选择到活动流程设计，再到人员分工与物资准备，每一步都需精心策划，确保活动顺利进行，达到预期的效果。在这个过程中，我们不仅要关注活动的实质内容和形式，还需注重参与者的体验与反馈，以实现活动目标的最大化。

（一）体验式活动策划八要点

1. 目标要鲜明

生命教育体验式活动的落实首先应明确活动的目标。这些目标应当与生命教育的核心理念紧密相关，旨在促进学生的全面发展。例如，生命教育中爱他人目标设计，对小学生而言，目标可以是培养基本的情感共鸣和社会责任感；对初中生而言，目标可以是增强共情能力和团队合作意识；而对高中生而言，目标则可以是精进同理心和团队领导力。

2. 活动要新奇

生命教育体验式活动的设计需要充分考虑学生的年龄特点和兴趣爱好。活动应当既有趣味性又能寓教于乐，确保学生能够在轻松愉快的氛围中学习和成长。

3. 资源要合理

生命教育体验式活动的成功实施离不开充足的资源支持，包括人力资源（如老师、助教）、物质资源（如活动材料）以及场地安排。资源合理调配是确保活动顺利进行的前提。

4. 时间要规划

生命教育体验式活动的时间管理至关重要。活动的准备阶段、实施阶段和反思阶段都需要精心安排，确保各个环节能够有序衔接。

5. 分工要清晰

清晰的人员分工有助于提高活动的执行效率。根据每个人的专长和能力分配任务，确保每个人都清楚自己的职责所在。

6. 合作要有效

活动课程顺利开展，离不开团队成员之间的相互协作和有效支持。因此，活动推进要善于引导团队成员之间的合作。

7. 推进要评估

活动推进过程中，难免会出现意想不到的问题。活动带领者要及时对活动进行评估，并根据实际情况灵活调整活动计划。

8. 结束要反思

活动结束后应及时组织反思会议，收集反馈意见，评估活动的过程，以便不断改进。

(二)体验式活动组织四建议

1. 统筹推进生命教育

为了确保生命教育体验式活动的有效实施，学校需要整体推进，特别是中小学应由学校德育部门统一实施，而大学则由各院系统一实施。

在统筹推进过程中，需要建立由校(系)领导负责的生命教育领导小组，提出生命教育任务，明确活动规划。执行部门出台实施方案，鼓励班级创新活动形式。例如，某校德育部门结合"母亲节"，推出了"爱的启航——孝道传承行动"系列生命教育体验活动。与此相应地，各年级各班则设计了贴近主题的系列体验式主题活动，如"时光信箱"——让学生给未来及过去的自己与家人写信，表达爱意与期望；又如"一日家长"角色体验——让学生在模拟家庭角色中，感受父母持家的辛劳与无私奉献，从而加深对亲情的理解与尊重。

2. 班主任引领的生命教育实践

班主任是推进生命教育的重要力量。班主任组织生命教育活动的方式有：每月确定一个生命教育主题，用四周时间确保活动落地。第一周，班主任组织班级开展与主题相关的体验式活动。第二至第三周，在活动推进过程中，班主任跟踪学生的表现，提供必要的指导和支持。第四周，组织班级进行活动总结与评价，鼓励学生分享感受和收获。

下面，以某小学五年级"感恩回馈，行动见真情"专题活动为例，看一看，班主任如何分四周来精心组织这一专题活动。

第一周，启动阶段。通过生命教育班会课，班主任以"感恩回馈，行动见真情"为主题，激发学生践行感恩的意愿，之后通过策划和执行一些小项目，让学生学会主动表达感激并付诸实践。

第二至第三周，指导阶段。班主任与家长紧密配合，通过家庭活动，要求学生在家里执行相关感恩活动。如布置"家务小当家"挑战赛，让学生参与日常家务，体会父母的辛劳；开展"爱的寄语"朗读会，邀请学生朗读写给父母的信，公开表达感激之情。

第四周，总结阶段。在班级里组织"感恩总结会"，表彰在活动中表现优异的学生，进一步巩固感恩与回馈的价值观。

3. 心理老师主导的生命专题体验活动

心理老师作为专业教育者，在生命教育体验活动中发挥着不可替代的核心作用。他们运用专业知识与技能，设计并实施一系列体验式活动，有效弥补了班主任在专业心理指导方面可能存在的不足。以"爱的回声　感恩的心"为例，心理老师在体验式课堂中，首先引入"情绪地图"活动，帮助学生识别与表达在参与"感恩回馈"活动过程中所经历的各种情绪。随后，心理老师通过情景剧排演、角色互换练习等互动形式，教授学生有效沟通与情绪调节技巧，鼓励他们在面对家庭关系中的小摩擦时，采取积极的解决策略。课程结束前，通过"情感成长树"项目，学生绘制个人成长轨迹图，标注出在活动中学到的关键知识点与个人感悟，心理老师据此评估教学成效并调整后续教学策略。课程结束之后，心理老师根据课程情况，为有特殊需求的学生提供心理咨询服务。

4. 班主任与心理老师协同效应的优势发挥

班主任与心理老师的协同工作模式，构建了一套超越单一学科界限的教育生态系统。例如，在学雷锋活动月中，学校提出以"学会关爱他人"为主题开展的系列活动。各年级可以将专题课和班会课融合推进，第一周由心理老师上"同理心培养"生命教育专题课，让学生学会共情，为实践活动做知识准备。第二周、第三周由班主任主导，开展主题班会课，组织形式多样的关爱他人活动，如校园里学雷锋，关心帮助学业有困难的同学；社区里学雷锋，组织敬老活动。第四周，由班主任和心理老师共同主持，召开学雷锋总结表彰大会。通过这两种课程形式的有机结合，学校可以更加全面地推进生命教育的实施和发展。

这种协同模式不仅强化了学生生命教育的实践深度，还有助于培养他们的社会责任感与团队合作精神，展现了跨学科合作在生命教育领域的独特优势与实效。

（三）体验式生命教育主题班会课与体验式生命教育专题课的异同

体验式生命教育主题班会课和体验式生命教育专题课是生命教育活动课程两种常见的实施形式。下面将探讨这两种课程形式的异同，以期为生命教育的

41

有效实施提供参考。

1. 两种课程形式的相同点

（1）目的一致性

无论是生命教育主题班会课还是生命教育专题课，其目的都是帮助学生更好地强化自我关爱、提升人际相处能力、增强亲子情感共鸣、培养社会责任感，从而促使学生好好活着，活得幸福，活出意义。例如，在某次生命教育主题班会课中，老师通过引导学生分享自己成长过程中的重要经历，帮助学生认识到生命的独特和宝贵，从而更加珍惜当下，积极面对生活。同样，在一次生命教育专题课中，老师通过开展生命知识擂台赛，让学生了解到生命的起源、发展和终结，进一步引导学生思考如何以科学的态度面对生命，培养健康的生活方式和积极的生活态度。

（2）内容相关性

两种课程形式都围绕生命教育的核心议题展开，如生命价值、人际关系、情感发展、社会责任等，其内容具有一定的相关性。生命教育主题班会课和生命教育专题课都注重通过具体案例和活动，让学生深刻体会到生命的宝贵和重要性，从而学会珍惜生命。例如，在一次以"启蒙自我认知"为主题的生命教育体验式活动课中，班主任以主题班会课形式开展，通过讲述故事和组织"神奇的魔法镜"的活动，帮助学生更好地认识自己的独特性，并学会在集体中自信表达。心理老师以生命教育专题课形式展开，通过"魔法镜中的我"的体验活动，引导学生进行头脑风暴，达到认识自己、悦纳自己的目的。

（3）时间和人员一致性

两种课程的常规课时都是40分钟，参与课程活动的对象均是相同年级的学生，其年龄特点及认知水平差不多，同质性较高。

2. 两种课程形式的不同点

（1）目标不一样

生命教育主题班会课关注社会中"我"生命的成长，强调"我"在集体中的认识和表现，侧重集体参与和社会互动，旨在帮助学生理解个人在社会中的角色与责任，促进个体与社会的和谐共生。

生命教育专题课关注个体中"我"生命的成长，强调"我"对自己的看法，侧重个体生命的内省与构建，旨在帮助学生深入了解自我，掌握个人成长所需的知识和技能，促进其内在素养与生命力的发展。

如关于助人为乐的主题内容。班主任在主题班会讲述雷锋故事，"我"懂得学雷锋是助人行为，是弘扬社会正气行为；"我"参与助人行为，这种行为便是社会中"我"生命成长的行为。心理老师在开展专题教育课时，"我"悟到了助人为乐不仅让别人快乐，也可以让自己快乐；不仅是弘扬社会正气的需要，也是"我"心灵成长的需要；因此，"我"参与助人行为是个体中"我"生命成长的行为。

（2）形式与深度不一样

生命教育主题班会课通常以班级为单位进行，形式相对灵活，更注重班级内部的互动和分享。相比之下，生命教育专题课则注重某一领域专业知识的传授和实践技能的培养，通常依据心理学理论对某一具体议题进行深入的探讨和学习。

（3）实施细节不一样

虽然两种课程形式都遵循准备、实施、后续跟进的基本实施流程，但在具体的实施细节上存在差异。

在准备阶段，生命教育主题班会课更注重确定主题、制订计划、准备材料和分配任务等基础工作，而生命教育专题课则更强调研究学情，即深入了解学生的年龄特征、兴趣爱好、心理特点等，以便更好地设计课程。

在实施阶段，生命教育主题班会课通常包括开场导入、活动展开（讲解、讨论、游戏活动、角色扮演等）、总结反馈等环节，而生命教育专题课则严格按照"团体动力发展规律"组织活动，通常包括热身阶段、导入情境、探索阶段、成效阶段和总结阶段等。

在后续跟进阶段，生命教育主题班会课主要关注活动反馈、成果展示和持续教育等方面，而生命教育专题课则强调活动延伸布置、活动效果评估以及根据评估结果更新主题等方面。

生命教育班会课和生命教育专课虽然都属于生命教育范畴，但是各有侧重，形成优势互补，共同促进学生的全面发展。

因此，学校可以充分利用生命教育主题班会课和生命教育专题课互补性的特点，融合其活动实施流程，更好地推动学校生命教育的有效实施，为学生的健康成长和社会的和谐发展贡献力量。

参考文献：

［1］张博.体验式生命教育［J］.兰州石化职业技术大学学报，2010(03)：54-56.

下　编

实践探索
——体验式生命教育活动内容选择和设计范例

　　实践探索是体验式生命教育的核心。为让实践探索更加有效，我们根据"四爱"（爱自己、爱他人、爱父母、爱世界）的生命教育价值取向，参考教育部《生命安全与健康教育进中小学课程教材指南》的指引，明确了大中小学生生命教育具体目标，并细心梳理出一套适合大中小学校实施的生命教育活动内容。

　　我们依据"四爱"能力整体培养目标，结合学生核心素养能力培养，细分了大中小学生体验式生命教育培养目标。

　　小学生体验式生命教育的培养目标　　爱自己：启蒙自我认知、增强自信、着力情绪调适和求助能力的培养，并在自我成长的过程中体验快乐与自信。爱他人：能够理解和支持他人，感受共享的快乐，学会表达同情，掌握增进人际关系，掌握解决简单人际冲突的办法，学会将同伴心理问题报告师长。爱父母：能够在认识家庭角色和参与力所能及的家务过程中获得快乐，在基本的家庭沟通中增进亲子关系，在参与家庭活动时学会感恩，并在与父母互动中获得安全感。爱世界：培养基本的情感共鸣和社会责任感，了解自然界多样性，认识人与人之间、人与动植物及环境之间的相互依存关系，并在此过程中产生对大自然的好奇心和爱护之心。

　　中学生体验式生命教育的培养目标　　爱自己：发展自我接纳意识，掌握高效时间管理与情绪调节策略，在面对挑战时学会求助和自助，并深化自我认同，理解自己的价值与多样性，锻炼强大的复原力，并从中获得成就感和意义。爱他人：深化共情能力和团队合作意识，能够在理解与满足他人需求中获得快乐，掌握解决人际冲突的有效方法，乐于寻找社会资源帮助他人应对心理挑战。爱父母：能够在增进对家庭责任的理解中获得成长，在加强亲子纽带的过程中增进亲子关系，在承担家庭责任中展现对父母的尊重与感激，并由此获得归属感和培养责任感。爱世界：深化共情能力与开阔全球视野，增强跨文化交流能力；理解不同文化和生态系统的独特性及有可能面临的挑战，激发对全球问题的关注意愿，并在此过程中获得跨文化的理解和尊重。

　　大学生体验式生命教育的培养目标　　爱自己：深化自主探索，在自我反思与自我规划中实现自我负责；深入理解生命的意义，形成积极的生命观；注重身心健康平衡管理，并从中得到自豪感和希望。爱他人：在深入理解与满足他人需求的过程中享受成就与快乐，通过高效的团队协作与共享成果强化人际关系网，在寻找资源帮助他人远离心理危机中感受意义，积极参与社会志愿服务，深化自我价值认知。爱父母：深化与父母的成熟关系，建立相互尊重和理解的情感系统；建立开放、诚恳的家庭对话环境，增进彼此了解和信任；强化家庭责任与担当，传承与创新家庭价值观，并在情感上更加成熟稳定。爱世界：具备全球视野与国家情怀，增强包容世界万物的情感，促进人类社会的紧密联结与共同繁荣；强化使命意识，培养领导力和社会责任感；并在此过程中培养对世界和平发展的责任感和使命感。

　　我们根据大中小学生体验式生命教育具体目标，结合学生年龄特点及认知水平，遵照螺旋上升原则，又为每一个具体目标设置了若干个主题内容。小学阶段将每种"爱"细化为三个子目标，每个子目标安排六个主题内容，共72个主题内容。初高中阶段将每种"爱"细化为四个子目标，每个子目标安排三个主题内容，初高中阶段各有48个主题内容。大学阶段将每种"爱"细化为三个子目标，每个子目标安排四个主题内容，共48个主题内容。

　　同时，为了便于各学校推进生命教育，我们根据中国学生发展核心素养培养要求，为每一个主题内容配置了相应的主题名称、活动目标，确保活动内容能够有效地落地，促进学生的全面发展。

项目一

小学生体验式生命教育活动内容选择和设计范例

模块一　小学生体验式生命教育活动内容选择

一、爱自己

根据小学生爱自己的目标——启蒙自我认知、增强自信、着力情绪调适和求助能力的培养，并在自我成长的过程中体验快乐与自信，我们细分出三个小目标——启蒙自我认知、提升自信品质、强韧性善求助，并将其作为课程设计指引。

（一）启蒙自我认知

自我认知能力，指对自己身体、个性、兴趣、优势和不足等方面的认知和理解能力。它是一个重要的心理发展领域，对小学生的全面发展起着至关重要的作用。

1. 小学一年级活动主题：神奇的魔法镜

活动目标：通过游戏和互动，学生开始认识并表达自己的基本特征，如外貌、喜好、特长等。

2. 小学二年级活动主题：探索我的兴趣星球

活动目标：引导学生探索并表达个人兴趣，理解兴趣对个人成长的重要性。

3. 小学三年级活动主题：我是一棵有爱的生命树

活动目标：增强学生自我认知及初步的自我关爱能力，引导学生形成初步的自我价值的认同，激发学生珍爱生命的意识。

4. 小学四年级活动主题：超级英雄自我画像

活动目标：识别并强化个人优势，学会利用优势解决问题。

5. 小学五年级活动主题：遇见不一样的自己

活动目标：增强自我认识，悦纳自我。

6. 小学六年级活动主题：翻山越岭的旅行

活动目标：通过模拟挑战，理解面对困难时的自我调适和成长。

（二）自信品质提升

自信是指个体对自己能力的信任和肯定，表现为相信自己有能力完成任务，有勇气面对挑战，并且能够正确地处理生活中的各种问题。

1. 一年级活动主题：我是快乐小天使

活动目标：培养学生用积极的方式表达自己心情，从而增强自信心和快乐感。

2. 二年级活动主题：寻找闪闪发亮的星星

活动目标：引导学生发现和欣赏自己的优势和闪光点，增强自信，以应对困难和挑战。

3. 三年级活动主题：我是社交小达人

活动目标：帮助学生通过团队合作游戏增强社交自信，相信自己能够在群体中自如交流。

4. 四年级活动主题：尺有所短　寸有所长

活动目标：帮助学生认识自己，了解自己的优缺点，学会欣赏接纳自己。

5. 五年级活动主题：我是一个演说家

活动目标：让学生通过公共演讲训练增强自信心，相信自己能够克服恐惧。

6. 六年级活动主题：我的目标小旗帜

活动目标：通过小组合作和实践活动，培养学生学会设定目标，并增强面对挑战的信心，培养积极向上的生活态度。

（三）强韧性善求助

强韧性善求助，指培养学生在遇到困难和挑战时不轻易放弃，保持韧性和毅力；同时懂得在特殊情况下，寻求他人帮助自己脱离困境。这对于小学生来说，是一项非常重要的社交技能和社会适应能力。

1. 一年级活动主题：求助信号灯亮了

活动目标：让学生学会判断何时需要求助，强化求助语言的使用。

2. 二年级活动主题：勇敢小芽历险记

活动目标：增强学生面对困难时的勇气，同时初步认识到求助也是解决问题的一种方式。

3. 三年级活动主题：我是挑战小船长

活动目标：培养学生面对失败时的积极态度，帮助学生掌握从挫折中恢复的小方法，包括得到他人帮助。

4. 四年级活动主题：我是心灵小勇士

活动目标：让学生在遇到困难和挑战时学会使用积极自我暗示的方法，增强心理韧性，培养学生善于求助、乐于助人的心理品质。

5. 五年级活动主题：成长，一路生花

活动目标：增强学生的抗挫能力，帮助学生掌握应对挫折的方法，从而更健康地成长。

6. 六年级活动主题：帮助忧忧大行动

活动目标：引导学生认识自己的有效资源，充分运用资源，并学习运用"3I"（"我有""我是""我能"）策略对抗生活中的挫折。

二、爱他人

根据小学生爱他人目标——能够理解和支持他人，感受共享的快乐，学会表达同情，培养增进人际关系的能力，培养解决简单的人际冲突的能力，学会将同伴心理问题报告师长的能力。我们细化出三个小目标——同理心培养、有效沟通、学会互助与支持，并将其作为课程设计指引。

（一）同理心培养

同理心又称为共情，是指个体能理解他人的情感状态或心理状态。在爱他人的范畴中，同理心扮演着至关重要的角色，它是建立深厚人际关系和社会连接的基础。

1. 一年级活动主题：我是小小情绪员

活动目标：引导学生认识和表达基本情绪。让学生通过角色扮演，体验不同情境下他人的情感状态。

2. 二年级活动主题：我是小小调解员

活动目标：培养学生理解与尊重他人的意识，学会从他人的角度看问题。

3. 三年级活动主题：心灵桥梁——"差异之美探索日"

活动目标：让学生认识并尊重文化、性格等个体差异，提升包容性，学习如何与不同的人进行有效沟通。

4. 四年级活动主题：心灵小队——"情感地图制作"

活动目标：深化学生的同理心，帮助学生理解他人情绪变化的过程，学习如何在他人情绪低落时提供恰当的支持。

5. 五年级活动主题：爱心小使者——社区服务挑战赛

活动目标：让学生实践互助与支持的行为，增强社会责任感，并在服务实践中体验特殊群体的生活状态，加深对不同生活背景人群的理解与同情。

6. 六年级活动主题：换位思考之旅——冲突解决挑战赛

培养目标：培养学生从他人的角度考虑问题的能力，增强学生换位思考的意识。

（二）有效沟通

有效沟通在爱他人的范畴中是指能够确保信息在双方之间准确地传递，同时建立尊重和理解的互动过程。

1. 一年级活动主题：小小倾听艺术家——耳朵里的魔法

活动目标：培养学生专注倾听的习惯，学会关注他人的情绪和需求。

2. 二年级活动主题：清晰小喇叭——我的想法这样说

活动目标：锻炼学生用简单明了的语言表达思想和情感，增强口头表达时的自信和条理性。

3. 三年级活动主题：协商小能手——友谊桥梁建设者

活动目标：让学生初步掌握协商技巧，学会提出与接受建议，并通过实践活动体验合作解决问题的过程。

4. 四年级活动主题：情绪气象站——心情晴雨表

活动目标：加深学生对自我和他人情绪的认识，让学生学习在沟通中考虑情绪因素，以更体贴的方式交流。

5. 五年级活动主题：持沟通技巧——通"江湖"之门

活动目标：培养学生学会协商与调解技巧，能在较复杂的社交情境中应用，体会与人和谐相处对自己成长的意义。

6. 六年级活动主题：未来领导者——梦想团队建设

活动目标：帮助学生掌握高级团队管理和领导技巧，为中学生活及未来社会角色做准备。培养学生综合运用有效沟通的各项技能，在大型项目中锻炼协商、决策与执行能力。

（三）学会互助与支持

学会互助与支持，是指在他人遇到困难或挑战时伸出援手。

这种行为在"爱他人"的范畴中体现为一种主动关怀和无私奉献的精神，强调在彼此需要时给予力量，共同克服难题。

1. 一年级活动主题：小小互助手牵手

活动目标：培养学生观察与理解同伴需求的能力，让学生通过简单的互助行为学会关心他人。

2. 二年级活动主题：共享是一种美好

活动目标：培养学生分享精神，体验分享的快乐。

3. 三年级活动主题：互助学习小组

活动目标：培养学生互相学习意识，在学业上相互支持。

4. 四年级活动主题：你是我的眼——互助力量大

活动目标：增强学生的团队协作能力，促进学生间的相互支持与信任。

5. 五年级活动主题：手牵手——同行互助冒险记

活动目标：培养学生学会识别同学的困难信号，激发学生乐于助人的美德。

6. 六年级活动主题：我是心理委员——你的困难我来帮

活动目标：引导学生主动运用自己的资源帮助他人摆脱心理危机，感受助人意义并获得成就感。

三、爱父母

根据小学生爱父母的目标——能够在认识家庭角色和参与力所能及的家务过程中获得快乐，在基本的家庭沟通中增进亲子关系，在参与家庭活动时学会感恩，并在与父母互动中获得安全感。我们细化出三个可操作的目标：参与家务与角色认知、有效沟通与增进关系、感恩与安全感培养。

（一）参与家务与角色认知

参与家务与角色认知是指通过参与家务劳动，加深对家庭角色的理解，感受父母的关怀与爱。

1. 小学一年级活动主题：家务小能手初体验

活动目标：对学生进行家庭角色的基本认知的启蒙，通过简单家务初步体验贡献与快乐。

2. 小学二年级活动主题：家的角色探秘

活动目标：帮助学生深化对家庭成员角色的理解，认识到每个人对家庭的贡献。

3. 小学三年级活动主题：我是小小家政经理

活动目标：通过参与家务劳动，让学生体验家庭成员的付出和辛劳，培养感恩之心，增强归属感。

4. 小学四年级活动主题：绿色小管家

活动目标：培养学生在参与家务劳动的同时，增强家庭环保意识，感受父母为营造适宜的家居环境所做的努力。

5. 小学五年级活动主题：厨艺小当家

活动目标：培养学生在参与烹饪活动过程中，体会父母倡导健康饮食背后对自己的爱护，强化学生对家庭饮食文化的认同。

6. 小学六年级活动主题：家的未来规划师

活动目标：促进学生对家庭功能的认识，展现对家庭的责任感。

（二）有效沟通与增进关系

有效沟通与增进关系是指通过有效的家庭沟通技巧，增进对父母的理解与尊重。

1. 小学一年级活动主题：亲子"心声邮局"

活动目标：培养学生基础的沟通技能，帮助学生深化家庭成员间的相互理解和情感联结。

2. 小学二年级活动主题：我和爸爸妈妈的悄悄话

活动目标：培养学生基本的沟通技巧——倾听、倾诉，表达感激和需求。

3. 小学三年级活动主题：我们家的故事

活动目标：通过共同创作和表演家庭故事剧，激发学生的创意表达能力，同时加深其对家庭历史和文化的理解。

4. 小学四年级活动主题：探秘父母唠叨背后的真相

活动目标：帮助学生理解父母唠叨背后的爱，培养学生理解与尊重父母的情感，深化对父母的爱与感激之情，感受到家庭的温暖与力量。

5. 小学五年级活动主题：突击奇幻沟通岛

活动目标：学会冷静策略，掌握倾听和换位思考的方法，增进学生和父母的亲子关系。

6. 小学六年级活动主题：我可以与父母好好说话

活动目标：培养学生倾听、表达和与父母协商的能力，增进亲子关系。

（三）感恩与安全感培养

感恩与安全感培养是指通过参与家庭活动、日常交流等方式，感恩父母的付出，并在与父母的互动中获得安全感。

1. 小学一年级活动主题：小小感恩心——温暖初体验

活动目标：培养学生初步认识和感受家庭成员间的关爱与支持，让学生学习简单的感谢表达。

2. 小学二年级活动主题：今天我当家长了

活动目标：让学生体验家长的角色，通过角色互换活动，理解与感恩父母的付出，感受被父母关爱的幸福。

3. 小学三年级活动主题：感恩的话——连接心与心

活动目标：培养学生感恩表达能力，通过互动增强对父母的理解和信任。

4. 小学四年级活动主题：安全的港湾——从家启航

活动目标：结合安全感的建立，让学生明白家庭是自己最坚强的后盾。

5. 小学五年级活动主题：你，生而珍贵，源自_____

活动目标：认识到生命的珍贵，体会到父母养育自己的不易与伟大，从而在行动中感恩父母，珍爱生命。

6. 小学六年级活动主题：感恩成长路，共绘未来图

活动目标：让学生回顾成长历程，强化感恩的心态，增强安全感。

四、爱世界

根据小学爱世界的目标——培养基本的情感共鸣和社会责任感，了解自然

界多样性,认识人与人之间、人与动植物及环境之间的相互依存关系,并在此过程中产生对大自然的好奇心和爱护之心,我们细化出三个可操作的小目标:情感共鸣与社会责任、自然界多样性认知、相互依存关系理解。

(一)情感共鸣与社会责任

情感共鸣与社会责任是指对他人的同情心和社会责任感,能够在日常生活中展现出对他人的关爱以及对社会事务的积极参与。

1. 一年级活动主题:我超棒——我是小园丁

活动目标:让学生了解环境对植物生长的影响,初步感知人与自然的和谐共生。

2. 二年级活动主题:我是班级小雷锋

活动目标:培养学生学会关注他人的需要,体验帮助他人的快乐,增强共情能力和责任感。

3. 三年级活动主题:探索秘密花园

活动目标:充分体验与感受自然,增进对自我及自然情感的认知,增强情感共鸣与社会责任感。

4. 四年级活动主题:手拉手,心连心——友情无界

活动目标:通过团队合作活动,增强学生之间的相互理解与支持,增强班级内部的和谐氛围,深化学生间的情感共鸣。

5. 五年级活动主题:我是小公民,责任在我心

活动目标:通过模拟公民大会,让学生探讨社会热点问题,培养批判性思维与公共事务参与意识,增强社会责任感。

6. 六年级活动主题:梦想与责任同行

活动目标:增强学生树立个人发展与社会责任同步意识,在追求个人发展的同时,不忘对社会的贡献。

(二)自然界多样性认知

自然界多样性认知是指培养学生理解和欣赏自然界中生命的丰富多样性和复杂性的能力。

1. 一年级活动主题:我找到了自然乐园的秘密

活动目标:激发学生对自然世界的好奇心,了解物种存在多样性的特点。

2. 二年级活动主题:花花世界的美

活动目标:培养学生学会欣赏大自然中的生命多样性,提升学生与自然和

谐相处的能力。

3. 三年级活动主题：生态系统的神奇

活动目标：认识生态系统多样性，理解生物与其环境的相互作用。

4. 四年级活动主题：穿越四季的旅行

活动目标：帮助学生深入了解季节变化对生态系统多样性的影响，增强学生的生态保护意识。

5. 五年级活动主题：守护生命的多样性

活动目标：帮助学生掌握保护生态系统多样性的方法，并参与保护行动。

6. 六年级活动主题：构建我的理想生态

活动目标：帮助学生综合运用所学知识，设想并设计可持续发展的生态系统模型。

（三）相互依存关系理解

相互依存关系理解是指让学生初步认识到世界上的各种生物与非生物是相互关联和相互依赖的。

1. 小学一年级活动主题：我们的大自然朋友圈

活动目标：引导学生认识自己与周围自然环境的相互依存关系，培养学生初步的生态保护意识。

2. 小学二年级活动主题：社区的互助网

活动目标：帮助学生加深理解个人在社区中的角色及与他人相互依赖的关系。

3. 小学三年级活动主题：我的村与你的村

活动目标：促进学生理解人与人在文化上的相互依存关系，认识到不同背景下的共性和差异。

4. 小学四年级活动主题：自然的智慧

活动目标：帮助学生深入理解生态系统内部的复杂的依存关系，包括食物链和生态平衡。

5. 小学五年级活动主题：地球村的故事

活动目标：让学生初步理解各个国家在经济、政治、文化上的相互依存关系。

6. 小学六年级活动主题：未来设计师，可持续生活方式的探索

活动目标：培养学生的环境责任感，认识到个人与集体在可持续发展中的

作用；促进学生形成积极主动的学习态度，以及探索未知、勇于创新的精神。

模块二 小学生体验式生命教育主题班会课设计范例

一年级体验式生命教育主题班会课设计范例

第1课
神奇的魔法镜

一、教育背景

1. 活动缘起：一年级学生在进入新的学习环境后，面对学习、人际交往的压力，会出现自我怀疑现象。心理研究表明，自我认知发展，会影响学生的自信心。因此，本次班会课特别策划"神奇的魔法镜"活动，旨在帮助学生了解及接纳自己，从而提升他们的自我认知水平。

2. 学生基本情况：一年级学生已经具备初步的自我认识能力和简单的语言表达能力，也能够简单地描述自己的外貌和爱好。但是，他们对于自我的独特性还认识不足，较容易受他人影响。尤其在集体活动中对自我的表达还显得稚嫩。因此，通过本次班会课，期待可以帮助他们更好认识自己的独特性，并学会在集体中自信表达。

二、教育目标

1. 认知目标：帮助学生认识自己的基本特征，包括外貌、性格、兴趣、特长等。

2. 情感目标：使学生在团体中能够感受到自己的独特性和价值，形成初步的自我认同。

3. 行为目标：使学生能够运用简单的语言表达自己的基本特征。

三、活动对象

一年级学生

四、活动时间

40分钟

五、教学方法

1. 游戏教学法：通过"神奇的魔法镜"这个游戏，引发学生认识自己的外貌特征，提升对自我的认同。

2. 小组合作学习法：通过有效四人小组合作学习，提升学生在集体中对自我认同的表达能力。

六、活动准备

1. 物资准备：贴上彩绘的小镜子（每组一个）、彩色笔、"魔法日记纸片"。

2. 场地布置：将教室布置得温馨而富有童趣，墙上可以贴上一些与自我认知相关的图片或标语。

3. 分组安排：学生四人一组，面对面站立，作为彼此的"魔法镜"。

七、活动流程

（一）导入环节（5分钟）

1. 引入语。班主任手持贴有彩绘的镜子，用略带神秘的语气说：同学们，你们知道这是一面什么镜子吗？（可与学生互动）老师告诉你们，这是一面"神奇的魔法镜"，里面藏着许多关于同学们特别之处的秘密。今天，我们就一起来研究这面魔法镜子。看看它里面究竟藏着哪些关于我们的特别之处。好，接下来，我们开始上新的主题班会课。

2. 组织活动：邀请两名学生（最好一男一女）上台照镜子，并尝试用简短的语言描述自己，老师给予积极回应。

（二）主题讲解或展示环节（15分钟）

1. 引入语：同学们，你们知道吗，这面"神奇的魔法镜"可以帮助我们更好地了解自己。它知道我们长什么样子、喜欢什么、有什么爱好。你们喜欢它吗？

2. 学生回应，老师给予肯定。

3. 组织活动：请四名学生为一组，用"魔法镜"来认识自己。这四名学生，一人照镜子，一人手持镜子，另外两人是观察者。照镜子的人先介绍镜中人的特点，之后其他三人依次介绍。

接下来，请照镜子的同学站在手持镜子同学的对面，两个观察者分别站在照镜子同学的两边。

照镜子的同学用 30 秒时间仔细观察镜中人的外貌比如眼睛、头发等，思考镜中人的性格，比如是外向还是内向，喜欢什么颜色、什么动物等。之后，再用 30 秒时间，向小组的同学介绍镜中人叫什么，外貌特点是什么，兴趣爱好是什么。其他同学可用点头或微笑回应。

4. 主题解释：通过这个活动，你对自己是否多了一点认识呢？显然，大部分同学通过活动能很好地展示自己，即能做到自我认知。之后，根据需要补充一些相关的图片或故事，如小兔子通过照镜子发现自己的耳朵特别长，从而认识到自己的独特之处。

5. 过渡语：同学们，刚才我们通过"魔法镜"了解了自己，但这只是"魔法镜"的一个功能。其实，它还有一个功能，同学们想了解吗？

6. 组织活动：好，现在，我们换一个角度。让站在镜子两边的同学来介绍镜中人。如，我认识这个人多久了，他（她）叫什么，我发现他（她）的什么特点，我很欣赏他（她）的哪一方面。你可以说，她的眼睛特别明亮，就像星星一样。（她）见到人总是眯眯笑。

站在左边的同学先介绍，然后右边的同学介绍，每人 30 秒。镜中人不用语言回应，用动作和表情回应。一轮活动完毕，轮到持镜子的同学照镜子。接着换两个观察者照镜子。

7. 学生活动：学生两人一组，进行"魔法镜子里的那个人"活动，互相描述和倾听。

8. 小结语及过渡语：看到同学们很认真地参与活动，给同学们点赞！通过刚才的照镜子活动，你们发现了什么？下面进入讨论与分享环节。

（三）讨论或分享环节（10 分钟）

1. 引入语：同学们，刚才我们进行了"魔法镜"不同面的照射活动，第一面是自己照自己，第二面是别人照自己。通过这面神奇"魔法镜"的两照，你们对自己的认识发生什么变化？请四人一组开始讨论。

2. 组织活动：指导学生在小组中分享发现，老师巡查，并积极引导。

3. 小结：通过刚才的活动，我们发现，原来我们每个人都有这么多独特的特征。这些特征让我们变得更加特别。

（四）实践活动环节（5 分钟）

1. 引入语：现在，请同学们思考一下，你最喜欢自己身上哪个特点。将它写下来。之后，轮流向同学展示。

2. 组织活动：引导学生写，并引导其分享出来。

（五）总结与提升环节（5分钟）

1. 引入语：同学们，通过今天的班会课，我们了解了关于自我认知的知识。现在，回想一下，你今天学到了什么？你有什么感悟想要分享吗？

2. 老师要求小组长分发"魔法日记纸片"，引导学生写下感悟。

3. 小结语：通过本节课学习，我们知道每个人都是独特的，都与别人不太一样，我有我的喜好，你有你的爱好。这就是"我"。我们不仅要学会欣赏自己，同时也要尊重他人的不同。

八、后续跟进计划

1. 在接下来的几周时间里，班主任可以安排学生阅读有关提升自我认知的绘本，帮助学生不断加深对自己的认识。

2. 班主任可以倡导家长开展相关亲子阅读，加强家校共育。

九、注意事项

1. 组织照镜子的活动，活动前务必讲清楚活动规则，并做适当的示范。注意引导学生用积极的躯体语言做回应。

2. 严格调控时间，同时密切关注学生的反应和参与度，并给予积极引导，确保每个学生都能照到镜子。

十、活动资源

绘本故事《奥莉薇》概况：奥莉薇是一只小猪，她对任何事情都有自己的一套想法；她精力旺盛，常常把人累昏也会把自己累昏；她会偷穿大人衣服鞋子，甚至是偷偷用妈妈的化妆品，爱涂妈妈的口红、穿妈妈的高跟鞋、照镜子，出门之前会把所有衣服都试穿一遍；还会扮妖怪吓弟弟；晴天把自己晒成热狗，雨天去参观博物馆；喜欢芭蕾舞、会和妈妈谈判……总之，奥莉薇是一只很特别的小猪。该绘本非常适合用于培养孩子认识"独特的我"的教育。

十一、参考文献

1. 王银杰. 儿童行为心理学［M］. 北京：当代世界出版社，2018.

2. 闫守轩. 中小学生命教育课程开发的理论与实践［M］. 北京：中央编译出版社，2016.

3. 福尔克纳. 奥莉薇［M］. 郝广才，译. 石家庄：河北教育出版社，2023.

第 2 课

小小倾听艺术家——耳朵里的魔法

一、教育背景

1. 活动缘起：有效沟通能力是人际关系中重要的内容，而倾听又是沟通的重要一环。对一年级的学生来说，培养良好的倾听习惯是建立友谊、化解矛盾的基础。因此，本次班会课重点培养学生初步的倾听能力。

2. 学生基本情况：一年级学生已经掌握了一些基本的沟通技巧，尤其是说的能力，喜欢与小伙伴们互动交流，在交流中渴望得到同伴的认可，希望被理解。然而，由于他们对于有效倾听的重要性及实践方法还比较缺乏，因此较容易与他人发生一些小矛盾。培养学生的倾听能力，能够让他们学会关注他人、理解他人，从而提升与人和谐相处的能力。

二、教育目标

1. 认知目标：帮助学生初步理解倾听的意义，知道倾听不仅是听声音，而且要理解对方说的话。

2. 情感目标：培养学生初步的同理心，初步学会关注他人的情绪和需求。

3. 行为目标：初步培养学生的倾听习惯，帮助学生学会安静听同伴讲话，尊重他人意见。

三、活动对象

一年级学生

四、活动时间

40 分钟

五、教学方法

1. 故事讲述法：讲述绘本故事《请不要打岔》，帮助学生掌握倾听小技巧。

2. 游戏教学法：通过"传话游戏"，帮助学生学会安静听同伴讲话，尊重他人意见。

六、活动准备

1. 场地布置：将教室桌子移开，仅摆放椅子，形成半圆形。

2. 物资准备：绘本《请不要打岔》，用于故事讲述环节；准备几张展示不同倾听姿态的人物正面与侧面图片。

3. 分组安排：每组八人，围坐成圈，便于小组讨论。

七、活动流程

（一）导入环节（5分钟）

1. 引入语：同学们，今天我们课堂上来了一位特殊的好朋友——小兔乖乖，它的耳朵里藏着"倾听的魔法"，它有一个神奇的秘密。大家想知道是什么秘密吗？那今天，就让我们一起变成"小小倾听艺术家"，共同去发现这个秘密吧！

2. 老师板书课题：小小倾听艺术家——耳朵里的魔法。

3. 老师提问：有没有遇到过别人说话时自己却没听清楚的情况呢？

4. 学生活动：让一两名学生回答问题。

5. 过渡语：出现这种情况是什么原因呢？大家知道怎样才能做一个好的倾听者吗？让我们一起进入故事会。

（二）主题讲解或展示环节（15分钟）

1. 老师讲述故事：今天，老师要给同学们讲一个关于有效倾听的小故事《请不要打岔》，请大家边听边思考：主人公是什么人？你喜欢他吗？

《请不要打岔》故事梗概：故事的主人公叫路易斯，他是一个爱打岔的小男孩，在和别人交谈的时候，特别喜欢岔开其他人的话题，惹得他人不高兴。比如，老师在课堂上讲课，路易斯不举手就随意打岔说话，破坏课堂秩序；爸爸妈妈谈论正事的时候，路易斯也习惯性打岔，让妈妈很生气。有一天他的发言被别的同学多次打断的时候，他终于体会到了打岔是一个不好的习惯。于是，他按照妈妈教给他的方法做：先闭紧嘴巴，再深呼一口气，让想说的话从鼻子出去，轮到自己说话时，再把它们吸回来。最终路易斯获得了大家的喜欢。

2. 老师提问：同学们，你们怎么看主人公路易斯爱打岔这件事呢？

3. 根据学生回答，再问：从主人公路易斯爱打岔这个故事中，我们学到了什么？

4. 解释主题：同学们，从故事中我们知道倾听很重要。那么我们应该如何倾听呢？关于倾听，我们要做到两点：一是认真听，眼睛看着对方，时不时点头表示我们在听；二是要耐心等待，等别人说完，再说话。

（三）讨论或分享环节（5分钟）

1. 引入语：同学们，在过去的生活中，你们有没有过因为别人认真听你讲话而感到很开心的时刻。对方是怎么做的？

2. 学生活动：分小组讨论——你在与对方交流时，对方做了什么让你感到开心。

3. 组织小组分享讨论结果，老师适时给予指导，再次强调倾听的两个要点。

4. 过渡语：在刚才的讨论中，我们都有一个感受——喜欢被好好地听。下面，我们来练习用耳朵施展"倾听的魔法"。

(四)实践活动环节(10 分钟)

1. 老师组织学生实践练习：下面，我们来做一个"传话游戏"。基本做法是：每组站成一排，第一个人在第二个人的耳边轻声说一句话，听者传给第三个人。第三个人说给下一个人听，直到最后一个人，看哪组传递得最准确。

2. 学生活动：每组按要求进行练习，老师巡堂，并适时指导学生注意倾听的两个要点。

3. 老师组织全班小结："传话游戏"再次告诉我们，认真倾听不仅能够准确理解他人意思，而且可以促进人与人交往。

(五)总结与提升环节(5 分钟)

1. 引入语：同学们，今天我们通过一个故事和一个游戏明白了认真倾听的重要性，初步掌握了倾听的两个要点。你今天最大收获是什么？将你的收获告诉你身边的小伙伴。

2. 学生活动：学生分组谈收获。

3. 老师提问：你们觉得如何将倾听的要点用到生活中？

4. 学生活动：学生思考并分享做法。

5. 小结语：同学们，今天，你们掌握了倾听的"魔法"，它能够帮助我们交到更多朋友。希望你们回家后将今天所学的小技巧跟父母分享。

八、后续跟进计划

1. 布置一次行为作业：要求学生写"倾听日记"，记录一次自己用心倾听他人的情景，并写下对方的反应和自己的感受。

2. 将写"倾听日记"的作业告诉家长，请家长配合完成。

九、注意事项

1. 将活动主题与授课过程结合起来，即在授课过程中强调倾听的重要性，让目标效果更明显。

2. 在组织"传话游戏"时，一要讲清规则，二要进行示范，保证游戏可以顺利推进。

十、参考文献

1. 齐学红，袁子意. 班会课的设计与实施[M]. 上海：华东师范大学出版社：2013.

2. 库克. 请不要打岔[M]. 赵西，译. 北京：科学技术出版社，2021.

3. 雅尼什. 大熊有一个小麻烦[M]. 漪然，译. 长沙：湖南少儿出版社，2008.

第3课
我们的大自然朋友圈

一、教育背景

1. 活动缘起：现在由于学生与自然界接触的机会越来越少，学生对自然界各种生物和非生物认识不清，环境保护意识难以形成。因此，需要通过主题班会活动增强他们对自然的认识，了解人与自然是相互依存的，进而增强他们对环境保护的意识。

2. 学生基本情况：一年级学生好奇心强，渴望探索自然，容易被新鲜事物吸引。学生已经了解了一些关于自然界的知识，比如对动植物有了基本的认知，但对自然界的复杂性和生命多样性了解较少，尤其对于人与自然和谐相处的认知不足。本次主题班会课将通过趣味性强、操作简单的活动，引导他们树立初步的自然观。

二、教育目标

1. 认知目标：培养学生初步认识人与自然（包括动植物和非生物）的相互关系，能够举例说明人与自然和谐共处的方式。

2. 情感目标：培养学生对自然的热爱之情，萌发保护环境的愿望。

3. 行为目标：培养学生简单的爱护动植物的行为，如给小花浇水、给小树松土等。

三、活动对象

一年级学生

四、活动时间

40 分钟

五、活动准备

1. 物资准备：绘有动植物及自然景物（如山川、河流等）的头饰和彩色贴纸等。

2. 场地布置：教室四周摆放小型盆栽及动物模型，营造自然氛围；将桌子移开，留下椅子，按小组方式就座。

六、活动流程

（一）导入环节（5 分钟）

1. 引入语：同学们，今天，我们要一起走进一个奇妙的地方，那就是"我们的大自然朋友圈"（板书课题）。你们知道大自然朋友圈里有谁吗？好，接下来，我们开始上新的主题班会课。

2. 小组接龙回答，老师适时回应，比如有树木、花草、小鸟、河流、山川及人类等等。它们都是好朋友，都生活在自然界的大家庭里。

3. 过渡语：这些好朋友为什么要生活在一起呢？如果它们分开了会出现什么情况呢？

（二）主题讲解或展示环节（10 分钟）

1. 引入语：今天，老师带来一个有趣的故事，叫《小树和小鸟》，请大家边听边思考：小树与小鸟是一对什么样的朋友。

2. 讲述故事：在森林里，小树和小鸟是一对好朋友。小鸟很想拥有一个安稳的家，于是，小树伸出小小的树枝让小鸟做窝。为了感谢小树，小鸟站在树枝上给小树唱歌。小树和小鸟每天都形影不离：月亮升起来了，小树和小鸟互相说晚安；太阳升起来了，小鸟和小树互相问早上好。小树长得好高好高，又有了许多许多的小鸟朋友。

3. 老师提问：同学们，小树与小鸟是一对什么样的朋友呢？请四人一组开始讨论，每人发言不超过 1 分钟。

4. 学生回答，老师给予引导。

5. 主题讲解：（根据学生回答，老师作小结）小树与小鸟是一对相互帮助与支持的好朋友。小树为小鸟提供了（栖息的）地方，等于给它安了（一个家）。小鸟站在树枝上（唱歌），给小树带来（快乐）。它们是互相（依赖）的关系。

6. 过渡语：同学们，小鸟与小树营造了和谐的自然关系。大家想一想，像它们这样的关系，你在生活中还能找到吗？请举个例子说一说。

（三）讨论或分享环节（10分钟）

1. 引入语：现在，请同学们围绕以上问题另找同学组成四人小组进行讨论。

2. 学生讨论，老师巡堂指导。

3. 全班分享，老师适时引导。学生举得多的例子可能是关于动植物关系的，如蜜蜂和花朵、鱼和水、青蛙与昆虫。同时，学生对这些动植物彼此间的具体关系可能不太清楚。老师可以带着学生通过教室多媒体平台进行查阅。另外，老师还可以提醒学生想一想人与动植物的关系，可以引导学生从身边开始探索，如小区养宠物的情况、自家阳台种植花草的情况，来进一步加深学生对自然万物的相互依存关系的理解。

4. 小结语：同学们，通过相互学习讨论，我们进一步了解到每一个生命体在自然界中都扮演着不可或缺的角色。它们都在我们的大自然朋友圈共同生活，相互依存，共同成长。

（四）实践活动环节（10分钟）

1. 引入语：同学们，下面我们进入实践活动环节。请拿出桌子上的动植物头饰，佩戴好，之后寻找几个小伙伴（尽量四个学生组成一组），组成有一定关系的小生态圈。

2. 学生自由配组，老师适时引导。

3. 组织学生讨论小生态圈中物种或物体之间的关系。有些小组学生可能说得不够好，老师进行补充。

（五）总结与提升环节（5分钟）

1. 引入语：同学们，通过今天的学习，我们了解到自然界的许多小秘密，自然界的物种彼此之间就像好朋友一样，大家相互帮助，相互依存，组成这个美丽的大自然。那么，我们可以为这个美丽的大自然做什么呢？下面，请各小组写出环保誓言。

2. 学生活动：各小组按老师提供的格式写出环保誓言。

3. 小结语：通过本次课程学习，我们懂得自然界的万物均有关系，我们要尊重生命、保护环境。同学们回家后找一找家庭中彼此有关系的物及人，下次班会课上进行分享。

七、后续跟进计划

1. 提醒学生完成家庭行为作业。

2. 将家庭行为作业告诉家长，请家长支持。

八、注意事项

1. 小学一年级学生对自然界万物彼此依存关系有一定了解，但并不能够说得比较清楚，因此，务必提前一周安排学生阅读或观看有关人与自然的书籍、视频等，让学生们对自然界的物种和物体之间的关系有初步认识。这样，目标效果会更明显。

2. 要准备好动植物头饰及自然景物头饰。同时，根据学生人数做好规划，这样，才能够在活动时保证活动顺利推进。

九、参考文献

岩村和朗. 14 只老鼠：第 2 辑［M］. 彭懿，译. 南宁：接力出版社，2023.

二年级体验式生命教育主题班会课设计范例

第 1 课
寻找闪闪发亮的星星

一、教育背景

1. 活动缘起：在日常教育过程中，观察到部分二年级学生在校园生活中，表现出一定的自卑倾向，在遇到困难时容易放弃。因此，本节课通过积极的引导和教育，让学生在互动交流中发现自己具备的优点，感受来自同学对自己的肯定，从而提升自信心，增强团队的凝聚力。

2. 学生基本情况：二年级学生的自我认知逐渐增强，同时仍然需要师长的引导和认可。部分学生在遇到学习上的难题时容易灰心丧气，部分学生对自己的认识不够全面，不能很好发现自己的优点。让学生在课堂中学会建立自信，将自信的力量运用到日常生活中，是本节主题班会课目的。

二、教育目标

1. 认知目标：引导学生发现和欣赏自己的优势和闪光点，在分享交流中加强自我认知，并鼓励他们对自己和他人形成积极的评价。

2. 情感目标：增强学生的自信心，感受来自团队的认可，促进集体荣誉感的产生。

3. 行为目标：鼓励学生用积极眼光评价自己和他人，为增进班级团结友爱付出行动。

三、活动对象

二年级学生

四、活动时间

40分钟

五、教学方法

1. 游戏教学法：通过"寻找闪闪发亮的星星"这个游戏，引导学生认识自己的闪光点，提升对自我的认同。

2. 小组合作学习法：通过四人小组合作学习，提升学生在集体中的自我表达能力，增强自信心。

六、活动准备

1. 物资准备：彩色便签纸、笔、大张白纸、计时器。

2. 分组安排：学生在课前进行分组，每组四人并分配好座位。

七、活动流程

(一)导入环节(5分钟)

1. 引入语：在本次班会课开始之前，我想问问同学们：你是否抬头观察过天上的星星？在你眼里，星星有哪些特点呢？请同学们想一想，然后举手告诉我好吗？

2. 学生讨论并发言，引入课题。

3. 小结语：同学们分享的都很有意思。其实，我们每一个同学都是一颗闪闪发亮的星星。今天的班会课老师想带大家玩一个互动游戏，希望通过这个游戏，每个人都能更好地了解自己，发现自己的长处和闪光点；同时，活动要求同学们只鼓励只赞美，不批评不指责。我相信通过今天的活动，我们班会变得更加团结和谐，同学们也会变得更加自信。

(二)主题讲解或展示环节(10分钟)

1. 活动说明：分发彩色便签纸和笔，要求学生写下自己的三个优点或最近做得好的事情，鼓励他们诚实且具体地表达自己。

老师引入语：现在，请拿着彩色便签纸和笔，写下你的三个优点或最近做得好的事情，比如：我在数学课上主动举手回答问题，得到了老师的认可；或我擅长体育，运动会获奖。这些是你的亮点和骄傲与幸福的源泉。

2. 个人思考：学生应该独立思考自己的优点，并在彩色便签纸上写下自己的三个优点。

3. 小组分享：学生可以有选择地与小组成员分享自己的笔记，相互之间可以通过提醒来补充笔记。

4. 任务分配：每个小组需要选择一名负责收集小组成员的亮点的"记录员"，可以用笔记本记录下成员们分享的内容。

5. 学生分享：活动开始后，小组每位成员轮流分享自己写出的三个优点或最近做得好的事情，每次分享后其他成员给出正面反馈，可以鼓励赞同，也可以做优点补充。

小结语：请各小组确认好"记录员"，请每个组的"记录员"举手。好的，感谢你的付出，你的任务是记录每个成员分享的亮点，这些亮点可以写在你自己的笔记本上。

（三）讨论或分享环节（10分钟）

1. 引入语：同学们，通过分享我们发现每个人都有自己的闪光点。请你想一下：大家的闪光点一样吗？当你发现和别人的闪光点相同或不同时，该如何对待？"

2. 小组讨论：首先小组内每位同学发表自己的看法，由记录员记录并整理。

3. 小组分享：每个小组分享整理出的观点。分享结束后，其他成员可以做相应的补充。

4. 小结语：感谢每个小组的分享，通过大家的总结可以归纳出几点，当我们发现与别人的闪光点相同时，意味着我们有同样的兴趣爱好、观念，可以试着成为更好的朋友。而对待不同的闪光点，则要相互理解，相互学习，共同发展。

（四）实践活动环节（10分钟）

1. 引入语：现在大家都找到了自己的闪光点，接下来请小组通力合作，在白纸上画出属于你们的星图，每颗星星都代表着一个成员的闪光点，请附上这位成员的名字或昵称。现在给大家 3 分钟时间，开始创作吧！

2. 创建星图：记录员总结收集到的闪光点，并将其以星图的形式画在一张大白纸上。每颗星星代表一个闪光点，并附有学生的名字或昵称。

3. 小组介绍：每组轮流上台，记录员或代表通过简要介绍每颗星星背后的故事，向全班展示他们的星图。

4. 课堂鼓励：每次演讲结束后，全班同学都会报以热烈的掌声和鼓励的话语，营造出积极向上的氛围。

5. 小结语：好的，感谢每个小组的努力，可以看到，大家都顺利完成了属于自己的星图，这上面留下了每位成员的闪光点，这是属于大家的成就。老师会帮大家把这份星图保存下来，贴在教室后面的展板上。

(五)总结与提升环节(5 分钟)

1. 讨论和分享：让学生自由交流，举手分享自己参加今天班会课游戏的感受，并思考怎样将今天的收获运用到日常学习生活中去。

老师指导语：现在活动结束了，我们来复盘一下，哪个学生可以分享自己的一些感受和收获？例如，你认为这些积极的自我发现和小组成员的评价将如何影响你未来的学习和生活。

2. 小结语：强调每个人都是独一无二的，有很多值得骄傲的亮点。鼓励学生在课堂集体中积极发现自己和其他人的亮点。

八、后续跟进计划

1. 亲子分享：鼓励学生放学回家后与父母分享今天参与"寻找闪闪发亮的星星"活动的感受，听听家人的鼓励和补充。

2. 布置周记，观察并记录自己在接下来一周内如何自信地面对生活中的一个小挑战，并准备在下节主题班会课上分享。

九、注意事项

1. 相互尊重：提醒小组成员在分享交流过程中避免任何形式的嘲笑或羞辱。老师可以通过巡堂进行师生互动。

2. 时间管理：确保每个环节分配适当的时间，并尽量确保学生能够充分分享和交流。

3. 积极参与：鼓励学生积极参与活动，无论是自我反思还是小组讨论，并勇于表达自己的想法和感受。

十、参考文献

1. 麦克唐奈. 闪亮的小海星[M]. 范晓星, 译. 北京: 现代出版社, 2018.

2. 陈江波, 陈江红. 小学生学习自信心的产生与发展[J]. 现代中小学教育, 2006(4): 45-47.

3. 郭黎岩, 刘正伟. 小学儿童自信心训练课程的设计与实施[J]. 中小学心理健康教育, 2005(8): 18-20.

第2课
我是小小调解员

一、教育背景

1. 活动缘起: 人际交往技能是小学二年级学生重要的社会技能, 而同理心又是人际交往中非常重要的一部分。但由于二年级学生在与他人交往过程中受知识经验不足的限制, 不理解他人的感受而容易对他人产生误会, 甚至出现争吵。因此, 本次主题班会课将培养他们的同理心, 帮助他们更好地理解他人, 减少人际交往中的摩擦, 构建和谐友善的班级氛围。

2. 学生基本情况: 二年级学生正处于社交技能快速发展的阶段, 他们已具备一定的人际交往能力, 掌握了一定的社交礼仪。但自我中心倾向还较明显, 较少能够站在他人角度处理问题。因此, 本次主题班会课将着重帮助他们学会站在他人的立场考虑问题, 从而提升他们的同理心水平。

二、教育目标

1. 认知目标: 帮助学生认识到每个人都有自己的需求和感受, 能够理解与尊重他人。

2. 情感目标: 增强学生之间情感联结, 培养学生理解他人与尊重他人的不同的情感态度。

3. 行为目标: 引导学生争做一个小小解调员, 多做一些维护班集体团结友爱的事。

三、活动对象

二年级学生

四、活动时间

40 分钟

五、活动准备

1. 场地准备：将教室桌子移开，学生四人一组就坐。

2. 绘本准备：选择绘本《学会理解和尊重》作为素材，并根据时间要求对内容进行删减。

六、活动流程

（一）导入环节（5分钟）

1. 引入语：同学们，建设团结友爱的班集体离不开每个同学的努力。期待你们可以做更多增进友谊的事。大家愿意吗？（愿意）我们这节主题班会课的内容是"我是小小调解员"。

2. 提问：什么是调解员？哪个同学可以用自己的话来解释一下？

3. 小结语。老师总结学生的观点，并做进一步的解释：所谓调解员是指能够安抚同学情绪、解决同学小争执、善于团结同学的人。

（二）主题讲解或展示环节（15分钟）

1. 引入语：同学们，怎么样才能做好调解员的工作呢？下面听老师讲一个绘本故事，它的名字叫《学会理解和尊重》（根据时间对原文进行删减）。

我叫哈林，是一只青蛙，我没有朋友。有一天，妈妈生病了，她拜托我去帮她看店。

可杂货店里实在太无聊了，无聊到我都犯困了。松鼠妹妹来到了杂货店："哈林，你可以帮我拿一下那顶粉红色的帽子吗？""吵什么吵？你没看见我在睡觉吗？"我十分不耐烦地转过身，继续呼呼大睡起来。松鼠妹妹失望地离开了。

又过了一会，山羊奶奶拄着拐杖来到了杂货店："哈林，我的眼睛不好使，你能帮我找找红色的毛线球吗？"我真的很想装作听不见，但山羊奶奶问了一遍又一遍，我只好生气地说："卖完了！卖完了！别打扰我睡觉。"山羊奶奶也失望地离开了。

等我一觉醒来，已经到了下午。我感觉有些口渴，所以决定去兔子姐姐的果汁店喝一杯果汁。

"欢迎光临，哈林，你有什么需要？"兔子姐姐的声音非常柔和，这让我听起来非常舒服。"我想要一杯果汁！""好的！那请稍等一下。"兔子姐姐非常有礼貌，这使我非常愉快。"我要是也像兔子姐姐这样该多好，大家肯定会喜欢我!"喝着果汁,我想起了松鼠妹妹和山羊奶奶。

我应该更有礼貌一些,学会尊重他们。我向松鼠妹妹和山羊奶奶道歉,并送上了她们需要的东西。现在大家都很喜欢我,我也很喜欢他们!

2. 组织学生讨论:同学们,故事讲完了。故事好听吗?(好听)大家思考几个问题,请看PPT。

青蛙哈林一开始说"自己没有朋友",它为什么交不上朋友?故事结尾,哈林又说:"现在大家都很喜欢我,我也很喜欢他们!"现在大家为什么都喜欢"我"?"我也很喜欢他们"说明什么?

3. 现在四人一组进行讨论:分别用A、B、C、D代表四人,第一个问题由A与C、B与D进行讨论,讨论时,两人手握着手,互相看着对方的眼睛;第二个问题由A与B、C与D进行讨论;第三个问题由A与D、B与C讨论。每人发言30秒,当听到PPT响起"时间到"时就换另一个人发言。

4. 组织分享,老师适时指导。第一问题引导:对人不耐烦和没礼貌是哈林交不上朋友的主要原因。第二问题引导:兔姐姐的尊重和礼貌招待让哈林感到非常舒服和愉快。由此,他学会了理解与尊重他人,大家也因此都喜欢他。第三个问题引导:哈林尊重别人,别人心里感到很温暖,别人就会对哈林友好,哈林心里甜滋滋,也因此喜欢别人。

5. 小结语:同学们,哈林的故事告诉我们一个道理,当我们能够理解与尊重他人时,别人心里就会很甜蜜,别人就会更喜欢我们,我们自己也会变得非常开心。这样我们班就会成为一个互相尊重、团结友爱的大家庭。大家愿意为我们班做点事吗?(愿意)接下来,我们进入讨论或分享环节。

(三)讨论或分享环节(5分钟)

1. 引入语:大家议一议,假如你是班上的调解员,你会如何帮助班主任调解同学间的小摩擦,增进同学的友谊呢?

2. 组织同学讨论,适时指导。请同学们另找三人组建新的四人小组,面对面的两个同学一起讨论。请大家根据PPT提示进行讨论。当发现有同学起矛盾时,我可以先_____(拉开或其他方式)他们,避免他们矛盾恶化。之后是听对方说,还是直接告诉他们不要争吵?和同学讨论你的选择与理由。

3. 组织同学分享,并给予引导:①我可以先拉开他们,避免矛盾恶化。②我需要耐心听双方讲述发生的事情,让他们感受到被重视和理解。

4. 小结语：同学们，在生活中我们需要和平相处，同时更重要的是相互理解和尊重，这样才能做到团结友爱。接下来进入实践活动环节。

(四)实践活动环节(10分钟)

1. 引入语：我们带着学到的知识"理解与尊重他人"，以小调解员的身份试着帮助同学化解如下矛盾。

(1)小红悄悄告诉小敏，小丽在背后说她的坏话，小敏非常生气。

(2)小强说，在与朋友玩游戏时朋友总抢着先玩，他很苦恼。

(3)小明说，他与小李在课间玩拍纸牌游戏时，他边拍边吹气，将口水溅到纸牌上，小李非常生气，骂了他。

(4)上课时，小何总找小叶说话。结果小叶说话时被老师看到，当堂被老师批评，小叶心里觉得很委屈。

2. 组织学生实践：将以上四个问题，分别发给四人小组，每小组围绕一个问题进行讨论。每小组中的一人扮演当事人，一人扮演小调解员，另外两人旁听。扮演当事人的同学模仿当时的情境向小调解员述说事情的经过，小调解员给予回应。旁听者扮演小记者，采访当事人："小调解员说的话，让你感受到什么?"若当事人感觉到不被理解与尊重，另一个旁听者可以给予补充。

另外，当事人与小调解员在交流时，可以参考PPT上的内容(具体内容略)。

3. 组织学生分享，邀请小组在班上分享实践成果，老师引导。

4. 小结语：同学们，通过刚才的练习，我们进一步体会到，理解与尊重他人，是可以帮助到他人的，可以让他人的情绪得到安抚。这为下一步解决矛盾提供帮助。为大家点赞！下面我们进入最后一个环节。

(五)总结与提升环节(5分钟)

1. 引入语：同学们，在今天主题班会课上，你最大的收获是什么?

2. 学生分享学习收获。八人一组，围成一个圈。每人30秒时间，说一说今天我学到了什么，将会用在哪里。老师适时指导。

3. 小结语：同学们，今天我们通过"我是小小调解员"这个主题活动，共同探讨了"理解与尊重他人"的话题。我们敞开心扉，用心体会，用独特方式尝试走进他人的内心，为他人撑起一把被理解与尊重的大伞，拉近了彼此间的距离，营造团结友好的氛围。我希望从这一刻起，大家多做团结友爱的事，为班集体作贡献。

七、后续跟进计划

1. 布置一周行为作业：鼓励同学们记录一件理解与尊重他人或他人对自己表达尊重的事。

2. 及时收集优秀的记录，并张贴在班级的墙面上。

八、注意事项

1. "同理心"这一概念对二年级学生来说，是比较生疏的。因此，我们在开展主题班会课时，可以不讲此概念，而是通过强调"理解与尊重他人"这一知识点，来实现培养目标。

2. 在组织练习时，通过设计填空题来降低难度，以匹配二年级学生的认知水平。

九、参考文献

1. 玛妮亚. 哼，不是这样的!［M］. 黄晓丹，译，重庆：重庆出版社，2017.

2. 肖辉. 学会理解和尊重［M］. 南京：江苏凤凰美术出版社，2020.

第3课
花花世界的美

一、教育背景

1. 活动缘起：居住在城市里的学生，由于跟自然界接触较少，对自然界了解也较少，更不易理解自然界中生命的丰富多样性。因此，难以激发他们热爱自然的情感。本次班会课，旨在帮助二年级学生认识和欣赏自然界生命的丰富多样性，增强他们初步的环保意识。

2. 学生基本情况：二年级学生对动植物的种类有了一定认识，同时对自然界生物多样性理解不深。他们会根据自己的偏好，喜欢某些动植物，而对一些生物了解不足，缺乏保护意识。因此，需要提升他们对自然界的认识，培养初步的环保意识。

二、教育目标

1. 认知目标：强化学生对自然界多样性及其价值的认识。

2. 情感目标：增强学生热爱自然、保护环境的意识。

3. 行为目标：鼓励学生观察及认识学校或家里的花草，实践保护生物多样性的行动。

三、活动对象

二年级学生

四、活动时间

40 分钟

五、教学方法

1. 小组合作学习法：通过小组讨论与实践活动，让学生在参与中学习和体验。

2. 角色扮演法：通过"我是环保小卫士"角色扮演，激发学生的环保意识。

六、活动准备

1. 场地布置：将桌子移开，留下椅子，四人一组就座。

2. 活动资料：视频《生命多样之美　从喜马拉雅到西双版纳》，绘本《月光下的秘密》，自然界生物及非生物头饰（每人一个）。

七、活动流程

（一）导入环节（5 分钟）

引入主题：同学们，当我们在周末、节假日跟随父母去植物园时，我们是否被自然界花花草草的美丽所吸引呢？（是的）去动物园时，是否又被那些可爱的小动物所迷倒呢？（是的）同学们，今天，老师带领大家走进"花花世界的美"班会课。（出示课题，展示图片）

（二）主题讲解或展示环节（10 分钟）

1. 引入语：首先，让我们通过一个视频来了解大自然中生物的多样性美。

2. 观看视频《生命多样之美　从喜马拉雅到西双版纳》。

3. 师生互动：看了视频后，你对哪些描述最有印象？

预设 1：喜马拉雅山脉的壮观。

预设 2：青藏高原植物的奇特与美丽。

预设 3：西双版纳的美丽与宁静。

老师根据学生回答给予积极反馈。

4. 主题讲解：同学们，生物多样性就是生物多种多样，有花、有草，有猫、有鱼、有虫，还有人，等等。其中人是生物多样性的重要因素。

5. 小结语：同学们，我们拥有如此美丽的自然，我们要好好爱护它。

（三）讨论或分享环节（10分钟）

1. 引入语：同学们，如果有一天美景消失了，那可能是什么原因造成的呢？

2. 阅读绘本故事：同学们，请大家打开绘本《月光下的秘密》进行阅读。

故事梗概：在一片森林里，有一个被高高的树木环绕的小湖。湖面平静如镜，月光洒在水面上，水面上闪烁着银色的光芒，如同无数的小星星。湖边住着一只聪明可爱的小兔子，名叫米米。米米有一双明亮的眼睛，总能发现森林里的小秘密。有一天晚上，米米在湖边玩耍，无意中发现湖面上的月亮似乎格外明亮。她好奇地想："这月亮上会不会有什么故事呢？"于是，米米决定去寻找月亮上的秘密。她跃入湖中，开始向那明亮的月亮游去。游着游着，她忽然发现水中有一些闪闪发光的小鱼，他们围绕在她身边，像是在为她指引方向。随着小鱼的引导，米米终于来到了月亮的下方。她惊讶地发现，月亮上居然有一扇小小的门！米米小心翼翼地打开门，里面是一个五彩斑斓的世界。那里有美丽的花朵、甜美的果子，还有许多小动物在快乐地玩耍。米米也加入了他们，和他们一起玩耍、唱歌、跳舞。在这个奇妙的世界里，米米结识了许多新朋友，其中有一只善良勇敢的小松鼠，名叫松松。时间过得飞快，转眼就到了该回家的时刻。米米依依不舍地告别了新朋友们，回到了湖边。从那以后，米米每晚都会来到湖边，通过月亮门进入那个奇妙的世界。她和松松成了最好的朋友，每晚都会一起分享彼此在各自世界里的新鲜事。然而，有一天晚上，米米来到湖边时，发现月亮门消失了。她急得团团转，不知道怎么办才好。这时，松松从森林里走了出来，告诉米米："不要担心，我知道月亮门为什么会消失。因为最近人们在砍伐森林里的树木、污染水源，月亮女神很生气，所以就把月亮门关闭了。"听到这个消息后，米米决定联手松松，保护他们的家园。他们向森林里的小动物们发出号召，一起行动起来。有的小动物负责清理垃圾，有的负责种树，还有的负责教育那些破坏环境的人们。经过一段时间的努力，森林里的环境变得越来越好。月亮女神看到了这一切，非常高兴。她重新打开了月亮门，让那个奇妙的世界再次与人类世界相连。从那以后，米米和松松以及森林里的其他小动物们又过上了幸福快乐的生活。每当夜幕降临，月光洒满大地时，他们就会聚在一起，分享彼此的故事，感谢月亮女神给予他们这个美丽的家园。而人类世界也认识到珍惜环境、保护生态平衡的重要性。

3. 组织分组讨论：请同学们结合绘本内容，讨论月亮女神为什么生气把月亮门关闭，后来又是什么原因重新打开了月亮门。

4. 组织全班分享，老师适时引导。

5. 小结语：同学们，月亮女神关、开月亮门的故事，告诉我们要珍惜爱护自然环境，与自然和谐相处，自然才能给予我们美丽的花园。

(四)实践活动环节(10分钟)

1. 引入语：同学们，接下来，我们来做一个游戏。游戏名称叫作"我是环保小卫士"。

2. 组织活动：按八人一组开展。活动规则：每组认领不同头饰，每人戴上不同头饰按要求进行表演。

第一组表演大树生虫怎么办。分别有大树、小鸟、蝴蝶、花朵、小草等角色。

第二组表演小溪污染了怎么办。分别有蜜蜂、鲜花、蚂蚁、蜻蜓、小溪等角色。

第三组表演青蛙不叫了怎么办。分别有青蛙、池塘、鱼、乌龟、荷花等角色。

第四组表演干旱了怎么办。分别有小草、花朵、小鸟、蘑菇、仙人掌等角色。

每组选出一个组长，根据不同情景，思考如何安排角色并商量如何解决问题。

3. 指派1~2组学生进行全班分享，老师适时引导。

4. 小结语：同学们，在刚才的活动中，我们通过"争当环保小卫士"，进一步认识了自然界物种的多样性，理解了环保行为的意义。

(五)总结与提升环节(5分钟)

1. 引入语：同学们，下面请各小组梳理出三条保护环境的方法。

2. 学生小组梳理保护环境的办法，老师适时引导。

(1)参加植树活动，跟父母在家里种植花草。

(2)节约用水，建议父母利用洗菜水冲厕所。

(3)将垃圾放入垃圾桶，不在公共场所乱扔垃圾。

3. 小结语：同学们，保护环境，人人有责。通过今天的活动，希望同学们更加了解自然的美，学会欣赏自然之美，从小树立保护环境的意识。

八、后续跟进计划

要让学生跟随父母在社区或附近公园观察有哪些美丽的小动物和植物，想一想如何保护这些美丽的小动物和植物。

九、注意事项

1. 讨论或分享环节，要留足时间让学生讨论，并采用多种形式调动学生参与讨论的积极性。

2. 在实践活动环节，要讲清规则，并做好示范，让学生理解角色扮演规则，让学生在活动中理解保护环境的重要性。

十、参考文献

1. 曹文轩. 月光下的秘密[M]. 北京：天天出版社，2015.

2. 刘海栖，黄欣然. 蚂蚁的世界[M]. 青岛：青岛出版社，2020.

三年级体验式生命教育主题班会课设计范例

第1课
我是一棵有爱的生命树

一、教育背景

1. 活动缘起：在当前高压力的社会背景下，学生在学习、人际交往方面存在着自我质疑，在班集体中存在着展现个人价值的困惑。这为学生心理发展带来不利影响。因此，本次主题班会课，旨在构建一个温暖和谐的班集体，帮助学生认识并珍视自我独特性，理解每个人都是充满爱的生命体。

2. 学生基本情况：近期发现部分学生在面对学习竞争与课业压力时出现了焦虑情绪，表现出自我怀疑的倾向。这种倾向可能会导致学生出现不自信的心态。因此，需要借助主题班会课让学生认识到每个个体都有着独特的价值，从而提升其自我认知。

二、教育目标

1. 认知目标：强化学生对自我独特性和内在价值的认知，理解每个人都是充满爱的生命体。

2. 情感目标：培养学生自我认同的情感，树立正确的自我价值观。

3. 行为目标：发挥个体独特的价值，在生活中乐于助人。

三、活动对象

三年级学生

四、活动时间

40 分钟

五、教学方法

1. 故事讲述法：通过讲述绘本故事《做一棵有爱的树》，强化学生对自我独特性和内在价值的认知。

2. 角色扮演法：通过"漫步森林"，做一棵有爱的树，实践关爱集体的行为。

六、活动准备

1. 场地安排：将教室桌子移开，每组八人，呈半圆形摆放椅子。

2. 物资准备：视频《做一棵树吧》、音乐《听我说，谢谢你》、树的头饰、摇动黑板、白纸、彩笔、勾线笔、大黄纸。

七、活动流程

（一）导入环节（5 分钟）

导入语：同学们，我们今天来进行角色扮演。请同学们拿出树的头饰戴在头上，闭上眼睛，想象自己变成一棵有爱的生命树。随着音乐（播放音乐《听我说，谢谢你》），想一想，你将如何关爱这棵生命树及整个树林。带着这些思考，我们进入本周班会课"我是一棵有爱的生命树"。

（二）主题讲解或展示环节（10 分钟）

1. 老师展示：《做一棵树吧》视频片段——树的剖析图部分。

2. 老师提问：同学们有没有想过，树与树之间是怎么交流的呢？

3. 根据学生回答，再问：树与树会交流些什么呢？让我们一起化身为树，走进茁壮成长的树林当中。（根据学生回答播放剩余的《做一棵树吧》视频）

4. 学生活动。

（1）绘制生命之树：请同学们画一棵生命树，可以是想象中的树或者是自己喜欢的树的样子。

请同学们拿出白纸、彩笔、勾线笔等自由发挥。

（2）小组互相评价：请小组围圈坐，每个同学将手中的生命树递给左边同学，拿到生命树的同学用一句积极的话给予评价，如"我认为这棵生命树画得有特色，它……"。每个人要有不同的评价。等拿到自己的生命树时，也给自己一个评价。

5. 组织分享：请1~2组同学上台分享，老师适时引导。

（三）讨论或分享环节（10分钟）

1. 引入语：同学们，将大家手中的生命树连在一起，会怎么样？

2. 邀请学生回答，适时引导。（有可能变成一片树林）

3. 再提问：在狂风暴雨面前，是树林还是一棵生命树更有抵抗力量？

4. 邀请学生回答，适时引导。（树林更有力量抵抗狂风暴雨）我们的班级就如一片树林，每个人都可以用自己独特之处为班级贡献自己的力量。

5. 组织讨论：请同学们四人一组讨论如何发挥自己的长处为班集体争荣誉。比如，在文明班评选中，你可以做些什么；在体育节中，你可以做些什么；在读书月中，你可以做些什么；在每周班级卫生大扫除时，你可以做些什么。

（四）实践活动环节（10分钟）

1. 引入语：请同学们带着思考的结果进入实践活动环节，并把在讨论分享中形成的小组意见制作成一个有关小树林的成长计划，将手中生命树剪成树的样子贴在大黄纸上并签名，表示为小树林成长所做的努力。

2. 学生活动：每个小组成员将自己的树集中放在一起，形成属于每个小组的小树林。

3. 组织"漫步森林"活动：各小组将小树林大黄纸贴在本组移动黑板上，形成一片片有爱的大森林。之后学生们"漫步森林间"，观赏其他小组同学的小树林，看有哪些好的行为值得肯定。

4. 小结语："漫步森林"过程中，同学们感受到了关爱他人与被关爱的美好，在这爱的闪耀时刻，我们都获得了健康快乐的成长。

（五）总结与提升环节（5分钟）

1. 引入语：同学们，你们今天收获了什么？请以"我发现……"的句子分享给小组成员。

2. 学生分享，老师适时给予指导。

3. 小结语：同学们，今天我们通过画一棵生命树和"漫步森林"的活动，明白了作为一棵有爱的生命树，不仅要展示自身特长，还要充分运用这些特长为班集体作贡献。这便是一棵有爱的生命树的神圣职责。

八、后续跟进计划

1. 布置一周行为作业：要求学生记录两次自己关爱班集体的行为，并向父母表达助人的感受。

2. 将有关记录"关爱班集体的行为"的作业告知家长，请家长支持配合。

九、注意事项

1. 将生命教育主题与授课过程融合起来，即在授课过程中强调树和人的生命力，引导学生认识自身价值，并明白价值体现在为集体作出应有的贡献上。

2. 在组织"漫步森林"时，需要保证每一组都有移动黑板，营造森林的氛围，调动学生情感，理解"我也是集体中的一分子"。

十、参考文献

吉安费拉里. 做一棵树[M]. 杨涤，吴漾，译. 深圳：海天出版社，2023.

第2课
我是小小家政经理

一、教育背景

1. 活动缘起：为了培养小学三年级学生对自己的行为和周围环境产生更多的责任感，让他们理解父母的付出和辛劳，感受家庭成员之间的相互关心和支持，体会劳动的价值和重要性，学会独立完成一些任务，减少对成人的依赖，发展独立性和自主能力，为未来的生活做好准备，为成长打下坚实基础。

2. 学生基本情况：小学三年级的学生，通常处在8~9岁的年龄段，这个年龄段的孩子，自我意识开始增强，更关注自己的内心世界和个人感受，对自己的能力、兴趣和价值观有了更清晰的认识，好奇心也开始增强。因此，以家务劳动为主题的班会课，鼓励学生参与家务劳动，可以让他们感到自己有能力做好事情，增强他们的自信心和对家庭角色的认知，更加主动履行家庭职责。

二、教育目标

1. 认知目标：让学生了解家庭成员的角色和责任，体验父母的付出和辛劳。

2. 情感目标：培养学生的感恩之心，更加主动履行家庭职责。

3. 行为目标：引导学生积极参与家务劳动，提高生活自理能力，引导学生在日常生活中真正践行感恩之心。

三、活动对象

三年级学生

四、活动时间

40 分钟

五、教学方法

1. 角色扮演：各小组学生分别扮演家庭成员的角色，每个角色将每天干的家务活用动作表达出来，体验与感受父母干家务的辛劳，萌生感恩之心。

2. 小组合作：在角色扮演活动及实践活动之后开展小组讨论，促进学生之间的交流与合作。

六、活动准备

1. 场地布置：选择宽敞明亮的教室，按六张桌椅为一组摆放。

2. 活动材料：彩色卡纸、彩色笔。

七、活动流程

(一)导入环节(5 分钟)

1. 导入语：同学们，近来有很多同学向老师反映，父母在家里让我们做家务，有的同学喜欢做，有的同学不喜欢做，因此今天我们开展与家务相关的主题班会课。

2. 展示本节课主题：我是小小家政经理。

(二)主题讲解或展示环节(10 分钟)

1. 引入语：同学们，你是怎样理解"家政经理"这个角色的？你们家的"家政经理"是谁？（在本课中家政经理是指管理家务活的人）

2. 组织学生讨论。

(1)今天作为家政经理，你会如何组织家庭成员一起干家务活，或者说说，你会主动为家庭做哪些家务活动。

(2)分享自己在家中做过的家务以及这些家务对家庭的重要性，各小组收集信息，派代表分享。

3. 小结语：老师发现，同学们做过很多家务活。同时，老师还发现，同学们身为家政经理并没有只说不做，而是积极主动地为父母分担家务活。各个都是好女儿、好儿子！老师给你们点赞！

（三）讨论或分享环节（10分钟）

1. 引入语：同学们，家政经理是管理家务活的。但老师发现，几个小组在分享时，并没有出现指挥家长干活的现象，组员都积极主动干家务活。

下面，请同学们讨论：（1）在家里，假如你只安排其他人干活，而自己不干家务活，会出现什么情况？（2）在家里，假如你不仅安排家务活，还积极主动干家务活，会出现什么情况？

2. 学生讨论，老师适时指导。

3. 组织学生分享，老师及时引导。只说不干，会导致家里人尤其父母不开心。而又说又干，会得到家里人肯定，尤其是父母的欣赏。此外，还能体会到平时父母干家务活的辛劳，并以实际行动报答父母。大家愿意当一个懂得报恩的人吗？（愿意）好的，我们进入下一个环节——实践活动，设计报恩的行动。

（四）实践活动环节（10分钟）

1. 引入语：请六人一组开始制作报恩行动计划书。首先每个学生写出自己准备做的报恩行动三件事，写清楚准备什么时间为父母做什么事。然后，小组梳理汇总，将相同的事合并。

2. 学生完成计划书。

3. 组织学生分享，老师及时引导。让学生说说落实计划中的报恩行动可能遇到的问题。同时，引导学生思考"平时，父母做这么多活"的感受，进一步体会父母的辛劳。

4. 小结语：刚才各个小组说得都很起劲，家里的活基本被同学们全干了，包括刷马桶、倒垃圾的活，说明同学们都是很有爱的孩子。我们也进一步理解了父母每一天的不容易，我们回家主动干家务活，就是对父母的报恩。

（五）总结与提升环节（5分钟）

1. 引入语：同学们，今天大家玩得如何？（开心）下面，我们带着快乐的心情一起梳理本节课你最大的收获。

2. 组织学生活动。请同学们将收获写在纸片上，之后将纸片折成小飞机，一起放飞。

3. 小结语：通过本节课的学习，同学们了解了家庭成员的责任，体验了父母的付出和辛劳，老师也看到了同学们拥有的感恩之心。我们每个人都要珍惜家庭的幸福，积极参与家务劳动，提高生活自理能力，在日常生活中真正践行感恩之心，在家做个好孩子，在学校做个好学生。老师相信，你们的未来一定很美好。

八、后续跟进计划

鼓励学生继续进行感恩行动，并记录下来粘贴在班级后面的黑板报上。

九、注意事项

1. 小组交流时，鼓励不爱发言的学生积极参与活动。

2. 鼓励学生在角色扮演时同时体会角色的心情。

十、参考文献

罗斯. 我爱做家务 [M]. 纽约：哈珀柯林斯出版社，2012.

第3课
探索秘密花园

一、教育背景

1. 活动缘起：在数字化时代，孩子们与自然界的直接接触逐渐减少，这在一定程度上削弱了他们对大自然的认知以及与大自然的情感联结。为了引导三年级学生发现自然的魅力，理解自然生态的奥秘，培养他们对自然的热爱与尊重，设计本次班会课，旨在通过多媒体辅助的五官感统体验、探索真实情境等方式，让学生与自然建立更加紧密的联系。

2. 学生基本情况：三年级学生有着强烈的好奇心，热爱探索未知，喜欢通过实际动手与触摸来感知世界，通过感知世界体验世界与自我的联系，激发自身对自然的热爱与敬畏之情。

二、教育目标

1. 认知目标：通过多媒体辅助的五官感统体验，帮助学生了解自然生态圈的结构与运作系统。

2. 情感目标：激发学生对大自然的热爱与责任感，感知世界与自我的联系。

3. 行为目标：鼓励学生参与校内自然环境路线探索，提升观察力、思考力和情感表达能力。

三、活动对象

三年级学生

四、活动时间

40 分钟

五、教学方法

1. 多媒体教学：利用视频、音频、图片等方式，让学生在课上通过五官感统感受大自然。

2. 互动讨论：组织小组讨论，让学生探讨自然生态圈的形成与自然的重要性。

3. 探索真实情境：带领学生走出课堂，亲身体验学校的自然环境，体验自然的神韵。

六、活动准备

1. 素材收集：准备与自然风光、动植物生长、自然生态循环等相关的视频、音频和图片资料。

2. 真实情境路线规划：提前规划好学校内的自然考察路线，确保安全并设置观察点。

3. 分组与任务分配：将学生分为六人小组，每组一名组长，负责记录观察结果和讨论要点。

七、活动流程

（一）导入环节（5 分钟）

1. 引入语：你曾经探索过的自然，是由哪些部分组成的呢？你是怎么感受大自然的？

2. 学生回答，老师适时回应。比如有树木、花草、小鸟、河流、大山、人类等等，用看、听等方式感受大自然。

3. 过渡语：大自然是丰富且有趣的。今天在课堂上，我们通过五官感受大自然，一起探索这个"秘密花园"。

（二）主题讲解或展示环节（10 分钟）

1. 引入语：同学们，请适当地揉一揉你的眼睛、耳朵、鼻子、手指，待会的活动将会动用你的眼睛、耳朵、鼻子和手来感受自然。

2. 组织活动。

步骤一：视觉盛宴。

播放视频"与自然同频的瞬间"（内容：轻音乐作为背景，画面有绿色的草地、波光粼粼的水面、飞舞的蝴蝶、盛开的桃花）。

提问：在刚刚的视频里，你看到了什么？你曾经在哪个时刻也看到了同样的场景？

步骤二：听觉探索（请同学们轻轻闭上眼睛）。

播放音频"记得戴耳机观看！4K立体声感受大自然的心跳"（内容：心如旷野，万物声动，博主带着收音器走在广东乳源县感受瀑布、山林、动物的声音）。

提问：你们听到了什么？这些声音让你想到了什么？它们是否让你想起某些自然场景？

步骤三：触觉与嗅觉体验。

请同学们闭上眼睛，将手放在桌子上。老师发放物品（如干树叶、泥土、葡萄干等），请同学们通过触摸物品的纹理、形状、大小等方式感受自然。

提问：你刚触摸时是什么感觉？你猜到是什么了吗？用这样的方式感受自然时觉得如何呢？

学生回答，老师引导。

3. 小结语：在刚刚的三个环节里，我们动用了自己的五官在课堂上实现了感受自然，但刚刚我们看到的、听到的、触摸到的都是自然的一角。

（三）讨论或分享环节（10分钟）

1. 引入语：在刚刚的五官统感环节里，同学们看到的是自然美好的一面，但在当前，我们的自然好像有了一些变化。

2. 提问：如果没有了自然物，世界会变成什么样子？

3. 学生讨论与分享，延伸拓展主题。

4. 小结语：同学们，通过相互讨论学习，我们进一步了解到每个生命在自然界中都是鲜活的。如果没有了大自然，我们的生活将会变成什么样子？没有清新的空气、干净的水源、丰富的食物，我们怎么可能有安身立命的地方呢？想到这里，我们是不是应该更加珍惜和爱护我们的大自然呢？它给了我们生命，给了我们家园，给了我们无尽的灵感和创造力。所以，让我们用自己的行动，回报自然吧！

（四）实践活动环节（10分钟）

1. 引入语：接下来，我们将走出教室，沿着老师提前设计好的校内路线进行探索。在这条路线上，你们将有机会近距离观察树木、花草、昆虫等，感受它们的生长。请带上你们的笔记本和笔，记录下你们的所见所闻所感。同时，也请思考两个问题：我们的行为是如何影响周围的环境的？我们应该如何保护环境？

2. 学生通过小组活动，由组长带领，根据提前规划的校园探索路线实地感知身边的小自然。

3. 组织学生分享，老师引导。比如：观察树上的毛毛虫是如何可爱地蠕动，观察落叶缓缓落下或被风吹动的树叶牵动了自己什么情绪。

（五）总结与提升环节（5分钟）

1. 引入语：同学们，经过今天的探索与学习，我们用五官去了解了自然，深刻地感受到大自然的美丽与神奇。相信大家都有收获，请将收获写出来。

2. 组织活动：将收获卡片与好朋友分享。

3. 小结语：同学们，经过今天的探索与学习，我们不仅深入地了解了自然生态圈的结构与运作系统，也深刻地感受到了大自然的美丽与神奇。在这次活动中，老师看到了大家的热情与投入，也感受到了你们对大自然的热爱与敬畏。老师相信，只要我们每个人都能够从自己做起、从小事做起，就一定能够共同守护好我们这个美好的自然。

4. 布置课后作业：各小组完成一张"保护秘密花园"的宣传海报，呼吁大家共同爱护我们的自然，保护自然。希望今天的班会课能在你们心中种下一颗种子，让热爱自然、保护环境的理念在你们心中生根发芽、茁壮成长。

八、后续跟进计划

1. 提醒学生完成小组课后作业。

2. 定期举办"保护秘密花园"分享会，展示学生的宣传海报。

3. 组织学生参与校园绿化美化项目，如修剪花草、维护花坛等。

九、注意事项

1. 确保实地考察过程中的安全，提前进行安全教育并准备必要的防护用品。引导学生在实践活动中注重节约资源和保护环境。

2. 尊重每个学生的感受和意见，鼓励多元表达与包容理解。

十、参考文献

伯内特. 秘密花园[M]. 李文俊，译. 北京：北京联合出版公司，2016.

四年级体验式生命教育主题班会课设计范例

第1课
尺有所短　寸有所长

一、教育背景

1. 活动缘起：班级个别同学出现不与其他同学一起玩耍，甚至攻击他人，嘲笑、捉弄、贬低他人，只关注他人的缺点，不关注他人的优点，缺乏对他人的尊重和欣赏，不愿与他人合作，难以与其他同学和谐相处等现象。因此，本节活动课主要帮助学生明白每个人都有自己的优点和不足，即尺有所短，寸有所长，帮助学生学会欣赏他人的优点，同时也接纳他人的不足，为学生心理健康终身发展打下坚实的基础。

2. 学生基本情况：小学四年级的学生通常是在9~10岁年龄段，这个年龄段的孩子开始对自己的能力和表现有一定的期望和要求，他们期待得到他人的认可和赞扬，同时也开始对自己的表现产生一定的压力和焦虑。因此，在学校教育中，主题班会课可以帮助学生提高人际交往的能力，学会欣赏他人，学会与他人合作和分享，培养良好的人际关系，从而建立积极向上的班集体。

二、教育目标

1. 认知目标：让学生明白每个人都有自己的优点和不足。

2. 情感目标：帮助学生学会欣赏他人的优点，同时也能接纳他人的不足。

3. 行为目标：学会用积极眼光欣赏他人的优点。

三、活动对象

四年级学生

四、活动时间

40分钟

五、教学方法

1. 游戏教学：通过视频《骆驼和羊》引导学生不要小看他人，明白人各有所长。

2. 体验式学习：通过"欣赏卡制作"实践活动帮助学生更加了解他人的特色，欣赏他人。

六、活动准备

1. 场地布置：选择宽敞明亮的教室，将桌椅按六人一组摆放。

2. 活动材料：彩色卡纸、彩色笔。

七、活动流程

（一）导入环节（5 分钟）

1. 导入语：同学们，近来有很多同学跟老师反映，班级出现了不少怪现象。班级个别同学不与其他同学一起玩耍，甚至攻击他人，嘲笑、捉弄、贬低他人，只关注他人的缺点，不关注他人的优点。

2. 引入主题"尺有所短 寸有所长"。

（二）主题讲解或展示环节（10 分钟）

1. 引入语：同学们，请大家认真看视频《骆驼和羊》。

《骆驼和羊》讲述的是骆驼和羊对高好还是矮好争论不休，于是，它们找到老牛评理，老牛告诉它们不能只看到自己的长处，也不能只看到别人的短处。骆驼和羊听后都羞愧地低下了头。

2. 邀请学生回答：看完这个故事，你们觉得谁说的话有道理？

3. 学生回答，老师适时引导。

4. 主题解释：人各有各的长处，各有各的短处，也就是说，每个人都有自己的优点和缺点，没有一个人是完美的。我们要接受和尊重他人的多样性，不仅要看到别人的长处，也要接纳别人的短处。

（三）讨论或分享环节（10 分钟）

1. 引入语：同学们，在与人相处时，如何看到别人的长处，接纳别人的短处呢？

2. 组织讨论：请同学们根据 PPT 上的问题两两进行讨论交流。

（1）_____同学，我发现你身上具备_____（优点），我从_____事上发现的。

（2）_____同学，我感觉在_____（不足），你可以进一步提升。同时，人无完人，每个人或多或少存在一些不足。你无须太在意这些提升点。

3. 组织分享，老师适时引导。

4. 小结语：同学们很认真地参与活动，老师给大家点赞！通过分享讨论，我们学会了发现他人身上的优点，并由衷地欣赏他人，同时也接纳他人的不足。这样，可以给他人带来进步的动力！

（四）实践活动环节（10分钟）

1. 引入语：现在，我们开始制作欣赏卡。请同学们用自己最喜欢的彩色卡纸和彩色笔，为3个好朋友写欣赏卡。如，某某同学，我最欣赏你身上的_____。并留下落款，如你的好朋友某某，某月某日。

2. 组织活动：请写完的同学走出座位，把卡纸送给你要送的同学，收到卡纸的同学要对赠送的同学表示感谢。

（五）总结与提升环节（5分钟）

1. 引入语：同学们，通过今天的班会课，我们知道了每个人都有自己的优点和不足。正所谓，尺有所短，寸有所长。我们要欣赏他人的优点，同时也要接纳他人的不足。欣赏与接纳是一种智慧，下面请同学们轻轻闭上眼睛，想象一下，你是如何用积极眼光欣赏他人的。

2. 学生冥想。亲爱的同学们，想象自己在一个美丽的花园里，放松身心，深深吸一口气，再慢慢地呼出。此时，想象你的一个好朋友，就站在你面前，他/她有哪些让你觉得特别棒的地方？或许，他/她的善良、聪明、热情等，温暖着你的心。好，保持这种感觉，我数数，数到1时，大家睁开眼睛。

3. 小结语：通过本节课学习，我们明白了我们都是独特的，每个人都有自己的长处和短处，学会用欣赏的眼光看待别人，你会发现世界变得更加美好了。老师希望每个同学都能将欣赏的眼光落在他人身上，让我们的班级成为最有爱的班集体！

八、后续跟进计划

班主任可以安排学生写一条优点，送给同学；或者得到谁的帮助，可以制作欣赏他人优点的卡片表示感谢。

九、注意事项

1. 小组交流时，鼓励不爱发言的学生积极参与活动。

2. 严格调控时间，同时密切关注学生的反应和参与度，并给予积极引导，确保每个学生都能制作卡片。

十、参考文献

阿洛韦. 特别的孩子［M］. 王志庚，译. 南宁：广西科学技术出版社，2020.

第 2 课
我是小勇士

一、教育背景

1. 活动缘起：四年级学生变得更加有自己的想法，注重自己的判断力，这有助于他们在面对困难时独立思考和解决问题。同时他们也更加关注与同龄人的关系，愿意与他人合作和分享，这有助于他们在团队中磨炼韧性，学会相互支持。但是由于个体差异，他们的心理韧性水平也会有所不同。"我是心灵小勇士"主题班会课，可以帮助学生了解自己并增强他们的心理韧性。

2. 学生基本情况：四年级学生一般能够较好地适应学校环境和日常生活的变化，这说明他们具有一定的适应力。但他们的情绪和行为控制能力还比较弱，容易受到外界影响。同时他们正处于由形象思维向抽象思维过渡的发展时期，集体主义情感有所发展。但是，在寻求他人的帮助方面还稍显稚嫩。本次主题班会课可以帮助他们增强心理韧性，懂得在需要的时候向他人求助。

二、教育目标

1. 认知目标：让学生明白在面对困难时求助的必要性，认识到求助是一种积极的应对策略，有助于增强学生的心理韧性。

2. 情感目标：培养学生认识到求助是一种勇敢和自我关怀的行为，而非懦弱。使学生意识到在集体中相互帮助的重要性，增强学生的社会责任感。

3. 行为目标：培养学生主动向他人求助的能力。

三、活动对象

四年级学生

四、活动时间

40 分钟

五、教学方法

1. 案例教学法：引入《西游记》的衍生游戏，激发学生学习的积极性。再讲述《西游记》中的经典人物故事，提供情景让学生思考。

2. 小组讨论法：学生在四人小组内进行讨论，共同探讨问题及其解决方案。

3. 角色扮演法：学生在情景模拟中扮演特定角色，以增进相互理解和同理心。

六、活动准备

1. 场地准备：一间温馨且富有童趣的教室，在教室里摆放一些有关《西游记》的物品。

2. 物资准备：PPT课件、《西游记》故事书。

七、活动流程

（一）导入环节（5分钟）：

1. 引入语：同学们，我们开始上新的主题班会课。在正式上课前，我们一起来玩一个游戏，叫作"现代西游取经"，它是由经典的神话小说《西游记》改编而来的。首先，我们需要学习三个手势，唐僧——双手合十；孙悟空——右手并指放在额头上（模仿孙悟空的经典动作）；妖怪——十指张开做吃人状。其次，我们需要了解这三个人物的关系：唐僧不可以打败妖怪，孙悟空可以击败妖怪，妖怪可以抓唐僧。最后，我们需要记住游戏口诀：走走走走走走，要取经，出绝招。在"出绝招"念完后同桌面对面做出自己想做的人物动作。

2. 组织学生活动：同桌两人一组，在座位上进行游戏，采用五局三胜模式。老师观察学生活动，并给予积极的回应。

（二）主题讲解或展示环节（10分钟）

1. 引入语：同学们，你们玩得开心吗？当你战胜对方获得胜利的时候是什么心情呢？谁来分享一下自己的感受？在刚才的游戏中，你有设想过自己要玩几轮才能赢吗？当你感觉自己好像赢不了的时候，你还愿意继续玩这个游戏吗？

2. 学生回答，老师给予回应和肯定。

3. 组织活动：我们刚才玩的游戏是和《西游记》有关的。那你们对《西游记》了解多少呢？接下来，老师要给你们讲述《西游记》中的一个经典人物故事，请同学们思考这个人物在遇到阻碍和困难的时候是怎么做的。

故事梗概：孙悟空是东胜神洲花果山上一块仙石孕育而生的石猴。他因发现水帘洞并带领群猴进入其中而被群猴封为"美猴王"。为了寻求长生不老之道，孙悟空远渡重洋，拜须菩提祖师为师，学得七十二变、筋斗云等神通，并得名孙悟空。孙悟空的神通广大引起了天庭的注意，玉帝为了收服他，将他招上天庭，封为"弼马温"，负责养马。但孙悟空得知这个职位非常低微后，愤怒地返回花果山，并自封为"齐天大圣"。玉帝派出的天兵天将无法将其制服，最终太上老君在天宫的命令下，使用金刚琢偷袭孙悟空，协助天兵天将将其捕获。由于孙悟空在管理蟠桃园期间，曾潜入兜率宫偷吃了太上老君的五壶仙丹，因而获得了金刚不坏之身。于是太上老君将孙悟空放入自己的八卦炉中，用文武火烧炼，希望炼出金丹，同时烧毁孙悟空。然而，七七四十九天后，孙悟空不仅未被炼化，还因躲在炉中的巽位，免受直接火力，炼成了火眼金睛，并在出炉后继续大闹天宫。但是，在后来师徒四人的取经路上，孙悟空也曾多次求助于太上老君。例如，在平顶山遇到金角大王和银角大王时，孙悟空通过智慧和变化逃脱了他们的魔爪，并最终在太上老君的帮助下收服了这两个妖魔。

（三）讨论或分享环节（10分钟）

1. 过渡语：同学们，故事讲完了，现在老师有几个问题想问问你们。如果你是孙悟空，当你遇到困难的时候，你会去向太上老君寻求帮助吗？你为什么愿意这么做呢？你在生活中有类似的经历吗？小组四人讨论，派一名代表来分享小组组员的看法。

2. 学生回答，老师给予回应和鼓励。

3. 小结语：在刚才的故事中孙悟空多次向太上老君求助，虽然他们之间有过冲突，但太上老君拥有解决问题的能力，而且孙悟空的求助有时也是为了更大的目标——保护唐僧安全取经。他的这种求助体现了超越个人恩怨、为了更高目标合作的精神。我们在生活中遇到一些特别的困难时，是可以求助他人的，这也是我们成长和学习的机会，能帮助我们学会谦卑和宽容。

（四）实践活动环节（10分钟）

1. 引入语：现在，有一个情景故事，想一想如果是你们，你们会怎么做。

情景故事：你是周五的值日生，每周五都和班级里的卫生委员一起打扫教室。有一次你因为放学的时候过于着急而没有将教室里的垃圾倒掉就直接回家了。周一到校的时候被卫生委员批评了，你感觉有点沮丧。时间很快又到了周五，这天早上你的爸爸说要提前来接你回家，这意味着你今天下午不能值日了，你会怎么办，谁可以帮助你？

2. 组织活动：同桌两人一起讨论。

（五）总结与提升环节（5分钟）

1. 引入语：本节主题班会课就要接近尾声了，回想一下，在今天的课堂中你学到了什么，有什么感悟。

2. 学生分享，老师回应并给予支持和鼓励。

3. 小结语：通过本节课的学习，我们认识到在特别的时候我们可以向他人寻求帮助，这并不是弱小的体现，恰恰相反，这代表着我们拥有宽容和谦卑的内心，也彰显着我们强大的心理韧性。我们每个同学都要学会求助，同时，我们面对同学的求助也都要伸出援助之手。

八、后续跟进计划

1. 让班级学生建立4~6人的互助小组，让学生能够在面对挑战时相互支持。

2. 在接下来几周内，让学生每天花一些时间写日记，记录他们当天遇到的困难或挑战，以及是他们如何应对的，是否向他人寻求帮助。

九、注意事项

1. 在进行"现代西游取经"游戏时，要讲清楚规则，并给予适当的示范，让每个学生都能理解游戏规则。

2. 把握好每个活动的时间，积极观察学生的反应和参与度，并及时给予积极引导。

十、参考文献

1. 吴承恩. 西游记[M]. 北京：人民文学出版社，2004.

2. 费文. 我懂得寻求帮助[M]. 胡晓凯，译. 沈阳：辽宁人民出版社，2020.

第 3 课
探秘父母唠叨背后的真相

一、教育背景

1. 活动缘起：父母的唠叨往往源于对孩子的关心与担忧。他们通过唠叨表达对孩子的爱，同时也反映了他们对孩子未来的担忧。但是，大多数孩子并不理解父母唠叨背后的真正原因。父母唠叨会让孩子感觉不爽，甚至产生逆反心理，进而影响亲子关系。因此，本课旨在帮助学生理解父母的唠叨不是简单的重复，而是出于对孩子的关心和爱护，从而让学生更好地理解与尊重父母，增进亲子关系。

2. 学生基本情况：四年级学生开始意识到自己的独立性，渴望得到认可。同时，情绪起伏较大，对父母的唠叨会感到不耐烦。四个级学生年龄为 10~11 岁。学生有着不同的家庭背景，有的家庭比较和谐，有的则存在一定的沟通不畅的情况。

二、教育目标

1. 认知目标：帮助学生学会换位思考，理解父母唠叨背后的关心和爱护。

2. 情感目标：让学生理解并感激父母的付出，尊重父母并爱护家庭。

3. 行为目标：让学生在日常生活中积极回应并表达对父母的感激之情。

三、活动对象

四年级学生

四、活动时间

40 分钟

五、教学方法

1. 角色扮演：通过情景剧形式，让学生扮演不同的家庭成员，体验父母的想法。

2. 小组合作学习：通过小组讨论，让学生表达自己的感受与看法。

六、活动准备

1. 场地布置：移开桌子，八人一组。

2. 资料准备：多媒体课件、心理剧学案单、便签纸等。

七、活动流程

（一）导入环节（5分钟）

1. 引入语：同学们，在我们成长过程中，大家都不太喜欢父母的唠叨。那大家知不知道父母为什么总爱唠叨呢？今天，我们一起探秘父母唠叨背后的真相。（出示主题）

2. 做个小调查：同学们，遇到过父母唠叨的请举手。这么多同学都举手了。看来，很多父母都爱唠叨。

（二）主题讲解或展示环节（10分钟）

1. 导入语：同学们，父母为什么总爱对我们唠叨呢？下面听老师讲一个绘本故事《唠唠叨叨的妈妈》，同学们边听边思考。

2. 故事讲述：《唠唠叨叨的妈妈》。

我有一个唠唠叨叨的妈妈，每天从早到晚她都在不停地说、不停地说、不停不停地说……好烦啊！真是个唠唠叨叨的妈妈。

"快洗手去，吃东西前要先洗手，你把细菌都吃进肚子里了。"每次在吃饭前，妈妈总是这样说。细菌、细菌，细菌长什么样啊？我怎么一个也看不见？妈妈离那么远还能看到，她一定有千里眼。

"你要是不玩了，就快把玩具收拾好，要是不小心踩到，会被绊倒的。"妈妈总是说。我是超人，超人怎么会被绊倒呢？我的妈妈是个预言家吧，能够预见未来！

"别总在那里看电视，你应该多出去呼吸新鲜空气！"妈妈总是说。可是，妈妈，我是在学习打怪兽的武功呀！

"妈妈，我难受！""哎呦！温度怎么这么高，宝贝，你发烧了，我们得赶快到床上躺下。擦擦额头，吃点药，多喝水，把被子盖好。吃完药要好好休息，不要到处跑哦！别踢被子哦！不舒服就告诉妈妈！喝不喝水？吃不吃东西……？"唠唠叨叨的妈妈就连我生病了还唠唠叨叨没完没了。

"妈妈，我睡不着。""那就在床上躺着吧！妈妈给你讲故事，生病了不能剧烈运动哦！要多休息……"唠唠叨叨的妈妈就连我生病了还唠唠叨叨没完没了。

奇怪，唠唠叨叨的妈妈在我耳边的话怎么像一支美妙的摇篮曲。听着听着，我渐渐地闭上眼睛幸福地睡着了。

3. 师生互动：我们一起猜猜：故事中的"我"，心情是怎么样的？开始时，可用什么词来形容"我"的心情？后来又可用什么词来形容？心情变化，说明"我"对父母的唠叨有了什么新的看法？

4. 小结语：根据学生回答，适时给予回应。"我"开始的心情是好烦，后来觉得幸福。之所以变成幸福，是因为"我"慢慢理解到妈妈的唠叨背后包含着一份提醒，一份关心。

（三）讨论或分享环节（10分钟）

1. 引入语：绘本中的"我"，在生病时慢慢理解到父母唠叨背后所包含着的爱。那同学们，你们对于父母唠叨有什么感受呢？下面我们开展角色扮演活动。

2. 组织活动：四人一组。其中一人扮演唠叨的妈妈，一人扮演孩子，一人扮演爸爸，一人是旁白。

剧情：晚饭后，爸爸在看电视节目，孩子也坐过来一起看。妈妈洗完碗从厨房出来。

场景一：妈妈的唠叨

妈妈：宝贝，吃完饭赶紧刷牙洗脸去。

孩子：嗯。（但孩子并没有行动）

妈妈：（语气有点急）快点去啊！等一下要抓紧写作业。不能拖，一拖还要影响休息。

孩子：好烦！

（妈妈正要张嘴继续教育孩子。此时，爸爸站起来安抚大家。）

爸爸：我建议大家好好说话，好吗？

孩子：好。

妈妈：宝贝，妈妈只是关心你。可能语气有些急了，对不起！

场景二：换位思考

孩子：妈妈，我也知道你提醒我是为了我好。谢谢妈妈！但同时我希望妈妈可以让我自己安排一些时间。

妈妈：好的！

孩子：谢谢妈妈的支持！

3. 组织讨论：四人一组，讨论一下父母唠叨背后的原因。

4. 组织分享：学生代表分享讨论结果，其他学生可以补充或提问。

5. 小结语：同学们，通过换位思考，我们可以慢慢理解父母唠叨背后的关心与爱护，天下父母都是一样的心理。

（四）实践活动环节（10分钟）

1. 引入语：同学们，下面让我们轻轻闭上眼睛，聆听父母的声音。

如果你的父母不再管你了，不再对你唠叨了，也不再批评你了，不是他们不爱你，而是他们真的老了。但他们心中，永远有一个希望你越来越好的念想。在这个世界上，真正嘴巴上下着雨，心却为你打着伞的人，也只有父母了。不管你走多远，他们总会等着你回家。不管你学业是否有成，他们始终会爱你如初。

2. 组织写信：请同学们慢慢睁开眼睛。想一想，有什么话想对父母说，请拿出纸来，写下对父母想说的话。

3. 组织分享，适时引导。

4. 小结语：同学们，父母对我们的唠叨，其实是在帮我们纠正一些行为习惯，如学习、生活习惯等方面的行为习惯。从这可以看出，父母的唠叨是一份提醒，一份关心。我们对父母有了更多的理解，就能够体会父母对我们成长的付出。

（五）总结与提升环节（5分钟）

1. 引入语：同学们，我们主题班会课即将结束，相信这节课大家都有所收获，请大家将今天的收获写下来，之后放进气球中。

2. 组织活动：请同学们带着气球走到教室中间，随着音乐（《鲁冰花》）一起舞动。

3. 小结语：期待同学们将今天所收获的感悟带回家，将写给父母的信念给父母听，以此来进一步表达我们的感恩之心。

八、后续跟进计划

布置学生写感恩日记，一周后进行汇报。

九、注意事项

1. 在讲述《唠唠叨叨的妈妈》的故事时，要注意讲出故事中"我"的情绪变化，以此调动学生情感。

2. 在角色扮演活动中强调规则，要求各小组认真对待，尽量贴近角色的身份。

十、参考文献

1. 罗曦. 唠唠叨叨的妈妈[M]. 北京：国防工业出版社，2016.

2. 克莱门斯. 因为妈妈爱你[M]. 沙永玲，译. 郑州：郑州大学出版社，2017.

五年级体验式生命教育主题班会课设计范例

第1课
遇见不一样的自己

一、教育背景

1. 活动缘起：根据皮亚杰的认知发展理论，五年级的学生开始进行更复杂的思考。进入青春期早期的他们，关注到自己身体特征的变化，也更加重视同伴的看法，渴望被接受和认可。五年级的学生时常对他人的外在、行为等进行评价，负面的评价更容易对学生的自我认知造成直接或间接影响。故而，引导学生多角度、积极地认识自我非常重要。同时，引导学生在集体中给予他人积极的评价也是本次活动的重要内容。

2. 学生基本情况：五年级的学生逐步进入青春期的早期，生理、心理迅速发展，他们对自己有一定的了解，也容易受到他人评价的影响而产生过高或过低的自我评价。因此，在认识自我方面，帮助学生了解自己身体的生长、悦纳自我、具有乐观的人生态度是生命教育非常重要的内容。

二、教育目标

1. 认知目标：帮助学生认识到自己的成长变化，认识到自己在集体中的与众不同。

2. 情感目标：帮助学生自我悦纳，并在集体中增强自我认同感。

3. 行为目标：帮助学生发现自己与众不同的特点，并能在集体中给予他人积极评价。

三、活动对象

五年级学生

四、活动时间

40 分钟

五、教学方法

1. 体验式学习法：组织"我很特别""我很棒""我有更多的可能"等活动，学生积极参与体验，并进行反思。

2. 讨论分析法：通过"哪些方式可以认识自己"等问题的抛出，引导学生进行讨论，交流思想和感受，促进自我认识。

六、活动准备

1. 物资准备：本班集体照、学习单等。

2. 场地布置：可移动的桌椅，温馨、舒适、安全的环境。

3. 分组安排：六人一组，一人为小组长。

七、活动流程

（一）导入环节（5 分钟）

1. 引入语：同学们，认识自己是非常重要的事情。老子曾经说过："知人者智，自知者明。"这节课，我们一起来探索——遇见不一样的自己（板书）。

2. 老师提问：你了解自己吗？你认为可以从哪方面来了解？

3. 学生回答。

4. 小结语：同学们刚才说得非常好，我们可以从外貌、性格、兴趣爱好等方面了解自己。

（二）主题讲解或环节展示（15 分钟）

1. 引入语：世界上没有两片相同的树叶。（展示集体大合照）大家看看我们的合照，在这个班级中，每个同学也都不一样。请你们用下面的句式完成自我探索吧！

在班级中，我很特别，因为我_____。

例子 1：在班级中，我很特别，因为我身高 150 厘米，我还长得帅。

例子 2：在班级中，我很特别，因为我喜欢帮助同学，并感到快乐。

2. 小结语：每个人都有自己独特的成长方式，每个人都有自己的特别之处。完整的自我认识包括对生理自我的认识即对自己身体特征和生理状况的认识，如外貌、体能、健康等，还有对心理自我的认识，包括对自己的智力、能力、性格、情感和动机等内在心理特征的认识。老师想问问同学们：我们可以通过哪些方式认识自己呢？

例子1：可以观察自己的成长变化，看看自己是不是长高了，长胖了。

例子2：可以从别人眼中认识自己。我妈妈前几天对我说，你的裤子又短了，又长高了。

例子3：老师经常夸××同学作文写得好，我想我也可以通过老师的评价认识自己。

3. 小结语：同学们说得很好，自我认识不仅仅是自己对自己的认识，也包括他人对自己的评价。镜像效应指的是人们通过观察他人对自己行为的反应来形成自我概念的过程。他人对自己的评价和态度就像一面镜子，形成"镜中的我"。请同学们注意，这既有积极的影响，也有消极的影响。这个效应也告诉我们，要辩证理性去看待他人评价。同时，在班集体，我们也要给他人积极的评价，这能够帮助他人更自信地认识自己。

4. 接下来，我们尝试从他人眼中了解自我。活动规则如下：同学们拿着学习单，在自己六人小组中任意找四个同学，请他们帮自己填写学习单。这四个同学可以从身体、能力、兴趣、性格、行为等方面进行描述，并真诚、如实地填写，格式如下：

_____同学非常棒，因为_____。

5. 小组交流，老师巡堂指导，全班汇报。

6. 小结语：同学们都能积极地给予他人支持，非常棒。通过他人对自己的评价，我们可以更全面地了解自己。其实，同学们，除了自己了解的自己，他人评价的自己，还有自己和他人都不了解的自己，那就是未知的自己，那有可能是更棒的自己。（板书：未知）

（三）讨论或分享环节（10分钟）

1. 谈话引入：如果人没有双腿，会怎么样？能不能参加一些体育比赛呢？

2. 老师讲述"篮球女孩"钱红艳的故事：2000年，一场车祸让当年只有4岁的钱红艳失去双腿，她在多年后成为国家游泳运动员。

秦旭磊的故事：秦旭磊在他3岁的一天，意外遭遇了一场车祸，失去了双腿。2021年全国第十一届残运会，秦旭磊所在的广东队战胜北京队夺冠，这是他参加成人赛以来拿到的第一个大型赛事冠军。2023年10月，秦旭磊入选杭州第四届亚残运会中国体育代表团轮椅篮球项目运动员名单。2024年1月，在 2024 年亚大区轮椅篮球锦标赛中，中国轮椅男篮以 86∶74 战胜东道主泰国队，在排位赛中获得第五名，秦旭磊入选最佳阵容。

3. 了解了这两个人的故事，请同学们谈谈自己的感受。

4. 小结语：同学们，成长中确实有很多的可能，也许我们对现在的自己还不够满意，我们要多发现自己的优点，多鼓励自己，一步一个台阶往上走，一步一个脚印去努力，相信能够遇见更好的自己。

（四）实践活动环节（5 分钟）

1. 引入语：同学们，班级中因为有了不一样的你们，班级生活才更丰富。请同学们尝试多多地发现自己的优势，如唱歌特别棒，跑得快，正直、善良，等等。完成下面的自我优势探索填空。

我的_____特别好，我可以为班集体做_____。

2. 老师指名回答并总结：班集体需要共同建设，正是班级有了不一样的你们，这个集体才充满活力和多样性。

（五）总结与提升环节（5 分钟）

1. 引入语：同学们，通过今天的班会课，我们学到了很多关于自我认知的知识。现在，老师想请你们回想一下：今天学到了什么？有什么感悟想要分享？指名回答并总结。

2. 小结语：同学们，每个同学都有自己不一样的地方，有优点也有缺点，并不完美。正因如此，每个同学才是最真实的、独一无二的。在班集体中，我们对他人的鼓励和支持，会让他人变得更好。请不要吝惜你的赞美，让我们都变得更好。

八、后续跟进计划

1. 在接下来的几周时间里，班主任可以安排学生阅读有关提升自我认知的书籍，帮助学生不断加深对自己的认识。

2. 班主任可以倡导家长给予孩子更多的肯定，鼓励学生主动跟家长交流自我认识的相关问题，加强家校共育。

九、注意事项

组织小组活动时，密切关注学生的动态及产生的新问题，根据新问题及时进行交流反馈，生成动态课堂。如问题暂时无法解答，可生成新的课堂内容，作为本课的延续。

十、参考文献

1. 王银杰. 儿童行为心理学［M］. 北京：当代世界出版社，2018.

2. 莫威尼. 独一无二的我［M］. 朱晓颖，译. 北京：化学工业出版社，2024.

3. 朱永新. 拓宽生命长宽高：新生命教育论纲［M］. 北京：商务印书馆出版社，2022.

第 2 课
成长，一路生花

一、教育背景

1. 活动缘起：随着社会的发展，五年级学生也会面临形形色色的挫折。如何勇敢地面对挫折，驱除消极情绪，是他们所面对的难题，也是我们老师应密切关注的问题。基于以上原因，设计了这节生命教育系列主题班会课。教学中本着"生活中体验，体验中感悟，感悟中成长"的理念，通过活动情境让学生了解挫折，感受挫折的存在，在合作探究中寻求战胜挫折的方法，在交流感悟中增强战胜挫折的勇气，提高自身耐挫能力。

2. 学生基本情况：进入五年级之后，学生认知和意志力水平得到进一步发展，同时，他们会面临学业、人际、生活适应等方面的挑战与困难。如果能够在挑战和变化中良好适应，则在未来的学习生活中可能会有更优秀的表现。而那些不能够迎接成长困难的学生可能会陷入困境。因此，本节主题班会课期待可以帮助他们更好应对生活中的挫折，并增强战胜挫折的信心。

二、教育目标

1. 认知目标：帮助学生正确应对挫折，从而引领学生走向成功。

2. 情感目标：培养学生积极应对挫折的心态，树立学习生活能力，增强信心，增强学生意志力。

3. 行为目标：鼓励学生说出学习或生活中遇到的困难，提出三个不同的解决策略，并选择其中一个实施，检验效果。

三、活动对象

五年级学生

四、活动时间

40分钟

五、教学方法

1. 游戏教学法：通过"小鸡变凤凰"这个游戏，让学生体验喜悦与挫败感。

2. 小组合作学习法：通过有效的六人小组合作学习，让学生在小组交流中自主探究并挑战在课堂中写下的生活和学习中的挫折。

六、活动准备

1. 物资准备：学生活动单、故事介绍卡、人物图片（贝多芬、孟晚舟、章瑾）、小妙招记录手册。

2. 分组安排：学生六人一组，围成一个圈。

七、活动流程

（一）导入环节（5分钟）

1. 导入语：同学们，我们开始上新的主题班会课。先来玩一个游戏，叫作"小鸡变凤凰"，让课堂气氛活跃起来，激发学生的学习兴趣。同时随机采访游戏中的"鸡蛋""小鸡""凤凰"，让学生谈一谈在游戏过程中的感悟或现在的心情。

2. 分享。"鸡蛋"和"小鸡"在游戏中体验到了挫败感，表达自己的想法。学生进一步了解挫折的概念后，写出自己在生活中遇到的挫折。

（二）主题讲解或展示环节（10分钟）

1. 导入语：今天我们要探讨挫折的话题，研究如何应对挫折。有这样一颗蛋，他是一名狂热的鸟类观察者，他最爱爬到高高的墙顶上去观察。有一天，他不小心从高墙上掉了下来。那看看他是如何做的。播放视频《蛋先生摔下去以后》。

2. 讨论并分享：每个小组对下面的三个问题进行讨论，一名同学记录讨论内容，一名同学代表小组进行汇报。

（1）蛋先生摔下去以后，他的心情怎么样？

（2）蛋先生战胜内心的恐惧，爬上那个墙头后，又是什么心情？

（3）看完视频，你有什么感想？

3. 小结语：从蛋先生的经历中体会到任何人的一生都不是一帆风顺的，都有坎坷，都有烦恼，都会遭遇挫折。蛋先生之所以能再次爬上高墙，战胜恐高的心理，是因为他能正视挫折，勇于面对，敢于突破。

(三)讨论或分享环节(15分钟)

1. 引导语：下面我们来认识一个人——尼克·胡哲，大家看看人生给他带来了怎样的挫折，他又是如何应对这些挫折的。这是尼克·胡哲小时候的照片，看到这张照片你想说些什么？(PPT出示照片)

2. 介绍尼克·胡哲。

胡哲出生于澳大利亚墨尔本。他天生没有四肢，只在左侧臀部以下的位置有一只带着两个脚指头的小"脚"。8岁时，胡哲的父母把他送入小学。因身体残疾，胡哲饱受同学的嘲笑和欺侮。10岁时，他曾试图在家中的浴缸溺死自己，但没能成功。19岁的时候，他打电话给学校，推销自己的演讲。被拒绝52次之后，他获得了一次5分钟的演讲机会和一份50美元的薪水，第一次演讲之后，他的足迹开始遍布全世界，他在五大洲超过25个国家举办了1500多场演讲。最终他成为一名励志演讲大师，并创作了《人生不设限》《永不止步》《谁都不敢欺负你》等作品。

3. 我们再来看看他现在的生活是什么样的，你会用什么词语来描述？与之前的不幸和挫折形成鲜明对比，尼克·胡哲在实现演讲梦想的道路上并未将挫折、阻碍看作麻烦、困难，相反地把它们看作自身成长和学习的机会。

4. 在大自然中除了人类会经历挫折不断成长，还有一些小生命，它们也面临着种种挫折。(播放视频《鹬鸟》)小鹬鸟在面对挫折时有哪些值得我们学习的地方？

5. 小结语：古今中外有许多名人，他们用自己的亲身经历告诉我们，不要逃避，要用顽强的毅力、锲而不舍的精神，战胜困难，积极地去应对挫折并战胜挫折，怀揣梦想与希望，才能在人生的长河中活出生命的精彩！

(四)实践活动环节(5分钟)

1. 引导语：接下来我们来玩一个猜人物的游戏。老师展示一张图片，并描述相关内容，同学们猜一猜这是哪一位人物。老师相继介绍贝多芬、孟晚舟、章瑾的挫折经历。

2. 在你的身边或者生活中，你还知道哪些战胜挫折取得成功的实例？

3. 小组讨论分享：同学们，你们有哪些应对挫折的小妙招呢？学生将自己的小妙招记录在手册上。

（五）总结与提升环节（5分钟）

1. 引导语：同学们，看到你们讨论得那么热烈，相信你们已经想到了很多小妙招，接下来我们一起来分享一下。学生分享汇报自己的小妙招。

2. 老师进行例举并解说梳理。

3. 小结语：从同学们的交流中，老师和大家一起学习了一些正确应对挫折的方法。安慰法：塞翁失马，焉知非福……换位法：别人遇到此事，会怎样做？……转移法：到外面玩，做别的事，听音乐……发泄法：打枕头，写日记，听音乐……运动法：跑步，打球，打充气娃娃……

4. 拓展延伸，学习关于挫折的名言警句，汲取经验和方法。在人生的不同阶段，我们总会遇到这样或那样的挫折，希望同学们不要轻言失败，永远不要臣服于挫折，用自己满满的自信心、积极健康的心态和坚定的毅力去勇敢地应对生活和学习中的挫折，我们才会在今后的路途中光芒四射，一路生花。

八、后续跟进计划

1. 在接下来的几周时间里，班主任可以安排学生阅读有关提升自我抗挫力的书籍，帮助学生不断提升应对挫折的能力。

2. 班主任可以倡导家长开展相关亲子阅读，加强家校共育。

九、注意事项

1. 小组讨论与思考环节特别考验老师的提问能力。有针对性和准确的提问能够帮助学生有效地思考小妙招，在总结方法之后还能够让学生说出生活中的案例，让他们用所学方法解决实际问题，效果会更好。

2. 严格调控时间，同时密切关注学生的反应和参与度，并给予积极引导，确保每个学生都能在小组内积极分享自己的小妙招。

3. 热身活动时老师需要说明游戏规则，还可以邀请部分学生进行示范，以免活动时秩序混乱。

4. 本节课除根据以上教学流程进行授课外，还可以根据课堂上学生的表现推进教学实施。课堂中要多给学生一些体会感悟的时间，小组讨论之后建议以小组汇报形式进行分享，也可以让其他组进行相应的评价，看看方法是否有效可行。

十、参考文献

1. 茶茶. 空房子［M］. 北京：中国大地出版社，2015.

2. 桑塔特. 蛋先生摔下去以后[M]. 杨玲玲，彭懿，译. 南昌：二十一世纪出版社出版，2020.

第3课
你，生而珍贵，源自_____

一、教育背景

1. 活动缘起：小学阶段是学生身心发展的重要阶段，随着对事物的认识越来越深刻，他们对生命的认识也在变化，他们对生命的态度会影响他们的未来成长。因此，开展生命教育，具有重大意义。五年级的学生正处于青春早期，在这一阶段，学生的身体和心理都发生着重大的变化。情绪上表现为不稳定，再加上独立性的发展，孩子不愿意事事都听父母的，使得这一阶段的亲子关系容易紧张，学生容易产生负面情绪。本主题班会课希望通过引导学生在情境和切身体验中认识到生命的得来不易，生命是非常珍贵的，这份珍贵是来自父母的孕育，从而促进学生更好地理解父母，树立珍爱生命、感恩父母的意识。

2. 学生基本情况：随着认知的发展，五年级的学生对生命有了初步的认识，他们能意识到生命是珍贵的，但是对于生命的理解还比较表面，对于生命之间更深层次的联系还缺乏认识，也不了解生命的脆弱性。本节课意在通过引导学生了解生命孕育过程中的艰辛，以及父母在养育自己的过程中倾注的爱，帮助学生认识到生命的珍贵，培养学生坚强的意志品质和感恩父母的积极情感，进而促进孩子和父母的共同成长。

二、教育目标

1. 认知目标：了解生命的孕育过程，认识到生命是珍贵的，体会到母亲孕育新生命过程的不易与伟大。

2. 情感目标：帮助学生更深刻地认识到自己生命珍贵，生命源自父母对自己的爱，进而学会爱自己爱父母。

3. 行为目标：让学生通过制订感恩父母的活动计划，为父母做自己力所能及的事（如做一顿饭、做家务等），在行动中学会珍爱生命，感恩父母。

三、活动对象

五年级学生

四、活动时间

40 分钟

五、教学方法

1. 多媒体教学法：让学生通过观看视频《有妈的小奶猫是个宝》，感受到生命的美好。

2. 情景体验法：让学生将背包背在自己胸前进行活动，模拟母亲在怀孕时候的状态，通过亲身体验感受母亲在孕期的艰辛。

3. 小组合作学习法：通过小组讨论学习，制定计划，学会珍爱生命、感恩父母。

六、活动准备

1. 视频准备：提前准备视频《有妈的小奶猫是个宝》。

2. 材料准备：六人一组，每一个小组准备一张海报大小的纸，五支彩色笔；每个学生一张学习单，用以制订个人行动计划。

3. 录音准备：提前请三名学生录制采访音频，了解在自己出生前以及出生后父母做了哪些准备。

4. 场地准备：将班级布置成小组围坐的形式，每个小组旁边留出地方以方便活动。

七、活动流程

（一）导入环节（5 分钟）

1. 导入语。同学们，开始我们本周的主题班会课。播放视频《有妈的小奶猫是个宝》，视频中小猫妈妈给小奶猫舔毛、喂它奶，它们一起打滚等。

3. 老师提问：哪位同学来说一说，你在看视频的过程中是什么样的感受。

4. 请2~3 名学生回答。

5. 小结语：同学们回答得特别好，今天我们的主题就跟父母和生命有关。

（二）主题讲解或展示环节（15 分钟）

1. 引入语：同学们，你们知道自己的生命是怎么来的吗？家人在知道妈妈怀孕时是怎样的心情？生命在孕育的过程中要注意哪些？在课前老师让同学们采访了自己的家人，这里选取了三段录音，我们一起来听听看。

（录音内容主要为三个方面：家人在知道怀孕时的欣喜；妈妈在整个孕期的不舒服，如恶心难受、睡觉困难等；胎儿在妈妈肚子里可能有的风险，家人

为了保护胎儿所做的措施）

2. 小组分享：听完录音，请同学们说一说自己的感受，并在小组中分享自己所了解到的内容。

3. 学生互相分享、倾听。

4. 体验活动：通过课前的采访以及刚刚的分享，我们发现从受精卵到呱呱坠地的婴儿，妈妈十月怀胎，有很多的辛苦和不容易。并且在怀孕的过程中妈妈和胎儿都有一定的风险，需要家人非常细心的照顾。接下来，我们来做一个体验活动。请同学们将自己的背包挂在胸前，模拟妈妈怀孕时候的状态，然后做一些日常的动作，比如系鞋带、穿鞋、捡东西等等，体会一下妈妈十月怀胎的艰辛。

5. 学生进行活动。

6. 小结语：通过刚刚的体验活动，相信同学们都更加能体会妈妈孕育我们的不容易。可以说我们每一个人的健康出生，都离不开父母的精心呵护。

（三）讨论或分享环节（7分钟）

1. 引入语：刚才的体验让同学们感到十分不容易，生命孕育的过程是非常艰辛的。接下来请同学们在小组中分享自己的采访清单。

采访单：得知妈妈怀孕的消息时，家人的心情是怎样的？妈妈在怀孕过程中，状态怎么样？哪个时期比较辛苦？父母为了保护胎儿，让胎儿健康成长，都做了哪些努力？

2. 组织活动：学生在小组中讨论并分享，老师巡堂指导。

（四）实践活动环节（8分钟）

1. 引入语：刚刚说到，我们的出生是离不开父母的爱护的。那么在生活中，我们应该怎样珍惜父母给予我们的生命？父母对我们有爱，那么我们对父母的爱体现在哪里呢？我们可以为家人做些什么呢？请同学们将这些内容写在"珍爱生命，感恩父母"计划单上，写好之后贴在小组海报上。

2. 学生在彩色贴纸上写上计划，写好后贴在小组海报上。

3. 小组依次上台展示海报，老师积极反馈。

（五）总结与提升环节（5分钟）

1. 引入语：同学们，经过今天的体验活动及小组展示，相信每个同学都有很多的感悟。现在老师想请同学们来分享一下今天学习了什么内容，有哪些收获，有什么样的感受。

2. 学生举手分享自己的感悟，老师积极回应。

3. 小结语：今天我们学习了生命孕育的过程，了解到生命是来之不易、非常珍贵的，知道父母为了我们的健康成长做了方方面面的事情，发现了很多容易被我们忽略的细节；同时我们还发现，原来自己也可以为父母做很多事情，让父母感受到我们的爱。希望通过这节班会课，同学们能做到珍爱生命、感恩父母。

八、后续跟进计划

1. 接下来的时间，班主任可以请各小组长定期跟进学生完成计划单的情况，让学生将计划落到实处，并在下一次的班会课上对做得好的同学及小组进行表扬和肯定，强化效果。

2. 家校联合，进行亲子沟通指导，组织亲子活动，帮助家长和孩子增进亲子关系，共同成长。

九、注意事项

1. 做好材料准备，提前让学生进行家庭采访，保证学生的参与度。收集好三个学生的采访录音，播放采访录音前需征得学生及家长同意。

2. 在组织学生进行体验活动时，要说清楚活动规则和活动时间，并让学生有足够的时间进行活动。

3. 小组讨论时，老师要巡堂并做适当的积极引导，务必让每一个学生都能参与。小组展示时，老师要给予每个小组积极的回应，提高学生的积极性，加深美好体验。

十、参考文献

希尔弗斯. 生命树［M］. 傅惟慈，译. 北京：北京联合出版有限公司，2018.

六年级体验式生命教育主题班会课设计范例

第1课
帮助忧忧大行动

一、教育背景

1. 活动缘起：学生步入六年级后，面临的升学压力及生活中的挫折情境日益增多。随着年龄增长，学生们在学习、生活乃至情感上都可能遭遇不同程度的挑战与失败。学习正确面对挫折，培养坚忍不拔的意志力和积极向上的心态，成为他们成长道路上不可或缺的一课。因此，本次班会课通过模拟挫折情境、分享应对经验、集体讨论与反思等形式，增强学生的抗挫能力，教会他们在逆境中寻找希望，让他们学会在挑战中成长，为未来的学习与生活奠定坚实的心理基础。

2. 学生基本情况：六年级的学生正处于成长关键期，面对学业压力、人际关系的微妙变化及个人期望与现实的差距时，易出现焦虑、沮丧或逃避等不良反应。这些情绪困扰不仅影响学习，也悄然对他们的自信心与幸福感造成威胁。本次班会课，旨在营造一个温馨的集体氛围，运用心理引导的方法，帮助学生正视挫折，培养积极应对挫折的心态，学会自我调适与同伴互助，让每个学生在面对挑战时都能勇敢前行，携手构建更加坚韧的内心世界。

二、教育目标

1. 认知目标：帮助学生认识到挫折的普遍性和不可避免性，理解其为成长的一部分，从而明白挫折能带来成长，并掌握几种基本的应对挫折的方法。

2. 情感目标：培养学生乐观向上的心态，面对挫折时保持积极态度，增强自信心。

3. 行为目标：培养学生勇于直面挫折，不逃避，积极寻找解决方案，必要时主动寻求帮助，运用所学策略应对挑战。

三、活动对象

六年级学生

四、活动时间

40分钟

五、教学方法

1. 体验式教学：让学生通过故事表演，引发相应的情感体验。

2. 小组合作学习法：让学生通过有效四人小组合作学习，学会运用面对挫折的"3I"（"我有""我是""我能"）策略。

六、活动准备

1. 场地准备：在教室中间空出一小块地方做小舞台。

2. 物资准备：夸张痘痘贴（保证每组一个）、彩色笔、心情能量图、学习单，以及代表老师、父母、同学的角色道具。

七、活动流程

（一）导入环节（5分钟）

1. 引入语：同学们，今天，老师想和大家聊聊我们每个人生活中都可能会遇到的挑战和困难。想象一下，当你满心期待地准备做某件事情时，突然遇到了一些意想不到的阻碍，你的心情会是怎样的呢？有没有哪位同学愿意分享一下自己或者身边人面对困难时的经历和感受？

2. 学生回应，老师给予肯定。

3. 小结语：感谢同学们分享了很多真实的体验。生活中，挑战和困难总是如影随形，它们不会凭空消失。面对这些难关，有的人或许会心生沮丧，甚至萌生退意，但更多勇敢的人选择了直面挑战，因为他们深信，每一次跨越都是自我成长的宝贵契机。

4. 过渡语：忧忧，一个和我们一样，对这个世界充满热爱的小女孩，最近遭遇了一个不小的难题。她的脸上不经意间冒出了一颗显眼的大痘痘。对忧忧而言，这不仅仅是皮肤上的小问题，更是一次对内心力量的深刻考验。那么，忧忧是如何应对这个突如其来的挑战的呢？让我们一起走进她的故事，感受那份在逆境中绽放的坚强与勇气。

（二）主题讲解或展示环节（10分钟）

1. 引入语：现在，请大家闭上眼睛，想象一下，如果你的脸上也突然长了一颗痘痘，而且是在你最在意的部位，比如鼻头，你会有什么感觉。接下来，我们将通过仿真的形式，来亲身体验忧忧的感受。

2. 角色扮演：学生戴上痘痘贴或在相关部位用化妆品化出痘痘，分组讨论并表演忧忧在学校、家庭聚会、与朋友相处等场景中的经历。老师引导学生注意细节，如表情、动作、对话等，真实感受忧忧的尴尬、自卑等情绪。

3. 分享感受：小组的代表分享角色扮演后的感受，老师引导学生认识到困境的普遍性，并且有摆脱困境的方法。

（三）讨论或分享环节（10分钟）

1. 引入语：面对痘痘和即将到来的比赛，忧忧应该怎么办呢？我们一起来帮她想想办法吧。

2. 解释主题：在遇到困难时，我们并不是孤军奋战，周围有很多可以帮助我们的资源。这就是"支持"的力量。现在，请大家思考一下，在集体中，我们可以如何获取帮助和支持。

3. 小组讨论：学生分组讨论，并绘制"心情能量图"，将个人拥有的积极资源（如家人的爱、朋友的鼓励、自己的特长等）以图形的方式呈现出来。老师巡堂指导，鼓励学生大胆想象和创作。

4. 分享与讨论：接下来，各小组的代表轮流上台，向大家展示精心绘制的"心情能量图"。学生共同探讨有哪些资源对忧忧克服当前的困难最为有效。

5. 小结语：引导学生认识到积极资源在生活中的不可或缺性，鼓励学生在面对难题时积极寻求和利用这些资源。

（四）实践活动环节（10分钟）

1. 过渡语：同学们，通过之前的交流和角色扮演，我们已深入理解忧忧的困扰，并找到了许多解决方案。现在，我们要将这些方案变成行动计划，为忧忧和自己筑起防线，勇敢面对未来挑战。

2. 分组讨论：小组内讨论制订有效计划，帮助忧忧解决痘痘问题，并思考如何将这些方法应用于学习、人际交往等困境中。

3. 制订行动计划：每组至少尝试列出三项具体的行动和详细的步骤，并且能够体现"3I"策略。比如：

"我有"：支持我的家人和朋友，我可以随时向他们倾诉我的烦恼。

"我是"：一个积极向上的人，我相信"世上无难事，只怕有心人"。

"我能"：通过积极寻求帮助和多多尝试可能的解决办法，比如学习化妆技巧遮盖痘痘，或者通过运动、饮食调整改善皮肤状况。

同时，小组也可以讨论如何在班级里建立同学之间的互助机制，比如设立"心情角"供同学们分享心情、互相鼓励，或者在老师的帮助下组织一次关于抗挫能力的主题班会。

4. 全班分享：每个小组派代表上台分享小组的计划，其他同学认真倾听并给予反馈。老师要引导学生思考不同方案之间的共同之处和差异之处，鼓励大家相互探讨、学习和借鉴。

5. 小结语：老师根据学生的分享和反馈，总结出一份班级共同认可的行动计划草案。强调这份行动计划不仅是针对忧忧的问题，更是为了全体同学在面对未来挑战时能够有所准备和行动。

（五）总结与提升环节（5分钟）

1. 请学生分享本节课的收获和感悟。

2. 小结语：面对生活中的挑战和困难，我们不是孤单一人。集体的力量是无穷的，通过相互支持和共同努力，我们可以战胜一切困难。

3. 拓展延伸。全体起立，共同朗诵班级互助宣言：在成长的征途上，我们是勇敢的六年级战士，面对挫折，我们无畏无惧！"携手同行，抗逆成长"，这是我们的班级口号，也是我们的信念所在。我们以智慧为剑，以互助为盾，披荆斩棘，勇往直前。不论风雨多么猛烈，我们的心紧紧相连，力量汇聚成海。在此刻，我们共同宣誓：逆境不阻梦，互助创辉煌。让我们携手并肩，用青春的激情，书写属于我们的抗逆传奇！

八、后续跟进计划

1. 完成一篇关于"我面对挑战的故事"的小作文，记录下自己克服困难的一次经历，并分享所采取的应对策略。

2. 回家后与家人讨论家庭中的互助机制，并思考如何为家庭成员提供支持和帮助。

九、注意事项

1. 在活动过程中，老师要充分关注每个学生的参与度和情绪变化，适时给予引导和鼓励。鼓励学生真实表达自己的想法和感受，创造一个开放、包容、安全的讨论环境。

2. 在小组讨论和分享环节，注重引导学生正面、积极地思考问题，避免过度关注负面情绪。

3. 活动结束后，询问学生的课堂感受，优化课堂。

十、参考文献

沈之菲. 青少年抗逆力的解读和培养[J]. 思想理论教育，2008（01）：71-77.

第 2 课
我是心理委员，你的困难我来帮

一、教育背景

1. 活动缘起：六年级学生即将步入青春期，正处于青春期萌芽阶段。此阶段的学生情绪波动较大，遇到不顺心、不如意的事情时容易表现出对抗、自责、悲伤等负面情绪，甚至出现自伤行为。同时，此阶段的学生自我意识强烈，缺乏对他人的同理心。通过"我是心理委员，你的困难我来帮"这一主题，可以帮助学生了解、识别心理危机，同时引导学生利用自己的资源帮助处于困境的同学，在互助中感受生命的意义。

2. 学生基本情况：六年级的学生随着自主意识增强，自我为中心的观念越来越强，此阶段的学生容易与他人产生矛盾。同时，此阶段学生的情绪波动较大，容易放大自身情绪感受，进而出现心理危机事件。因此，希望通过此节班会课，让学生认识、识别心理危机；并期待学生能够在活动中试着用自己的资源帮助处于困境的同学，在互帮互助中促进其同伴关系和谐发展，获得良好的体验。

二、教育目标

1. 认知目标：培养学生认识并识别心理危机，意识到帮助他人的意义。

2. 情感目标：培养学生理解、同情他人的困境，树立主动帮助他人的信念，增强对他人的同理心。

3. 行为目标：培养学生运用自己的资源帮助处于困境的同学，并学会主动在集体中理解、帮助他人。

三、活动对象

六年级学生

四、活动时间

40 分钟

五、教学方法

1. 体验式学习法：通过"情绪树"活动，引发学生主动地尝试利用自身的资源和能力帮助他人。

2. 小组合作学习法：通过有效四人小组合作学习，促进学生之间的合作与交流。

六、活动准备

1. 物资准备：便利贴、绘制好的"情绪树"（可粘贴至黑板上）、磁铁、日记纸片等。

2. 场地布置：选择宽敞明亮的教室，课桌按四人一组摆放。

七、活动流程

（一）导入环节（5 分钟）

1. 引入语：同学们，我发现最近有一些特殊的小黑影混入了班级内，并且围绕在部分同学周围，请同学们联系最近班级的情况，猜猜这些小黑影是什么呢？

2. 组织学生活动：邀请学生回答问题，老师根据学生回答进行回应，并引导学生找出小黑影的真实身份。

（二）主题讲解或展示环节（15 分钟）

1. 引入语：同学们都发现了，这个小黑影就是我们的情绪黑洞。情绪黑洞会在我们没注意的时候将我们吸进去，将我们拽进负面情绪的旋涡。大家认为陷入情绪黑洞后会有什么样的表现呢？

2. 学生回应，老师给予肯定。

3. 组织活动：接下来，请四个同学为一组，讨论以下问题。

（1）陷入情绪黑洞的原因可能是什么？

（2）陷入情绪黑洞后会有哪些表现？（将表现由轻微到严重排序）

（3）情绪黑洞可能会害怕什么东西或行为？

4. 学生分享讨论结果，老师给予肯定并进行总结。

5. 主题解释：通过同学们的分享，我们不难发现，考试考得不好、被父母和老师责骂、跟朋友吵架等各种看起来很平常的事件有可能导致我们陷入情绪黑洞。陷入情绪黑洞后最开始会出现情绪低落，打不起精神，不想跟他人互动、沟通的现象。如果在这个阶段不及时进行自身的调整，就会进入第二阶段，也就是情绪持续低落，不自觉地产生负面情绪及对自己产生负面认知，例如"我很糟糕""我很没用"等，同时无法集中注意力听课、完成作业，会影响到自己的日常学习和生活。如果长此以往，就会出现失眠甚至自残行为等，无法进行正常的学习和生活。

6. 过渡语：我们已经了解了情绪黑洞的属性，老师前几天收到了一封写给我们班的信，是一名陷入情绪黑洞的同学写的，让我们一起来看看这封信（需提前得到学生的同意）。

7. 阅读信件：亲爱的××班的同学们，你们好！我是小 A，最近我觉得非常难过，期中考试我考得不好，因此我被父母责怪了，我也很自责，不明白为什么自己那么努力，却还是考不到自己和父母满意的成绩。我觉得自己很没用，觉得压力很大，睡不好。你们能帮帮我吗？

8. 组织活动：请同学们四人一组，讨论我们可以为小 A 做些什么帮助他摆脱情绪黑洞。

9. 学生讨论，并进行班级分享。

10. 小结语：通过同学们的分享，我们发现对处在情绪黑洞中的同学，我们可以做很多事来给予他帮助，例如：多多陪伴关心他，带他去吃好吃的，听他说烦心事，及时带他寻求老师或家长的帮助，等。

（三）讨论或分享环节（10分钟）

1. 引入语：刚刚我们帮助小 A 解决了他的情绪黑洞问题。事实上，在实际生活中，我们也经常不自觉地陷入情绪黑洞。黑板上有一棵"情绪树"。

2. 组织活动：请同学们在便利贴上写出近期让自己陷入情绪黑洞的事件及感受，并贴在"情绪树"上。注意：如果不想让别人知道是谁写的，可以采用匿名的形式。

3. 小结语：现在"情绪树"上已经贴满了我们的黑洞事件，这么多的黑洞事件让"情绪树"不堪重负。接下来，让我们一起想办法帮助我们的同学或朋友。

（四）实践活动环节（5分钟）

1. 引入语："情绪树"上粘贴的都是有关我们同学甚至好朋友的情绪黑洞事件，接下来，就需要同学们集思广益帮助我们的同学或朋友摆脱情绪黑洞了。

2. 组织活动：请同学们随机抽取一张"情绪树"上的便利贴，根据便利贴上的内容写一句温暖的话，并为主人提出可行的建议。完成后将便利贴贴回"情绪树"上。

3. 小结语："情绪树"因为有了大家的安慰、鼓励和帮助而充满能量，稍后同学们可以利用课下时间，去看看我们原本粘贴在"情绪树"上的便利贴发生了哪些变化，看看我们的同学、朋友对我们说了什么。

（五）总结与提升环节（5分钟）

1. 引入语：同学们，通过今天的班会课，我们学到了很多关于情绪黑洞的知识，也学会了试着帮助我们的同学摆脱情绪黑洞。现在，老师想请你们回想一下，你们今天学到了什么。你们有什么感悟想要分享吗？

2. 老师要求小组长分发日记纸片，引导学生写下感悟。

3. 小结语：通过本节课的学习，我们明白了每个人都可能陷入情绪黑洞，陷入情绪黑洞并不可怕。同时，我们也可以为我们身边陷入情绪黑洞的同学或朋友做很多事，给予他们帮助，帮助他们摆脱情绪黑洞。

八、后续跟进计划

1. 在接下来的两周时间内，开展"守护天使"活动：给每个学生随机分配一名"守护天使"，在活动期间，"守护天使"要尽可能地默默关心和帮助被守护的同学，且不能被同学觉察。活动结束后，组织学生寻找自己的"守护天使"，并分享自己给予他人的帮助，最终评选班级最佳"守护天使"。希望通过此活动强化学生帮助他人的意识和观念。

2. 班主任可以倡导家长开展相关亲子阅读或观看亲子电影，并在家中引导孩子帮助他人，加强家校共育。

九、注意事项

1. 组织活动时，务必讲清楚活动规则，并做适当的示范。注意引导学生对便利贴的内容保密并给予合适的回复话语。

2. 严格调控时间，同时密切关注学生的反应和参与度，并给予积极引导。

十、活动资源

阳阳电影出品. 夏日友晴天［EB/OL］https://www.360kuai.com/pc/qcacaO fab4118f6c9?sign=360_ c9d7932&tag_ kuaizixun=None.

第 3 课
我可以与父母好好说话

一、教育背景

1. 活动缘起：六年级学生正即将步入青春期，正处于青春期萌芽阶段。此阶段的学生对父母的情感由依恋转向疏远，亲子关系较为紧张，且容易对父母的管教产生抵触情绪甚至逆反行为。因此，通过"我可以与父母好好说话"这一主题，帮助学生掌握有效的亲子沟通技巧，同时引导学生理解、尊重父母，在良好的亲子关系中体验幸福感。

2. 学生基本情况：六年级的学生随着自主意识增强，独立意识越来越强，他们开始渴望自己独立解决问题、完成事情，不再像从前那样依赖父母。同时，父母的教养方式未及时调整，使得亲子沟通困难，亲子关系紧张。因此，希望通过本节班会课，让学生掌握与家长的沟通技巧，建立积极的亲子沟通渠道，促进和谐、健康的亲子关系，并从良好的亲子关系中获得成长和感受幸福。

二、教育目标

1. 认知目标：引导学生了解可能引发亲子矛盾的原因。

2. 情感目标：引导学生有意识地调整亲子沟通模式，增进亲子关系，加强对父母的理解与尊重。

3. 行为目标：促进学生学习与掌握亲子沟通的技巧与方法，提升与父母沟通的能力。

三、活动对象

六年级学生

四、活动时间

40 分钟

五、教学方法

1. 体验式学习法：让学生通过回忆过去的成功经验，主动地思考亲子沟通的有效策略与方法。

2. 小组合作学习法：通过有效四人小组合作学习，促进学生之间的合作与交流。

六、活动准备

1. 物资准备：便利贴、磁铁、日记纸片。

2. 场地布置：选择宽敞明亮的教室，桌椅按四人一组摆放，便于学生互动；在教室内粘贴与亲子沟通相关的海报或贴画。

七、活动流程

（一）导入环节（5分钟）

1. 引入语：播放关于亲子间的温馨互动的视频。

2. 老师提问：同学们，通过观看刚刚的视频，大家是否想起自己与父母的温馨时刻呢?

3. 学生分享自己与父母的温馨事件。

4. 过渡语：刚刚通过同学们的回忆，我们发现在过去与父母的相处中我们有许多甜蜜、温馨的时刻。但随着我们逐渐长大，我们跟父母的沟通相处开始出现小摩擦，本节课我们将一起探讨如何更好地与父母进行沟通，增进亲子关系。

（二）主题讲解或展示环节（15分钟）

1. 引入语：随着我们一天天长大，我们在许多方面都与父母有了分歧与矛盾。下面，老师想做个小调查：我们一般在什么问题上容易与父母产生分歧与矛盾呢?

2. 学生回答，老师给予记录及总结。（预设答案：学业问题、游戏问题、追星问题……）

3. 组织活动：接下来，请同学们回忆一件近期与父母沟通时发生矛盾的事情，根据事情思考产生矛盾的原因有哪些。

4. 学生讨论交流，老师给予肯定及总结。

5. 主题解释：通过同学们的分享，我们不难发现，在与父母沟通的过程中，矛盾产生的原因有以下几点：一是情绪化的回应，在很多时候，我们往往带着愤怒、委屈等负面情绪，比起关注事实，我们往往更关注当下的情绪，这使得沟通过程中问题扩大。二是双方的认知不同，很多时候父母与我们的矛盾冲突来自我们对事物的认知不同。例如，父母回到家看见孩子作业没写完会认为孩子不够自觉，而孩子会认为父母回家不关心自己。三是只站在自己的角度看待问题，没有去理解另一方的需求和期待。

6. 过渡语：我们已经了解了在与父母沟通过程中产生矛盾和冲突的原因。接下来，请大家思考一下，我们是否有与父母好好说话的经历，想一想，这些经历有什么共同点。

7. 组织活动：同学们四人为一组，组内相互分享自己与父母好好说话的经历，并通过小组讨论，找出在这些经历中有哪些沟通技巧，可以适用于什么情况。例如，当我们愤怒时，可以先暂停沟通。

8. 小组讨论，讨论后进行班级分享。

9. 小结语：通过同学们的分享，我们发现了许多与父母沟通的技巧。例如，我们可以在生气时深呼吸，也可以在沟通过程中多陈述客观事实，可以在沟通过程中明确表达自己的需求和期待等。

(三)讨论或分享环节(10分钟)

1. 引入语：刚刚我们总结了一些亲子沟通技巧，接下来让我们一起运用这些技巧。请大家写出自己近期在亲子沟通中出现的困扰。

2. 组织活动：请同学们在便利贴上写出近期自己在亲子沟通方面的困扰，可以是不知道怎么沟通的事件，也可以是沟通中遇到的难题。完成后将其贴在黑板上。注意：如果不想让别人知道是谁写的，可以采用匿名的形式。

3. 小结语：同学们已经写出了自己近期在亲子沟通中遇到的难题。接下来，让我们一起想办法帮助我们的同学解决它们吧。

(四)实践活动环节(5分钟)

1. 引入语：黑板上粘贴的都是我们班同学甚至好朋友近期在亲子沟通中遇到的难题。接下来，就需要同学们集思广益帮助我们的同学、朋友解决难题。

2. 组织活动：请同学们随机抽取一张便利贴，根据便利贴上的内容为其提出可行的建议。完成后将便利贴贴回黑板上。

3. 小结语：刚刚同学们都根据自己的经验为大家提供了一些建议。请同学们拿回属于自己的便利贴，看看我们的同学、朋友为我们提供了哪些建议吧。

(五)总结与提升环节(5分钟)

1. 引入语：同学们，通过今天的班会课，我们学到了很多关于亲子沟通的知识，也试着帮助同学解决亲子沟通中的困难。现在，我想请你们回想一下，你们今天学到了什么。你们有什么感悟想要分享吗？

2. 老师要求小组长分发日记纸片，引导学生写下感悟。

3. 小结语：通过本节课的学习，我们了解了亲子沟通中可能遇到的问题，以及更好地进行亲子沟通的方法。希望同学们可以将本节课所学运用到自己与父母的相处中去，让我们的家更加稳定、和谐。

八、后续跟进计划

1. 开展倾听一刻钟活动：请学生在每天回到家后，花 15 分钟时间与家长进行沟通交流，可以与家长分享在学校发生的事情，可以与家长分享自己一天的心得体会，也可以与家长分享一本书、一篇文章、一段视频后的感悟。同时要求家长认真倾听孩子表达，并给予正向、积极的回应，多使用鼓励式话语，挖掘孩子的闪光点，增进亲子关系。

2. 班主任可以倡导家长每周开展家庭集会，鼓励家长和学生在家庭集会上共同总结、回顾一周生活，并相互给予建议和期待。

九、注意事项

1. 组织活动时，务必讲清楚活动规则，并做适当的示范。注意引导学生对便利贴内容的保密并给予合适的回复话语。

2. 严格调控时间，同时密切关注学生的反应和参与度，并给予积极引导。

十、活动资源

1. 青春变形记[EB/OL]. https：//mp. weixin. qq. com/s/sut621QtRExgC OdtZy69_ A.

2. 亲子间的温馨互动[EB/OL]. https：//haokan. baidu. com/v? pd = wisenatural&vid = 12575857123574751111.

模块三　小学生体验式生命教育专题课设计范例

一年级体验式生命教育专题课设计范例

第1课
神奇的魔法镜

一、理论依据

"神奇的魔法镜"属于小学生爱自己板块中"启蒙自我认知"的内容。自我认知涉及社会认知理论。

心理学家班杜拉提出的社会认知理论，是一种关于人类学习过程的理论。该理论认为个体往往通过观察榜样人物的行为及其结果来学习新行为。尤其是小学一年级学生，他们通过观察老师、家长及同伴的行为和表现，学习如何认识自己。

根据班杜拉的社会认知理论，本节课通过模仿和角色扮演等活动，让一年级学生在实践中体验不同的自我认知策略，学习如何正面地看待自己的特质和能力，产生悦纳自我的情感。

二、学情分析

一年级的学生一般 6~7 岁，他们正处于认识自我的关键期。他们好奇、好动，喜欢游戏和色彩鲜艳的事物，对自我形象有初步的认知，具备一定的自我识别能力，能够识别一些明显的身体特征。同时，对于自己的外貌特质和性格特点认识还不足，因此，本节活动课采用社会认知理论，强化同伴榜样力量，旨在帮助学生加深对自我特征的认识，从而学会欣赏自己的独特性。

三、活动对象

一年级学生

四、活动时间

40分钟

五、活动目标

1. 知识与技能：帮助学生识别并表达自己的基本特征，如身体特征、性格特点等。

2. 过程与方法：通过游戏和互动活动，培养学生认识自己的独特点和价值的能力，提升初步的自我接纳水平。

3. 情感态度与价值观：激发学生悦纳自己的情感，能从积极角度看自己。

六、重难点及突破策略

重点：帮助学生识别并表达自己的基本特征。

突破策略：采用游戏化的学习方法，设计"魔法镜中的我"活动，让学生在互动中体验表达自我。

难点：引导学生从多个维度认识自我，并愿意接纳自我等。

突破策略：通过小组讨论和角色扮演等活动，鼓励学生从不同角度认识自己。

七、教学方法

1. 游戏教学：利用"魔法镜中的我"活动激发学生的学习兴趣。

2. 体验式学习：通过"手掌印画"实践活动帮助学生体验和理解做独特的自己很重要。

3. 小组合作：在游戏活动及实践活动之后，开展小组合作学习，促进学生之间的交流与合作。

八、活动准备

1. 场地布置：选择宽敞明亮的教室，以四桌为一组摆放，便于学生互动。

2. 活动材料："魔法镜"、自我介绍卡纸、环保彩色颜料（每组一种颜色）、彩色笔等。

3. 音乐准备：《小星星》（用于热身阶段）、《欢乐颂》（用于导入情境阶段）、《阳光总在风雨后》（用于成效阶段）。

九、活动流程

（一）热身阶段（5分钟）

1. 导入语：每个人内心深处都藏着一位想要深入了解自己的小探险家。今天，就让我们跟随"神奇的魔法镜"踏上这段神奇的自我发现之旅。

我们先做一个小游戏，它的名字叫"快乐小跳跳"。

"快乐小跳跳"是这样玩的：首先，老师会播放一首轻快的儿童歌曲《小星星》。大家随着《小星星》的节奏自由舞动，可以是旋转、跳跃或是模仿喜爱的动物的动作。当音乐停止时，大家需要立刻保持住那一刻的动作，就像是被施了魔法一样，看谁能摆出最有趣的造型。

2. 组织学生参与"快乐小跳跳"游戏。

3. 小结语：我们跳得真棒！现在让我们坐下来，准备开始我们的"魔法旅程"。

【设计意图：通过舞蹈活动调动学生的积极性，为接下来的活动做好准备。】

（二）导入情境（5分钟）

1. 导入语：同学们，老师手中这面"魔法镜"，有一种奇特的本领。它可以告诉我们每个人一个关于我们自己的秘密。假如你手中也有一面"魔法镜"，你想让它告诉你关于你自己的什么秘密呢？

（用眼睛扫一下全班，然后神秘地说）大家想不想知道，老师想让这面"魔法镜"告诉老师什么秘密？（等学生回应后便笑着说）"魔法镜"告诉老师——我的嘴巴最特别，张嘴时，露出四颗白牙齿。（学生可能捧腹大笑）抓准机会，举前面一个学生的例子，"××，'魔法镜'告诉老师——你的眼睛最特别，笑起来特别好看"。同学们，你们想知道，"魔法镜"会告诉你们什么秘密吗？

2. 引导学生探索（播放背景音乐）：下面，我们进入活动——"我的身体魔法"。每个人通过小组中的"魔法镜"（提前给每个小组发一面镜子）寻找自己的外貌特点，看一看自己身上有哪些独特的地方。找到后，写下来。例如，我叫××，我的……最特别，它是……。

【设计意图：通过问题情境引发学生的好奇心，激发他们对自己特征的探索兴趣。】

（三）探索阶段（15分钟）

1. 导入语：现在，我们进行第二个活动——"魔法镜中的我"。

这个活动分两部分，一是先在小组分享，二是在全班分享。下面先在小组就"魔法镜中我的身体是怎么样的"进行介绍。小组分享前要做好分工，每个小组四个人，一个是照镜子的人，一个是手持镜子的人，另外两个是观察者。分别用A、B、C、D来代表四个人，谁想做A，即照镜子的人请举手；谁想做

B，即手持镜子的人请举手。好，另外 C、D 同学做观察者。照镜子的人先介绍镜中人的特点，然后轮流更换角色。好的，下面是小组活动时间。

2. 组织学生活动：每位同学轮流站在"魔法镜"前，说出自己的一个特征。

3. 过渡语：同学们，刚才"魔法镜"施了第一法，让我们了解自己的外貌特点。接下来，它将施第二法，变换我们的外貌，你们准备好了吗？

4. 引导语：这面"魔法镜"会将我们变成什么样呢？为了不让我们后悔，它先在小猪和小象身上做了实验。下面我们一起通过 PPT，来看看这个实验。

老师在 PPT 上展示《鼻子变变变》绘本故事。

故事梗概：小猪和小象是好朋友，小猪的鼻子短，大象的鼻子长。小动物们捉迷藏的时候，小象总是因为鼻子长第一个被找到，所以他就觉得小猪的鼻子短最好了。而小猪却觉得小象的鼻子能当桥，很羡慕小象的长鼻子。于是有一天在玩耍的时候，动物们就提议他们两个互相交换鼻子……

可是交换鼻子之后，小象不能像从前那样和自己的伙伴一起用鼻子玩水了，而小猪则拖着长鼻子走路，头重脚轻的，老是摔跤。最后他们发现，做自己才是最好的。

5. 老师提问：看了"魔法镜"在小猪和小象身上做的实验，你们有什么启发？你们愿意让"魔法镜"帮你们换外貌吗？并说一说原因。

6. 组织学生讨论：学生四人一组进行讨论。

7. 组织学生分享：安排两组学生上台分享。

8. 总结语：通过刚才两个活动，我们发现，原来我们每个人都是不一样的。做不一样的人是最美好的。

【设计意图：通过自我探索、互动游戏让学生感受做不一样的自己是最美好的，增进自我认知，同时形成情感共鸣以实现重点目标。】

(四)成效阶段(10分钟)

1. 导入语：下面，我们通过"手掌印画"，来进一步感受不一样的美。

2. 组织学生活动(播放背景音乐)：请每个小组拿出颜料倒在颜料碟上，每个同学伸出一只手，将手掌张开，粘上颜料，之后印在小组共用的 A3 纸上；再用彩笔为自己的手印添加细节，创造出一个具有"魔法"的手印。

3. 组织学生分享：一个小组手持手掌印画向另一个小组介绍自己组的"魔法手印"。

【设计意图：通过创作，进一步升华学生作为独特个体的价值，促进学生产生悦纳自我的情感，以实现活动目标。】

（五）总结阶段（5分钟）

1. 导入语：今天，我们一起参加了一个非常有意义的活动，大家在今天的活动中发现了自己有哪些新的特点呢？请大家将发现写在纸上，之后找2~3个小伙伴签名，成为支持你的人。

2. 总结语：世界是美丽的，每个人有每个人的美好，做自己才是最好的。期待同学们通过这节课，能够发现自己更多的美好。

【设计意图：通过"签名"活动，让学生的情绪得到升华，认知得到强化。】

十、注意事项

1. 在活动过程中，老师需要密切关注学生的参与度和反应。尤其在开展"手掌印画"活动过程中，要讲清规则，确保颜料不要打翻，鼓励所有学生积极参与。

2. 在活动结束后，老师可以通过反馈表的形式收集学生的意见和建议，以便在以后调整活动方案。

十一、参考文献

1. 伊东宽. 云娃娃［M］. 蒲蒲兰，译. 南昌：二十一世纪出版社，2024.

2. 田名网泰子. 鼻子变变变［M］. 游蕾蕾，译. 石家庄：河北教育出版社，2014.

第2课
小小倾听艺术家——耳朵里的魔法

一、理论依据

"小小倾听艺术家——耳朵里的魔法"属于小学生爱他人板块中"有效沟通"的内容。有效沟通涉及同理心培养。

同理心发展理论是由心理学家马丁·霍夫曼在20世纪70年代提出的。他认为同理心是通过情境理解与情感共鸣逐渐发展起来的。这一过程包括从自我中心的感知逐步转变为能够理解他人视角的能力。

根据这个理论，我们可以通过创设多样化的实践活动，如角色扮演、游戏以及情感分享等，帮助学生学会站在他人角度考虑问题。这样，不仅可以提升学生倾听能力，还可以强化他们的情感共鸣，为与他人和谐相处打下基础。

二、学情分析

一年级学生已经具备一定的语言表达能力，同时，由于他们注意力保持时间较短，容易被外界事物干扰，这使得他们在与人交谈时难以专心听他人的话语。因此，倾听和同理心的能力相对不足。本次生命教育专题课将重点提升他们的倾听、复述能力。

三、活动对象

一年级学生

四、活动时间

40 分钟

五、活动目标

1. 知识与技能：培养学生掌握基本倾听技巧，较准确地接收并理解对方传达的信息。

2. 过程与方法：通过传话游戏等，让学生初步掌握在"我听到你说……"的句型中融入初步的同理元素。

3. 情感态度与价值观：激发学生的同理心，初步养成勇于表达自我同时接纳他人意见的心态。

六、重难点及突破策略

重点：掌握基本倾听技巧，较准确地接收并理解对方传达的信息。

突破策略：通过"绘本故事共读"及"我来试一试"等活动，让学生理解及逐步掌握安静聆听、简单复述等技巧。

难点：激发学生的同理心，初步养成勇于表达自我同时接纳他人意见的心态。

突破策略：通过分步练习降低模仿、操练等的难度，让学生学会用简单语言表达对他人感受的理解。

七、教学方法

1. 故事讲述法：讲述绘本故事《今天，大象不开心》，让学生明白认真听并听懂对方的话的重要性。

2. 行为训练法：通过"我来试一试"活动，培养学生认真听及理解对方情绪的能力。

八、活动准备

1. 场地布置：将桌子移开，留下椅子。

2. 材料准备：每人一支签字笔，每人两张便签纸。

3. 音乐准备：《最美的光》(成效阶段配乐)、《小小梦想家》(总结阶段配乐)。

九、活动流程

(一)热身阶段(5分钟)

1. 导入语：同学们，每天起床之后我们就要开始与人说话。说话包括两个方面，一是说话者，二是倾听者。听许多家长说，我们小朋友比较会说，而听的能力还需要提升。今天，老师就带来一节有关提升听的能力的活动课。我们一起来读一下课题"小小倾听艺术家——耳朵里的魔法"。耳朵里究竟有什么魔法呢？

2. 组织游戏活动：下面，我们先来做一个小游戏，游戏名叫"青蛙跳"。请同学们看PPT，了解游戏规则。六人为一组围圈坐。每组第一个同学喊"青蛙跳啊青蛙叫"，第二个同学喊"几只(如一只)"，第三个同学喊"扑通"(一个词)，第四个同学喊"跳"，第五个同学喊"两只"，第六个同学喊"扑通、扑通"(两个词)，第一个同学喊"跳"，以此循环。中间若有出错，即从出错者开始喊"青蛙跳啊青蛙叫"。活动时间3分钟。

3. 小结语：同学们，"青蛙跳"游戏好玩吗？(好玩)会出错吗？(会)出错时你的心情怎么样？如果在游戏中你总是出错，你还想玩这个游戏吗？带着这些问题，我们进入下面的活动。

【设计意图：通过"青蛙跳"热身活动，调动学生参与学习的积极性，为下面的活动做好铺垫。】

(二)导入情境(5分钟)

1. 导入语：欢迎同学们来到第二个活动"听一听，想一想"。下面，听老师讲一则故事《今天，大象不开心》(根据原文做适当的修改)。

2. 故事讲述：一头大象，由于在玩游戏时老是出错，他闷闷不乐地躲在阴影里。动物们开始想办法，想让大象重新高兴起来。他的好朋友长臂猿、鸵鸟姐妹和鳄鱼为了让他开心而做出各种逗乐的事情，给他讲笑话，给他好吃的，给他表演舞蹈……可是无济于事，大象一直待在阴影里。这时，一只路过的小老鼠停了下来。她气喘吁吁地问大象："请问，我能在您旁边歇会儿吗？"

大象问："你不是来给我讲故事的吧?"小老鼠说："不是,我只想坐在这儿……就一小会儿。""你不是来让我改变主意的吧?""不是。如果您想知道我是来干什么的,那我就告诉您吧。我为了找一把金钥匙,都走了一整天了。那把钥匙是我姐姐的,那是她最珍贵的东西。我没问她,就把钥匙拿走了。我在草原上玩,结果把钥匙弄丢了。然后我就找啊找,找啊找……我找了好久好久,走得太远了,结果迷路了!我觉得我永远找不着那把钥匙,也找不着回家的路了!"大象叹了口气,哽咽了一下,眼泪掉了下来。他哭了,他的眼泪像小河一样往下流。他似乎要一直哭下去了。

看见大象哭,小老鼠也哭了起来。大象哭完之后,感觉轻松了一些。他往旁边迈了一小步,接着,又迈了一步。终于,他走出了阴影。他慢慢地朝小老鼠走过去:"我们一起走吧!月光会照着我们,指引着我们一直走到你家里。在路上,我想听听你的故事。""那我试试吧!"

3. 过渡语:同学们,小老鼠靠什么帮助大象走出阴影呢?下面进入第三个活动"我们一起探索吧"。

【设计意图:通过创设两种不同解决问题的情境,调动学生探索主题的欲望。】

(三)探索阶段(10分钟)

1. 导入语:下面,我们来议一议,其他小动物做了那么多的事情,为什么大象还一直待在阴影里呢?而小老鼠凭什么就能帮助到大象呢?

2. 组织学生讨论,出示 PPT 上面的关键句子。

大象问:"你不是来给我讲故事的吧?"小老鼠说:"不是,我只想坐在这儿……就一小会儿。"

"你不是来让我改变主意的吧?""不是。如果您想知道我是来干什么的,那我就告诉您吧……"

思考:(1)从这两次对话来看,小老鼠有在认真听大象的问话吗?它听懂大象的问话了吗?

(2)当大象问"你不是来让我改变主意的吧?"小老鼠回应"不是"。那他是在做什么呢?

3. 组织学生分享,并适时给予引导。如,第一个问题,当学生回答"有认真听"及"听懂了大象的问话"时,及时给予引导。认真听,并听懂对方的话的人，就是"小小倾听艺术家"。

对于第二个问题，一年级学生可能会回答"他是在讲自己丢钥匙及迷路的事情"。此时，老师可以引导说："小老鼠在讲自己丢钥匙及迷路的事，他的心情是怎么样的？是伤心还是开心?"当学生回答说"伤心"时，进一步引导讲出"事+心情"的事，这叫作分享自己的感受。

3. 小结语：同学们，通过"我们一起探索吧"，我们明白了倾听和分享自己的感受是非常重要的，是与人相处的有效方法。

【设计意图：通过大象与小老鼠的对话，让学生悟到倾听和分享自己的感受是非常重要的，从而突破了学习重点。】

（四）成效阶段（15 分钟）

1. 导入语：同学们，下面我们进入第四个活动"我来试一试"。

活动规则：三人一组，坐中间的人先说一件最近发生的事，时间不超过 1 分钟，以 PPT 上的时钟为准。左右两边的人认真倾听，并给予动作回应。

当听到"时间到"时，就停止讲事情，左边的人复述内容，用"我听到你说……是这样吗?"句式。中间的人给予回应"是这样，谢谢你"；若复述不全，就说"还有一个意思是……谢谢你"。右边的人回应情绪，即用"我感受到你的心情是……（开心或者伤心)"句式。中间的人回应"谢谢你!"接下来，轮流分享，直到三个人均说完。

老师示范：下面，老师请两个人与老师一起做个示范。

2. 学生分组练习，老师适时指导。（配乐《最美的光》)

3. 组织学生分享，邀请 1~2 组同学作全班分享。

4. 提问：同学们，通过刚才的练习，你们的感受是什么？

学生可能回答：别人认真听我讲话，我很开心；别人理解了我的心情，我很感动。

5. 小结语：同学们，你们可厉害了。在这个活动中，我们学会了两个超级本领——认真倾听和理解他人心情。我们在与朋友相处时，使用这两个本领，可以帮朋友的忙。

【设计意图：通过有趣活动，强化倾听练习，让学生掌握初步复述和理解他人的心情的能力，突破了学习难点。】

（五）总结阶段（5 分钟）

1. 导入语：同学们，带着快乐，我们进入最后一个活动"我的发现"。

讲述活动规则：请同学们拿出一张便签纸，写下你今天的收获，可以写你学会了什么，你的心情怎么样。也可以写，在活动中，你发现谁的耳朵最有"魔法"，让你感觉特别舒服。

2. 学生写收获（配乐《小小梦想家》）。

3. 组织学生活动：同学们，拿上你的收获纸，将你的收获告诉你的两个好朋友。

4. 小结语：同学们，今天大家表现都非常好！老师给大家点个大赞！期待大家将学到的两个本领——认真倾听和理解他人心情，用到具体生活中，给朋友和家长带去快乐和感动。

【设计意图：通过设计"我的发现"活动，激发学生总结收获；通过意识化练习，达到强化认识的目的，园满结束课程。】

十、注意事项

1. 体验式活动需要学生全程有效地参与，才能确保目标的达成。因此，在组织体验式活动时，必须强调活动规则，并配合有效示范。尤其"成效阶段"的活动，如"我来试一试"，是训练学生认真倾听和培养学生同理心的，更需要让每个学生都熟悉活动规则，这样学生才能在训练中有所收获。

2. 培养一年级学生的同理心是有一定难度的。因此，需要老师提供更多"脚手架"，帮助学生逐步理解。如在"探索阶段"，将大象与小老鼠的对话一句句进行设问，并将问题细化，便于学生理解——小老鼠在认真听并听懂了大象的心声。

十一、参考文献

1. 希克斯. 你在听我说话吗？［M］. 谢静雯，译. 石家庄：河北教育出版社，2019.

2. 罗贝尔. 今天，大象不开心［M］. 邢培健，译. 上海：上海少年儿童出版社，2022.

第3课
我们的大自然朋友圈

一、理论依据

"我们的大自然朋友圈"属于爱世界中理解人与自然相互依存的活动主题。

人与自然相互依存涉及生态学理论。

生态学认为生态系统中物种间是相互依赖的，并且生物群落与非生物环境因素之间是动态平衡的。本节课以此观点为指导，来帮助学生初步理解人与自然是和谐共生的，启蒙他们产生"我也是自然生态系统中的一分子"的观念。从而培养其初步的爱护自然、愿与自然共成长的意识。

二、学情分析

一年级学生对一些基础的动植物有所认识，但对于生态系统的知识，尤其生物间共生的关系是缺乏认识的。因此，本专题教育课的目的是，增强学生对自然环境的大概认识，初步理解生态系统中各生物之间的相互依赖关系，从而萌发热爱自然的感情。

三、活动对象

一年级学生

四、活动时间

40 分钟

五、活动目标

1. 知识与技能：帮助学生理解人与自然共生的关系，学会简单的观察技能，画出或说出三种自然共生的生态圈。

2. 过程与方法：通过角色扮演、讨论与合作学习，培养学生学会探究自然的能力。

3. 情感态度与价值观：激发学生对自然的爱护之情，从而萌发出与自然共成长的意愿。

六、重难点及突破策略

重点：理解人与自然共生的关系，学会观察自然的方法。

突破策略：通过绘本故事创设问题情境，再通过小组讨论的方式，逐步提升学生对自然共生现象的理解能力。

难点：激发学生对自然的爱护之情，萌发与自然共成长的意愿。

突破策略：通过开展"和谐自然的家园"建造活动，让学生理解生命系统中物种间是相互依存和互利的。

七、教学方法

1. 故事讲述法：通过讲述绘本故事《和我一起玩》，引发学生思考如何与小动物们相处。

2. 角色扮演法：通过组织"和谐自然的家园"扮演活动，让学生理解生命系统中物种间是相互依存和互利的。

八、活动准备

1. 场地准备：将移开桌子，留下椅子，四人一组就座。

2. 材料准备：自然界物种头饰、小动物布偶等。

3. 音乐准备：《动物狂欢节》（用于热身阶段）、《森林的传说》（用于导入情境阶段）、《春之歌》（用于成效阶段）。

九、活动流程

（一）热身阶段（5分钟）

1. 导入语：同学们，我们的生活环境是非常美好的，在我们小区里，住着许许多多的人；在公园里，有好多好多的花草树本、小动物等等。大家有了解过，人与动植物是怎么相处的吗？今天，老师邀请同学们一起走进"我们的大自然朋友圈"。

2. 组织活动（播放配乐《动物狂欢节》）：下面，我们先做一个热身游戏。游戏叫作"击鼓传花"，全班分成两大组。每大组的第一个同学手持小动物布偶，老师播放一段音乐（《动物狂欢节》），音乐一响，同学们开始将手中的小动物布偶往后传递。当音乐一停，接到布偶的同学模仿一种动物叫，并说出该动物喜欢与什么动物或植物一起玩（说不出，可以请组内其他同学帮助）。然后接着从这两个同学开始玩，以此类推，时间3分钟。

3. 小结语：同学们，刚才的游戏，大家玩得开心吗？（开心）那么大家有没有想过，自然界中人与动植物是怎么相处的呢？下面我们将进入第二个活动"我来想一想"。

【设计意图：通过"击鼓传花"游戏，激发学生的好奇心与参与热情，营造积极向上的班级氛围。】

（二）导入情境（5分钟）

1. 导入语：同学们，下面老师给大家讲一个故事《和我一起玩》，大家边听边思考，故事中小姑娘是怎样跟小动物们相处的？

2. 讲述故事（播放配乐《森林的传说》，根据时间对原文进行删减）：太阳出来了，草上的露珠闪闪发亮，我走到草地上玩。一只蚱蜢停在叶子上，正在吃早餐。"蚱蜢，和我一起玩好吗？"我正要抓他，蚱蜢却蹦走了。一只青蛙跳过来，坐在池塘边。我猜，他在等着捉蚊子。"青蛙，和我一起玩好吗？"我想要抓他，青蛙也跳开了。一只乌龟静静地趴在木头上，动也不动，正在晒太阳。"乌龟，和我一起玩好吗？"我快要摸到他时，乌龟却游进水里了。一只蓝松鸦飞到枝头上，叽叽喳喳吵个不停。"蓝松鸦，和我一起玩好吗？"我才伸出手，蓝松鸦就飞走了。一只兔子躲在橡树后面，一边用鼻子闻，一边小口地吃着一朵花。"兔子，和我一起玩好吗？"我想要抓住他，兔子却跳进树林里了。

所有的动物，都不想和我一起玩。我摘了一朵蒲公英，把种子都吹散了。我走回池塘边，坐在石头上，看见一只小虫在水面上画波纹。我静静地坐着，没有出声，蚱蜢跳回来，停在叶子上。青蛙也跳回来，坐在池塘边，慢吞吞的乌龟也爬回木头上。松鼠回来了，一直看着我，跟我说话，蓝松鸦也飞回我头顶的枝头上。兔子也回来了，绕着我跳来跳去。我仍然静静地坐着，不出声音。（这样他们才不会被我吓跑了。）一只小鹿从树丛里探出头来，小心翼翼地盯着我看。我赶紧屏住呼吸，小鹿慢慢地走过来，越靠越近，我一把就可以抓住他了。但是我动也没动，也不敢说话，小鹿靠得更近，伸出舌头舔我的脸颊。

啊，我好快乐，非常快乐！所有的动物，都和我一起玩了。

3. 提问：绘本中主人公"我"很想跟小动物一起玩。开始时，为什么这些小动物都跑开了？后来，这些小动物为什么又回来了？我们带着思考进入第二个活动"我们一起探索吧"。

【设计意图：通过讲述一个引人入胜的绘本故事，引发学生思考如何与小动物们相处，起到切入主题的作用。】

(三)探索阶段(10分钟)

1. 导入语：下面，我们分组开展活动。四人为一组，围绕以下两个问题进行讨论。讨论第一个问题时，面对面交流；讨论第二个问题时，同桌两人交流。每人1分钟。大家边讨论边填写PPT上的问题。

出示讨论的问题：(1)故事中，"我"开始是用什么方式邀请小动物的？找出相关词语，如"我正要抓他，蚱蜢却蹦走了"中"我"用的是"抓"的方式。那么，在对待其他小动物时，"我"用的是什么方式？(2)后面，"我"采用的方式是什么？结果，小动物们都和"我"一起玩了。这里给了我们什么启示？我们该用什么方式与小动物们相处呢?

2. 组织学生分享,并适时总结分享要点。"我"通过抓、摸、伸等方式,把小动物们都吓跑了;后来,"我"安静地坐着,小动物们又都来了。

3. 小结语:同学们,通过这个故事,我们懂得要尊重小动物们,以不惊扰他们的方式,与他们相处,这样他们才愿意跟我们一起玩。

4. 提问:同学们,我们再想一想,在生活中,又该如何与花草树木相处呢?请同学们组成新的四人小组进行讨论。每人30秒,现在开始。

5. 组织学生分享,并适时总结分享要点:我们可以通过看、闻、拍照、绘画等方式与植物相处。

6. 小结语:同学们,刚才两个活动让我们知道,原来大自然的动植物都喜欢跟我们交朋友,前提是我们要尊重他们的生活方式。这样,他们开心,我们也开心。我们愿意开开心心与小动物们、小植物们玩吗?(愿意)下面,我们一起进入第三个活动"我们一起试一试"。

【设计意图:通过有趣的绘本故事及小组讨论的学习方式,帮助学生们初步理解自然界物种是彼此有关系的。】

(四)成效阶段(15分钟)

1. 导入语:欢迎同学们来到"我们一起试一试"活动。今天,我们的活动是要建造一个"和谐自然的家园"。这个家园,有小朋友、小动物、小植物、小溪流、小太阳、小月亮等等。我们的任务是描绘他们在一起生活的美好场景,即他们是如何互相影响的。就像蜜蜂和花朵,蜜蜂去看花朵,带走甜甜的花蜜,同时也帮花朵传播花粉,这样花朵就能结出更多种子;小朋友和小动物是好朋友,小朋友给小动物好吃的,小动物陪小朋友一起玩;等等。

"和谐自然的家园"建造要求:(1)随机挑选代表家园里面各类动植物、自然物体(如小溪流、小太阳、小月亮等)和小朋友的头饰带在自己的头上,组成一个和谐自然的家园,这个家园里住着五个好朋友。(2)当音乐一响,大家从小组布袋里掏出一个头饰,看一下这个头饰是什么,戴在头上,然后找其他朋友。(3)五个好朋友到齐,就围在一起,说一说彼此在一起给自然生态圈带来的好处。

2. 组织学生活动,由戴着代表小朋友的头饰的同学担任组长。

3. 组织学生分享。

4. 小结语：同学们，在这个和谐自然的家园里，每一种生命都是不可缺少的。它们以各种各样的方式，为大自然贡献自己的力量，共同为大自然描绘了一幅幅美丽的风景图。

【设计意图：通过温暖有趣的"和谐自然的家园"建造活动，让学生理解生命系统中物种间是相互依存和互利的，激发学生对自然的爱护之情。】

(五)总结阶段(5分钟)

1. 导入语：同学们，经过一系列精彩活动，我们慢慢理解了在这个奇妙的大自然里，每个生命都是很重要的。对你而言，你最大的收获是什么呢?

2. 组织分享收获：请五人小组围成一圈，每人轮流说出一种自己喜欢的自然朋友圈，组长梳理本组共同认可的三种自然朋友圈。老师适时指导。

3. 小结语：同学们，课程即将结束。相信通过了解自然朋友圈的故事，我们更加深刻地感受到人与自然是分不开的，我们要感恩自然给予我们的美好，我们要记住我们也是自然的一部分，让我们与自然共成长。

请同学们回家后，观察家附近的自然环境，记录人与自然和谐相处的情景。

【设计意图：通过成果分享及课后延伸活动，帮助学生进一步梳理知识，促进情感升华，强化活动的正面影响。】

十、注意事项

1. 课程涉及许多角色扮演，因此，需要做好材料准备，如准备各种头饰。

2. 主题内容——自然共生关系，对小学一年级学生来说不太好理解，因此，需要老师多多举实例，并与日常生活中的场景联系起来。

十一、参考文献

1. 麦克洛斯基. 让路给小鸭子[M]. 李超，译. 石家庄：河北教育出版社，2009.

2. 艾斯. 和我一起玩[M]. 余治莹，译. 石家庄：河北教育出版社，2024.

二年级体验式生命教育专题课教学设计范例

第1课
寻找闪闪发亮的星星

一、理论依据

"寻找闪闪发亮的星星"属于爱自己板块中自信心培养的内容。

自我认知是自信心建立的基础。根据心理学的研究，学生对自己的认知和评价会直接影响其自信心水平。自我认知对二年级学生建立自信十分重要，帮助他们认识自己的优点，可以为自信心建立打下基础。

自我认知理论强调对自身的生理自我、心理自我和社会自我的全面认识，如自己的身高、外貌、体态、性格，以及自己与他人的关系等。在自我认识过程中，倘若能够用积极眼光看待自己与他人，将会伴随着积极情感体验，产生自信。本节生命教育专题课将通过系列活动促进学生自我认知和自信心的建立。

二、学情分析

二年级的学生正处于自我意识快速发展的阶段，他们的情绪容易受到外界环境和自身认知的影响，波动较大。这一时期的学生对自我观察和他人评价难免会有各自的主观投射，并且容易受到外界评价的影响。因此，本节课通过优点赞美这一活动，帮助学生获得自我认同，增强自信心。

三、活动对象

二年级学生

四、活动时间

40分钟

五、活动目标

1. 知识与技能：引导学生发现和欣赏自己的优势和闪光点，增强自信以应对困难和挑战。

2. 过程与方法：通过"寻找闪闪发亮的星星"游戏和小组合作学习，引发学生找到自己的闪光点，提升对自我的认同。

3. 情感态度与价值观：培养学生积极的情感态度，增强学生的自信心。

六、重难点及突破策略

重点：让学生发现自己的优势和亮点，增强自信心，以积极态度应对困难和挑战。

突破策略：利用发现闪光点、分享闪光点、互相鼓励和正面评价的方式，鼓励学生发现自己的优势，不断强化自信心。

难点：培养学生积极的情感态度，增强学生的自信心。

突破策略：通过魔法镜活动，增强学生悦纳自我的情感，进一步提升自信水平。

七、教学方法

1. 游戏教学法：通过"寻找闪闪发亮的星星"这个游戏，引导学生找到自己的闪光点，提升对自我的认同。

2. 小组合作学习法：通过小组合作学习，提升学生在集体中的自我表达能力，增强自信心。

八、活动准备

1. 物资准备：纸质花朵、彩色便签纸、笔、"闪光帽"、镜子(每位学生自备或小组共用)。

2. 音乐准备：鼓励性音乐。

3. 分组安排：学生预先分组，每组四人。

九、活动流程

(一)热身阶段(5分钟)

1. 导入语：同学们，我们每个人都是不一样的，你们认同吗？（认同）你们期待自己的特点被积极的眼光看到吗？（期待）。今天，我们一起来开展"寻找闪闪发亮的星星"的活动。

2. 在今天的课正式开始之前，老师想带大家玩个小游戏，叫"击鼓传花"，要求鼓点或音乐停止时，每个小组手中有花的同学站起来向小组成员表演一个小节目，可以学小动物叫，也可以唱一首歌。

3. 学生参与热身游戏。

4. 小结语：表演节目的同学都很棒！每个同学表演的内容均不一样，不一样就是每个人独特的特点。今天的课，老师希望大家能够更积极地展示独特的"我"。

【设计意图：热身环节引发学生的学习兴趣，活跃课堂氛围。】

（二）导入情境（5分钟）

1. 导入语：同学们，下面老师给大家讲一个有趣的故事，故事名称是《闪亮的小海星》。请同学们边听边思考：小海星一直在寻找更壮丽的风景，结果找到了吗？

2. 讲述故事《闪亮的小海星》。

故事梗概：故事从小海星荷西的视角，展示了她与海底的各种生物相遇和互动的过程。荷西遇到了会发光的琵琶鱼，与蓝鲸等大型海洋生物交流，甚至想象自己能在天空中飞翔。这些经历让荷西逐渐意识到，她所拥有和所处的世界已经充满了奇妙和美丽，她不需要羡慕天上的星星，因为她已经拥有了超乎想象的世界。

绘本的主旨在于告诉孩子们，每个孩子都有自己的独特之处和价值，不必过分羡慕他人的生活。同时，也鼓励孩子们发现自己以及身边人和事物的闪光点，学会接纳和欣赏自己所处的世界。

3. 提问：听完这个故事你们的感受是什么？下面，我们进入探索阶段，一起来思考：小海星寻找到它要的风景了吗？

【设计意图：通过故事讲述，引发学生思考，调动学生参与活动的积极性。】

（三）探索阶段（15分钟）

1. 导入语：同学们，下面四人一组，一起讨论这个故事给你的启发是什么。

2. 学生讨论。

3. 组织学生分享，老师适时引导。

4. 小结语：同学们，我们每个人都具有自己的闪光点，都与众不同。当我们学会用积极眼光看自己的时候，我们就会体验到不一样的乐趣。下面我们进入"优点轰炸"的活动。

5. 活动说明：分发彩色便签纸和笔，要求学生写下自己的三个优点或最近做得好的事情，鼓励学生诚实且具体地表达自己。在此期间播放励志背景音乐。

6. "我的"优点大家说：小组成员轮流站在中间，戴上"闪光帽"，帽子上贴上自己的便签纸，其余成员在阅读完便签纸上的优点后，共同鼓励该成员，说"某某同学，我们看到了你身上的优点，它们是……，我们祝福你!"

7. 小结语：通过这个环节，每位同学都戴上了"闪光帽"，感受大家对自己的鼓励和赞扬，相信"闪光帽"让你们都更有自信了!

【设计意图：让学生在自主思考的过程中锻炼反思能力，加深对自己的认知思考，同时通过小组互相赞美，进一步增强自信。】

（四）成效阶段（10分钟）

1. 导入语：同学们，刚才被优点轰炸的感觉是不是特别爽。同时，我们也知道，我们每个人或多或少也会对自己的一些地方产生不满。比如说，老师的身高并不高，有时也会失落。接下来，我们来挑战我们的不满意。你准备好了吗?

2. "魔法镜活动"：每位成员手持镜子，对着镜子说出对自己不满意的地方，然后说"即便如此，我依然爱我自己"，感受内心的坚定和力量。

3. 小组反馈：小组内成员认真倾听并给予正面反馈，所有小组成员对持镜人共同说"我们支持你，为你点赞"。轮流完成该任务后，小组内交流讨论心得体会。

4. 小结语：通过这个环节，相信同学们对自己有了更深刻的认识，也更有信心了，对吗? 老师希望"魔法镜"能够让大家在今后学习生活遇到困难时，及时自我鼓励，树立信心。

【设计意图：利用"魔法镜"活动提升学生的自我悦纳能力，树立更强的自信心。】

（五）总结阶段（5分钟）

1. 学生分享：鼓励学生自由分享在整节课的活动中的感受和心得。

2. 老师总结：自信心是每个人内在的光芒，是战胜挑战的重要力量。鼓励学生持续发掘自己的优点，保持积极心态，勇于尝试新事物。

【设计意图：总结本课，加深学生对自我认知的思考，建立自信心。】

十、注意事项

1. 相互尊重：提醒小组成员在分享交流过程中避免任何形式的嘲笑或羞辱。老师可以通过巡堂进行师生互动。

2. 时间管理：确保为每个阶段分配适当的时间，并确保学生能够充分分享和交流。

3. 积极参与：鼓励学生积极参与活动，无论是自我反思还是小组讨论，并勇于表达自己的想法和感受。

十一、参考文献

1. 派尔普. 小火车头做到了［M］. 孙莉莉，译. 北京：电子工业出版社，2023.

2. 麦克唐奈. 闪亮的小海星［M］. 范晓星，译. 北京：现代出版社，2018.

第2课
我是小小调解员

一、理论依据

"我是小小调解员"属于爱他人范畴中的同理心培养主题内容。同理心培养涉及情感发展理论。

情感发展理论关注儿童和青少年亲社会情感(包括同理心等)的发展过程及其对社会行为的影响。他们认为，儿童的同理心发展是从基本的情绪反应逐步过渡到更复杂的认知评价和情感调节能力的。因此，我们可以通过教育活动来促进儿童从情绪共享到认知理解的转化，来强化他们的理解、尊重和帮助他人的能力。

二、学情分析

小学二年级学生正处在社交技能快速发展的阶段。这个年龄段的学生能够初步理解自己和他人的一些基本情绪，也开始学会从他人的视角来考虑问题，但这种能力尚不成熟，导致他们容易以自我为中心来采取行动。因此，本次体验式生命教育专题课，旨在引导学生观察、感受、思考，学会理解与尊重他人，来促进其同理心发展。

三、活动对象

二年级学生

四、活动时间

40分钟

五、活动目标

1. 知识与技能：帮助学生认识到站在他人角度思考是人际交往的重要内

容，掌握站在他人角度说话的方法。

2. 过程与方法：让学生通过自我反思和角色扮演，理解自身行为对他人的影响，促进同理心发展。

3. 情感态度与价值观：帮助学生深化站在他人角度思考的感受，加深对同理心的体验理解。

六、重难点及突破策略

重点：掌握站在他人角度说话的方法。

突破策略：通过绘本《烦人的猴小妹》、游戏"我是小小调解员"，帮助学生掌握站在他人角度说话的方法。

难点：深化站在他人角度思考的感受，加深对同理心的体验理解。

突破策略：通过组织活动，让学生开展担任自己的小调解员活动，促进学生体验，加深对同理心的理解。

七、活动准备

1. 场地准备：将桌子移开，学生八人一组就座。

2. 物资准备：绘本《烦人的猴小妹》、写字板。

3. 音乐准备：《小海螺》《朋友》。

八、活动流程

(一)热身阶段(5分钟)

1. 导入语：同学们好，我们每个人都期待跟别人做好朋友，但有时难免会跟好朋友发生小摩擦。你会处理与小伙伴们的小摩擦吗？正式上课前，我们来做一个热身游戏。

2. 组织热身游戏(播放背景音乐《小海螺》)：这个游戏名叫"我也是"。小组八人围圈就座，先由一名同学站起来说今天的心情，并选一种天气来表示自己的心情(如晴天代表开心，阴天代表伤心，晴转阴代表开始开心后来伤心，下雨代表生气，闪电代表烦躁)。如果你的心情也一样，就站起来看着说话的同学，并用双手拍拍自己的胸脯说"我也是"。说完，由你指定一名同学站起来说今天的心情。以此类推，直至八人说完。

3. 提问：刚才的游戏中，当听到别人说"我也是"时，你的心情怎么样？

4. 小结语：同学们，在与人交往过程中，被理解和理解别人都一样重要。你想要被理解，首先要学会理解和尊重他人。

【设计意图：通过"我也是"游戏，让学生体验被理解的重要性，营造深入学习氛围。】

（二）导入情境（5分钟）

1. 导入语：下面老师给大家讲一个故事，大家边听边思考故事的主人公东东为什么会发生变化。

这个故事名叫《烦人的猴小妹》：吵死了，莎莎抢不到东东的皮球，又哭了。莎莎是东东的妹妹，东东觉得她最讨厌了，每次都和自己抢玩具，还偷吃自己的糖果。

"有了！"东东心里想，如果能把莎莎送给别人，那该有多好呀！送给大象爷爷好了。可是，莎莎那么小，一定会被大象爷爷踩扁的。送给兔子阿姨好了。可是，莎莎最讨厌吃胡萝卜，她一定会饿肚子的。送给树袋熊大哥好了。可是，树袋熊大哥整天爬树，莎莎会不会从树上掉下来？大象爷爷不行，兔子阿姨不行，树袋熊大哥也不行。到底把莎莎送给谁好呢？真是让东东伤透脑筋呀。

莎莎年纪还太小，去哪里都不习惯。东东想：看来，只好让莎莎留在家里了。

2. 问题（2~3个同学回答）：同学们，故事讲完了。大家想一想，东东开始时想要将妹妹莎莎送给别人，后来，为什么又想让莎莎留在家里？同学们可以看着PPT上的提示进行思考：

（1）东东想：莎莎一定会被大象爷爷踩扁的，一定会饿肚子的，莎莎会不会从树上掉下来？东东这么想，说明他对妹妹_____。

（2）莎莎年纪还太小，去哪里都不习惯。东东想：看来，只好让莎莎留在家里了。东东最后决定还是让莎莎留在家里，说明东东站在_____角度思考问题。

3. 小结语：同学们，其实东东很爱妹妹。虽然他想把妹妹送走，却因为设身处地为妹妹着想——担心妹妹的安全、怕她吃不惯、怕她整天在树上容易摔下来，所以他改变主意还是让莎莎留在家里。

【设计意图：通过讲述《烦人的猴小妹》，让学生初步了解站在他人角度思考的好处。】

(三)探索阶段(15分钟)

1. 导入语：同学们，从刚才的故事中，我们看到东东身上的闪光点——能够站在他人角度思考问题，从而让对方感受到被理解与尊重。

下面，我们做一个角色扮演游戏，这个游戏叫"我是小小调解员"。按四大组顺序，每大组选取一个场景，之后在四人小组中进行角色扮演。

(1)场景一：下课了，小志忘记了自己的橡皮擦放在哪里，看到小强桌子上有一个文具盒，打开一看，发现有一个新的橡皮擦，就顺手拿过来使用。小强发现后，非常生气！

小强怒气冲冲地说："小志，你干吗？怎么随便拿别人东西。"

小志顶回一句"小气鬼，还给你"，边说边将橡皮擦丢回去。

(2)场景二：大课间，小红喊小花、小英一起跳皮筋，在规则制定上，小花坚持按时间一人一分钟地玩，而小红坚持跳中出错才换人。结果小红与小花两人谁都不让谁，导致游戏无法进行。

小花大声说："这次跳皮筋每人跳一分钟就要轮到下一个人。"

小红不高兴地说："这多没意思，要按原来的玩法，出错了才换人。"

(3)场景三：体育课上，老师让学生分组拍球练习。队长小明把自己的好朋友小李排在第一位，小朱很不高兴，说队长偏心。

小朱生气地说："为什么老是小李排在前，这不公平。我不玩了。"

小明："小朱，你胡说。排队总得有人排在前，有人排在后。"

(4)场景四：小才与小城在图书角同时看到《奇妙的动物世界》这本书，都想抢先看，互不让步。

小才大声说："这本书是我先看到的，我要先看。"

小城大声说："谁说你先看到的，明明是我先看到，我也要先看。"

2. 组织活动：同学们，请按照PPT提供的场景进行角色扮演。两人扮演主角，一人旁白，一人担任小调解员，站在对方角度对主角说话，主角给予回应。

也可以按照PPT提示语对主角说。如，小调解员温和地看着主角说："××，我感觉到你＿＿＿＿＿(情绪词)，你觉得＿＿＿＿＿＿(事情)，是吗？换成我，我也会＿＿＿＿＿(情绪词)。"主角感激地说："谢谢你的理解！"

一轮活动结束后，换角色继续演出，直至老师喊停。

3. 小结语：同学们，通过刚才的活动，我们感受到站在他人角度思考问题，可以让对方感受到被理解与尊重。这是我们和谐相处的关键。

【设计意图：通过开展"我是小小调解员"活动，让学生初步掌握站在他人角度说话的方法，落实了学习重点。】

（四）成效阶段（10分钟）

1. 导入语：同学们，接下来，我们将所学到的方法运用到自己的身上，担任自己的小调解员。

2. 组织学生活动（播放背景音乐《朋友》）：拿出写字板，写出过往中曾经与人发生的不愉快的事。

按如下方式写：时间、地点、事情、我的感受。如：星期三上午，在操场上做早操时，我的脚不小心碰到前面同学，他说我踢他，害得我被老师批评。我心理很难受。之后，用如下句子跟自己对话，看可否能帮助到自己。

如：我的脚可能碰痛他，我可能没有及时道歉，他报告老师，换成我，我可能也会报告老师。

记住，一定要写自己曾经经历过的事。如果遇到困难，可以举手。

3. 组织学生分享，老师引导。同学们，像刚才那样站在对方角度思考问题，也叫作换位思考。

4. 小结语：同学们，遇到不愉快的事时，通过换位思考，我们的心放宽了许多，也就不再难受了。当然，若同学们还有心事解不开，可以到心理咨询室找老师谈心。

【设计意图：通过开展"给自己当小调解员"的活动，让学生进一步体验站在他人角度思考问题对人际交往的意义，突破了学习重点。】

（五）总结阶段（5分钟）

1. 导入语：同学们，今天在所有人共同努力下，我们已初步达成活动目标。下面各组交流总结。

2. 学生交流总结。

3. 小结语：同学们，今天的学习让我们懂得了站在他人角度思考问题是多么重要，不仅可以让我们宽心，也可以让他人得到理解与尊重。期待同学们将今天所学运用在生活中，帮助自己交到更多的朋友。

【设计意图：通过总结活动，让学生巩固知识，升华情感。】

九、注意事项

1. 对二年级学生而言，站在他人角度思考有一定难度，因此，在活动中应提供降低难度的填写练习。

2. 设计的课堂练习场景要接近学生实际生活，这样才能够激发学生参与。课前需要进行问卷调查。

十、参考文献

1. 冰波. 小松鼠的月亮[M]. 南京：江苏凤凰科学技术出版社，2019.

2. 陈书韵. 烦人的猴小妹[M]. 北京：中国人口出版社，2015.

第 3 课
花花世界的美

一、理论依据

"花花世界的美"属于爱世界板块中"自然界多样性认知"的主题内容。

生态理论主张将自然看作一个相互关联的整体，任何部分的变化都会影响全局；强调人和自然应该和谐共生，要维护生态系统的健康和稳定。本节专题课主要引导学生欣赏自然界中生物的多样性，增强人与自然和谐共生的意识。

二、学情分析

二年级学生好奇心强，喜欢动手操作，他们能够区分不同种类的植物和动物，但对于自然界生物间的相互作用、生态系统多样性知识了解不足。本课可以提升学生对生物丰富多样性的认识，树立与自然万物和谐相处的意识。

三、活动对象

二年级学生

四、活动时间

40 分钟

五、活动目标

1. 知识与技能：帮助学生认识到自然界中生物丰富多样性的特点，培养其与自然和谐相处的能力。

2. 过程与方法：通过视频和绘本故事及创意绘画，培养学生与自然和谐相处的基本能力。

3. 情感态度与价值观：欣赏自然界中生物的多样性，增强学生与自然和谐共生的意识。

六、重难点及突破策略

重点：培养学生认识到自然界中生物丰富多样性的特点，提升学生与自然和谐相处的能力。

突破策略：通过微视频《生物多样性之美》和绘本故事《数不清！大自然的生物多样性》让学生认识生物多样性的特点，形成与自然和谐相处的基本能力。

难点：欣赏自然界中生物的多样性，增强学生与自然和谐共生的意识。

突破策略：通过组织学生进行创意绘画，强化其愿意与自然和谐相处的情感。

七、教学方法

1. 体验式教学法：结合观察记录和小组讨论，引导学生回忆所观察到的生物多样性的美。

2. 创意绘画法：引导学生以拟人方式作画，内化学生情感。

八、活动准备

1. 场地布置：将桌子移开，将椅子摆在四周，留出中间可以活动的地方。

2. 活动材料：微视频《生物多样性之美》，绘本故事《数不清！大自然的生物多样性》（复印本，两人一本），写字板。

3. 音乐准备：《春三月》、《小小世界》（小蓓蕾组合）。

九、活动流程

（一）热身阶段（5 分钟）

1. 导入语：同学们，今天，老师将带领大家走进生物多样性的课堂，一起了解自然界中的花花草草、鸟儿虫儿、大象小猴等生物的生活。

2. 组织暖场游戏：在正式上课前，我们来做一个暖场游戏，名字叫"花儿朵朵开"。请全体起立，来到教室中间，当音乐《春三月》响起时，大家随着音乐慢慢走起来，就像花儿随风轻轻摇摆。当音乐停时，同学们一起喊"开几朵花"，若老师喊"四朵"，同学们则赶紧四个小伙伴手拉手，代表开四朵花。落单的同学要学一种动物的叫声。

3. 小结语：同学们，当我们走进花的世界，跟花朵共舞时，我们每一个人都会欢乐起来。

【设计意图：通过暖场游戏，营造轻松氛围，激发学生参与活动的热情。】

(二)导入情境(5分钟)

1. 导入语：同学们，我们带着欢乐的心情，再进入一场视觉盛宴，一起来品味自然界的生命奇观。

2. 观看微视频《生物多样性之美》。

请同学们边看视频边思考：你们喜欢哪些环境和生物？

视频主要内容：讲述的是从神秘的海南热带雨林，到广袤的三江源中各种各样的生物。从碧水丹山的武夷山，到大熊猫的美丽家园，最后到东北虎豹乐园里的狂野精灵，以大掠影的方式让每一个人感受中国生物多样性之美。

3. 提问：同学们，你们喜欢哪些环境和生物？是海南热带雨林，是三江源国家公园，还是碧水丹山的武夷山，抑或是大熊猫国家公园里的大熊猫？

根据学生回答，给予及时肯定。

4. 小结语：美丽风景、自然景观、动植物和谐相处的情景，着实令人向往。大家都知道，这五大公园中花花世界的美是由人们共同建构的。

【设计意图：通过组织学生观看微视频《生物多样性之美》，增强学生对生物多样性特点的认识，为接下来的活动埋下伏笔。】

(三)探索阶段(15分钟)

1. 导入语：同学们，大自然特别神奇，人们越爱护它，它就越美丽。我们人类如何与大自然生物共处呢？

2. 阅读绘本《数不清！大自然的生物多样性》。请同学们打开绘本，两人共读。

地球上有多少种不同的生物呢？一种，两种，三种……太多了！地球上的生物有好多好多种。有些很大，像大象和橡树，全世界的大象可分为两种——非洲象和亚洲象，橡树则超过600种。有些很小，如蘑菇，目前已经发现的蘑菇有30多万种。还有微生物，微生物实在太小了，需要显微镜才看得见。一小匙的泥土里，可能就有5000种不同的微生物。所有你看得到的地方都有生命，如沙漠里、海中的小岛上、鸟儿的羽毛下，还有甲虫的背上……就连你以为不可能的地方，像是滚烫的火山温泉里，也有生物。

地球上到底有多少种生物，很难数得清，因为有些地方不容易到达，例如热带雨林的顶端，或是又黑又冷的深海底。有时候，两种看起来不一样的生物，其实是同一种，而长得几乎一模一样的，却是不同的种类。地球上还有我们不知道的很多生物，每年发现的新生物就有上千种。

每种生物从吃的食物、栖息地，到生长的方式，都必须互相依靠。我们渐渐明白，地球是个多姿多彩的大家庭，每一种生物都是这里的一分子。

可是，人类正在破坏地球，污染空气、河流和海洋，从大海捕捞过多的鱼虾，兴建太多的道路，让动植物失去家园，甚至有许多生物都消失了，还有一些可能在我们发现之前就绝种了。人类也是天地万物中的一分子，我们要好好珍惜这个美丽的家园。如果世界上的生物越来越少，我们可能也无法生存了。

3. 组织讨论。请同学们结合绘本内容，讨论如下问题。

我们渐渐明白，地球是个多姿多彩的大家庭，每一种生物都是这个大家庭的一分子。作为其中的一分子，我们人类应该做些什么？

四人一组，分别用 A、B、C、D 代表。A 和 C、B 和 D 讨论，每人 1 分钟。一轮结束后，换成 A 和 B、C 和 D 进行讨论。

4. 小结语：同学们，生物多样性就是生物多种多样，有花、有草、有鱼、有虫，还有人，等等。人是生物多样性中的重要因素。我们要好好珍惜这个美丽的家园。

【设计意图：通过组织学生阅读绘本《数不清！大自然的生物多样性》及引导学生进行有效讨论，进一步提升学生对生物多样性特点的认识，明白人是生物多样性中的重要因素，形成对自然界初步的爱。】

(四)成效阶段(10 分钟)

1. 导入语：我们每个人是不是都应该为美丽的花花世界做一些事呢？(是)好，我们进入下一个活动——我是自然的守护者。

2. 组织学生绘画(配乐《小小世界》)：请同学们拿出笔，选择一个喜欢的生物，在写字板上进行创意绘画。然后，在旁边写上几句话。如，我是一棵苹果树，我可以供人们乘凉，也可以为小朋友送去苹果。我为我的价值感到高兴。

3. 组织学生分享，老师适时引导。

学生 A：我是一只蜜蜂，我可以帮助植物授粉，也可以为小朋友带来甜甜的蜂蜜，我为我的作用感到快乐。

学生 B：我是一只蝴蝶，可以为花朵增加色彩，为小朋友带来快乐，我为我的作用感到幸福。

4.小结语：同学们都非常有爱心，从大家的画作中，我们看到同学们不仅表达了与自然和谐相处的愿望，而且愿意为自然的美丽尽自己的一份责任。

【设计意图：通过组织学生进行创意绘画及小组分享学习，学生们产生与自然和谐相处的愿望。】

（五）总结阶段（5分钟）

1.导入语：同学们，课程马上就结束了。请同学们想一想：本节课你最大的收获是什么？请拿出一张纸，用一句话写出你的收获与感受。

2.组织学生分享。

学生A：我了解到人类是自然万物的一分子，我感到骄傲。

学生B：我明白了人是生物多样性中的重要因素，我愿意为保护自然做一些事。

学生C：我愿意与自然和谐相处，做一名自然守护者！

3.小结语：今天同学们的收获可大了，为大家点赞！愿大家永远牢记，我们都是大自然的一分子，我们要遵守自然规律，爱护自然环境，和自然万物和谐相处，让我们住的家园更美丽，让我们的生活更有乐趣、更有意义。

【设计意图：强化学生"我愿意为保护自然做一些事"的行为倾向。】

十、注意事项

1.在探索阶段，要强调学生认真阅读绘本故事，通过绘本故事增加生活常识。同时，留出时间让学生充分讨论：我们作为地球一分子应该做些什么？激发学生情感，为成效阶段活动推进打下基础。

2.成效阶段的创意绘画是内化学生行为的一项活动。学生的投入程度决定了活动的效果。因此，除了讲清规则外，还需要作出示范，降低难度，调动学生参与热情。

十一、参考文献

1.岩井俊雄. 100层的房子[M]. 于海洋，译. 北京：北京科学技术出版社，2018.

2.戴维斯，萨顿. 数不清！大自然的生物多样性[M]. 林良，译. 济南：明天出版社，2023.

三年级体验式生命教育专题课教学设计范例

第1课
我是一棵有爱的生命树

一、理论依据

"我是一棵有爱的生命树"属于爱自己范畴中的"启蒙自我认知"主题内容。

皮亚杰认为，儿童的认知发展不是单纯来自先天的成熟或后天的经验，而是主体与客体的动作进行互动的结果。

生命树是叙事疗法中的一种重要技术，它通过将人的成长比喻成一棵树来帮助个体回顾过去、把握当下和展望未来。这种技术在团体工作中被广泛应用，以增强个人的自我功能，并帮助他们看到自己的资源和对未来的人生希望。本课通过绘画专属自己的生命树，培育学生爱自己的意识，树立爱自己即热爱生命的意识。

二、学情分析

三年级学生正处于 8~9 岁年龄段，即认知发展理论中的具体运算阶段。以具体形象思维为主，需要借助实物、图形等具体的对象来解释抽象的概念。他们对自我特点有一定的认知，但对自我认同与自我关爱还不够。

因此，本课通过绘画专属自己的生命树，帮助学生提升学会关爱自己的能力，意识到每个人都是能开花结果具有活力的独特生命。

三、活动对象

三年级学生

四、活动时间

40 分钟

五、活动目标

1. 知识与技能：提升学生对自身独特性的认知，培养介绍自己特点的能力。

2. 过程与方法：通过生命树活动，增强学生自我认知及初步的自我关爱能力。

3. 情感态度与价值观：形成初步的自我价值的认同，激发珍爱生命的意识。

六、重难点及突破策略

重点：增强学生自我认知及初步的自我关爱能力。

突破策略：描绘并讲述生命之树，帮助学生看到自己富有活力的生命历程，体验到爱自己所能激发的能量。

难点：形成初步的自我价值的认同，激发珍爱生命的意识。

突破策略：通过参观生命树展览，学生扩展"爱自己"的思维，形成初步的自我价值的认同。

七、教学方法

1. 故事讲述法：通过讲述绘本故事《每个人都与众不同》，提升学生对自身独特性的认识。

2. 练习法：通过描绘生命树和参观生命树展览，增强学生自我认知及初步的自我关爱能力。

八、活动准备

1. 场地布置：四人一组，教室四周摆放四块移动黑板。

2. 材料准备：软球、生命树白描纸、彩笔、黑笔、便利贴等。

3. 音乐准备：《生命之树》、《安妮的仙境》(班得瑞)。

九、活动流程

(一)热身阶段(5分钟)

1. 导入语：大自然有着各种各样的生命，在生命的森林里，每一棵树都有它爱的故事。今天，我们一起走进"我是一棵有爱的生命树"的课堂，共同探索爱与成长的秘密。

2. 组织游戏活动：我们先来做个热身游戏，游戏名称叫击鼓传花。首先，我们需要分成两大组进行游戏，第一、二组为 A 大组，第三、四组为 B 大组。音乐开始时，两大组第一个同学同时向后传递软球。音乐停止时，持球的两位同学分别说一说自己身上的特点，可以是外貌的、性格的、兴趣爱好的。如，我是大眼睛、开朗的，我喜欢喜欢阅读，爱好打乒乓球。

3. 小结语：同学们的答案真的是丰富多彩，丰富了我们对自己的认识。每个人都是独一无二的，就像树叶一样，没有两片叶子是一样的。接下来跟着老师一起寻找专属于自己生命树的样子。

【设计意图：通过击鼓传花，调动学生的积极性，激发学生对生命的探索欲望。】

(二)导入情境(5分钟)

1. 导入语：同学们，下面我们通过一个绘本故事来进一步认识独一无二的"我"。请同学们边听边思考：故事中奶油和万宝路，它们不一样的地方在哪？

2. 讲述故事《每个人都与众不同》(根据实际对原文做删减)。

有一只野猫，名字叫奶油。地球上的它，小小的，看不见。可是这个小小的它……却托起了大大的地球。

有一天，它遇到好朋友万宝路，发现万宝路在叹气。"怎么了，万宝路？你为什么叹气呀？""啊，奶油，你多好哇。不管什么时候，你都不气馁，大家都喜欢你。其他人也是……""可可，可靠。布丁，亲切。火腿，老实。可是俺……"

"连一个优点也没有……任性，脾气差，爱耍威风……俺也想像你们那样……"

"万宝路，正因为每个人都与众不同才好哇。而且，每个人都有优点。你能清楚地说出自己的缺点，我觉得太了不起了。"

"啊，谢谢你，奶油。是呀，俺做俺自己……就好！"

听到此话，奶油继续鼓励万宝路。

"比起毫不费力就做成了厉害的事，哪怕做不成也努力去做，更了不起。"

晚上，它们在一起看星星。万宝路脱口而出："哇，好漂亮！"

奶油说："是啊。同时，我发现没有星星是一样的，星星全都不一样。这样的一颗颗星星闪闪发光，才组成了美丽的星空。"

万宝路也兴奋起来："我说，奶油，你听好了。这个世界就像星空一样。没有人是一样的，每个人都与众不同。这样的一个个人闪闪发光，才组成了美丽的世界。"

有一天，它们来到一条小溪边。嗨——！这一次，万宝路先跳了过去。

"万宝路，你太厉害了。"

"来，奶油，你也跳一次试试。"

"我，我跳不过去。"

"你又没跳，怎么知道跳不过来？"

"上次我掉进河里了……""那是上次。今天的你，肯定能行，肯定能跳过来。""好，好吧！万宝路，我试一试。"

"呀嗨——！奶油，你肯定能行！"

3. 提问(1~2个学生回答)：同学们，故事中奶油和万宝路，它们不一样的地方在哪？

4. 小结语：万宝路努力做好它自己，哪怕做不成也努力去做。奶油善于发现别人的优点，并且勇于挑战有难度的事。奶油、万宝路敢于做与众不同的人，给予我们的启发是什么呢？我们在下一个环节继续探索。

【设计意图：通过绘本故事讲述，增强学生对自己独特性的认识，并萌发关爱自己的意识。】

(三)探索阶段(15分钟)

1. 导入语：接下来，请同学们化身为一棵生命树，一起探索更多属于自己的不一样的特点。

2. 描绘生命之树(配乐《生命之树》)。

(1)讲解要求：同学们，请拿出印有一棵白描的生命树的学习纸，看着树根、树干、树枝、树叶、花和果实六个部分，根据自己的喜好分别描上不同的颜色。

(2)学生涂色，老师适时指导。

(3)填写生命信息：同学们，拿出笔，根据如下要求填写。

树根：代表你从哪里来，写出你爸妈的名字。

树干：代表你，写出你的名字。

树枝：代表对你很重要的人，写出三个。

树叶：代表你所希望的生活的样子，写出三个来。如，我希望我的生活每天都充满快乐。

花和果实：代表你的能力和品质。如，我画画很好，我会画好看的画送给邻居爷爷奶奶。

3. 组织讨论，四人一组，两两交流生命树信息。

4. 组织分享：邀请1~2组学生代表上台展示，并引导其他同学参与互动。如，听了某某同学的分享，你有什么好奇的地方想问他吗？

5. 小结语：同学们，通过描绘并讲述我的生命树故事，我们每个人更感受到不一样的力量，每棵生命树都有自己独特的树叶、花和果实。

【设计意图：通过描绘并讲述生命之树，帮助学生看到自己富有活力的生命历程，体验到爱自己所能激发的能量。】

（四）成效阶段（10分钟）

1. 导入语：同学们，接下来，我们进入生命树展览环节，来给喜欢的生命树点个赞。

2. 组织活动：请同学们将自己的生命之树贴在旁边的移动黑板上，形成一片小树林。每个同学拿着一张欣赏卡，寻找喜欢的生命树。

3. 学生活动：在看展览过程中，挑选一棵最打动自己的生命树。在欣赏卡上写出这棵生命树最值得自己学习的地方是什么，之后回到自己的生命树前，补上自己的新发现。

4. 组织分享：邀请学生在全班分享，在参观生命树展览过程中发现了什么。

5. 小结语：每棵生命树都有自己精彩的地方，都有自己的爱的故事，值得每个主人好好珍惜与爱护。

【设计意图：通过参观生命树展览，学生扩展"爱自己"的思维，形成初步的自我价值的认同。突破了课程难点目标。】

（五）总结阶段（5分钟）

1. 导入语：同学们，时间过得很快。现在来到课程最后一个环节"见证我们的成长"。

请同学们轻轻闭上眼睛，回顾今天的学习，你在哪些方面对自己有了更深的认识。在音乐声中（《安妮的仙境》）思考。

2. 组织活动：生命树的成长宣言。

请同学们慢慢睁开眼睛，拿出生命树的成长宣言学习纸，写出遇到困难时，如何关爱自己。

3. 小结语：同学们，今天，我们通过一系列的活动，让关爱自己的种子在心中生根发芽。我们每一棵生命树都是独一无二的，值得每个主人好好爱惜，用心呵护，让其更加茁壮成长。

【设计意图：通过生命树的成长宣言，进一步增强学生爱自己的意识，巩

固认知。】

十、注意事项

1. 体验式活动需要学生全程有效地参与，为此，在组织描绘生命树活动时，需要给予示例，让学生理解描绘生命树的意义，以此来推动学生认真给生命树涂色。

2. 在组织参观生命树展览时，务必提醒学生按照顺序，有序参观，并留足时间给学生驻足思考。

十一、参考文献

1. 杜佐. 森林里有 100 棵异想天开的树［M］. 桂林：广西师范大学出版社，2021.

2. 李明. 活出一棵生命树：团体工作中叙事生命树的应用［J］. 中国社会工作，2022（34）.

3. 宫西达也. 每个人都与众不同［M］. 彭懿，译. 青岛：青岛出版社出：2021.

第 2 课
我是小小家政经理

一、理论依据

"我是小小家政经理"属于爱父母板块的参与家务与角色认知主题内容。

社会心理学理论认为三年级学生会通过观察和模仿他人的行为来学习，他们看到父母为家庭付出时会受到启发，从而形成感恩父母的意识并愿意参与家务。

情感认知理论认为情感和认知是相互关联的，通过参与家务和体验父母的关爱，孩子们可能会发展出更多的积极情感，如幸福感和感恩之情，同时也能提高他们的认知能力，增强归属感。

本节课通过讨论与体验以及角色扮演、冥想等活动，让三年级学生在日常家务学习与参与过程中，感受父母的关爱与辛劳，培养学生的责任感，用实际行动表达对父母的感激之情，从而感受到自己很幸福。

二、学情分析

三年级的学生通常处在 8~9 岁年龄段，这个年龄段的孩子自我意识开始增强，更关注自己的内心世界和个人感受，对自己的能力、兴趣和价值观有了更清晰的认识，好奇心也开始旺盛。因此，通过家务劳动课，鼓励学生参与并完成一些家务劳动，让他们感到自己有能力做好事情，从而增强自己的自信心，同时学习如何与他人合作、沟通和协调，体会到劳动的价值，获得参与劳动的成就感，为儿童心理健康终身发展打下坚实的基础。

三、活动对象

三年级学生

四、活动时间

40 分钟

五、活动目标

1. 知识与技能：让学生了解做家务的意义，理解父母的辛劳，学会感恩，培养学生做家务的习惯与能力。

2. 过程与方法：通过隐喻故事、游戏和讨论互动，引导学生将感恩之心转化为实际行动，主动承担家务劳动，从而感到快乐与幸福。

3. 情感态度与价值观：体验做家务的快乐，提升责任感与幸福感。

六、重难点及突破策略

重点：理解父母的辛劳，学会感恩，培养学生做家务的习惯与能力。

突破策略：通过角色扮演体验活动与讨论活动，体验父母的辛劳，学会感恩。

难点：引导学生将感恩之心转化为实际行动，主动承担家务劳动，从而感到快乐与幸福。

突破策略：通过制作感恩卡片、小组讨论等活动，鼓励学生将感恩之心转化为实际行动，主动承担家务劳动。

七、教学方法

1. 角色扮演教学：各小组扮演家庭成员的角色，将每个角色每天干的家务活用动作表达出来，体验与感受父母干家务的辛劳。

2. 体验式学习：通过小组交流分享活动，全方位体验更多的家务劳动。

3. 实践操作体验法：通过制作感恩卡片、全班交流分享的形式，突破教学难点，将学生的感恩之心转化为实际感恩的行动。

八、活动准备

1. 场地布置：选择宽敞明亮的教室，桌椅按六人一组摆放。

2. 活动材料：彩色卡纸、彩色笔。

3. 音乐准备：《我们是相亲相爱的一家人》。

九、活动流程

(一)热身阶段(5分钟)

1. 导入语：在家里，你们做过家务活吗？你们的感受怎么样呢？今天，老师带大家走进"我是小小家政经理"课堂。

2. 组织活动：同学们，我们先来做"猜猜猜"的游戏。请同学们看视频，老师邀请两位同学猜一猜视频中谁在干家务。为什么你会猜是爸爸/妈妈？(同学们猜谁干家务都可以，只要说出猜的原因)

3. 及时评价：邀请两位学生给同学的回答及时点赞。

4. 小结语：我们的父母每天都要做家务活。他们期待给我们营造一个卫生清洁的居住环境。

【设计意图：帮助学生放松心情，通过猜猜是谁在干家务引发学生的好奇心，同时也给接下来的环节做铺垫。】

(二)导入情境(5分钟)

1. 导入语：同学们，刚才大家猜得很激烈，视频中做家务的人有可能是妈妈，也有可能是爸爸，洗碗洗得很认真，洗得很干净。为了我们一家人的健康，父母操碎了心。接下来，老师邀请各小组讨论，我们的父母如此辛劳，体现在哪些家务活上？我们应该做些什么来表达我们的感恩之情呢？

2. 引导学生分小组讨论：请同学们把父母辛劳干的家务活项目写出来。

3. 小结语：在家里，父母为我们做了这么多事情，我们应该做些什么才能表达对父母的感恩之情呢？下面我们进入探索阶段。

【设计意图：通过创设问题情境，引发学生对父母产生感恩之情，为下文探索做铺垫。】

(三)探索阶段(10分钟)

1. 导入语：同学们，通过刚才各小组的讨论，我们更加理解父母的辛劳，我们也产生感恩之情。现在，老师邀请各小组自编自演心理情景剧。角色有爸爸、妈妈和三年级学生。请同学们用定格画面的方式表达每个角色每天干的家务活。每个小组选出一名讲解员，介绍你们小组定格画面中的角色，并讲讲完整的画面故事。

2. 组织各小组活动。

3. 每个小组展示自己家庭的故事，老师适时引导。

4. 小结语：通过心理情景剧画面定格的形式，老师看到同学们扮演的家庭成员的角色，以及每个角色每天干的家务活。同时体验与感受到父母每天干家务的辛劳。大家太棒了，老师给同学们点赞！

【设计意图：通过小组成员共同探索、互动交流，学生更加理解父母的辛劳，产生感恩之情。】

（四）成效阶段（15分钟）

1. 导入语：同学们，现在我们为父母制作感恩卡片，来表达我们的感恩之情。

2. 讲解如何制作感恩卡片：我们给父母写封信或者写首诗，内容包括父母上班、照顾孩子、做家务，以理解父母的辛劳。最后写出表达感恩父母的句子。写完之后，在旁边再画上一幅最能代表你现在心情的画，涂上你最爱的颜色。

3. 组织学生制作感恩父母卡片（播放背景音乐）。

4. 学生分享卡片：学生分享自己制作的卡片，有感情地读出自己的信或者诗，介绍自己的画；对跟自己分享的同学给予点赞与感谢。

5. 小结语：每张感恩卡片都代表着同学们感受父母的关爱与辛劳，同时也代表着同学们要用实际行动表达对父母的感激之情，积极参与家务活，来履行作为家庭成员一分子的职责。

【设计意图：通过创作，进一步促使学生将感恩之心转化为实际行动，主动承担家务劳动，此举突破难点目标。】

（五）总结阶段（5分钟）

1. 导入语：现在邀请同学们手拉手，闭上眼睛，随着音乐舞动，并在大脑中呈现因你参与家务活而家庭变得更加美好的画面。

2. 组织学生分享：请同学们慢慢睁开眼睛，将你的画面与旁边的同学分享。

3. 小结语：今天，我们在一起体验了家务劳动的辛苦和乐趣，感受到了自己对家庭的责任和贡献。我们也明白了家务劳动不仅是一种责任，更是一种爱和关怀。我们在劳动中能够感受到，美丽家园的建设也有自己的一份贡献。

【设计意图：巩固认知，升华情感。】

十、注意事项

1. 活动过程中，老师要密切关注学生的参与度和反应，在开展感恩卡片交流活动中，做好记录，鼓励所有的学生积极参与。

2. 活动结束后，布置家务劳动，以进一步强化学生的家庭角色认知。

十一、参考文献

安武信吾，安武千惠，安武花. 会做饭的孩子走到哪里都能活下去［M］.余晖，译. 海口：南海出版公司，2017.

第3课
探索秘密花园

一、理论依据

"探索秘密花园"属于爱世界板块中情感共鸣与社会责任的活动主题。

人对自然产生情感与社会责任涉及生态心理学理论，它强调人与环境相互作用，能够理解和感受自然界的美和脆弱，从而产生对保护环境的责任感。我们以此观点为指导，通过开展本课，来帮助学生初步理解人与自然是和谐共生的，通过角色扮演、手工制作等活动，增进学生对自我及自然情感的认知，在自然中建立起初步情感联结。

二、学情分析

三年级学生对外部自然世界抱有强烈好奇心，并乐于通过亲身参与体验和观察来探索自然的奥秘。三年级学生的思维发展水平还相对较低，主要停留在感性认识的阶段，他们更擅长通过直观感受和具体经验来理解事物。因此，本节课将采用形象生动的教学方法，通过手工制作让学生感受自然，增进自身对自然的感知。

三、参加对象

三年级学生

四、活动时间

40 分钟

五、活动目标

1. 知识与技能：帮助学生了解人和自然的关系，培养学生探究自然的能力。

2. 过程与方法：通过角色扮演、手工制作、讨论与合作学习，充分体验与感受自然，萌发热爱自然的情感。

3. 情感态度与价值观：通过共同构建的方式，激发学生对自然的感受，增强对大自然的归属感，从而提升生命价值感。

六、重难点及突破策略

重点：充分体验与感受自然，萌发热爱自然的情感。

突破策略：通过冥想创设自然情境，再通过角色扮演与小组讨论的方式，让学生体验与感受自然，将自我纳入自然生态圈。

难点：激发学生对自然的感受，增强自然归属感。

突破策略：通过手工制作开展"布置秘密花园"活动，让学生理解自然生态圈的结构，增强对大自然的归属感。

七、教学方法

1. 角色扮演法：通过组织"秘密花园里的我"角色扮演活动，让学生充分体验自然与感受自然，在自然中寻找自我。

2. 手工制作法：通过开展"布置秘密花园"活动，让学生在动手实践中充分体验自我在自然生态中的状态，实际感受大自然。

八、活动准备

1. 场地准备：将桌子移开，留下椅子，六人一组就座。

2. 材料准备：彩色硬卡纸、彩笔、剪刀、大黄纸。

3. 音乐准备：有自然声音的轻音乐。

九、活动流程

（一）热身阶段(5分钟)

1. 导入语：同学们，大自然是我们宝贵的家园，它孕育了万物，给予了我们生命与希望。今天，我们将进行一场特别的旅程，去探索自然的奥秘，感受它的美丽与力量。希望通过今天的学习，我们不仅能加深对自然的了解，更能与自然建立起深厚的联系。老师邀请大家一起进入今天的课堂"探索秘密花园"。（板书主题）

2. 组织活动：下面，我们先做一个热身游戏。大自然里有很多生物，假设我们每个人代表一片花瓣，老师会念出花瓣的数量，同学们根据花瓣的数量进行抱团，抱团成功的即为获胜。比如：花朵开呀开，开成五瓣花，那么你就要快速找到另外四片花瓣抱团，组成五瓣花即为胜利。

3. 小结语：同学们，刚才的游戏，大家玩得开心吗？（开心）在大自然中，美丽的花瓣能让我们快乐，但还有更多的生态系统的奥秘值得我们去发现，让我们接着体验吧！

【设计意图：通过花瓣抱团游戏，激发学生的好奇心与参与热情，营造轻松活跃的班级氛围。】

（二）导入情境（5 分钟）

1. 导入语：同学们，接下来我们闭上眼睛，听着音乐。在我们这个秘密花园里想象大自然，感受大自然。我置身于茂密的森林中，带着一丝凉意的风吹过我的发丝，我看到阳光透过树叶的缝隙洒在我身上，鸟儿在枝头欢快地歌唱，小溪潺潺流过。咦，好像还听到了不知名的虫儿在树上叫……接下来，请大家在纸上记录下你们所想象到的、感受到的一切，可以通过绘画与书写的方式记录。

2. 提问：假如你是这秘密花园中的一员，你会选择当什么呢？可以是小花、小草、河流、阳光、微风等等。

3. 学生分享：我想成为小草，因为不仅可以感受微风，还可以受到土壤和河水的滋养。

【设计意图：通过冥想，学生充分投入大自然的情境中，体验自己在大自然中的状态，感受自己与大自然的连接。】

（三）探索阶段（10 分钟）

1. 导入语：根据自己选择的秘密花园里的角色，我们来进行一场有趣的"秘密花园里的我"角色扮演游戏。下面，我们分组开展活动，六人为一组，请大家根据自己所扮演的角色，准备一段简短的自我介绍，描述你们的角色在自然生态圈中的作用或重要性。如，我是小花，我可以扮靓自然。

2. 组织小组讨论。

（1）我在"秘密花园"里扮演的角色是什么？

（2）为了让我扮演的角色更好地美化自然，我可以做些什么？

3. 组织学生分享，老师适时引导。

4. 小结语：在刚才的讨论中，同学们深入地认识了大自然中的角色，并提出了改善与美化大自然的行为计划，非常棒！

【设计意图：通过角色扮演及小组讨论学习的方式，帮助学生体验与感受自然，落实了重点目标。】

（四）成效阶段（15分钟）

1. 导入语：现在，让我们将对自然的感悟和认识转化为实际行动。我们将进行一场"布置秘密花园"的建造活动。每个小组通过手工制作的方式将刚刚在小组内扮演的角色具象化。小组生态系统制作完成后，贴到黑板上，整个黑板构成我们班的大自然生态系统。

2. 组织学生活动，观察小组生态系统是否合理，如果重复率较高则适当提醒，帮助学生开拓思维。引导学生了解不同植物的生长需求，合理布局。鼓励学生发挥创意，利用废旧物品进行装饰。强调团队合作，共同解决问题。

3. 组织学生分享小组生态系统的制作过程。

4. 小结语：同学们，在这个和谐自然的家园里，每一种生命都是不可缺少的。它们以各种各样的方式，为大自然贡献自己的力量，共同为大自然描绘了一幅幅美丽的画卷。

【设计意图：通过开展"布置秘密花园"活动，激发学生对自然的感受，增强自然归属感，让学生理解自然生态圈的结构，内化结构中的自我。此举突破了难点目标。】

（五）总结阶段（5分钟）

1. 导入语：经过大家的努力，我们的"秘密花园"已经展现出来。现在请告诉我，你们是如何理解自然生态圈的结构的？在建造过程中，你们又是如何内化结构中的自我的呢？

2. 学生分享。引导学生将自己置身于自然，体验自身与自然的密切联系，感受自然中的相互关系。

3. 小结语：今天，我们一起走进了"秘密花园"，感受了它的美丽与力量。通过角色扮演和手工制作活动，我们不仅加深了对自然的理解，还激发了对自然的归属感。希望大家在今后的生活中，能够继续关注和保护我们的自然环境，让它永远充满生机与活力。最后，请大家用一句话总结今天的收获和感受。

【设计意图：通过成果分享及课后延伸活动，帮助学生进一步梳理知识点，促进情感升华，强化活动的正面影响。】

十、注意事项

1. 课程涉及冥想的技术，由于三年级学生比较好动，建议时长控制在 2 分钟以内，伴随带有自然声音的轻音乐，让他们投入情境之中。

2. 主题涉及世界与自我的关系，虽然通过扮演角色可以将自我具象化为自然中的一员，但需要老师帮助学生了解自然结构中的自我。

十一、参考文献

1. 伯内特. 秘密花园[M]. 李文俊，译. 北京：北京联合出版公司，2016.

2. 文先勤. 环境心理学[J]. 环保科技，1989(02)：16.

3. 饶晰昕. 环境心理学在小学校园景观设计中的应用研究：以武汉市光谷第十七小学为例[D]. 武汉：湖北工业大学，2019.

四年级体验式生命教育专题课教学设计范例

第1课
尺有所短 寸有所长

一、理论依据

"尺有所短 寸有所长"是小学生爱自己板块中"增强自信"的内容，要求学生在自我成长的过程中体验快乐与自信。

积极心理学认为，自信是一种重要的心理资源，可以帮助人们更好地挖掘自己的潜力，提高生活质量；自信的人更容易获得成功，愿意付出努力达成目标；自信可以通过培养和训练获得提高；自信的培养应该从儿童时期开始，通过家庭、学校和社会等多方面引导，促进儿童心理健康，更好地应对压力和挫折，体验幸福和满足感。

本节课通过绘本故事、讨论与体验等活动，让四年级学生在实践中认识自己，了解自己的优缺点，欣赏并接纳自己。

二、学情分析

四年级的学生通常处在 9~10 岁年龄段，这个年龄段的孩子开始对自己的能力和表现有一定的期望和要求，他们期待得到他人的认可和赞扬，同时也开始对自己的表现产生一定的压力和焦虑。因此，本节课通过对自我特点的认知学习，做到积极面对自己的优势与不足，并愿意接受他人帮助。

三、活动对象

四年级学生

四、活动时间

40分钟

五、活动目标

1. 知识与技能：帮助学生认识到自己的独特之处，了解自己的优缺点。

2. 过程与方法：通过绘本故事、讨论互动活动，鼓励学生以积极的态度面对自己的不足，学会欣赏与接纳自己。

3. 情感态度与价值观：培养学生积极的心态，勇于接纳自我，并善于接受他人帮助。

六、重难点及突破策略

重点：鼓励学生以积极的态度面对自己的不足，学会欣赏与接纳自己。

突破策略：通过绘本故事和我的自画像活动，让学生发现自己的优势及勇于接纳自己的不足。

难点：培养学生积极的心态，勇于接纳自我，并善于接受他人帮助。

突破策略：通过名片制作和深度对话等活动，鼓励学生从不同角度了解自己的特点，接纳与欣赏他人，愿意接受他人帮助。

七、教学方法

1. 游戏教学：展示绘本故事《我不是每件事都擅长》，引导学生不要小看自己，懂得人各有所长。

2. 小组合作：在游戏活动及实践活动之后，开展小组讨论，促进学生之间的交流与合作。

八、活动准备

1. 场地布置：选择宽敞明亮的教室，将桌子移开，椅子四张一组摆放。

2. 活动材料：彩色卡纸、彩色笔、手写板。

3. 音乐准备：《最炫民族风》(用于热身阶段)、轻音乐(用在制作个人特色卡片过程中)、《让时间充满爱》(用于成效阶段)。

九、活动流程

（一）热身阶段（5分钟）

1. 导入语：同学们，我们每个人都是不一样的，有的语文学得好，有的体育强，有的歌唱得好。同时，我们每个人也有一些不足。如何看待这些特点呢？今天我们一同进入"尺有所短 寸有所长"专题课。

2. 组织暖场游戏：同学们，我们先来做一个"击鼓传花"的游戏。老师播放音乐，请同学们小组内传花，当音乐停止时，花在谁的手中谁就站起来分享"我是一个怎样的人"，例如，我是一个活泼的人……

【设计意图：帮助学生放松心情，缓解紧张的情绪，强化学生的注意力和反应能力，为接下来的活动做好准备。】

（二）导入情境：（5分钟）

1. 导入语：同学们，你对自己了解多少呢？我们一起看绘本故事《我不是每件事都擅长》。

2. PPT展示绘本故事《我不是每件事都擅长》（根据实际进行删减）。

故事内容：我很喜欢运动，尤其喜欢踢足球。踢足球时，我肯定是最耀眼的那一个。可是……我不擅长在大家面前做报告。擅长表达的小林会帮助我。

小林害怕小动物，但她是班上的动物饲养员。不过，没关系……喜欢小动物的小健会帮助她。

小健唱歌总跑调。不过，没关系……苏菲娅歌唱得很好，只要站在苏菲娅旁边，小健就能跟着唱起来。

苏菲娅不擅长做手工。做什么好呢？她总是很苦恼。不过，没关系……

小高有很多好主意。小高上课容易开小差。坐在他后面的小勇是个热心肠，总是及时提醒他。

小勇不擅长主持。不过，大壮喜欢主动发言。有他在，小勇就能放轻松。

大壮不会系鞋带，心灵手巧的小美会帮助他。小美不擅长玩躲避球……所以，比赛的时候我会更加努力。

3. 请学生回答：绘本故事给你的启发是什么？

4. 小结语：绘本故事告诉我们，每个人都有自己擅长和不擅长的事情，这是正常的，也是个性的一部分。

【设计意图：通过绘本故事，激发学生思考，为探索阶段做好铺垫。】

（三）探索阶段（15分钟）

1. 导入语：同学们，我们如何面对自己的优势与不足呢？下面通过一个体验练习活动"我的自画像"来帮助大家。

2. 组织活动：（1）请同学们拿出一张A4纸，在纸中间写上"我的自画像"，并画出脸形。（2）在脸右下角写出自己的三个优点，在左下角写出自己的一个不足之处。（3）八人一组围圈就座。将手中画好的自画像向右边传递。拿到别人的自画像，用不同颜色的笔进行评价。

我最欣赏你的＿＿＿＿＿＿（优点），我想对你说＿＿＿＿＿＿（不足），没关系。每个人都有自己的优点与不足。

3. 组织分享，老师适时引导。

4. 小结语：金无足赤，人无完人，不要小看自己，因为人有无限的潜能。

【设计意图：通过"我的自画像"，激发学生的探索意识，找到自信并接纳自我。】

（四）成效阶段（10分钟）

1. 导入语：在上个活动中，我们看到了自己的优点并学会接纳自己的不足。接下来，我们将制订具体行动计划来落实。

2. 组织活动：制作个人特色名片。

（1）选择你喜欢的颜色卡纸，做成你喜欢的形状。

（2）卡纸的内容：姓名、座右铭、优点。

（3）制作代表自己的图标，可用你最喜欢的彩色笔填涂。

3. 组织学生制作个人特色名片（播放背景音乐）。

4. 组织学生分享。

【设计意图：通过制作个人特色名片及分享活动，进一步升华自我价值感，增强求助意识，突破难点目标。】

（五）总结阶段（5分钟）

1. 导入语：同学们，这节课我们学习了了解自己的优缺点，以及如何让他人了解自己的优点，在需要时善于接受他人的帮助。

2. 指引活动：现在我邀请同学们手拉手，闭上眼睛，围成大圈，音乐响起，大家放松回味今天的课堂……1分钟后，轻轻睁开眼睛，将你的收获用一个关键词写下来。

3. 小结语：今天，我们一起了解了自己的特点，增强了自信，让我们带着这份觉知，在未来的生活与学习中，发展自己的兴趣与专长，成为自信快乐的人！同时，在需要时，善于接受他人的帮助。祝同学们保持自信的笑容，应对压力和挫折，勇往直前。

【设计意图：强化认知，升华情感。】

十、注意事项

1. 活动过程中，老师要密切关注学生的参与度和反应，在开展个人特色名片分享活动时，做好记录，鼓励所有的学生积极参与。

2. 活动结束后，鼓励学生制订具体行动计划，利用优点改进不足。

十一、参考文献

1. 扬. 大脚丫跳芭蕾[M]. 柯倩华，译. 石家庄：河北教育出版社，2007.

2. 新井洋行. 我不是每件事都擅长[M]. 韩涛，译. 北京：北京科学技术出版社，2021.

第 2 课
我是小勇士

一、理论依据

"我是小勇士"属于小学生爱自己板块中强韧性善求助的内容，自我认知涉及积极心理学理论中的关怀理论。

关怀理论关注学生的自我关怀能力的培养，认为学生应学会关注自己的情感需求、调整心态、积极面对挑战和困境。这种自我关怀能力对于学生的心理健康和长远发展具有重要意义。四年级的学生在面对学习压力的增加和人际关系的变化时，遇到的挫折和挑战也更多，因此自我关怀的能力也显得十分重要。

二、学情分析

四年级是小学生多层面心理发展的转折点，身体的发育、学习和生活的变化使学生的心理发生了很大的变化。他们在学业和人际交往方面面临更多挑战和困难，心理韧性水平较低，容易产生畏难的情绪，并且来自同伴的压力增加，害怕别人嘲笑，不敢向别人求助。因此本课利用《西游记》中师徒四人取经的艰辛引导学生增强自信，认识到求助是勇敢者的办法，善于向身边的人寻求帮助。

三、活动对象

四年级学生

四、活动时间

40 分钟

五、活动目标

1. 知识与技能：让学生在遇到困难和挑战时能使用积极自我暗示的方法，增强心理韧性，勇于战胜困难迎接挑战。

2. 过程与方法：借助"现代西游取经"游戏，使学生在挫折与困难中不断增强自己的心理韧性，探索自己身边的资源，学会求助。

情感态度与价值观：增强学生的心理韧性，培养学生善于求助、乐于助人的心理品质。

六、重难点与突破策略

重点：增强学生的心理韧性，使学生在遇到挫折时能保留自己的信心，有再次挑战的勇气。

突破策略：通过情景故事引导学生发现自我信念的重要性，针对自己可能遇到的困难展开联想，并和同学讨论解决困难的方法。

难点：增强学生的心理韧性，培养学生善于求助、乐于助人的心理品质。

突破策略：在小组互动中让大家思考自己能为他人做的事情，培养乐于助人的品质。

七、教学方法

1. 游戏教学：利用"西游取经游戏"，激发学生对课堂的兴趣，提升其课堂的参与度。

2. 小组合作：小组成员交流、互相帮助完成任务，促进合作的同时还能增强自我认同感。

八、活动准备

1. 场地布置：可以容纳 50 人的教室，桌椅按四人一组摆放，旁边留出够站两人的过道。

2. 活动材料：PPT、任务单、话筒等。

九、活动流程

(一)热身阶段(5分钟)

1. 导入语:我们班有多少同学看过《西游记》这本书? 今天老师把一款叫作"现代西游取经"的游戏带到了我们的课堂,大家想不想一起玩一玩?

2. 讲解游戏规则:我们先来看看游戏规则。首先,我们需要学习三个手势,唐僧——双手合十;孙悟空——右手并指放在额头上(模仿孙悟空的经典动作);妖怪——十指张开做吃人状。其次,我们需要了解这三个人物的关系:唐僧不可以打败妖怪,悟空可以击败妖怪,妖怪可以抓唐僧。最后,我们需要记住游戏口诀:走走走走走走,要取经,出绝招。在"出绝招"念完后同桌面对面做出自己想做的人物动作。

3. 组织学生参与"现代西游取经"的游戏活动。

4. 小结语:大家的"取经之路"都顺利吗? 看来这个过程是很不容易的,不能保证每次都赢,接下来让我们一起走进《西游记》取经之路的精彩过程吧。

【设计意图:通过游戏活动,激发学生的兴趣。】

(二)导入情境(5分钟)

1. 导入语:取经之路是充满困难和艰辛的,那为什么唐僧一行人还要去西天取经呢? 先让我们一起简单回顾一下唐僧和悟空的故事(故事情节略)。

2. 提问:了解了唐僧和孙悟空的故事,请你说一说:他们两个谁更厉害? 如此厉害的"他"可以一个人完成取经的任务吗?

3. 小结语:无论是多厉害的人,在成长的过程中都会遇到困难,然而真正能够取得成功的人是懂得寻求帮助的。《西游记》中无论是手无缚鸡之力的唐僧,还是能力高超的孙悟空,或是爱吃偷懒的猪八戒、少言少语的沙僧,都是依靠互相帮助、坚持不懈才取得成功。

4. 组织讨论:在现代社会,虽然我们没有神奇的法力和孙悟空的"七十二变",但是如果你也能"取经",你希望自己能取得哪方面的成果? 可能遇到哪些困难? 思考之后,请你写下来。四人一组,进行讨论并完成任务填写。

5. 组织学生分享:随机邀请四名学生来分享自己的想法。

6. 小结语:大家的"取经之路"看来也是精彩纷呈,《西游记》中唐僧共经历了"九九八十一难",如果我们想要取得属于我们的"真经",肯定也是充满困难和挑战的。接下来让我们一起看看有哪些办法可以帮助大家。

【设计意图：通过人物背景故事，让学生回顾故事的精彩情节，代入角色，引发学生的思考。】

（三）探索阶段（15 分钟）

1. 导入语：接下来我们玩"现代西游取经"的升级版游戏，这一次输的人就有惩罚了，获胜者可以在对方手臂的任意位置贴一张纸条。一共玩五次。

2. 组织学生参加升级版的游戏挑战。

3. 提问：当你被对方贴上纸条的时候你还想玩吗？如果你五次都输了，你还想挑战吗？

4. 老师总结：在游戏的过程中我们无法确定自己的输赢，但是始终有一颗相信自己会赢的心，所以即使输了几次，我们也愿意继续进行下一次挑战。

5. 组织讨论：请同学们想一想，在面对挫折和失败时，什么是帮助我们进行下一次挑战的重要因素。

6. 小结语：答案就是"相信自己"。时刻提醒自己"没关系，下一次我可以做得更好，明天又是新的一天"。现在请你在自己"取经之路"任务单的困难下面写一句鼓励自己的话，让自己增加勇气和信心。

7. 讲述故事：我们在一生中会遇到许多困难和挫折，有的我们能自己解决或面对，有的我们无法一个人解决。让我们一起来看看孙悟空是怎么解决难题的。

在一个阳光明媚的日子里，唐僧师徒四人继续踏上了西天取经的道路。突然，他们遇到了一位神秘的道人——青牛精。青牛精本是太上老君的坐骑，因偷吃了太上老君的金丹，修炼成精，下凡危害百姓，并且抓走了唐僧。

青牛精有一根金刚琢，这可是天地间非常厉害的法宝。它威力无比，能收走其他一切法宝。孙悟空见青牛精抓了师父，立刻挥舞着金箍棒，与青牛精展开了激战。

两人斗了三十回合，仍难分胜负。就在这时，青牛精突然使出金刚琢，将孙悟空的金箍棒收走了。孙悟空失去了武器，顿时感到束手无策。于是孙悟空上天寻求各路神仙的帮助：首先请来了托塔天王李靖和他的儿子哪吒，哪吒三太子带着他的六件降妖兵器，但兵器全部被青牛精的金刚琢套走；孙悟空接着请来了火德星君和水德星君，火德星君的放火用具也被套走了，水德星君试图用水攻击青牛精，但水被青牛精撑住，未能成功；孙悟空又邀请了十八罗汉携带金丹砂前去降妖，然而，金丹砂也被青牛精套走，未能奏效；最后孙悟空找到了如来佛祖，佛祖告诉孙悟空太上老君可以帮忙解决，终于，在太上老君的帮助下，孙悟空收服了妖怪。

8. 组织讨论：请你说一说：孙悟空一个人可以打败所有的妖怪吗？他是怎么做的？

9. 小结语：我们的"取经之路"也是充满了困难和挫折，但如果你能够和孙悟空一样学会去寻求他人的帮助，那问题就能得到解决。

【设计意图：通过游戏，带领学生认识到积极暗示的重要性，帮助学生增强心理韧性，有勇气地面对困难和挫折，同时在面对自己难以解决的问题时可以积极寻求帮助。】

（四）成效阶段（10 分钟）

1. 导入语：在遇到困难时，我们都希望得到他人的帮助，那你又能帮助其他人做些什么事情呢？接下来让我们一起在小组内或在生活中找一找，你可以帮助其他人做哪些事情。

2. 组织小组学习：请每个小组长拿出本组的大黄纸，梳理出本组的好人好事。

3. 组织学生分组展示本组的好人好事，老师适时引导。

4. 小结语：善于寻找资源帮助别人是高尚的事。

【设计意图：启发学生找到自己在班级中能发挥的作用，找到自己能帮助别人做的事，一方面增强学生的自我认同感，一方面培养学生主动帮助他人的习惯。】

（五）总结阶段（5 分钟）

1. 导入语：通过今天的"西游之行"，相信大家都有很多收获，能够在面对挫折时不断鼓励自己，在遇到难题时勇于向身边的人求助。接下来，就请你写一写班级里谁是你在遇到困难时最先想去寻求帮助的人，并在知心卡上写下姓名及需要帮助的事项。

2. 组织寻找知心人活动：拿出你的知心卡，找两个或以上同学签名，让他们成为你生活与学习路上的知心人。

3. 小结语：困难并不可怕，只要我们拥有一颗打不倒的心，就能勇敢面对挫折；只要我们能充分利用身边的资源，主动寻求帮助，困难也会被一一瓦解。

十、注意事项

1. 在游戏活动开始前，老师需要确保学生掌握游戏规则，可先带学生演练一遍。

2. 在小组讨论和交流的过程中，尽可能将学生分配均衡，要考虑学生的综合能力等因素，以促进多样化的讨论。

十一、参考文献

吴承恩. 西游记[M]. 龚勋，编. 北京：北京日报出版社，2020.

第 3 课
探秘父母唠叨背后的真相

一、理论依据

"探秘父母唠叨背后的真相"属于爱父母板块中有效沟通与增进关系的主题内容。

依恋理论指出，人与人之间的关系是相互影响的。而父母的唠叨是一种深层次的情感表达，它反映了父母对孩子的深厚爱意和对他们成长过程的关注与支持。然而，父母的唠叨有时也会带来负面影响，会给孩子带来不满和不安，甚至还会影响他们的心理健康和亲子关系。因此，本节课旨在让学生理解父母的唠叨其实是对孩子的爱、关怀和期望。

二、学情分析

四年级的学生正处在认知发展的关键时期，思维迅速发展，自主意识增强。同时他们由于受知识与能力限制，并不能很好运用换位思考的方式，去理解父母唠叨背后所蕴含的爱与期待。因此，往往采用忍耐、保持沉默，或者采用简单顶撞、回怼等方式表达自己的不满。这不仅不能解决问题，反而可能引发更大的情绪冲突。基于此，设计本节课，旨在帮助学生学会换位思考，掌握沟通技巧，减少与父母的误解与冲突，感受家的温暖。

三、活动对象

四年级学生

四、活动时间

40 分钟

五、活动目标

1. 知识与技能：帮助学生理解父母唠叨背后的爱，学会积极正面回应父母的唠叨，减少误解与冲突。

2. 过程与方法：让学生通过家庭情景剧、小组讨论等互动方式，学会有效的沟通方式和表达自己的感受。

3. 情感态度与价值观：培养学生理解与尊重父母的情感，深化爱与感激之情，感受家庭的温暖与力量。

六、重难点及突破策略

重点：帮助学生理解父母唠叨背后的爱，学会积极正面回应父母的唠叨，减少误解与冲突。

突破策略：通过故事《假如没有唠叨》和家庭情景剧，帮助学生理解父母唠叨背后的爱。

难点：培养学生理解与尊重父母的情感，深化爱与感激之情，感受家庭的温暖与力量。

突破策略：通过小组练习，让学生学会换位思考，深化爱与感激之情。

七、教学方法

1. 情景教学法：在探索阶段运用家庭情景剧，让学生理解唠叨背后的意义。

2. 练习法：在成效阶段加强小组练习，让学生学会换位思考。

八、活动准备

1. 场地布置：将桌子移开，留下椅子，八人一组围坐。

2. 材料准备：多媒体课件、家庭情景剧学案单等。

3. 音乐准备：《小白兔乖乖》《有妈的孩子是个宝》。

九、活动流程

(一)热身阶段(5分钟)

1. 导入语：同学们，在我们成长路上，几乎每个人都会碰到父母的唠叨。当父母唠叨时，我们可能会觉得有点烦，但是，这些唠叨其实是爱的密语，悄悄滋润着我们的心田。今天，我们就一同走进"探秘父母唠叨背后的真相"课堂。

2. 组织暖场游戏：在探究真相前，我们先来做一个热身游戏。

这个游戏名叫"大风吹"（播放音乐《小白兔乖乖》），游戏规则：八人围圈坐，老师说"大风吹"，同学们问"吹什么？"老师随机说父母们可能唠叨的话语，请在家听到有类似唠叨话的同学起身。

3. 小结语：在游戏中，你有什么感受？（预设学生回答，开心）是的，当我们关注游戏时，就不在意父母说的是什么了。假如，有一天父母不再唠叨了，我们的生活会变成怎么样呢？下面我们进行"我说，你听！"的活动。

【设计意图：通过暖场游戏，营造轻松氛围，并引出主题。】

（二）导入情境（5分钟）

1. 导入语：同学们，今天老师要说的话题是"假如没有唠叨"。下面，老师讲一个故事，请同学们边听边思考：假如父母不再唠叨了，我们的生活会就成怎么样？

2. 讲述故事《假如没有唠叨》。

小仙女安琪睡不着，她满脑子都是妈妈的唠叨："安琪快睡觉。""安琪别吃太少。""安琪别在仙池里玩。"安琪对唠叨讨厌极了。在她五岁生日时，她许了这么个愿望："我希望世界上所有的唠叨都消失。"

终于有一天，妈妈出门了。安琪转了十圈，挥了十次魔法棒，同时大声念出咒语："阿啦啦啦咔布嗒！"瞬间，父母刚想说："别玩水了！"可是，话好像被冻住了，父母脸上却露出了微笑。兔妈妈刚要提醒小兔别乱跑，就打住了，只对小兔们微笑。大家都忘了唠叨是什么！

突然，安琪听到从地上发出的阵阵哭声，就来到地上察看情况。天哪！有些小孩整天玩游戏，很少睡觉，玩到不停地眨眼睛、打哈欠。有些小孩一直玩水，玩到得了重感冒。还有些小孩吃了很多垃圾食品，每天都拉肚子。电视上几乎每条新闻都提到小孩，医院里挤满了生病、受伤的小孩！受害者不仅有小孩，还有各种动物：鱼不停地上钩，兔子被老虎吃了一半，野鸭、松鸡几乎被猎人消灭完了……整个世界都糟透了！

安琪看着这个糟透的世界，感觉很伤心。于是，安琪挥了十次魔法棒，转十圈，同时小声地念出咒语："哒布咔啦啦啦阿。"瞬间，大家都记起了唠叨是什么。安琪想：有唠叨的日子并不那么糟。

3. 老师提问：同学们，故事讲完了。大家想一想：这个故事给我们的启发是什么？

指名让学生回答，并及时给予引导：没有了父母的唠叨，小朋友会因为缺乏提醒而出问题。

【设计意图：通过讲述故事，创设一个问题情境，引导学生深入思考。】

(三)探索阶段(15 分钟)

1. 导入语：同学们，通过故事《假如没有唠叨》，我们明白了，在生活中，有了父母的唠叨，我们可以避免出差错。看来，唠叨也有好处。下面，我们进行家庭情景剧表演，进一步探索父母唠叨背后的真相。

2. 学生进行家庭情景剧表演。

场景一：

学生 A 扮演四年级男生，学生 B 扮演唠叨的妈妈，学生 C 扮演爸爸，学生 D 为旁白。

一天晚上，儿子(学生 A)正在房间写作业，妈妈(学生 B)走进房间。

妈妈(学生 B)：儿子，作业写得怎么样？别忘了还有语文古诗词要背。

儿子(学生 A)：(有点不耐烦)妈妈，我知道的。

妈妈(学生 B)：(继续唠叨)要抓紧时间写。写完早点睡，明天还要早起！

儿子(学生 A)：(有些烦躁)妈妈，你能不能让我安静一会儿？我正在写作业。

场景二：

爸爸(学生 C)：(听到声音，走进房间)怎么了？发生什么事了？

妈妈(学生 B)：(解释情况)儿子有点烦我一直在唠叨，我只是在担心他的睡眠。

爸爸(学生 C)：(安抚大家)你俩都没有错。儿子，妈妈是为你好。不过妈妈也需要给儿子一些空间。我们可以一起商量一个更好的方法。

儿子(学生 A)：好。

爸爸(学生 C)：(提议)儿子，你设置一个 40 分钟的学习时间。铃响了，你就出来休息会儿，并跟爸妈一起交流学习情况。或者我们进你的房间，了解你的学习情况。

儿子(学生 A)：都可以！

妈妈(学生 B)：好的！

场景三：

接下来，进行换位思考，理解妈妈唠叨背后的原因。

儿子(学生 A)：(语气缓和)妈妈，我知道你是为我好。但是你一直唠叨让我有点烦。其实，我也知道要抓紧时间学习。我只是需要你给我一些安静的时间。

妈妈(学生 B)：(理解儿子的感受)儿子，不好意思！我可能太紧张了，担心你没休息好，影响明天的课。

儿子(学生 A)：(感谢妈妈的理解)谢谢妈妈，我会抓紧时间学习的。等休息时间到了，您是可以进来跟我交流的。

妈妈(学生 B)：(表示支持)好的，那以后在你学习时我会尽量少打扰你。你有需要，随时叫我。

儿子(学生 A)：谢谢妈妈！

3. 小结语：看到同学们这么投入地参与活动，老师给大家点赞！下面请1~2组同学代表全班上台说说：在活动中，你理解父母唠叨背后的原因吗？

根据学生的回答，给予引导：父母唠叨背后其实是一份关心与期待！

(四)成效阶段(10 分钟)

1. 导入语：同学们，在情景剧换位思考的表演练习中，你的感受是什么？根据学生回答，适时引导：当我们可以进行换位思考时，我们就能够充分理解父母唠叨背后的真相，那是一份爱与期待！下面，我们进入另一个练习"我可以正面回应父母的唠叨"。

2. 组织学生练习：请同学们根据 PPT 内容，四人一组进行讨论。

练习内容：父母经常唠叨我的是_____。我现在知道了，父母是在提醒_____。当下次父母再唠叨我时，我可以这样回应：爸爸妈妈，我知道你们在关心我，希望我_____。我知道了，谢谢你们！同时，我希望，爸爸妈妈_____，可以吗？

3. 组织学生分享。

4. 小结语：当我们学会用有效的沟通方式表达自己的感受时，我们与父母之间就多了一份理解与信任，多了一份和谐。

【设计意图：通过小组练习，让学生学会换位思考，深化爱与感激之情。】

(五)总结阶段(5 分钟)

1. 导入语：同学们，我们的课程即将结束。在下课前，我们还要进行一个特殊的活动——"爱的回声"。听着轻音乐(播放《有妈的孩子是个宝》),闭上眼睛,想象海面上轻轻荡漾的波纹,正如父母日常的唠叨,正一圈一圈温暖我们的心房。

2. 大家睁开眼睛,一起诵读:父母唠叨背后是一份关爱,是一份提醒,是一份期待。我要用积极方式回应和表达自己的感受。谢谢爸爸妈妈,有你们的爱,我感到无比幸福。我爱你们!

3. 小结语:同学们,期待我们在今后的日子里,读懂父母的唠叨,让家充满温馨与理解!让自己时刻感受到父母的爱,享受到幸福!

【设计意图:梳理本节课的知识点,通过冥想内化让学生学习所学知识,并迁移到日常生活。】

十、注意事项

1. 在探索阶段进行家庭情景剧表演前,一方面要讲清规则,需要 PPT 呈现相关要求;另一方面要发学案单,让学生可以较全面地领悟剧中人物表情和内心想法。

2. 在成效阶段的小组练习中,要留足时间给学生进行练习,可以进行两到三轮的练习,让学生初步掌握换位思考的回应方式。

十一、参考文献

斯坦·博丹,简·博丹. 和父母相处[M]. 张德启,等译. 乌鲁木齐:新疆青少年出版社,2013.

五年级体验式生命教育专题课教学设计范例

第1课
遇见不一样的自己

一、理论依据

"遇见不一样的自己"属于小学生爱自己板块中自我认知提升的内容。

积极心理学理论认为,学会客观全面自我评价,发掘自己的优点,正视自己的缺点,从缺点中发现价值,才能在学习生活中获得自信。

体验式学习理论强调学生的主动学习,老师寓教于乐,将教学与学生的实际体验结合起来,通过学生的反思和应用来深化学习效果。本节课依托积极心理学理论和体验式学习理论，引导学生主动寻找不一样的"我"，产生悦纳自我的情感。

二、学情分析

《中小学心理健康教育指导纲要（2012 年修订）》中指出，帮助学生正确认识自己的优缺点和兴趣爱好，在各种活动中悦纳自己是小学高年级心理健康教育的重点内容之一。五年级的学生逐步进入青春期的早期，生理、心理迅速发展，他们对自己有一定的了解，也容易受到他人评价的影响而产生过高或过低的自我评价。因此，在认识自我方面，帮助学生了解自己的与众不同，悦纳自我，培养乐观的人生态度是生命教育非常重要的内容。

三、活动对象

五年级学生

四、活动时间

40 分钟

五、活动目标

1. 知识与技能：帮助学生从不同维度认识到自己的不一样。

2. 过程与方法：让学生通过"朋友圈"的活动和体验，发现自我，发展自我，形成积极的自我体验。

3. 情感态度与价值观：帮助学生学会悦纳自我，形成积极的自我评价。

六、重难点及突破策略

重点：让学生通过学习和活动，认识到自己的独特性，记录自己的发光时刻，形成积极的自我体验。

突破策略：结合美育，用绘制"朋友圈"的方式，展示自我，树立自信。

难点：让学生悦纳自我，寻找积极的自我。

突破策略：引导学生发现发光时刻的多样性，寻找不一样的自己。

七、教学方法

1. 叙事教学法：记录自己闪闪发光的时刻，自由表达自己的成功故事，提升自信，悦纳自我。

2. 体验式学习：通过绘制"朋友圈"的实践活动帮助学生体验和寻找独特的自己。

八、活动准备

1. 场地布置：选择宽敞明亮的教室，桌椅按六人一组摆放，便于学生互动。

2. 活动材料：学生一年级时的集体照片、彩色笔、绘本《小绿狼》。

3. 音乐准备：《流动的城市》。

九、活动流程

(一)热身阶段(5分钟)

游戏引入："猜猜我是谁"(老师提前准备3~4张本班学生一年级的照片)。

同学们，老师这里有同学们一年级时候的一些照片，大家看看能不能猜出他们分别是谁呢?

预设1：我猜这个是我们班的××同学，他的个子是班上最高的。眼睛和嘴巴也都很像。

预设2：这个是我们班的××同学，她是我的好朋友，我一眼就看出来了。

预设3：这个我猜不出来，感觉不是我们班的同学。

老师小结：是呀，在过去的四年时光，同学们变化都不少。他呀，其实是我们班的××同学。每个同学都有自己与众不同的特点。这节课，我们一起来探索"遇见不一样的自己"。(板书)

【设计意图：通过这个游戏，同学们看见自己的变化，为接下来探索自己做好准备。】

(二)导入情境(5分钟)

1. 导入语：(展示绘本《小绿狼》)同学们，你们看到了什么?

预设1：一只绿色的狼。

预设2：还有两只灰狼在偷偷地看着他。

预设3：我还看到这只小绿狼很骄傲的表情。

小结语：通常情况下，狼是灰色的，这只与众不同的小绿狼发生了什么呢?我们一起来看看这个故事吧!

【设计意图：通过绿色狼和灰色狼的对比，引导学生发现绿色狼的与众不同，激发他们对认识自我的探索兴趣。】

（三）探索阶段（15 分钟）

1. 导入语：刚才说到的这只小绿狼因为身体是绿色的，遭到了灰狼们的嘲笑。同学们想想：它想不想改变自己？

预设：如果经常被嘲笑，它可能会觉得自己很丑，想要改变自己，想要变成灰色。

2. 老师小结：是的，它也因为这个而苦恼，它尝试了很多的办法，我们一起来看看（老师展示绘本并读绘本）。

3. 老师提问：刚才的故事中，小绿狼想了哪些办法呢？都成功了吗？

4. 学生回答。

5. 老师小结：都失败了，失败后的小绿狼会怎么样呢？

预设：它会很伤心吧，因为它很努力改变自己，却得不到别人的认可。

6. 那我们接着来看小绿狼到底会怎样。老师继续读绘本：小仙女说哈瓦尔是一只很可爱的小绿狼。经历过变身的哈瓦尔顿悟道：我想，就保持这个样子就好了。它回到森林，还没等灰狼们开口，它就说："是的，我就是一只绿色的狼，不过，那又怎么样呢？"

7. 老师提问：小绿狼为什么要说这句话？

预设：说明它觉得自己的颜色也很好，就像小仙女说的，绿色的它也很可爱。

8. 老师小结：小绿狼与众不同，谁规定狼一定是灰色的呢？每个人都会从其他人的反映中来定位自己，当受到别人消极的评价时，我们常常会怀疑自己，甚至否定自己。小绿狼的故事告诉我们：我们应该常常肯定、鼓励自己，每个人有每个人的特点，我们可以不一样。

（老师展示朋友圈的图片）请同学们绘制属于自己的头像，这个头像能够代表你，你有你的特点。

9. 学生独立完成，老师巡堂指导，全班分享。

预设 1：我画的是一个漫画人物，因为我喜欢这个漫画角色。

预设 2：我画的是我自己，我的眼睛比较大。

预设 3：我画的是猴子，因为大家给我起了个昵称，叫猴子。

……

10. 小结语：通过同学们的作品展示，我们发现同学们用兴趣爱好、外貌特征等代表自身的特点，感受自己的独特。

【设计意图：通过绘本，学生体会到每个人的不一样，要接纳自己的特点，学会在别人否定自己的时候，也能看见自己的独特，接纳自己的与众不同。】

（四）成效阶段（10分钟）

1. 引入语：同学们能不能在自己的特点中找一找闪闪发光的自己，找找那个让你获得或大或小的成就的自己。

2. 活动内容："我的发光时刻"。在过去的时光里，一定有某个时刻，让你觉得开心、自豪，感觉自己在闪闪发光。如取得了成就，受到了表扬，帮助了某些人，等等。用图画和文字的形式记录在"朋友圈"里，完成自己的"朋友圈"后，六人一个小组，将自己的作品分享给其他同学，请其他同学点赞和评论。

3. 小组合作交流，老师巡堂指导，全班分享。

预设：我的"朋友圈"记录的是在运动会上，这个跑在最前面的是我，我取得了200米比赛第一名，我的组员们给我点赞了。

4. 小结语：这次活动中，同学们积极展现自己的发光时刻，其他同学也纷纷点赞支持。虽然我们不一样，但我们同样精彩。

【设计意图：通过"朋友圈"记录自己的发光时刻，用成功的故事增强学生的自信，悦纳自我。通过点赞"朋友圈"的活动，可以从他人的评价中认识自我，完善自我认识，此举实现了活动目标。】

（五）总结阶段（5分钟）

1. 引入语：同学们，看黑板上的课题，通过本节课的学习，你觉得遇见了什么样的自己呢？请写下来，贴在黑板上。

2. 小结语：在本节课中，我们探索了自己，从不同角度重新认识了自己。希望同学们课后继续探索自我，发现自我，完善自我，多多鼓励和表扬自己，去遇见不一样的、闪闪发光的、更好的自己。

【设计意图：给同学们学习、反思的空间，在日后的生活中可以更多地去发现自我，欣赏自我。】

十、注意事项

1. 在活动过程中，老师需要密切关注学生的参与度和反应。当学生的回答没有在预设范围内时，老师及时地回应能更好地关注学生个体成长。

十一、参考文献

1. 朱永新. 拓宽生命长宽高：新生命教育论纲[M]. 北京：商务印书馆出版社，2022.

2. 葛舒文. 小绿狼[M]. 李英华，译. 上海：上海文化出版社，2018.

第2课
成长，一路生花

一、理论依据

"成长，一路生花"属于爱自己板块中强韧性善求助内容。

美国斯坦福大学心理学教授卡罗尔·德维克教授提出了两种思维模式：成长型思维和固定型思维。拥有成长型思维的人，相信成功来自努力和奋斗，会在挑战中苗壮成长，并将困难和失败视为成长的机会。拥有固定型思维的人，认为智力和才能是静态的、固定的、一成不变的，挫折或失败是缺乏智力的表现，认为成功是源于目前所拥有的能力。当遇到困难时，他们往往会倾向于放弃，回避挑战，将错误视为失败。

体验式生命教育是指将学生置于某种情景中，让他们用心去感受某一事件、某一人物等，从而获得知识、技能和情感，最终达到教育目的。学生通过感受获得的体验会深刻留在他们的意识系统里。

本节课旨在通过体验式活动，让学生通过实践进行反思探究，在探究中成长。培养学生运用成长型思维看待成长中的困难，鼓励学生克服困难，同时学会寻找资源帮助自己应对成长困难。

二、学情分析

进入五年级之后，学生认知和意志力水平得到进一步发展，同时，他们也面临学业、人际、生活适应等方面的挑战与困难，能够在挑战和变化中良好适应的学生在未来的学习生活中可能会有更优秀的表现。

本节课旨在借用体验教育方式，通过游戏导入、活动体验、小组讨论等环节，让学生在体验中学会以成长型思维来应对适应阶段可能遇到的挑战与困难，提升心理适应能力，学会用开放的、好奇的和自我关怀的态度应对困难，平稳度过五年级的学习生活。

三、活动对象

五年级学生

四、活动时间

40 分钟

五、活动目标

1. 知识与技能：帮助学生认识到每个人成长路上都会遇到困难，引导学生寻找应对困难的方法。

2. 过程与方法：通过"天使之旅"体验活动，让学生认识到成长路上遇到困难是常事，帮助学生掌握用成长型思维看待问题。

3. 情感态度与价值观：让学生感受运用资源应对困难的乐趣，增强应对困难的自信心。

六、重难点及突破策略

重点：帮助学生认识到每个人成长路上都会遇到困难，让学生学会寻找应对困难的方法。

突破策略：设计"小鸡变凤凰"游戏，让学生在互动中体验生活中的困难无处不在，初步感受挫折。

难点：让学生感受运用资源应对困难的乐趣，增强应对困难的自信心。

突破策略：通过小组讨论和活动体验等方式，鼓励学生从不同角度看待生活中的困难，掌握应对的方法。

七、教学方法

1. 游戏教学：利用"小鸡变凤凰"游戏激发学生的学习兴趣。

2. 小组合作讨论：分小组围绕主题及相关问题进行深入讨论，通过集体智慧解决问题。

3. 情景模拟：设置具体的压力、挫折情境，让学生在模拟环境中进行角色扮演，体验和学习如何应对实际问题。

八、活动准备

1. 场地布置：选择宽敞明亮的教室，桌椅按十人一组摆放，便于学生互动。

2. 活动材料：活动单、"天使证书"、号码牌（每组一种颜色）等。

3. 音乐准备：《勇气大爆发》（用于学生进场阶段）、《小鸡小鸡》（用于热身阶段)、《夜空的寂静》(用于成效阶段)。

九、活动流程

(一)热身阶段(5分钟)

1. 欢迎大家来到魔法课堂，我是魔法导师，今天来到课堂的还有魔法教授。下面先由我带领同学们做一个热身游戏。它的名字叫"小鸡变凤凰"。我们每个同学最初都是一颗小小的鸡蛋，处于蹲着的状态。先与小组同学进行"石头剪刀布"游戏，赢了的变成小鸡，输了的仍是鸡蛋，变成小鸡后是半蹲状态；小鸡去找另一只小鸡玩"石头剪刀布"，赢了的变成凤凰，输了的则变回鸡蛋，变成凤凰后为站起来的状态。凤凰再和凤凰玩"石头剪刀布"，赢了的依旧做凤凰，输了则变回小鸡。

2. 学生进行活动。

3. 魔法导师：魔法导师看到了同学们都积极参与到活动中，有的成为凤凰，有的变回鸡蛋，相信每位同学都有不一样的感受。现在让我们一起邀请魔法教授上场，为我们带来接下来的活动。

【设计意图：通过"小鸡变凤凰"游戏调动学生的积极性，为接下来的活动做好准备。】

(二)导入情境(5分钟)

1. 同学们，接下来有一个天使任务要交给大家，首先想问同学们一个问题：如果让你成为一名小天使，你想成为什么样的天使呢？

2. 学生分享自己的想法。

3. 魔法教授讲解天使任务：一是助己，二是助人。

4. 学生思考并分享什么是助己天使，什么是助人天使。

5. 魔法教授提问：在什么样的情况下，我们要做助己或助人天使？

6. 学生进行分享，魔法教授进行总结。

【设计意图：通过问题情境引发学生的好奇心，激发他们对天使任务的探索兴趣。】

(三)探索阶段(15分钟)

1. 魔法教授提问：同学们，你们在学习生活中遇到过哪些困难？

2. 学生分享生活中遇到的一些困难。(如，学习压力大，作业比较多……)

3. 魔法教授：下面，我们来进行一个活动，看如何应对这些困难？

4. 魔法教授讲解活动规则，带领学生踏上"天使之旅"。

每人背起书包，抬起自己的椅子放在肩膀上，找同学挑战，输的同学接过赢的同学的书包和椅子放在肩膀上，继续找人挑战（只能找肩上背着书包的同学），直至完成与5~8人的挑战。

5. 学生进行活动。

6. 魔法教授提问：在刚刚的活动中你们是哪种情况？是一身轻，还是背上了很多负担？还是只留下自己的书包和椅子？

7. 老师引导不同情况的学生分享自己的感受。"一身轻"是什么感受？"背上了很多负担"是什么感受？"主动去帮助他人分担"是什么感受？"被人分担了一部分负担，现在没那么重了"是什么感受？

8. 小结语：看来不管是帮助别人还是帮助自己，都会使自己内心愉悦，所谓赠人玫瑰，手有余香，恭喜大家成功完成"天使任务"，成为助人"天使"和助己"天使"。

【设计意图：通过思考生活中的困难、游戏互动，让学生体验到生活中的困难和挫折无处不在，并积极寻找应对困难和挫折的方法，此举突破了重点目标。】

(四)成效阶段(10分钟)

1. 学生进行"送你一朵小红花"活动。每一位同学将自己遇到困难时所用到的办法写在卡纸上，做成小红花，并将自己的小红花送给自己或天使任务中帮助过自己或被自己帮助的人。

2. 每一位同学看手中的小红花，用心去感受。

3. 魔法教授分享几条锦囊妙计：

(1)每个人成长路上都会遇到困难，困难是成长路上的阶梯。

(2)我愿意去克服困难，我能从困难中学习到很多东西，获得启发。

(3)我会直面困难，寻找更多的资源帮助自己战胜困难。

4. 魔法教授进行小结：我们要做一个勇敢的人，帮助自己，勇于挑战，收获成功；更要做一个高尚的人，帮助别人，共同合作，创造双赢。

【设计意图：通过了解和探索好办法，让学生掌握应对困难和挫折的方法。】

（五）总结阶段（5分钟）

1. 魔法导师：今天下午，从你们走进这扇天使之门开始，你们就已经决定当个小天使了。现在你们已经完成了魔法学校初阶的课程，魔法学校要给你们颁发天使证书。

2. 魔法教授和魔法导师颁发天使证书。

3. 魔法导师：魔法导师相信，你有能力为自己施魔法，完成这张独一无二的天使证书。请你们写下你们在活动中懂得了什么，并给自己一个天使称号，可以是助己天使，也可以是助人天使。

4. 学生制作属于自己的天使证书，并邀请两三个朋友签名作为自己成长的见证者，魔法导师和魔法教授为学生拍照留念。

5. 魔法导师进行小结，并邀请魔法教授上台分享。

6. 魔法导师和魔法教授给学生们送上魔法祝福语。

7. 魔法导师小结：希望每一位小天使在接下来的日子多帮助别人，感受助人的快乐。与此同时，你们也会收获他人的帮助，收获快乐。愿每一位同学的成长之路一路生花！

【设计意图：通过制作天使证书活动，让学生明白帮助他人就是帮助自己，体会帮助他人的快乐，进而增强学生应对困难和挫折的自信心。】

十、注意事项

1. 在进行"小鸡变凤凰"游戏之前，应和学生讲明白游戏规则，以增强学生在游戏中的体验感。

2. 在活动结束后，老师可以让学生将天使证书拿回家，请父母签名。并同父母交流下一周的家庭天使任务，这样更能增强学生自主应对挫折的意识。

十一、参考文献

1. 卡罗尔. 爱丽丝漫游奇境记[M]. 陈伯雨，李腾龙，译. 南昌：江西美术出版社，2018.

2. 贾红丽. 体验式小组在小学生命教育活动中的运用[D]. 兰州：西北大学，2018.

第3课
你，生而珍贵，源自_____

一、理论依据

"你，生而珍贵，源自____"属于爱父母板块中有效沟通与增进关系的内容，涉及家庭系统理论。

家庭系统理论是由美国学者贝特森及其同事在二十世纪五六十年代发展起来的。该理论将家庭视为一个动态的、相互作用的系统，每个成员都对整个系统运作和变化产生影响。本主题旨在以生命的价值为结构线索，通过一系列具有启发意义的活动，帮助学生学会探索生命的价值，认识自己的生命是珍贵的，这份珍贵来自父母的爱与支持。

二、学情分析

五年级学生已经具备一定知识，知道生命源自父母。同时，由于受经验不足及在亲子互动中不良沟通的影响，他们并不能很深刻地认识与体会生命是珍贵的及这份珍贵来自父母的爱与支持。本节课将"你，生而珍贵，源自____"这一主题贯穿始终，帮助学生树立正确的生命观，帮助学生认识到生命的珍贵，并体会到父母养育自己的不易与伟大。

三、参加对象

五年级学生

四、活动时间

40分钟

五、活动目标

1. 知识与技能：帮助学生认识到每一个生命都是有价值的，认识到每一个人都是独一无二的，这份独特源自父母的爱，并学会爱护生命。

2. 过程与方法：通过小组合作讨论以及自由绘画等一系列活动，让学生学会探索生命的价值，学会感恩父母而更加珍爱生命。

3. 情感态度与价值观：让学生感受家庭对自己的关爱和支持，获得一份安全感，增强对生命本身的美好感受。

六、重难点与突破策略

重点：帮助学生认识到每一个生命都是有价值的，认识到每一个人都是独一无二的，这份独特源自父母的爱，并学会爱护自己生命。

突破策略：让学生观看视频《受精卵的形成》，感受生命的独一无二，并从中看到父母之爱的最初体现，感受生命的传承和延续。

难点：让学生感受家庭对自己的关爱和支持，获得一份安全感，增强对生命本身的美好感受。

突破策略：通过小组讨论和自由绘画活动，帮助学生从不同的角度看到父母对自己的付出，帮助学生建立生命的情感支持体系。

七、教学方法

1. 多媒体教学法：让学生观看视频《受精卵的形成》，对生命产生自豪感。

2. 小组合作教学法：通过小组讨论分享，促进学生自主思考，培养学生的表达和沟通能力。

3. 艺术表达法：通过绘画"生命树"，拓展学生的思维。

八、活动准备

1. 视频准备：准备《受精卵的形成》的视频。

2. 材料准备：彩色笔、爱心贴纸、"生命树"学习单等。

九、活动流程

（一）热身阶段（5分钟）

1. 导入语：众所周知，我们的生命来自父母的精子和卵子的结合。这一过程中，你战胜了无数个精子，才有了你的出生。从出生这一时刻起，你是十分珍贵的。同学们，你知道你的珍贵源自哪吗？带着这一问题，我们一起走进今天的"你，生而珍贵，源自____"课堂。（板书）

2. 组织游戏：老师知道同学们喜欢玩游戏，今天我们也来玩一个游戏。游戏规则是老师做动作，同学们根据老师的动作来猜是什么意思。好，请同学们认真看老师的动作。（老师做动作）提示一下，答案是五个字！

3. 提问：你猜到是什么了吗？

邀请不同同学回答，老师给予回应。

4. 过渡语：是的，答案就是"我爱我自己"。现在请所有同学跟老师一起，边做动作边说出答案，好吗？

5. 指导学生一起做动作：第一个字，竖起大拇指，指向自己的心口，是"我"的意思。第二个字在手语里面是表达爱的意思。第三个字跟第一个字一样，举起大拇指指向自己。第四、第五个字可以连在一起，伸出食指指向自己并轻拍自己的胸口，是"自己"的意思。请同学们跟着老师一起来连贯地做动作，并且大声地说出"我爱我自己！"

【设计意图：手语动作既可以激发起学生的兴趣，让学生快速进入上课状态，还可以为接下来的活动做好准备。】

(二)导入情景(5 分钟)

1. 引入语：今天我们的主题就跟爱自己有关，为什么要爱自己？这要从我们生命最初说起。同学们，你们知道自己是怎么来的吗？接下来，我们一起来观看视频《受精卵的形成》。请同学们带着这两个问题去看：

(1)已知男性一次可以产生大约 2.5 亿个精子，这 2.5 亿个精子中，有多少能进入输卵管呢？

(2)进入输卵管之后，有多少个精子有机会跟卵子结合成为受精卵？

2. 学生观看视频。

3. 请 2~3 名学生回答，并给予积极回应。

4. 小结语：是的，经过妈妈身体神奇而有效地选择，只有最优秀的 20 个左右的精子能够到达输卵管。然后，还要经历种种艰辛，最后一般只有 1 个精子可以幸运地与卵细胞结合，成为受精卵，可见生命的来之不易。可以说，坐在课桌前的你以及老师，我们每一个生命都是一个奇迹。因为我们都是最厉害最珍贵的那一个。因此，你，生而珍贵。

【设计意图：学生通过观看视频《受精卵的形成》，感受到每一个生命都是奇迹，看到生命的价值而产生对生命的自豪感。】

(三)探索阶段(10 分钟)

1. 引入语：视频里说道，一个新生命已经开始了，但前路漫长而曲折。是的，我们经历了层层的闯关，历经艰辛，在家人很多的爱和呵护之下，顺利地诞生。但是生命成长的过程并非一帆风顺的，如果把我们生命成长的过程比喻成一棵树，怎么样可以让我们的生命树苗壮成长呢？

2. 小组讨论分享。接下来，请同学们在小组中讨论分享，然后请各小组派代表回答。(你的名字有什么含义吗？是谁取的？听了大家关于名字的故事，你有什么发现？)

3. 学生讨论，老师巡堂并指导。

4. 邀请 1~2 个小组派代表分享发现。

5. 小结语：是的，通过对自己名字的分享，我们发现，每个人的名字都包含着美好的寓意。原来，当我们出生的时候，父母的爱和呵护就体现在了我们的名字里面。有了父母之爱的支撑，我们才能走得更远更好。如果将生命比喻为一棵树，那么来自家庭的爱和支持就是树根，为我们的成长提供充分的养料。

【设计意图：家庭支持系统是学生社会支持系统中最重要的一环，通过"我的名字"这一活动，让学生看到父母对自己的支持，从而再次把"我很珍贵"这一观念植入脑海。】

（四）成效阶段（15分钟）

1. 引入语：积极的家庭关系可以让"生命树"更加苗壮，请大家拿出学习单，假如在"生命树"的果实上写"珍爱我的生命"，那么根部和树干上分别写什么？接下来请同学们绘制属于自己的"生命树"。

2. 学生自由绘制，老师巡堂指导。"生命树"上的每一个部分都是让你能够自由健康成长的养分。

（1）树根：代表家庭和父母的支持。

（2）树干：父母为你的健康成长做过哪些事？

（3）树枝：对你来说很重要的亲人，如兄弟姐妹等。

（4）树叶：爱是相互的，你可以为父母做的事情有哪些？

（5）果实：生命是珍贵的，你可以从哪些方面来珍爱生命？

3. 引导学生在小组中分享"生命树"。

4. 请2~3位同学在班级中分享，老师重点引导学生表达如何感恩父母，如何珍爱自己的生命。（如：有同学回答看到强壮有力的树根和树干，才发现原来父母的爱就是自己最大的底气；有同学说画树叶的时候才发现，原来自己为父母做的事情那么少；也有同学说希望自己生命的果实更多更好……）

5. 小结语：老师提炼学生的回答，并完成课题填写（如"你，生而珍贵，源自父母的爱"）。

（五）结束阶段（5分钟）

1. 引入语：同学们，通过今天的这节课，你对生命有哪些感悟呢？请你将你的感悟写在爱心贴纸上，并贴在我们班级的"生命树"上。

2. 请小组长分发爱心贴纸，学生书写感想。

3. 小结语：通过今天的学习，我们感受到了生命最初的力量，体会到了父母对我们的爱护和美好祝愿，也知道为了感恩父母，我们能为父母做些什么。看着同学们画出来的生机勃勃的大树，老师特别感动，相信每一个人的生命都会像大家画的树一样，枝繁叶茂、果实累累。也希望通过今天的学习，每一个人都可以记住："你，生而珍贵，源自父母的爱！"

【设计意图：通过绘制和分享"生命树"，引导学生看到自己内心深处的力量，同时发现在生活中给予自己支持的各个方面，构建情感支持体系，让学生知道怎么爱自己。】

十、注意事项

1. 在小组讨论分享时，老师要巡堂指导，密切关注学生的参与度。

2. 小组活动中，要注意说清楚规则，并且注意把控时间。

十一、参考文献

斯沃德. 爸爸妈妈变小了［M］. 张弘，译. 杭州：浙江人民美术出版社，2024.

六年级体验式生命教育专题课教学设计范例

第1课
帮助忧忧大行动

一、理论依据

随着小学高年级学生自我意识的显著增强，他们日益重视外界评价，同时，随着年级攀升，学业负担加重，社交环境复杂化，他们在日常生活中不可避免地遭遇挑战与挫折。部分学生因缺乏应对挫折的有效策略，容易在遭遇否定或自我质疑时，陷入消极情绪的旋涡，表现出心灰意冷或一经挫折便难以自拔的状态，进而感到焦虑、绝望。鉴于此，在小学阶段强化学生的抗挫能力培养显得尤为迫切和重要。

为了有效提升学生的抗挫能力，教育戏剧作为一种创新的体验式教学模式被引入课堂。它通过构建生动的人物故事情境，让学生在角色扮演和情感体验中，间接经历并深刻理解生活的多面性。在本教学案例中，忧忧的"痘痘问题"被巧妙设计成人生挫折与困境的象征，老师利用这一情境，引导学生深入探索面对挫折时的心理状态，帮助学生形成对挫折情境的正确认知，从而培养出更加积极乐观的心态。这一过程不仅促进了学生的自我反思与情感成长，也为其未来面对生活中的各种挑战奠定了坚实的心理基础。

二、学情分析

六年级的学生在成长过程中，会遇到生活中的各种小挫折，如学习上的难题、与同学间的小摩擦、考试失利等。他们已经具备了一些基本的情绪管理能力，知道在遇到不开心的事情时可以找朋友倾诉或暂时转移注意力。但六年级的学生在面对更复杂、更持久的挫折时，往往显得力不从心。他们的心理调适机制还不够成熟，容易陷入消极情绪中无法自拔，缺乏主动寻求帮助和支持的意识。本次专题课旨在提升六年级学生的心理复原力，即增强他们在面对压力与挫折时的适应能力和应对能力。

三、活动对象

六年级学生

四、活动时间

40分钟

五、活动目标

1. 知识与技能：引导学生认识到自己的积极资源，充分运用资源，并学习运用抗逆力"3I"（"我有""我是""我能"）策略面对生活中的挫折。

2. 过程与方法：通过教育戏剧法、小组讨论法等形式，促使学生深度体验角色情感，挖掘角色个人资源，并迁移学习提升自身的抗逆力。

3. 情感态度与价值观：激发学生树立"挫折促成长"的意识，帮助学生形成不畏挫折的积极态度。

六、重难点及突破策略

重点：帮助学生学会寻找个人积极资源，运用抗逆力"3I"策略面对生活中的挫折。

突破策略：准备可粘贴的仿真痘痘贴，让学生自愿戴上痘痘贴，模拟忧忧的处境。设置日常生活场景（在学校同学发现她长了大痘痘，给她取外号等），让学生在这些场景中表演，体验因痘痘而可能遭遇的尴尬、自卑等情绪。

难点：激发学生树立"挫折可促成长"的意识，帮助学生形成不畏挫折的积极态度。

突破策略：通过集体会议后，各小组挖掘忧忧的"3I"资源，并进行相应创作，小组演绎忧忧是如何利用个人资源"战痘"的，演绎完成后分享"战痘"对忧忧有何帮助。

七、教学方法

教育戏剧法：通过老师说故事、定格画面、声音拼贴、欲望彩虹、集体会议、小组演绎等教育戏剧法，促使学生沉浸到故事情境当中，在体验和演绎中掌握"3I"策略，提升抗逆力。

八、活动准备

1. 场地布置：选择宽敞明亮的教室，桌椅按四人一组摆放，便于学生互动。

2. 活动材料：PPT、板书贴、学习单等。

九、活动流程

(一)热身阶段(5分钟)

1. 导入语：同学们，挫折是成长的必经之路，可以说"无挫折，不成长"。那么，我们应该如何面对挫折和挑战呢？今天，让我们通过忧忧的故事，一起探讨这个难题。

在开始之前，我们先进行一个小挑战，叫作"1分钟击掌"。

在1分钟之内，你能击掌10次吗？100次呢？300次呢？接下来，我们来看看1分钟到底能击掌多少次。击掌时请自行记录击掌次数。

2. 组织学生进行1分钟击掌挑战。

3. 小结语：其实1分钟击掌300次并不难，有时候相信自己能做到也是非常重要的。现在请大家坐下来，准备接下来的活动。

【设计意图：通过挑战学生心中的"不可能"提升学生面对事情的勇气，为后续的活动做好准备。】

(二)导入情境(5分钟)

导入语：同学们，今天老师要带领大家走进时空隧道，进入一个新的世界，在那里，去拯救我们的主人公忧忧。在走进隧道之前，老师要先施一场小小的魔法。请同学们闭上眼睛，想象一下，一觉醒来，你的鼻头突然长出了一颗巨大无比的痘痘，你的生活会发生哪些变化。邀请几位同学戴上痘痘贴，体验忧忧的感受。

【设计意图：情境导入，活跃课堂气氛，为接下来的活动做铺垫。】

(三)探索阶段(12分钟)

1. 老师说故事：有一个爱画画的女孩名叫忧忧。她每天背着沉重的画板上下学，寒来暑往，从不落下一天的练习。她的父母、朋友和老师都知道她热爱画画，也擅长画画。大家都期待着，忧忧在不久后的全国小画家比赛上大放光彩。

2. 老师提问：忧忧今天又背着画板去学校画画班上课了。在画画的时候，她会有怎样的动作？她的表情会是怎样的？她会说些什么？

3. 组织活动：定格画面。

请随音乐在小组内模仿忧忧画画，当音乐停止时呈现出忧忧的动作和表情并定住。当老师拍学生的肩膀时，请说出忧忧当时会说的话。

【设计意图：学生在音乐中感受忧忧沉浸在热爱的事物中的美好，与后续的挫折和困境体验产生对比。】

4. 老师继续说故事：有一天，忧忧一早醒来就发现，自己的脸上突然长了一颗巨大的痘痘。忧忧本来不觉得这颗痘痘有什么问题，可她一出门就被小镇上的居民拍下来了，那张照片甚至上了当地报纸。同学们，你们觉得接下来会发生什么？

5. 组织活动：声音拼贴+欲望彩虹。

老师播放陌生人对忧忧痘痘的评价和嘲笑，以及忧忧家人朋友的安慰和鼓励。

6. 提问：听了周围人的声音，你们觉得忧忧的内心会有怎样的想法呢？请完成忧忧的日记。

今天，我本来打算为自己的比赛做最后的准备，可是突然长出的巨大痘痘让我一出门就_____。

听到路人的话，我感到_____。

可是，我还听到_____。

他们的话让我感到_____。

【设计意图：通过半结构化的日记和戏剧手法，引导学生充分感受遇到挫折和困境时的负面情绪，同时折射出学生面对挫折和困境时常出现的情绪状态。】

7. 小结语：同学们，忧忧的伤心和难过，你们一定已经体验到了。从天而降的"巨痘"让她再也笑不起来了。怎么办呢？难道遇到挫折和困境就只能被打败吗？

（四）成效阶段（15分钟）

1. 老师说故事：脸上的痘痘让忧忧不敢出门，她不敢面对路上行人惊奇的目光、嘲笑的眼神和调侃的话语，可是，明天就是她重要的比赛了。她已经六年级了，今年再不参加的话，她就没有办法参加了。她应该怎么办才好？

2. 组织活动：小组集体讨论，忧忧如何才能摆脱当下的困境，并通过角色扮演的方式呈现出忧忧故事的后续。

老师引出"3I"策略，"3I"策略包括"我有（I have）""我是（I am）""我能（I can）"三个核心部分。指导学生绘制属于忧忧的"心能量图"，将"我有""我是""我能"三个部分的内容以图像方式呈现出来，帮助学生更直观地理解"3I"策略。

通过忧忧的"心能量图"，学生分组设计并演绎忧忧如何接受并解决痘痘带来的人际关系和内心迷茫问题。

3. 组织活动："我想对忧忧说……"。通过忧忧的故事，老师相信大家也一定发现，忧忧就是过去、现在或者未来的某一时刻的我们。请你对忧忧说几句鼓励的话，也给曾经或者现在处于困境中的自己加油打气吧！

【设计意图：通过集体讨论和小组演绎的形式，引导学生学习和运用"3I"策略。】

（五）总结阶段（3分钟）

1. 导入语：今天，我们一起经历了忧忧的困境，也帮助忧忧"战痘"成功。在这一次协助他人摆脱困境的活动中，你学到了什么？哪些经验也许对现在的你有帮助呢？请你写下来。

2. 小结语："无挫折不成长"，"阳光总在风雨后"。希望通过今天的课，同学们在今后面对挫折时，能够充分看到自身的资源，并积极求助，不言放弃，勇往直前。

【设计意图：回顾课程内容，进行课堂小结，巩固认知。】

十、注意事项

1. 在活动过程中，老师需要密切关注学生的参与度和反应。尤其在集体讨论、小组演绎过程中，鼓励所有学生积极参与。

2. 在活动结束后，可以通过反馈表的形式收集学生的意见和建议，以便在未来调整活动方案。

十一、活动资源

阿甘正传[EB/OL]. https：//tv. sohu. com/v/dXMvMzI2MjUyOTM3LzExMzQ2MzU3MC5zaHRtbA==. html

第2课
我是心理委员，你的困难我来帮

一、理论依据

"我是心理委员，你的困难我来帮"属于小学生爱他人板块中实践互助与支持的内容。实践互助与支持涉及积极心理学理论。

积极心理学致力于帮助人们发现并利用自身的优点和能力，提升生活质量和幸福感。其中，个体可以通过建立良好的人际关系和亲社会行为，即帮助他人、分享等行为，增强个体幸福感并实现个人价值。

根据积极心理学及亲社会行为理论，本节课将通过情景模拟，让学生在实践中了解心理危机，学习如何寻找并利用自身资源帮助他人远离心理危机，感受帮助的意义。

二、学情分析

六年级学生由于进入青春期萌芽阶段，生理和心理都发生了较大变化。六年级学生自主意识增强，以自我为中心，但对于同伴关系的重视程度也增加，这使得在此阶段的学生容易与他人产生矛盾，出现心理困扰，同时校园欺凌现象不断，易使得被霸凌学生出现心理危机。此阶段学生的情绪波动较大，容易放大自身情绪感受，使得自己易产生负面情绪，进而出现危机事件。本节课能让学生认识心理危机，有意识地调整自己的情绪状态，激发学生试着利用自己的资源帮助处于困境的同学，在互帮互助中促进同伴关系和谐发展，获得良好的体验。

三、活动对象

六年级学生

四、活动时间

40 分钟

五、活动目标

1. 知识与技能：帮助学生认识心理危机及心理危机对个体带来的影响，并掌握帮助他人远离心理危机的策略。

2. 过程与方法：通过情景和互动活动，培养学生形成主动帮助他人的意识，促进个体拥有良好的人际关系。

3. 情感态度与价值观：引导学生主动运用自己的资源帮助他人远离心理危机，促进学生在助人过程中体会帮助的意义并获得成就感。

六、重难点及突破策略

重点：帮助学生认识心理危机及心理危机对个体带来的影响，并掌握帮助他人远离危机的策略。

突破策略：通过体验式学习，引导学生认识产生心理危机的表现及危害。

难点：引导学生主动运用自己的资源帮助他人远离心理危机，感受助人意义并获得成就感。

突破策略：通过小组讨论和角色扮演等活动，鼓励学生寻找方法帮助处于心理危机中的人。

七、教学方法

1. 体验式学习：通过活动帮助学生了解心理危机的表现，寻找方法帮助他人远离心理危机。

2. 小组合作：在游戏活动及实践活动之后开展小组合作学习，促进学生之间的交流与合作。

八、活动准备

1. 场地准备：选择宽敞明亮的教室，桌椅按四人为一组摆放，便于学生互动。

2. 物资准备：导学案、笔等。

3. 多媒体准备：《小欢喜》片段。

九、活动流程

(一)热身阶段(5分钟)

1. 导入语：在成长中，我们每个人难免会遭遇危机事件。此时，我们都会希望有一个人可以帮助自己走出困境。今天，我们一起走进生命教育课堂"我是心理委员——你的困难我来帮"。

2. 热身游戏：在正式上课前，我们来做一个游戏"幸福打击乐"。游戏规则：跟随音乐的指令完成拍掌、拍腿、踩脚等动作。

3. 小结语：同学们都完成得非常好！相信大家在这个过程中得到了放松，感受到了快乐和幸福。接下来，让我们一起看看这节课会发生什么样的故事。

【设计意图：通过热身游戏，激发学生的学习兴趣，为接下来的活动做准备。】

(二)导入情境(5分钟)

1. 导入语：根据独家新闻报道，近日，S城开了一家兔子诊疗所，专门为存在心理危机的人提供帮助。但由于寻求帮助的人众多，诊疗所工作人员不足，因此诊疗所的老板兔子小姐特向我们发出邀请，希望我们能前往兔子诊疗所帮助她。

2. 组织学生回答问题：什么是心理危机呢？老师根据学生回答，引导学生正确认识什么是心理危机。一个人遇到困境，无法凭自己的能力应对，又得不到帮助，就有可能胡思乱想，产生消极情绪，甚至作出不当行为，此时，就有可能进入心理危机状态。

3. 过渡语：处于心理危机状态的人是十分危险的，若得不到及时帮助，就可能会引发更严重的后果。若有机会，同学们愿意帮助处于危机状态的人吗？(愿意)接下来，我们就要进入岗前培训，通过培训，大家才能成为一名合格心理委员(回应主题)。接下来一起来为我们上岗做准备。

【设计意图：情景导入，引入本课主题，激发学生学习兴趣。】

(三)探索阶段(15分钟)

1. 导入语：作为心理委员，我们首先要了解危机事件的起因，也就是什么情况下会产生心理危机。

2. 引导学生分小组探索：考试失败、跟好朋友绝交、父母老师责骂、宠物死去、校园霸凌……请大家从PPT所呈现的事件中，筛选出可能导致心理危机的事件，并说出除PPT所列举的事件外，还有哪些事件可能导致心理危机。

3. 小结语：通常来说，对我们学生群体而言，产生心理危机的原因主要有以下三种。

第一种：重大生活事件影响，如重大考试失利、升学受阻、家庭变故等；

第二种：人际交往发生障碍，如受到歧视、霸凌等；

第三种：学习生活环境和条件发生变化，如理想的环境和现实差距较大时、升入初中后严重不适应等。

4. 过渡语：刚刚我们了解了哪些事件可能会导致心理危机，那么在日常生活中，我们就要有意识地提高对此类事件的敏感性。接下来，让我们一起看看有哪些表现可以让我们判断出他/她是否处在心理危机状态中。

5. 播放视频《小欢喜》片段。

视频大致内容为：乔英子由于学业压力，性格大变，由原先活泼开朗变得沉默寡言，并出现了一系列异常表现，例如食欲不振、失眠、空虚、自残等。

6. 组织活动：请同学们根据视频内容，从情绪、认知、行为三个方面写出主人公处于心理危机状态时有哪些表现。

7. 老师提问：刚刚我们总结了视频中主人公所表现出的行为，那么，当个体尤其是身为学生的我们面临心理危机时还可能存在哪些表现呢？

8. 组织学生讨论：安排学生四人一组，进行讨论。

9. 组织学生分享：随机抽取小组回答，老师将学生分享的答案分类写在黑板上。

10. 小结语：通过同学们的分享，我们发现心理危机的表现主要集中在以下几个方面。

生理表现：心跳加快、肠胃不适、食欲下降、失眠、呼吸困难等。

认知表现：对自身或环境产生大量负面评价，例如认为自己很没用、所处环境很糟糕等；同时出现记忆困难、注意力难以集中、缺乏自信的情况等。

情绪表现：产生各类负面情绪，例如焦虑、抑郁、恐惧、无助、麻木、愤怒、不安、紧张等。

行为表现：排斥抗拒与他人相处、沉默、出现情绪失控或攻击性行为、没有食欲或暴饮暴食、性情大变、出现大量负面言语（我很没用、我不想活了……）、自伤等。

【设计意图：通过探索活动引导学生认识心理危机在生理、认知、情绪、行为四个方面的表现。】

（四）成效阶段（10分钟）

1. 导入语：现在我们已经了解了处于心理危机状态时的表现，那么接下来，我们就要看看怎么帮助他们摆脱心理危机。请大家思考作为心理委员，我们可以做些什么帮助处于心理危机状态的人。

2. 组织学生活动：请你以心理委员的身份，思考你可以开具哪些"药方"帮助处于心理危机状态的人，即"我"可以为处在心理危机状态的人做什么。

3. 组织学生组内分享：完成"药方"研发后，组内互相分享自己研制的"药方"，随后共同制作属于本小组的心理危机"药方"。

4. 组织学生班级分享：各小组上台分享自己小组制作的心理危机"药方"。

5. 组织讨论：当你帮助他人摆脱心理危机时，你内心感受是什么？

6. 小结语：刚刚很多同学提到了，看到自己的朋友因自己摆脱心理危机而感到开心。相信同学们也发现，帮助别人、让别人感到快乐的这个过程也会让自己感到快乐。

【设计意图：通过活动，进一步让学生思考如何帮助处于心理危机状态的人，并体会在助人中获得的成就感。】

（五）总结阶段（5分钟）

1. 导入语：恭喜大家，经过三轮的培训，大家已经成功掌握了帮助他人应对心理危机的方法。

2. 组织学生活动：请同学们给正处于心理危机状态的人写一句暖心寄语。

3. 小结语：心理危机带来的痛苦像一个黑影笼罩在有心理危机的个体身上，但通过我们的帮助和支持，他们可以走出黑影，并有可能走向新的成长。有这样一句话，越挫越勇。我们现在有信心说出"我是心理委员，你的困难我来帮"。

【设计意图：通过活动"寄语"，强化学生认知，让学生的情感得以升华。】

十、注意事项

1. 在活动过程中，老师需要密切关注学生的参与度和反应。尤其在制作"药方"环节中，注意引导学生正向描述，运用合理的语言和方法。

2. 在活动结束后，可以通过反馈表的形式收集学生的意见和建议，以便在未来调整活动方案。

十一、参考文献

1. 伊赛恩. 来得刚刚好[M]. 百舜翻译, 译. 北京：现代教育出版社, 2019.

2. 王成果. 青少年心理危机与危机干预[J]. 中国青年研究, 2003(1)：85-86.

第3课
我可以与父母好好说话

一、理论依据

"我可以与父母好好说话"属于小学生爱父母板块中"有效沟通与增进关系"的内容。有效沟通与增进关系涉及积极心理学相关理论。

积极心理学认为，社会组织系统（如家庭、学校、社会等）对个体幸福和心理健康有着较大的影响。其中，家庭系统中能否给个体提供积极和支持性的氛围对于个体的成长和幸福感至关重要。

根据积极心理学相关理论，本节课将通过创设情境及闯关任务，让学生在实践中掌握积极、有效的家庭沟通技巧，增进亲子关系，加强对父母的理解与尊重。

二、学情分析

六年级的学生由于进入青春期萌芽阶段，生理和心理都发生了较大变化。六年级的学生自主意识增强，独立性增强，他们开始渴望自己独立地解决问题、完成事情，不再像之前那样依赖父母。与此同时，大多数父母对待孩子的教养方式仍然如过去一样，将孩子视为需要自己照顾、监督的个体。因此，在实际生活中，六年级学生与父母往往会产生更多的矛盾与冲突。因此，通过本节课，引导学生掌握与父母的沟通技巧，建立积极的亲子沟通渠道，促进和谐、健康的亲子关系的形成。

三、活动对象

六年级学生

四、活动时间

40分钟

五、活动目标

1. 知识与技能：帮助学生了解有效沟通在亲子关系中的重要性。

2. 过程与方法：引导学生学习与掌握亲子沟通的技巧与方法，提升与父母沟通的能力。

3. 情感态度与价值观：引导学生有意识地调整亲子沟通模式，增进亲子关系，加强对父母的理解与尊重。

六、重难点及突破策略

重点：引导学生学习与掌握亲子沟通的技巧与方法，提升与父母沟通的能力。

突破策略：通过情景剧演绎，引导学生总结与觉察有效的亲子沟通技巧与方法。

难点：引导学生有意识地调整亲子沟通模式，增进亲子关系，加强对父母的理解与尊重。

突破策略：通过小组交流、活动寄语引导学生体会父母的关爱。

七、教学方法

1. 体验式学习：通过活动帮助学生了解亲子沟通的正确表达方式，寻找方法更好地与父母进行沟通。

2. 小组合作：在游戏活动及实践活动之后，开展小组合作学习，促进学生之间的交流与合作。

八、活动准备

1. 场地准备：选择宽敞明亮的教室，桌椅按四人一组摆放，便于学生互动。

2. 物资准备：导学案、笔等。

3. 多媒体准备：亲子沟通方面的视频。

九、活动流程

(一)热身阶段(5分钟)

1. 导入语：最近呀，有越来越多的同学跟老师说感觉跟父母的沟通变得没有以前容易了，总是与父母发生不必要的争吵，很想跟父母好好说话。今天，我们将一起走进"我可以与父母好好说话"课堂。

2. 热身游戏：在正式上课前，我们来做一个游戏。游戏名叫作"正话反说"。游戏规则：老师随机说一个词语或一句话，随机选一名同学将老师所说的词语或句子反着说。例如：老师说"新年好"，同学说"好年新"，说错或者3

秒内没回答出来的同学视为挑战失败。

3. 小结语：同学们都完成得非常好！相信大家在这个过程中不难发现，将话反着说并不是一件特别容易的事。接下来，让我们一起看看这节课会发生什么样的故事吧。

【设计意图：通过热身游戏，激发学生的学习兴趣，为接下来的活动做准备。】

（二）导入情境（5 分钟）

1. 导入语：根据 S 市的新闻报道，近日，一批学生由于亲子关系紧张，被困于奇幻沟通岛，目前尚未找到离岛方法。听闻六(×)班学生有丰富的亲子沟通经验，因此，S 市特派出六(×)班学生前往奇幻沟通岛，寻找离岛方法，营救被困学生。

2. 组织学生回答问题：大家理想中的亲子沟通模式是什么样的呢？老师根据学生回答，总结学生理想的亲子沟通模式。

3. 过渡语：我们每个人都有自己理想的亲子沟通模式，都希望与父母的沟通是平静的、顺畅的，自己的想法是能够被理解的。接下来，我们一起前往沟通岛看看如何让亲子沟通更加接近我们的理想模式吧。

【设计意图：情景导入，引入本节课主题，激发学生的学习兴趣。】

（三）探索阶段（15 分钟）

1. 导入语：首先，我们要前往沟通岛的第一个小岛，我们一起看看岛里有哪些需要我们解决的问题吧。

2. 播放关于亲子沟通的视频一。

视频内容：父亲下班回家，看见孩子正在玩手机，很生气，责骂孩子不写作业，孩子因为休息时间玩手机被父亲责骂，很委屈，很生气，大声地回应父亲，与父亲发生争吵。

3. 提问：在刚刚的视频片段中，大家觉得他们亲子沟通的主要问题是什么？"（缺乏沟通、情绪不好……）

4. 小结语：没错，大家都说得非常好。我们可以发现在这段沟通中，父亲与孩子的情绪反应都很强烈，是一种情绪化的回应，是在责备、抱怨、愤怒的状态下进行的。通常来说，沟通中的情绪是会相互感染的，当我们用负面情绪与他人沟通时，我们也会收获来自他人的负面情绪，使得沟通效果较差，甚至引发矛盾。

5. 提问：当在沟通过程中产生了负面情绪时，我们可以做些什么去调整改善呢？

6. 引导学生分析回答。

7. 小结语：非常好，看来同学们已经顺利地找到通过冷静岛的秘籍了，那就是"停一下"。当我们面对沟通中的情绪问题时，最好的做法就是先停下来，给自己一些空间和时间冷静一下。这段时间内我们可以深呼吸、想想自己想说的话以及可能带来的后果。等到自己冷静下来后再去进行沟通。

8. 过渡语：恭喜同学们顺利通过第一个岛屿，接下来让我们一起前往奇幻沟通岛的第二个岛屿，看看会发生什么。

9. 播放关于亲子沟通的视频二。

视频内容：母亲下班回家，与孩子沟通校园生活，在沟通过程中，孩子认为母亲不关心、不理解自己，母亲觉得自己已经尽力回答孩子的问题，也给出了意见，但孩子还是不满意。

10. 组织学生活动：请你以第三视角分析视频中母亲与孩子行为背后可能的深层原因与意义。

11. 学生分享答案，老师引导并给予总结。

12. 小结语：在刚刚的沟通片段中，我们发现无论是孩子还是母亲，都只站在自己的角度看待问题，没有看到彼此话语中真实想表达的意思和需求。孩子可能只是单纯想与母亲分享自己生活的琐事和碰到的问题，而母亲出于对孩子的关心和在乎，不自觉地会想要帮助孩子解决问题，却忽视了孩子的需求。大家认为我们可以通过什么方式调整这种沟通问题呢？

13. 小组讨论，学生分享答案。

14. 小结语：同学们也发现了，很多时候沟通的误区在于对方看不见我们的需求和期待。对于这种情况，最简单的解决方式是，我们直接说出我们的需求和期待，让对方可以清晰明了地了解。所以，通过倾听岛的秘籍就是调整沟通方式，直接说出自己的需求和期待。

【设计意图：通过探索活动，引导学生认识亲子沟通中的两大误区，引导学生在亲子沟通中学会管理情绪、正确表达需求。】

（四）成效阶段（10分钟）

1. 导入语：恭喜同学们顺利通过前两个岛屿，接下来，我们要前往最后一个岛屿。让我们一起看看会有什么挑战等着我们吧。

2. 组织学生活动：假如我是父母。小组成员从自己的实际生活中选取某次与父母发生矛盾的场景，编排两个剧本。剧本A：实际矛盾场景。剧本B：在剧本A的基础上，改变某些时刻的话语和沟通方式，避免争执和矛盾，顺利完成沟通。然后选取代表进行情景剧A、B的表演。

3. 组织学生小组讨论：情境剧B是如何在情景剧A的基础上解决矛盾的？

4. 学生分享，老师总结学生答案。

5. 小结语：相信同学们通过分享已经发现减少沟通过程中产生矛盾的许多方式了。事实上，在亲子沟通的过程中，我们只需要稍微改变一下话语表达、沟通方式就能避免很多不必要的争执和矛盾。

【设计意图：通过活动，进一步让学生思考如何在实际的沟通场景中通过调整话语和沟通方式减少亲子矛盾。】

（五）总结阶段（5分钟）

1. 导入语：恭喜大家，经过三轮的闯关，已经顺利地通过奇妙沟通岛了。

2. 组织学生活动：请同学们给父母写几句自己想说却不好意思说出口的话。

3. 小结语：亲子沟通是我们每个人在成长过程中都会遇到的问题，我们要在一次次沟通中找到可以与父母友好沟通的方式。我们要始终相信，无论发生再多的争执与矛盾，父母永远是爱我们的。希望大家在接下来的生活中，能够利用本节课学习的内容，与父母更好地沟通交流。

【设计意图：通过"寄语"活动，强化学生的认知，让学生的情感得以升华。】

十、注意事项

1. 在活动过程中，老师需要密切关注学生的参与度和反应。尤其在后续情景剧演绎环节中，注意引导学生正向描述，运用合理的语言和方法。

2. 在活动结束后，可以通过反馈表的形式收集学生的意见和建议，以便在未来调整活动方案。

十一、参考文献

马歇尔·卢森堡. 非暴力沟通[M]. 刘轶，译. 北京：华夏出版社有限公司，2021.

项目二

初中生体验式生命教育活动内容选择和设计范例

模块一　初中生体验式生命教育活动内容选择

一、爱自己

针对初中生爱自己的培养，我们设定了四个细化目标，以四个关键词为指引设计课程——自我接纳、情绪智力、时间管理、勇于求助，旨在帮助学生发展自我意识，有效调节情绪，高效管理时间，并在面对挑战时勇于求助，从而获得认同感和自我价值。

（一）自我接纳

自我接纳是指学会认可并接受自己的特质、能力、情感和经历的过程。

1. 七年级活动主题：我是谁——探索与拥抱真我之旅

活动目标：引导学生开启自我探索之旅，发现兴趣、优点与潜能，初步建立正面的自我形象。

2. 八年级活动主题：我就是这样的——情绪自我接纳与调整

活动目标：培养学生认识并接纳自己的情绪多样性，强化在不同情境下自我认同与情绪管理的能力。

3. 九年级活动主题：我的未来不是梦——自我导航与未来蓝图

活动目标：引导学生规划未来生涯，并做好目标设定，建立坚固的自我价值体系，增强自信心。

（二）情绪智力

情绪智力是指学习识别、理解、表达和管理自己的情绪，以及识别和理解他人的情绪的能力。

1. 七年级活动主题：心情魔盒——情绪识别与初步表达

活动目标：帮助学生识别常见情绪，学习健康的情绪表达方式，建立情绪词汇库。

2. 八年级活动主题：宁静之舟——情绪调节与正念实践

活动目标：通过正念冥想和放松技巧训练，提升学生自我情绪调节能力。

3. 九年级活动主题：和谐之声——社交技能与情绪智慧

活动目标：提升学生的沟通协商技巧，增强解决冲突和管理人际关系的能力。

（三）管理时间

管理时间是指学生能够有效地规划和使用自己的时间，以达到学习目标和生活目标的能力。

1. 七年级活动主题：SMART 目标管理启航

活动目标：培养学生熟练运用 SMART 原则设定个人学习与生活目标，通过实践活动深化对时间管理和目标跟踪的理解。

2. 八年级活动主题：驾驭时间，快乐成长

活动目标：加强学生对时间管理重要性的认识。教授学生实用的时间管理技巧，引导学生制定并实践个人高效日程表，培养学生自律，减少拖延，提升学习效率。

3. 九年级活动主题：从容的时光

活动目标：帮助学生掌握任务优先级划分，依据紧急重要矩阵作出决策。面对变化时，能够灵活调整计划，保持目标导向。

（四）勇于求助

勇于求助是指在遇到学习、情感、社交等方面的挑战时，能够主动寻求成人或同伴的帮助，以解决问题或缓解压力。

1. 七年级活动主题：我是心海护航员

活动目标：鼓励学生对自我心理状态的关注，让学生掌握基本的心理自救技巧，知晓在遇到心理困扰时如何寻找合适的支持与帮助。培养积极求助的态度，让学生认识到求助是一种勇敢的行为。

2. 八年级活动主题：情绪舵手与家的和弦

活动目标：引导学生认识并掌握情绪调控技巧，促进学生与家长之间的有

效沟通，减少亲子间的误解与冲突，建立和谐的家庭关系，鼓励学生在需要时主动向家人或其他可信赖的人寻求帮助。

3. 九年级活动主题：我是压力解锁师

活动目标：针对初三年级学生面临的升学压力和家庭期望，帮助学生提升有效缓解学业与家庭双重压力的能力，使学生在面对压力时能够自我激励，同时激励同伴共同进步，愿意主动寻求帮助，认识到求助是解决问题的一种积极策略。

二、爱他人

初中生爱他人课程目标细化为增强共情力、强化团队合作意识、掌握人际冲突解决技巧、推广班级心理健康文化，以此作为课程设计指南，旨在培养学生理解并满足他人需求的能力，从助人中获得快乐，并积极利用社会资源帮助他人应对心理挑战。

（一）增强共情力

学生能够更深入地理解和感受他人的情绪和经历，并在此基础上采取适当的行动或提供恰当的支持。

1. 七年级活动主题：走向你，靠近我——探索自我与理解他人

活动目标：通过体验性活动，促进学生尊重与接纳不同的观点，愿意与同伴主动交往和分享，增强班级凝聚力，构建团队协作能力。

2. 八年级活动主题：与你携手前行——校园服务与团队挑战

活动目标：进一步深化学生的共情能力，使学生通过校园服务理解社会责任，并在实践中锻炼团队协作解决问题的能力；通过面对外部挑战，增强相互间的信任和支持。

3. 九年级活动主题：成为未来领袖——社区服务与社会责任实践

活动目标：锻炼学生的领导力，通过策划社区服务项目，深化其对社会责任的理解。

（二）强化团队合作意识

强化团队合作意识是指培养学生在团队合作中的倾听及换位思考能力，学会承担责任，努力实现共同目标，并在此过程中，获得快乐，促进个人成长和

发展。

1. 七年级活动主题：我是班级好舵手

活动目标：通过开展班务管理擂台赛，引导学生上台展示小组班务管理工作策略，每个小组派人组成评审团，采用观众提问、评审团打分方式，给出各组修改意见。

2. 八年级活动主题：我是社区服务小能手

活动目标：聚焦社会服务项目的小规模策划与讨论，促进学生团队的合作与互助。

3. 九年级活动主题：知识领航团可行吗？

活动目标：培养学生通过合作解难、资料整合，提升在学习探究上的合作能力，同时巩固学习成果。

（三）掌握人际冲突解决技巧

掌握人际冲突解决技巧是指培养学生有效地处理与同伴之间的矛盾和分歧，在遇到问题时互相支持和协助的能力。

1. 七年级活动主题：发现化解冲突的艺术

活动目标：引导学生识别日常学习生活中潜在的冲突源，学习冲突解决技巧。通过团队游戏，让学生初步体验互助与合作解决小规模冲突。

2. 八年级活动主题：我来做沟通桥梁师

活动目标：使学生在遇到冲突时，能够保持冷静、中立公正，用清晰的语言传达信息，促进双方有效沟通。

3. 九年级活动主题：我来做冲突协调员

活动目标：帮助学生认识到和平解决冲突对于维护班级和谐、提升个人协调能力的重要性。使学生在遇到冲突时，能主动担任调解领导者，主动寻求解决方案，更加积极地参与到班级建设中来。

（四）推广班级心理健康文化

推广班级心理健康文化是指在班级环境中推广一种积极的心理健康文化，创建一个支持性、理解和包容的氛围，建立有效的心理援助机制，让学生在遇到心理困扰时能够得到及时的帮助。

1. 七年级活动主题：心理健康侦探团——探索心灵信号的秘密

活动目标：让学生了解心理健康的含义和标准，引导学生发现并学习利用校内外心理健康资源，帮助他人远离心理危机。

2. 八年级活动主题：情绪救援站——搭建支持与援助的港湾

活动目标：帮助学生掌握识别不良情绪的方法，学会在遇到困难或负面情绪时寻求帮助和支持，并能主动帮助陷入困境的人，愿意为其提供情绪支持。

3. 九年级活动主题：心灵护航者——成为守护心灵的先锋

活动目标：促使学生在面临毕业压力时，能够相互支持与帮助，能在更广泛的社群中传播心理健康文化，组织策划面向全校的心理健康宣传活动，展现初三学生的领导力和社会责任感。

三、爱父母

初中生培养爱父母情感的目标：构建相互尊重、理解和支持的家庭氛围，深化对家务分担及家庭角色责任的认识，并学会恰当积极地表达对父母的尊重与感激，从而增强归属感。据此，我们细化出四个小目标：相互尊重与理解、分担责任与支持、促进有效沟通与关系深化、表达感激与增强归属感，作为设计课程的指引。

（一）相互尊重与理解

这一目标指学会倾听父母的意见，尊重他们的决定，理解父母的期望和压力，避免冲突和争吵，建立相互尊重的关系。

1. 七年级活动主题：理解之光，照亮彼此的世界

活动目标：培养七年级学生尊重他人意见，能尝试站在父母的立场理解父母的期望与压力，减少亲子冲突。

2. 八年级活动主题：主动沟通，架起你我的心桥

活动目标：深化学生的理解层次，使其学会识别父母的情绪与压力，有效沟通避免冲突。

3. 九年级活动主题：相互尊重，奏起和谐的乐章

活动目标：在面临升学压力时，促使学生保持与父母的良好沟通，能够在重大决策中体现相互尊重与理解。

（二）分担责任与支持

这一目标指自觉参与家庭事务，承担适当的家务劳动，减轻父母的负担，

并在父母需要时提供支持和帮助。

1. 七年级活动主题：家的小帮手，成长第一步

活动目标：培养学生基本的家务意识，让学生了解家庭责任，参与简单的家务劳动。

2. 八年级活动主题：责任升级，家的守护者

活动目标：促进学生在持续参与家务的基础上，增加家务难度提高自主性，学会根据家庭需求灵活调整支持方式。

3. 九年级活动主题：携手同行，家的共同经营者

活动目标：鼓励学生在面临更大学业压力时，仍能维持对家庭的责任感，展现成熟的支援与决策能力。

（三）促进有效沟通与关系深化

这一目标指通过有效的沟通技巧，增进与父母之间的理解和信任，避免误解和冲突，建立更紧密的亲子关系。

1. 七年级活动主题：解锁沟通魔力的钥匙

活动目标：帮助学生掌握基本的有效沟通技巧，开启与父母心与心的对话，消除误解，共筑亲子间和谐与理解的温馨殿堂。

2. 八年级活动主题：爱您在心口难开

活动目标：帮助学生理解并体验家庭中"爱"的含蓄表达，鼓励学生勇于表达对父母的爱与感激，促进家庭成员之间的情感交流。

3. 九年级活动主题：携手同行，共同成长

活动目标：鼓励学生在面临关键人生抉择时与父母进行成熟、理性的沟通，共同规划未来，加强亲子间的合作与支持。

（四）表达感激与增强归属感

这一目标指学习用言语和行动表达对父母的感激之情，获得家庭的温暖和支持，获得归属感。

1. 七年级活动主题：家的温馨大冒险

活动目标：培养学生初步的感恩意识，引导学生以实际行动向父母表达感激，感受并增强家庭归属感。

2. 八年级活动主题：家庭创意感恩秀

活动目标：促进学生深化感恩行为，通过创意项目展示对家庭的感激，增

强家庭成员间的互动，加固归属感。

3. 九年级活动主题：感恩父母

活动目标：鼓励学生在面临未来选择的关键时期，通过深度沟通与共同活动，展现高级别的感恩行动，巩固家庭作为强大后盾的归属感。

四、爱世界

根据初中生爱世界的目标——建立对世界多样性的基本认识和共情的基础，学会尊重不同文化和生态系统的独特性，同时增强对全球性问题的初步认知和环境保护意识，并在此过程中增强对环境保护的责任感和行动力，我们梳理了四个小目标——多样性认识、共情能力、环境保护意识、责任感与行动力，作为设计课程指引。

（一）**多样性认识**

多样性认识指对世界不同文化、生态系统多样性的基本了解和认识。

1. 七年级活动主题：欣赏绚烂多彩的多元文化

活动目标：帮助学生了解世界文化的多样性，增强学生的跨文化交流能力，使学生在学会欣赏和尊重多元文化的同时，形成更加开放和包容的心态。

2. 八年级活动主题：构建坚实的社会支持系统

活动目标：帮助学生深入理解生物多样性与生态系统的重要性，理解社会支持对个人成长和应对挑战的重要性，能够主动构建和维护自己的社会支持系统，并向周围提供支持和帮助的人表达感恩。

3. 九年级活动主题：共筑可持续发展的未来

活动目标：提升学生对可持续发展重要性的认识，让学生明确个人在环境保护与社会责任中的角色，激发学生的责任感和行动力，共同为构建可持续发展的未来而努力。

（二）**共情能力**

共情能力指学会站在他人的角度思考问题，理解不同文化背景下的情感和需求的能力。

1. 七年级活动主题：我们不一样，却共同闪耀

活动目标：培养学生基础的同理心，认识和欣赏不同文化差异，尝试理解

不同文化背景下人们的情感表现。

2. 八年级活动主题：跨越文化的共鸣，升华共情之旅

活动目标：让学生在轻松愉快的氛围中感受文化的多样性，增强对不同文化情感表达方式的识别，促进心灵的相互理解和尊重。

3. 九年级活动主题：共筑全球梦，共情引领下的社会问题解决

活动目标：通过团队合作，引导学生将共情能力应用于解决实际问题中，为全球性社会问题提出创新解决方案，从而强化他们的责任感与实践力。

（三）**环境保护意识**

环境保护意识指对全球性环境问题的关注以及采取行动保护环境的意识。

1. 七年级活动主题：我是环保侦探

活动目标：引导学生发现身边的环境问题，了解环保的基本概念和重要性。

2. 八年级活动主题：我是节能减排小高手

活动目标：深化学生对环保知识的理解，引导学生实践节能减排的日常生活方式。

3. 九年级活动主题：我是社区环保倡议员

活动目标：将环境保护行动扩展到社区层面，提升学生作为环保倡导者的领导力和社会责任感。

（四）**责任感与行动力**

责任感与行动力指在认识到环境保护的重要性后，产生愿意承担责任意愿，并付诸实际行动的能力。

1. 七年级活动主题：我是绿色守护者

活动目标：增强学生的环保责任感，让学生通过参与简单的环保活动，感受个人行动对环境的正面影响。

2. 八年级活动主题：环保大使养成记

活动目标：深化学生的环保责任感，培养学生的领导力和团队协作能力，引导学生为社区环保贡献力量。

3. 九年级活动主题：携手同行，保护水资源

活动目标：引导学生将责任感转化为具体行动方案，鼓励学生规划并实施具有影响力的环保项目。

模块二　初中生体验式生命教育主题班会课设计范例

七年级生命教育主题班会课设计范例

第1课
我是谁——探索与拥抱真我之旅

一、教育背景

1. 活动缘起：对七年级的学生来说，培养自我意识至关重要，良好的自我意识的发展可以帮助学生建立自信。这一时期，他们更加关注"我到底是个什么样的人""我是否受人欢迎"等问题。

2. 学生基本情况：七年级的学生正处于青春期，自我意识逐渐觉醒。他们更愿意尝试新事物，探索自己的兴趣，更加在意自己在同龄人中的评价和人际关系，希望能够融入集体中并得到相应的认可和尊重。

二、教育目标

1. 认知目标：帮助学生正确看待自己的容貌、体形，以及优势和不足。

2. 情感目标：使学生对自我产生积极的情感体验。

3. 行为目标：帮助学生通过不同的途径提高对自我的认识，学会全面、发展及辩证地看待自己，学会在集体中分享和倾听他人的意见。

三、活动对象

七年级学生

四、活动时间

40分钟

五、教学方法

体验式活动：通过"姜饼人"的体验活动，引发学生自我探究，发现自己的优势，提升对自我的认同。

六、活动准备

资料准备：A4纸(上面画有两个"姜饼人")、信封(信封里面装有提前写好的其他同学给予的评价)。

评价的格式如下:

×××同学:

　　你好!

　　我眼中的你是一个_____人,如果你可以_____

_____就更好了。

七、活动流程

(一)导入环节(5分钟)

1. 导入语:同学们,我们一起来玩一个游戏,叫寻人启事。我待会播放课件,呈现多个词语或描述,比如喜欢周杰伦的歌、喜欢数学、擅长下围棋、作文写得好、长期留着短发等,每展现一个词语或一段描述,要求符合该特征的同学跟随老师的节奏起立互相认识。

2. 组织学生活动:邀请几位起立的同学简单描述自己的特点,老师给予积极回应。

(二)主题讲解或展示环节(15分钟)

1. 导入语:同学们,大家平时照镜子吗? 镜中的自己是什么样的呢? 现在,请大家取出课前发的 A4 纸,在第一个图形里简单描绘镜中的自己,然后和画中的自己打个招呼吧。接着,回想一下小学时让你自豪的事,把自己的特点和才能写在第一个"姜饼人"的不同部位上。

2. 邀请学生上台发言,介绍自己的优势与才能,同时,鼓励其他学生帮助发言的学生挖掘自身的优势与才能。

3. 过渡语:同学们,想知道其他同学眼中的你是什么样子吗? 请拆开发下去的信封,里面有你的同学对你说的一些悄悄话。

4. 组织活动:(1)学生阅读其他人对自己的评价,并思考是否认同同学对自己的评价,在认同的地方画圈,在有疑惑的地方画问号。

(2)引导学生思考:圈出来的词语让自己回想起哪些事情?

(3)交流讨论:以小组为单位,在小组内交流自己拿到的评价与自我评价是否一致。小组分享完派代表在班级交流。

5. 小结语。唐太宗曾经说过："以人为镜，可以正衣冠。"我们可以从周围人的评价中增进对自我的认识。

（三）讨论或分享环节（10分钟）

1. 导入语：同学们，通过画画和读信，"姜饼人"是自己对自己的认识，而信件是其他同学对自己的看法，你从中发现了什么？两者之间有差别没？差别较大的地方是什么？

2. 组织活动：老师指导学生在小组中分享自己的发现，并积极回应。

3. 小结语：通过刚才的活动，我们发现，原来我们每个人都有这么多特征，有些特征我们自己知道别人却未发现，有些特征我们自己没有发觉，可是别人却看到了。

（四）实践活动环节（5分钟）

1. 导入语：想象一下，你站在一面神奇的镜子前，这面镜子不仅能够映照出你现在的模样，更能映照出你内心深处最理想的自己。那么，你理想的自己是什么样的呢？是拥有超凡的智慧，还是具备非凡的勇气？是温柔善良，还是坚韧不拔？请拿起你手中的笔。

2. 组织活动：（1）引导学生在第二个"姜饼人"身上画出理想中的自己。（2）如果两个"姜饼人"会说话，想象一下他们说些什么。

3. 小结语：通过想象"姜饼人"的对话，我们感受到了成长的力量和可能性。记住，每个人都是自己命运的建筑师，我们的现在和未来都掌握在自己的手中。

（五）总结与提升环节（5分钟）

1. 导入语：同学们，今天的班会课让我们对自己有了更深层次的认识。自我评价与他人评价是两种有助于认识自我的重要途径。现在，我想请你们回想一下：你今天学到了什么？你有什么感悟想要分享吗？

2. 老师总结班会课内容，强调自我认识是个长期的过程，不仅可以通过我们自身的探索，也可以通过他人来认识自己。

3. 小结语：每个人对自己的认识各不相同，有人或许对现状不满，但人总在成长。所谓不足，也许正是他人眼中的独特魅力。随着学习与进步，当前的不足终将被改善，转化为优点。

八、后续跟进计划

1. 在接下来的三周内，老师将定期组织类似的自我探索的活动，帮助学生不断深化对自我的认识，接纳自我，并学会在集体中更加自信地表达和分享。

2. 要求学生采访父母、亲戚，让他们谈谈对"我"的看法，看看他们眼中的"我"与"我"对自己的认识评价是否一致，哪些方面比较相同，哪些方面有很大差异，思考为什么会出现不一致。

九、注意事项

鼓励学生积极参与，认真倾听他人的分享，大胆表达自己的观点。注意引导学生用积极、正面的语言来描述自己和他人。

十、参考文献

钟志农. 心理辅导课：操作指南与范例［D］. 北京：中国人民大学出版社，2022.

第 2 课
走向你，靠近我

一、教育背景

1. 活动缘起：人际交往是初中生必备的社会技能。七年级学生受知识经验不足的限制，加上进入一个新的环境，如果不能获得新的友谊，很容易落单。

2. 学生基本情况：进入青春期的学生普遍愿意结识新的朋友，但迫于害羞等心理，加上不能充分表达自己的想法，很容易成为交往中的被动者。

二、教育目标

1. 认知目标：让学生能够分析身边同学人缘好的原因，能够掌握 1~2 个人际交往中常用的话题。

2. 情感目标：让学生能够感受到主动交往的好处，激发学生主动交往的意愿和积极情绪体验。

3. 行为目标：促进学生主动与同学们交谈和分享，并能将主动交往的方法和技巧迁移到生活中。

三、活动对象

七年级学生

四、活动时间

40 分钟

五、活动准备

1. 场地准备：撤去桌子，只留椅子，方便活动。

2. 视频准备：《刺猬》，根据课程要求提前剪辑。

六、教学方法

1. 游戏教学法：通过"n 人一组"的游戏，营造一种轻松愉快的讨论氛围。

2. 案例教学法：通过"刺猬"的案例，引导学生体验主动交往、乐于助人的快乐。

七、活动流程

(一)导入环节(5 分钟)

1. 导入语：同学们，成为初中生已有一段时间了，有没有交到新的朋友？现在是初一，结交新的朋友是我们很重要的一个课题。但是友情不会从天而降，需要我们自己的付出。本节课我们一起学习如何在新的环境里结交新朋友，获得新友谊。

2. 提问：你上初中以来结交了多少位新朋友，你们是怎么认识的？

3. 小结语：在同学们的分享中，"主动"二字频繁被提到。我们都知道，如果想要获得新朋友，就需要主动走出第一步。

(二)主题讲解或展示环节(15 分钟)

1. 导入语：同学们，我们一起先玩一个游戏。游戏的规则：请所有人离开座位，跟着我的指令做，当老师说"n 人一组"时，请同学们在最短的时间内组成"n 人一组"。

2. 组织学生活动。随后，老师进行指导：在 3 分钟内，小组内的每位成员都要做自我介绍，同时分享一个自己的爱好或兴趣，在小组成员中至少找到一位跟你有共同点的同伴。

3. 过渡语：这个游戏的关键是谁先开了口，谁就在交往中获得了主动权。请同学们回想一下你在班级里认识的第一个人，仔细回忆当时的情景——你们第一次交谈是如何开始的？都谈了些什么内容？

4. 邀请某一组的同学逐一分享。

5. 老师归纳适合陌生人之间破冰的话题，将关键词写在黑板上：双方都能参与和理解的，比如可谈论天气、最新的游戏、球赛、眼前发生的事情等不涉及个人隐私、能让大家进行下去的话题……

6. 邀请学生分享：古人说，他山之石，可以攻玉。老师想邀请班级里公认的"人缘好"的同学，来分享他的经验：他是如何获得同学的友谊的。

7. 老师总结和归纳，将关键词写在黑板上：微笑、真诚热情、主动敞开心扉、在倾听对方时积极回应……

8. 小结语：有缘相聚，开始一段相互陪伴的人生旅途，这是很值得我们珍惜的缘分，主动伸手去道一声"你好"，就是一段友情的开始。

(三)讨论或分享环节(10分钟)

1. 导入语：现在我播放一段视频，请同学们观看，观看后完成"走向你，靠近我"导学案。

2. 播放视频《刺猬》。主要内容：班级里来了新同学——刺猬。但是，与同学打篮球，它身上的刺会刺破篮球；荡秋千时，别的小朋友怕刺到也不敢推它。慢慢地他就只能一个人玩，一个人孤零零地坐在最后排。同学们看到刺猬很难过，主动想办法，后来同学们送给刺猬一份礼物，是一包可以将他身上的刺包起来的泡沫，这样刺猬再也不用再担心玩耍时刺到别人了。

3. 邀请2~3名学生分享他们的观后感。

4. 小结语：愿意主动靠近，能理解别人的感受，乐于助人，这些都是获得友谊的好方法。

(四)实践活动环节(5分钟)

1. 导入语：要拥有良好的人际关系，最重要的是个人的内在，比如优秀的品质、突出的能力等，就像视频中乐于助人的小动物们。请每个小组相互交流，找出每个成员最突出的闪光点，比如：×××唱歌很好听，×××善于帮助别人，×××写作业最认真，等等。

2. 组织学生活动。

3. 小结语：我们发现，主动跟人交谈，向别人袒露自我，也不是一件艰难或恐怖的事情，如果我们还能够理解别人，发现他人身上的优点，那就更容易结交到新的朋友，获得新的友谊。

（五）总结与提升环节（5分钟）

1. 导入语：同学们，在今天主题班会课上，你最大的收获是什么？请拿出导学案，将你的收获用一句话写下来，并与旁边的同伴分享。

2. 学生分享学习收获，老师适时指导。

3. 小结语：同学们，今天我们通过各种讨论，我们找到了获得新友谊的方法，希望我们在平时的人际交往中多多实践，祝大家学习、生活愉快！

八、后续跟进计划

请同学们在接下来一周的时间内，主动与三位之前不曾交流或交流较少的同学进行一次交谈，并将交谈的过程与体会记录下来。

九、注意事项

1. 热身游戏时，老师先组织几次小组活动，让气氛充分热起来，打破学生之间的隔阂。

2. 本节课多个环节都需要学生主动参与，老师对主动的学生及时给予表扬，同时也要多鼓励社交比较被动的学生。

十、参考文献

1. 达林·曼尼克斯. 美国学生社会技能训练手册[M]. 刘建芳，译. 天津：天津社会科学院出版，

2. 怀特. 夏洛的网[M]. 任溶溶，译. 上海：上海译文出版社，2004.

第3课
理解之光，照亮彼此的世界

一、教育背景

1. 活动缘起：在亲子关系中，由于两代人在看待事物上的天然差距，青少年往往认为父母不了解他们，并表现出对父母管教的不愿遵从，甚至通过发火、顶撞、反抗等方式试图摆脱父母的监护。这种疏离和对抗不仅影响了家庭和谐，也阻碍了青少年的健康成长。

2. 学生基本情况：七年级学生正处于青春期，情感上开始寻找新的依恋对象，如朋友、同学甚至偶像，与父母的关系逐渐变得疏远。他们渴望在学习和生活中拥有更多的自主权，反对父母过多的干涉和控制，对父母的管教容易产生反叛心理和对立情绪。

二、教育目标

1. 认知目标：让学生了解自身的身心发展特点及父母的观念，认识积极的亲子关系的重要性。

2. 情感目标：增进学生对父母生活和情感的理解。

3. 行为目标：让学生能够站在父母的立场考虑问题，理解父母的苦心和付出。

三、活动对象

七年级学生

四、活动时间

40分钟

五、活动准备

1. 场地布置：教室布置得温馨一些，提前收集学生的全家福照片，在黑板上贴成心形，营造家庭氛围。

2. 资料准备：排演小品《妈妈和我》，并录制成视频。准备课堂调查表，用于了解学生对父母的了解程度。

六、教学方法

1. 角色扮演教学法：让学生代入"妈妈和小花"的角色，通过辩论理解父母的苦心。

2. 讨论法：引导学生通过对"小花"不愿意回家及她与妈妈冲突原因的讨论，理解人际冲突往往源于不能站在对方立场考虑。

七、活动流程

（一）导入环节（5分钟）

1. 导入语：同学们，我们先来玩一个游戏，名字叫"抓手指"。游戏的规则是：所有同学围成圈，左手侧举，掌心向下，右手伸出食指顶在旁边同学的左掌下。听老师读一篇短文，当听到"快乐"一词时，左手抓别人的食指，同时右手躲避被抓。

2. 组织学生活动。老师朗读短文：爸爸和妈妈为我们营造了一个幸福快乐的家，与爸爸妈妈相处时，会有些烦恼，但更多的是快乐。与爸爸和妈妈分享快乐，让他们帮助我们解除烦恼，健康快乐每一天。

3. 过渡语：从小到大，我们和爸爸妈妈一起，一定有许多快乐的经历。

谁能把自己的快乐时刻与大家分享呢?

4. 邀请几位同学分享与父母的快乐经历。

5. 小结语:感谢几位同学的分享,从你们的分享中,我们也能感受到家庭带给我们的快乐。

(二)主题讲解或展示环节(15分钟)

1. 导入语:的确,当我们谈起家,脑海中就会浮现出温馨、和睦的画面,家是爱的港湾。然而,正如阳光之下必有阴影,家庭这片充满爱的天地里,也难免会有烦恼与困扰的存在。小花同学就告诉我,放学后不想回家,因为妈妈平时管得特别严,一回到家就是各种唠叨。我们一起来看看小品《妈妈和我》。

2. 播放小品。内容:小花放学后不想回家,妈妈担心她路上出事,焦急等待。小花回家后,妈妈责备她晚归,小花反驳,双方发生争执。

3. 组织辩论:我们与爸爸妈妈有没有发生过类似的烦恼事呢? 现在请大家选择站队,如果你觉得妈妈的做法是可以理解的,就站在左边,组成"妈妈队";如果你特别理解小花,很赞成小花的做法,就站在右边,组成"小花队";当然你也可以不选边,保持中立,就站在中间,组成"中立队"。我们来一次辩论。

"妈妈队"和"小花队"轮流发言,代入角色阐述观点,各队分别选取3名学生发言。等一轮结束后,再让学生选择立场,进入第二轮辩论。总共进行三轮。

4. 邀请在辩论中立场发生变化的学生发言,分享感受。

5. 小结语:很有趣的是,我发现很多同学的立场在变化。的确,家庭矛盾往往是我们与父母亲共同导致的。

(三)讨论或分享环节(10分钟)

1. 导入语:经过三轮辩论,我猜同学们一定有很多话要说。那么,小花为什么有不愿意回家的烦恼? 她与妈妈的冲突原因是什么呢?

2. 邀请3~4名学生分享他们的看法(可能会从女儿的态度、妈妈的态度、语言沟通、女儿不被尊重以及妈妈对女儿的担心不被理解等方面进行回答)。

3. 小结语:的确,人际关系中的冲突和矛盾往往是彼此的不了解、不理解和不尊重导致的,亲子之间亦如此。

(四)实践活动环节(5分钟)

1. 导入语:虽然我们刚刚讨论的是亲子之间的冲突和矛盾,但我们不能否认爸爸妈妈是最关爱我们的人。今天我们已经是初中生了，我们对自己父母的了解有多少呢？

2. 给每位学生下发两张调查表，内容包括父母亲和自己的一些信息，如生日、爱好、身体健康状况等。

3. 提问：对照两张调查表，你发现了什么？

4. 学生谈感受。

5. 小结语：相同的内容，不一样的答案。父母了解孩子比孩子了解父母要多得多。不了解父母，并不代表我们不爱父母，但不了解父母，或许就不容易理解父母为我们的付出以及他们对我们的担心。

（五）总结与提升环节（5分钟）

1. 导入语：同学们，通过今天的班会课，我们对父母亲的爱有了更深一层的认识，也能理解他们的那些"过度"的担心和唠叨了。现在，我想请你们来分享一下自己的感悟。

2. 邀请2~3名学生分享他们的感悟。

3. 向学生分发信纸，引导学生写下想与父母分享的感悟。

4. 小结语：我们一天天地长大，父母却一天天地变老，我们的世界和他们的世界变得越来越遥远而生疏。但请相信父母的爱！理解与尊重是爱的主旋律。让我们用行动去表达对父母的理解和尊重吧！

八、后续跟进计划

在接下来的三周内，老师将定期组织类似的亲子沟通或亲子坊活动，帮助学生学会倾听父母的意见，尊重父母的观点，理解父母的期望，努力构建相互尊重和理解的积极亲子关系。

九、注意事项

鼓励学生积极参与，主动代入相关角色，认真感受角色的情绪，认真倾听他人的分享，大胆表达自己的观点。

十、参考文献

1. 吴发科. 心理健康主题教学［M］. 广州：广东省语言音像电子出版社，2008.

2. 李希贵. 家庭教育指南［M］. 北京：新星出版社，2022.

第4课
我们不一样，却共同闪耀

一、教育背景

1. 活动缘起：深圳是一个移民城市，有来自全国各地的人，他们带着各自的文化背景、生活习惯和价值观念，共同构成了深圳多元文化的社会环境。在这样的环境中学习和生活，深圳学生需要学会尊重和包容，以更好地适应和融入这个多元化的社会。

2. 学生基本情况：每个人在性格、兴趣和观点等方面都存在差异，难免会产生一些矛盾和冲突。学生要能具备宽容的心态，学会更加理性地处理这些矛盾和冲突，从而促进彼此之间的理解和尊重。

二、教育目标

1. 认知目标：让学生理解尊重和包容的含义，认识包容个体差异在人际交往中的重要性。

2. 情感目标：激发学生对尊重和包容美德的认同与追求。

3. 行为目标：让学生能够以尊重和包容的态度与人交往，促进学生间的和谐共处。

三、活动对象

七年级学生

四、活动时间

40分钟

五、教学方法

互动讨论：组织小组成员分享各自家乡的自然风光、特色美食、轶闻趣事等，帮助学生理解和尊重差异。

六、活动准备

物资准备：关于多元文化的视频短片、彩色便笺纸、记号笔、小组讨论记录表、数张中国地图、海报纸。

七、活动流程

（一）导入环节（5分钟）

1. 导入语：同学们，请大家闭上眼睛，想象自己正漫步在一条繁忙而又热闹的大街上，耳边是不同国家语言的交织，眼前是五彩斑斓的文化符号。现在，请睁开眼睛，让我们一起观看一个短片，它将带领我们走进一个充满多元的城市的日常，感受那份独特的文化交融与共存之美。

2. 播放一段展示移民城市多元文化的短片，引导学生观察并思考不同文化元素如何共存。

3. 邀请 2~3 位来自不同省份的学生分享家乡的风俗习惯。

(二)主题讲解或展示环节(10 分钟)

1. 导入语：我们生活的这个世界是由众多个不同的国家和民族构成的，每个国家和民族都有各自的文化，每种文化都有其独特的标志、特点和表现形式，这种多样性使得世界文化变得丰富多彩，充满魅力。我们的国家是一个多民族、多省份的国家，各民族和各地区也都有各自的文化特点。我们班的同学来自不同的省份和地区，我带来了几张中国地图，现在我们一起找找自己的家乡。

2. 老师向各小组分发一张中国地图和数张便笺纸，指导学生完成以下任务：请同学们在地图上先找到自己的家乡，用便笺纸写上自己的名字贴在旁边。然后小组成员轮流介绍自己的家乡，包括自然风光、历史遗迹、民俗风情、特色美食和轶闻趣事等。

3. 组织学生活动。

4. 邀请小组代表分享组内交流情况，小组代表向全班同学介绍小组内所有成员的家乡特点。

5. 小结语：大家分享的家乡各有千秋，无论是壮美山河还是温馨小巷，都充满了爱与故事。希望这次分享能让大家更加珍惜和爱护自己的家乡，同时也学会欣赏和尊重他人的家乡文化。

(三)讨论或分享环节(10 分钟)

1. 导入语：刚才我们都分享了各自家乡的特点。老师想问问大家，这些家乡的特点有没有对我们自己产生影响？生长背景是如何影响我们个体成长的？请举例说明。

2. 小组交流。老师巡堂指导：个体的生长背景常常会影响个体的性格特点和行为方式等。比如湖南人、四川人更喜欢吃辣椒，陕西人更喜欢吃面食……

3. 小组讨论。邀请 2~3 名学生分享交流情况。

4. 过渡语：一碗面，清汤寡水不好吃，加一点盐、一点酱油、一点葱花、一点肉丁……闻着真香啊！就是因为有这么多差异，我们的班级才多姿多彩，但也由于彼此的差异性，我们在相处中难免会出现不和谐，那么当我们面对这些差异性时，我们应该以怎样的态度来接纳呢？

5. 开展小组讨论，并将讨论结果写在彩色卡纸上。

6. 邀请2~3个小组分享交流情况。老师用关键词句归纳学生的讨论结果，如尊重、包容、以开放的心态主动学习、积极沟通……

（四）实践活动环节（10分钟）

1. 导入语：接下来，我们要学以致用。七（8）班（虚拟班）从外地来了一名插班生，请各小组共同制作一份欢迎海报。请大家根据今天所学的知识，发挥创意，用色彩和图案展现班级的特色和对新同学的热烈欢迎。

2. 各小组活动，制作欢迎海报，将制作好的海报张贴在教室墙壁的空白处。

3. 小结语：各小组制作的欢迎海报都很精美。这个制作过程不仅是一个集思广益、共同努力的过程，更让我们感受到了团队的力量，让我们学会如何在团队中发挥自己的优势，同时尊重并接纳他人的意见。

（五）总结与提升环节（5分钟）

1. 导入语：同学们，今天的班会就要结束了。现在，老师想请你们回想一下，今天学到了什么？有什么感悟想要分享吗？

2. 老师总结班会内容，提醒学生记录下自己的心动一刻：今天班会课上捕捉到的"不一样""尊重""包容"一刻，并记录下自己的心情，形成观察日记。

3. 小结语：我们来自五湖四海，因为缘分我们相聚一堂，希望今天的课堂能够引导大家初步理解班级同学各自的特点、喜好、习惯等，并且能够在理解的基础上接纳、包容他人。渐渐地，你会发现，生活因"理解"更美好，生活因"包容"更精彩。

八、后续跟进计划

请同学们写下自己的"尊重""包容"誓言，如"我愿意以开放、尊重、包容的心态对待每一位同学，让我们的班级更加和谐"，投入"不一样"包容公约聚集箱中，再定期分享。

九、注意事项

1. 老师课前需对班级学生的籍贯以及对于家乡的了解程度进行调研，在

230

邀请学生分享家乡特色时，最好能安排差异性较大的省份。

2. 注意要尊重每个学生的感受和意见，课堂上鼓励多元表达与包容理解。

十、参考文献

卫美华. 六年级主题班会：包容是一种境界［J］. 小学德育，2010，（22）：46-48.

八年级生命教育主题班会课设计范例

第1课
驾驭时间，快乐成长

一、教育背景

1. 活动缘起：八年级学生正处于两极分化的关键时期，随着科目数量变多，科目难度增加，如果学生不懂得合理规划和管理时间，就会导致时间不够用，学习效率不高，学习成绩下降。

2. 学生基本情况：八年级学生未形成成熟的时间观念，他们常常会低估完成作业或复习所需的时间。另外，这个年龄段的学生自律性有待提高，容易受干扰，影响任务的完成效果。

二、教育目标

1. 认知目标：促使学生体验时间的流逝，深入理解时间的价值，认识到良好的时间管理和优先级设定对于成功至关重要。

2. 情感目标：增强学生合理安排时间的信心，提高自律性。

3. 行为目标：学会使用工具或技巧来帮助学生更好地管理时间，减少拖延行为，提高学习效率。

三、活动对象

八年级学生

四、活动时间

40分钟

五、教学方法

1. 演示法：老师用石子、沙子等演示物让学生体验人的生命和时间是有限的。

2. 体验式活动：让学生通过实践活动，学习时间管理的方法。

六、活动准备

1. 资料准备：时间管理矩阵图卡纸、数块大小不均的石头、200 克细沙、一瓶矿泉水、一个 500 毫升的玻璃杯、用于奖励的小礼品。

2. 场地布置：教室布置温馨，墙上可以贴上一些与"珍惜时间、合理规划时间"相关的标语或名人名言。

七、活动流程

（一）导入环节（5 分钟）

1. 导入语：同学们，我给大家带来了一个儿童故事《做事拖拉的小松鼠》，请大家观看。

2. 学生观看后，邀请几位学生结合视频信息分享在平时的学习中遇到的注意力分散、无法专注当下，最后导致任务难以按时完成的经历。

3. 小结语：小松鼠由于做事拖拉导致任务最后难以如期完成。拖拉行为其实反映的是时间管理的问题，这堂课我们来一起探索这个话题——时间管理。

（二）主题讲解或展示环节（15 分钟）

1. 导入语：同学们，时间管理就是学习如何使自己更有弹性地利用时间处理事情，并在有限时间内更高效地完成规定的任务。由于没有人比自己更了解自己想做和应该做的事，所以没有人比自己能更有效率地管理自己的时间。

2. 老师将教学道具玻璃杯、大小石头、沙子和一杯水摆在讲台上，同时提问：如何用大小石头、沙子和水装满玻璃瓶且使其质量最大？前提是水不能溢出、放进去的石块和沙子不能再拿出。再邀请几位学生回答并操作。

3. 过渡语：就如同水不能溢出一般，人的生命是有限的，放进去的石头和沙子就如同时间一样一去不复返，如何让有限的生命过得丰富多彩呢？

4. 老师向学生讲解"时间管理矩阵图"及时间管理的重要法则，即优先重要法则、长远重要法则及一举两得法则。

5. 请同学们回忆并记录昨天 24 小时所做的事情，并按照"重要/不重要""紧急/不紧急"的程度将昨天所做的事情填入对应的表格里。然后与同桌相互分享。

6. 过渡语：在有限的生命里，尽可能多地做自己想做的事情。同学们要善于找出隐藏的时间，减少无谓的时间浪费，提高学习效率，根除浪费时间的习惯。

7. 老师继续讲解时间管理的方法，如"制作时间表"，将自己需要完成的任务细分成具体的小目标，给每个小目标规定一个时间(注意这个时间一定不能太充裕，要有压力感一点)，这样我们就形成了一张时间表，完成学习任务时，根据我们的时间表设置闹钟，如果能够按时完成就奖励自己，如吃一个美味的冰激凌；如果没有按时完成就惩罚自己，如取消今晚看电视的时间；等等。

(三)讨论或分享环节(10分钟)

1. 导入语：同学们，平时都有哪些经验或方法可以帮助提高学习效率的？请以小组为单位进行讨论和分享。

2. 组织活动：指导学生在小组中分享，老师积极回应。

3. 小结语：通过刚才的活动，我们发现，还是有许多方法可以帮助我们做好时间管理的。当然，每个人的方法或许有不同，但适合的就是最好的。

(四)实践活动环节(5分钟)

1. 导入语：现在，请同学们拿出刚才写的昨天完成的事情，制作一个时间表来提高这些事情的完成效率，制作完成后，小组成员间相互交流，分享各自的时间表。同时，请各小组共同讨论，在设计时间表的时候应该注意哪些因素？

2. 组织活动：指导学生完成并在组内讨论。

3. 小组分享讨论结果，老师记录全班总结时间表设计时要注意的因素：要设定具体的目标；设置备忘录、避免遗漏任务；善用零碎时间、要有备用时间；安排不能太紧凑；任务要分轻重缓急；时间分配要具体，避免模糊；根据自己的特点和实际情况安排，不能理想化；等等。

4. 小结语：重视时间规划，保证做事情效率最高。

(五)总结与提升环节(5分钟)

1. 导入语：同学们，通过今天的班会课，你学到了什么？你有什么感悟想要分享吗？

2. 邀请几位同学谈谈自己的收获和感悟。

3. 小结语：同学们，这堂课我们一起探索了时间管理这个话题，我们知道了良好的时间管理对于提高学习效率的重要性，并一起探索了许多时间管理的方法。在接下来的学习生活中，我们要将这些方法用起来！相信经过不断地实践，我们的学习效率一定可以变得更高！

八、后续跟进计划

邀请心理学专家开展高效学习方法、时间有效管理相关主题的讲座。跟各学科老师沟通，了解学生的学习状况，及时给予学业帮助，提高学生学习的自信心。

九、注意事项

本节课老师要注意把控课堂时间，同时密切关注学生的反应和参与度，为学生在管理时间上做表率。

十、参考文献

1. 段新焕，吕超，刘文华. 走进心理课堂：初中心理健康教育活动课设计与实践[M]. 南昌：江西教育出版社，2020.

2. 柯维. 高效能人士的7个习惯[M]. 北京：中国青年出版社，2014.

第 2 课
情绪救援站

一、教育背景

1. 活动缘起：初中生面临日益增长的学业和情感压力，同伴间的及时情感支持对预防心理问题至关重要。在班级设立"情绪救援站"，通过相关活动和服务，学生能学习情绪认知、表达及调节技巧，老师能及时发现并干预情绪问题，防止其恶化成更严重的心理障碍。

2. 学生基本情况：八年级学生正值青春期，身心巨变，常因学业、人际关系和自我认知等问题陷入负面情绪。但是他们自尊心强，难以向同伴求助，既怕被视为软弱，又担心隐私泄露成笑柄。

二、教育目标

1. 认知目标：认识到情绪管理的重要性，懂得生命的意义和价值。

2. 情感目标：培养学生积极向上的情绪态度，珍惜生命。

3. 行为目标：让学生掌握识别不良情绪的方法，学会在遇到困难或负面情绪时寻求帮助和支持，并能主动帮助陷入困境的人。

三、活动对象

八年级学生

四、活动时间

40 分钟

五、教学方法

案例教学法：通过"小明的故事"，让学生学习识别需要心理帮助的学生，掌握有效的情绪管理的方法策略。

六、活动准备

1. 资料准备：8 个信封、4 个问题、8 张海报纸、1 张大彩色卡纸、标签纸、写有"至少还有我"的书签、抽签箱。

2. 环境布置：将教室一角布置成"情绪救援站"区域，放置一些公仔或抱枕，张贴一些情绪调节小贴士等。

3. 分组安排：将学生分为 8 个小组。

七、活动流程

（一）导入环节（5 分钟）

1. 导入语：同学们，我们先来玩一个"情绪接龙"的游戏。我先用一句话描述此刻的情绪并说明原因，比如"我现在感觉开心，因为刚完成了一项任务"。然后，邀请一位同学接龙，接龙时先复述前一位同学的情绪和原因，再表达自己的情绪和原因。让我们开始吧！

2. 邀请十位学生依次进行情绪接龙。

3. 老师总结：感谢大家的参与，通过这个游戏，我们感受到了情绪的多样性和传递性。接下来，我们将深入探讨如何管理和调节情绪。

（二）主题讲解或展示环节（15 分钟）

第一阶段：发现异常

1. 导入语：分享可以使快乐加倍，倾诉可以使痛苦减半。当遇到不开心的事情时，你愿意向同学倾诉吗？当看到别人不开心时，你愿意伸出援手吗？今天，我们就来帮帮一个陷入困境的同学——小明。

2. 老师播放音频。内容如下：小明目前初二在读，自幼父母离异，与性格暴躁的父亲相依为命。父亲常将工作压力转嫁于他，却对他抱有极高的学业期望，盼其能考入理想高中。小明性格内向，社交圈狭窄，仅有一位自幼相伴的挚友。不幸的是,这位挚友一个月前因白血病离世,临终前对小明说:"我会在天边等你。"这一打击让小明深受重创,情绪低落,失去了学习的热情,期中考试跌至班级末尾。回家后,他遭到父亲的严厉责罚,内心的痛苦无处诉说,于是开始构思自己的"云计划"。

3. 过渡语:生活中,我们都会遇到困境。当看到别人痛苦时,我们能做些什么? 如果要帮助小明,首先要发现他的情绪异常。现在,请小组讨论,找出小明在好友去世后可能表现出的异常行为。

4. 学生活动,各小组代表分享各组的发现。老师把分享的内容写在黑板上,然后从认知、情绪、行为、人际关系、活动表现等维度进行归纳总结。

第二阶段:拯救行动

1. 导入语:如果你是小明的同学或朋友,知道他的遭遇后,你会如何帮助他? 现在,每个组长抽取一个信封,里面有问题和相应的情境。请小组讨论,提出你们的帮助方案,并写在海报纸上。

2. 在组织学生活动时,老师向各小组分发八个信封,其中四个信封内容两两相同。具体分配如下:

信封 1 和 2 询问:若观察到小明常独自一人,郁郁寡欢,不参与集体活动,也不与同学交往,你们会如何应对?

信封 3 和 4 探讨:如果小明主动向你们倾诉"我心情很差,能陪我聊聊吗?"若愿意倾听,你们会如何展开对话?

信封 5 和 6 讨论:发现小明精神萎靡,眼神空洞,上课注意力不集中,频繁发呆,你们会采取什么措施?

信封 7 和 8 则针对紧急情况:如果不慎发现小明手臂上有许多刀痕,你们将如何应对?

(三)讨论或分享环节(10 分钟)

1. 导入语:刚才各小组都进行了激烈的讨论,现在请代表来分享讨论的结果。

2. 组织活动,各小组展示。

3. 小结语:你们的分享都很精彩,看得出,我们都愿意在同学需要的时候伸出友谊之手。常言道,赠人玫瑰,手有余香。

(四)实践活动环节(5 分钟)

1. 导入语:在我们的学习生活中,确实会遇到令自己感到压抑的烦恼。

现在老师给你们几分钟时间，想一想，当你心情郁闷的时候，你会怎样处理？

2. 组织活动：请几位同学分享自己的"心灵减压方法"。

3. 小结语：通过刚才的分享，我们了解了许多减压方法。现在，请各小组挑选你们认为最有效的方法，写在标签纸上，并贴在"积极成长树"上。

（五）总结与提升环节（5 分钟）

1. 导入语：同学们，班会即将结束，让我们一同回顾，分享今天的收获与感悟。

2. 学生活动：现在，请大家领取"至少还有我"书签，背面写上对同学的一句寄语并签名，投入抽签箱。随后，每位同学轮流抽取一张，珍藏这份来自同学的温暖。

3. 小结语：今日，我们共同努力，旨在助力小明走出心理阴霾。我更期望每位同学都能以实际行动传递正能量，当他人需要帮助时，伸出援手，共筑温馨的班级氛围。

八、后续跟进计划

1. 在接下来的几周内，老师将定期组织类似的"互帮互助"活动，可以设计几个情绪困境场景（如考试失利等），让学生分组进行角色扮演，体验如何给予和接受"情绪救援"。

2. 持续关注学生情绪状态，适时提供个别辅导，巩固情绪管理技能。

九、注意事项

1. 课堂上要注意观察学生的情绪变化，及时给予积极引导。

2. 老师要注意课堂伦理，对课堂上学生的自我暴露，提醒学生尊重、保密，课后不要传播和议论，课堂中引用的案例不要对号入座。

十、参考文献

1. 吴发科. 心理健康主题教学［M］. 广州：广东省语言音像电子出版社，2008.

2. 王成果. 青少年心理危机与危机干预［J］. 中国青年研究，2003（1）：85.

3. 派克. 少有人走的路：心智成熟的旅程［M］. 于海生，译. 北京：中国商业出版社，2013.

第3课
爱您在心口难开

一、教育背景

1. 活动缘起：良好的家庭沟通氛围能够增进亲子关系。然而，在现实生活中，许多家庭都存在着沟通不良的问题，亲子之间难以顺畅地表达爱与关心。这次班会课希望帮助学生提高学生亲子沟通的意愿，学习有效的沟通技巧和方法，促进积极的亲子关系。

2. 学生基本情况：青春期的孩子情感细腻敏感，自我意识增强，渴望拥有独立空间，对父母的依赖渐减。他们与父母之间容易出现分歧与冲突，对父母的管教和期望产生质疑。

二、教学目标

1. 认知目标：帮助学生认识到亲子沟通中存在的障碍，学习有效的沟通技巧和方法。

2. 情感目标：引导学生理解并体验家庭中"爱"的含蓄表达，认识到直接沟通的重要性。

3. 行为目标：让学生掌握沟通的技巧，鼓励学生勇于表达对父母的爱与感激，促进家庭成员之间的情感交流。

三、活动对象

八年级学生

四、活动时间

40分钟

五、教学方法

1. 案例教学法：通过同龄人"小明的故事"，引发学生的共鸣，激发学生学习的积极性。

2. 角色扮演法：在情景模拟中学生扮演爸爸或小明，以增进理解和同理心。

六、活动准备

1. 多媒体课件：亲子沟通案例、春晚小品《开不了口》的视频、心理专家录制的视频。

2. 互动材料：心形便利贴、彩笔。

3. 环境布置：营造温馨、开放的课堂氛围，如摆放家庭合影，布置"爱的留言墙"。

七、活动流程

（一）导入环节（5分钟）

1. 导入语：同学们，2024年的春节晚会大家都看过没？其中有一个小品《开不了口》给我留下深刻的印象。请大家一起欣赏。

2. 学生观看视频。

3. 过渡语：该小品生动展现了中国式父子（或家庭）关系中普遍存在的微妙情感，以及因沟通不畅所产生的隔阂，并通过真诚的对话达成和解的温馨过程。沟通的重要性尤为凸显。

（二）主题讲解或展示环节（15分钟）

1. 导入语：同学们，家虽温暖，却也时有风波，尤其是当与父母沟通受阻时。你是否曾满怀喜悦分享学校趣事，却只换来父母的冷淡？或在你渴求理解与支持时，却得不到想要的鼓励？小明同学就正面临这样的难题。

2. 角色扮演：邀请两位学生分别扮演父亲和小明，场景大概如下：父亲质问小明学习成绩下降的原因，小明诉苦学习压力大。父亲责备小明缺乏自制力，小明反驳并显得不耐烦。父亲生气地质疑小明的学习态度，小明沉默离开。

3. 表演后，采访两位学生的内心感受。

4. 小组讨论：针对这段对话，分析存在的问题并提出改进建议，如增加理解、减少责备等，小组派代表分享观点。

5. 心理专家视频：播放心理专家讲解亲子沟通重要性的视频，提供策略与建议，如积极反馈对方需求、运用非言语沟通、尝试写信等间接方式、保持理解和尊重、避免轻易评价、实践非暴力沟通等。

6. 小结语：家庭生活中，与父母沟通难免有摩擦。面对矛盾，希望心理专家的建议能为大家提供指引，帮助我们改善沟通，增进理解。

（三）讨论或分享环节（10分钟）

1. 导入语：亲子沟通不仅是信息传递的过程，更是情感交流的桥梁，它关乎理解、尊重与爱的传递。刚才心理专家讲到了有效的亲子沟通一定要做到：积极倾听、表达共情、关注非言语、保持尊重和理解的态度等等。现在请各小组根据专家的建议，发挥想象力，对刚才的"父子对话"进行脚本改写。

2. 组织学生活动。老师给每个小组发放原对话及改写用纸。对于改写有困难的小组，老师可以提供一些参考案例。

3. 各组选派两名同学，一人扮演小明，另一人扮演父亲，按照改写后的对话进行角色扮演。

4. 全部表演结束后，对各小组的脚本改写及表演进行评选，老师给予优胜组以表彰。

5. 小结语：各组的表演都太棒了，每个组对于"父子对话"的改写也非常精彩。

(四)实践活动环节(5 分钟)

1. 导入语：由于我们与父母亲在认知和经验上的差异性，导致对问题的看法会有不同，因此在沟通上常常会出现分歧。现在老师给你们几分钟时间，结合今天所学，想一想，当我们希望跟父母亲进行良好沟通，要怎么做？

2. 组织活动。

3. 邀请几位同学分享他们的课堂收获。

(五)总结与提升环节(5 分钟)

1. 导入语：同学们，今天的班会课接近尾声了。回忆一下本节课的内容，此时此刻你想对父母说点什么吗？

2. 老师分发心形便利贴，请同学们在上面写下想对父母说的话(可以是感谢、道歉、爱意表达等)，并贴在"爱的留言墙"上。

3. 小结语：今天我们以小品《开不了口》的一段视频开启了与父母沟通的话题讨论，老师认为这不仅仅是一次知识和技能的学习，更是一次心灵的觉醒，让我们深刻理解了积极的沟通在维系家庭和谐、增进亲子关系中的重要作用。老师更希望每个同学都能付诸实践，收获父母之爱！

八、后续跟进计划

在接下来的几周内，老师将定期组织类似的"爱父母"活动。若条件允许，选几位学生现场与父母进行视频通话，老师现场指导，也可邀请部分家长参加亲子沟通的工作坊。

九、注意事项

1. 在角色扮演活动中，要求学生多体会角色的心理，认真对待，尽量贴近角色的身份进行表演。

2. 对讨论环节中的改写任务感到困难的学生，老师要及时引导，积极鼓励。

十、参考文献

1. 李希贵. 家庭教育指南［M］. 北京：新星出版社，2022.

2. 马歇尔·卢森堡. 非暴力沟通［M］. 刘轶，译. 北京：华夏出版社有限公司，2021.

第4课
构建我的社会支持系统

一、教育背景

1. 活动缘起：构建社会支持系统，让学生学会在困境中求助，在团队中协作。这不仅有助于他们的心理健康，还能提升人际交往能力和社会适应能力，理解社会支持的重要性，激励学生珍惜和维护与家人、朋友、老师及社区的良好关系，形成积极向上的生活态度。

2. 学生基本情况：初中阶段是学生身心发展的关键时期，他们正逐步踏入社会，在学习、生活及人际关系等方面会遇到多重挑战。

二、教育目标

1. 认知目标：能够理解社会支持系统的概念，识别并列举个人社会支持系统的不同组成部分。

2. 情感目标：增强学生的互助合作意识，理解社会支持对个人成长和应对挑战的重要性，培养积极向上的生活态度。

3. 行为目标：能够主动维护社会支持系统，并向给予支持和帮助的他人表达感恩。

三、活动对象

八年级学生

四、活动时间

40分钟

五、教学方法

小组合作：四人一组，讨论社会支持系统的构建方法。

六、活动准备

物资准备：地震、洪灾等相关救灾图片，社会支持系统自测题，心形卡纸，彩笔。

七、活动流程

（一）导入环节（5分钟）

1. 导入语：展示汶川地震、梅州水灾及2020年疫情中国家支持系统的图片。

2. 小结语：中华民族在灾难面前总能众志成城，共克时艰。从救援物资的迅速调配、医护人员的逆行出征，到疫情防控的严密部署、灾后重建的坚定推进，每一张图片都彰显了国家的强大。这些是国家支持系统高效运转的见证。那么，面对个人困难和危机，我们该如何调动自身的社会支持系统呢？本节课，我们将深入探讨这一话题。

（二）主题讲解或展示环节（15分钟）

1. 导入语：社会支持系统，是20世纪70年代提出来的心理学专业词汇，即个人在自己的社会关系网络中所获得的、来自他人的物质和精神上的帮助和支援。简单来说，"社会支持系统"就是与他们分享快乐、分担痛苦的人所组成的整体。我们先测测自己的社会支持系统。

2. 老师下发测试题目导学案，指导学生完成：请同学们在括号内写下你想到的人的名字，越多越好！

①老师安排一项重要的任务，谁能够与你合作完成？（　　　）

②当在功课上有问题时，你会向谁请教？（　　　）

③你有一个重要的秘密，你会向谁说？（　　　）

④你完成了一份手工或画了一幅画或写了一篇作文，你会跟谁分享？（　　　）

⑤周末想去爬山，你会约谁一起？（　　　）

⑥遇到开心的事情，你愿意和谁分享？（　　　）

⑦假如你被人错怪，谁会始终相信你、支持你？（　　　）

⑧若考试成绩不理想，你会向谁求助？（　　　）

⑨若与家人吵架，你会找谁倾诉？（　　　）

3. 过渡语：请统计你写下的人数，它反映了你的社会支持网络大小。正如毕淑敏所言，个人支持系统如斜拉桥，需每根绳索紧密配合。审视你的"斜拉桥"，绳索的组成和排列是否合理？与同桌讨论，考虑调整或增加。

4. 引导学生调整支持网络，考虑年龄、性别、构成及数目，如增加异性、非亲友或不同背景的人。

5. 屏幕展示科博的社会支持系统分类，包括物质帮助、行为援助、亲密交往、指导、反馈及积极社交。

6. 老师指导：按此分类审视你的支持系统，用彩笔标识出坚固与单薄之处，思考未来如何修正或调整。

7. 小结语：同学们已梳理了个人社会支持系统，这是一份宝贵的人脉资源。它将成为你们成长路上的坚实后盾，帮助你们共同面对挑战，迎接更美好的未来。记住，不断优化你的支持网络，让它成为你力量的源泉。

（三）讨论或分享环节（10 分钟）

1. 导入语：同学们，个体的社会支持系统是动态变化的，如果要维持它的稳固，需要我们好好地维护，现在请前后桌四人一组，讨论怎样维护我们的社会支持系统。

2. 组织活动：老师巡堂，并积极回应。

3. 邀请 3~4 名学生分享。

4. 小结语：几位同学的分享深刻且富有洞见，全面探讨了维护社会支持系统的重要性及策略。大家一致认为，加强联系、深化情感、积极参与活动及寻求专业帮助，都是构建强大社会支持网络的关键。关键在于，我们要保持开放心态，勇于表达需求，并学会倾听与提供支持。

（四）实践活动环节（5 分钟）

1. 导入语：现在，请同学们重新审视自己的社会支持系统，其中有多少人是你周围的同学？选出其中的一位，向他/她表达你的感谢，将你最想说的话写在心形卡纸上。

2. 组织活动。

3. 小结语：希望大家能继续保持这份感恩之心，让感谢成为维护社会支持系统的常态，老师更希望我们一起共同营造和谐友爱的班级氛围，让班级成为每个人的支持系统。

（五）总结与提升环节（5 分钟）

1. 导入语：同学们，今天的班会就要结束了。现在，老师想请你们回想一下，你今天学到了什么？你有什么感悟想要分享吗？

2. 老师总结班会内容，强调家庭、亲人、朋友都是我们成长的依靠，但不要忘记，班级、小组也是我们每个人成长不可或缺的支持资源。

3. 小结语：今天的社会支持系统探索活动到此结束，同学们不仅掌握了理论知识，而且学会了如何去维护它。希望这份支持的力量能伴随你们成长，成为面对挑战时的坚强后盾。

八、后续跟进计划

制订一个"增强我的社会支持系统计划"，包括识别需要增强的支持类型、确定潜在的支持提供者、设计具体的行动步骤。

九、注意事项

班主任还需密切关注学生的参与度，对于"写不出可求助的人"或"写得很少"的同学，老师要多安慰、鼓励和引导，并在课后加强关注。

十、参考文献

毕淑敏. 编织生命的绿篱[M]. 北京：中国轻工业出版社，2017.

九年级生命教育主题班会课设计范例

第1课
我是压力解锁师

一、教育背景

1. 活动缘起：九年级作为初中阶段的最后一年，学生面临中考压力，高强度的学习状态容易让他们产生焦虑、紧张等负面情绪。通过主题班会，让学生学习有效的压力管理和调适方法，帮助学生学会求助他人并愿意帮助别人，形成一种团结互助、积极向上的班级氛围。

2. 学生基本情况：九年级学生仍处于青春期，身心发育迅速但尚未完全成熟，面对巨大的学习压力时自我调节能力相对较弱。部分学生因为自尊心过强害怕被拒绝或因缺乏求助的技巧和方法而不敢求助。

二、教育目标

1. 认知目标：学生认识压力的普遍性，理解压力对成长的影响以及压力管理的重要性。

2. 情感目标：学生愿意正视并接纳自己的感受，具有积极应对压力的情绪态度。

3. 行为目标：学生能够相互学习有效的压力调适策略和方法，提升自我管理和抗压能力，愿意主动给同伴提供支持和帮助。

三、活动对象

九年级学生

四、活动时间

40 分钟

五、教学方法

1. 体验式活动：通过"压力地图"的体验活动，引发学生探究自身的压力及压力源。

2. 小组合作学习：通过小组互助，学习有效的压力调适策略和方法。

六、活动准备

1. 选取轻松舒缓的背景音乐及励志歌曲。

2. 分组准备材料，如 A4 纸、彩色笔、海报纸、压力管理日记本、压力管理卡片。

3. 邀请上一届九年级学生分享经验并录制视频。

七、活动流程

(一)导入环节(5 分钟)

1. 导入语：在人生的长河中，我们时常会遇到各种各样的压力，在九年级这个关键阶段，学业的繁重、父母的期待、未来的不确定性，无一不成为我们肩上的重担。

2. 邀请几位同学分享一下近段时间的感受，老师给予积极回应。

3. 小结语：几位同学的分享让我了解了大家的现状，也让我觉得很有必要来谈谈压力及压力应对的问题。

(二)主题讲解或展示环节(15 分钟)

1. 导入语：压力(stress)，这一源自物理学的概念，在心理学领域被赋予了新的内涵。它源自拉丁文"stringere"，意为痛苦，现今的"stress"一词，实则是"distress"（悲痛、穷困）的缩写，指的是紧张与压力。压力是一个由心理压力源与心理压力反应共同构成的综合体验过程。对九年级的同学们而言，压力感尤为强烈，但每个人的压力来源却各不相同。为了更深入地理解自身的压力，我们将共同制作一张"压力地图"。

2. 组织学生活动，老师讲解：现在，请大家拿起笔，在 A4 纸上自由绘制自己的"压力地图"。你可以采用任何思维导图的形式，从学业压力、同伴竞争、家庭期望、自我期待以及未来不确定性等多个维度进行描绘。老师会巡回指导，帮助你细化压力源，比如具体到哪门课程的学业压力，是作业繁重还是考试频繁；对于自我期待，是渴望考入理想高中，还是希望某一科目成绩有所提升。

3. 完成绘制后，邀请几位同学分享自己的"压力地图"。

4. 过渡语：现在，请大家用不同颜色的笔，在每个压力源旁边标注自己过去成功应对这些压力的经验。同时，用另一种颜色的笔标记出当前难以应对的压力源。

5. 学生活动，并在小组内交流分享，共同寻找克服压力的方法。各小组将对成员提到的压力源进行总结和排序，识别出高频提及的普遍压力与同学的个性化压力。同时，讨论并在海报纸上记录下克服这些压力的有效方法。

6. 各小组代表分享讨论成果。

7. 小结语：我们发现，尽管每个人的压力程度有所不同，但压力源普遍相似。通过共同努力，我们找到了许多解决压力的方法，如优化时间管理、主动求助、坚持运动、与父母沟通等。这些方法不仅有助于我们应对当前的压力，更为未来的挑战提供了宝贵的经验。

（三）讨论或分享环节（10 分钟）

1. 导入语：同学们，为大家准备这次班会课前，老师采访了你们上一届的一位学姐，她目前就读于某某高中，去年的这个时候，她也经历了中考前的紧张复习，她当时是怎么应对的呢？请大家看视频。

2. 老师播放事前录制的采访视频。

3. 邀请 2~3 位同学分享自己或听到的有效应对压力的小故事。

4. 老师根据学生的分享内容进行小结。

（四）实践活动环节（5 分钟）

1. 导入语：现在，请同学们拿出自己的"压力地图"，根据刚才的小组讨论和分享，请对自己的"压力地图"进行补充和调整。

2. 组织活动。

3. 老师引导学生积极向其他同学学习有效的方法。

（五）总结与提升环节（5 分钟）

1. 导入语：今天的班会课要接近尾声了，希望我们的活动能给紧张的学习注入一剂强心剂，带给大家一些力量和支持。现在，老师想请你们回想一下，你今天学到了什么？你有什么感悟想要分享吗？

2. 老师也邀请同学用一句话表达今天班会课的收获。

3. 分发"压力管理日记"纸片，引导学生记录自己每天的压力感受和情绪变化。

4. 小结语：人生犹如旅途，难免遭遇波折。然而，不经风雨，何以见彩虹？我们应学会正视并转化压力为前行的动力。通过制订科学的学习规划、维持乐观心态，并适时向家人和老师求助，我们可以更好地迎接中考的挑战，为未来铺设坚实的基石。

八、后续跟进计划

1. 在接下来的三周内，老师将定期组织压力管理和有效调适的活动，可以在班级图书角放置一本全班同学的"压力管理日记"，鼓励同学们记录自己的压力状况以及应对措施与效果。

2. 在教室后面的黑板上，可以推出一期关于考试压力及压力管理的黑板报。在教室的墙面上，张贴一些鼓励学生克服困难、不断奋斗的标语或名人名言。

九、注意事项

鼓励学生积极参与，认真倾听他人的分享，大胆表达自己的观点。要注意课堂时间的把握，给予学生足够的表达和分享时间。注意引导学生用积极、正面的语言来描述自己和他人。

十、参考文献

1. 方蕾，庞丽娟. 别让压力毁了你，别让情绪左右你［M］. 北京：中国华侨出版社，2013.

2. 有田秀穗. 减压脑科学［M］. 陈梓萱，译. 北京：国际文化出版公司，2021.

第 2 课
我来做冲突协调员

一、教育背景

1. 活动缘起：班集体难免因观念差异出现冲突，比如起绰号，常成为学生之间冲突的导火索。以往通过师长解决纷争的方式会限制学生自我解决问题能力的发展。通过本节主题班会课，培养学生自主解决冲突的能力。这不仅能促进班级和谐，更能助力学生个人成长。

2. 学生基本情况：九年级学生有一定的解决冲突的策略，比如积极应对、妥协、竞争、顺从和回避等，他们基本上能够根据冲突的性质、双方的关系以及情境的不同，灵活选择合适的解决策略。

二、教育目标

1. 认知目标：学生能够认识到和平解决冲突对于维护班级和谐、提升个人协调能力的重要性。

2. 情感目标：增强对他人的理解和同理心及对和谐班集体建设的责任感。

3. 行为目标：能够熟练掌握冲突解决的步骤及原则。

三、活动对象

九年级学生

四、活动时间

40 分钟

五、教学方法

1. 教授法：详细向学生讲解利用"双赢谈判表"进行调解的方法和技巧。

2. 角色扮演法：在情景模拟中学生通过扮演特定角色，掌握调解技巧和方法。

六、活动准备

1. 场地准备：空间较为宽敞的功能厅，六人一组围圈坐。

2. 活动材料："成长日记"卡片。

七、活动流程

（一）导入环节（5 分钟）

1. 导入语：同学们，我们将利用本次班会课的时间，跟大家一起讨论和平解决各种冲突的重要性。大家想象一下，假如同学之间出现冲突了，我们当中能有一位同学通过倾听、沟通和协商及时化解这个矛盾，冲突就不会升级。如果我们都能做到这点，一方面班级会变得非常和谐，另一方面同学们这方面的能力也能获得提升。大家说好不好？

2. 等待学生回应。

3. 过渡语：老师猜大家已经迫不及待了，但首先要对大家调解冲突的能力进行培训。

(二)主题讲解或展示环节(15分钟)

1. 导入语：我们要成为冲突的调解高手，要先学会利用"双赢谈判表"进行调解，"双赢谈判表"可以帮助调解员在调解前充分考虑调解冲突时可能出现的种种情形，明确在调解冲突时从哪些方面入手，以便在调解过程中处于主动地位，促使冲突和平解决。

2. 老师通过举例向学生讲解如何制作"双赢谈判表"。

例如：小李叫小王"猪八戒"，二人发生冲突。这个"冲突"需解决的问题：同学之间乱起绰号。"双赢谈判表"需明确下面几点：

(1)冲突当事人自己想要的结果：和平解决两者之间的冲突。

(2)冲突双方各自反对的理由可能是什么：

比如：小李认为称呼绰号亲切，不会伤害他。小王则认为太过分了，拿别人的缺点开玩笑很不尊重人。

(3)双方都同意的观点：好朋友应该互相尊重。

(4)假如自己的要求被否定，设想一些其他的选择。

①请班内的好朋友提供帮助；②讲述名人之间真挚友谊的故事；③请求老师帮助。

(5)开始谈判。把焦点集中在双赢(把双赢的原则告诉冲突双方)。

3. 过渡语：当完成双赢谈判表后，我们再了解冲突解决的步骤及原则。

4. 老师通过PPT展示"冲突解决的步骤"和"冲突解决的原则"。

冲突解决的四个步骤：

(1)分别见面：调解员与每一个卷入冲突的人分别会面。在这个阶段，要完成下面三项内容：①调解员进行自我介绍，让冲突者了解调解是为了帮助他们解决问题。②冲突者分别描述冲突发生的过程及自己的感受。③调解员讲解冲突解决要遵循的规则。

（2）一起见面：把冲突双方召集到一起，每个冲突者有一次机会不受干扰地从自己的角度解释发生冲突的原因，其他人则认真倾听。调解员总结各自的观点，找出双方的共同点，增进双方的相互了解。

（3）解决冲突：询问冲突者希望怎样解决冲突，探讨双方都可以接纳的解决方案，每个人在解决方案上签字。冲突双方认为，在调解员的调解下，他们之间的冲突获得了和平解决，双方都感到满意。

（4）调解员小组会议：三天后举行，小组成员讨论冲突解决过程中的收获，做好记录。如果冲突仍未解决，找出原因，重复解决冲突的步骤，直到形成新的解决方案。

冲突解决的原则：使用适当的语言，认真倾听；所说的一切都是可信的；行为要适当，不使用武力；尊重调解员，并与之合作。

5. 老师讲解完后，邀请1~2名学生复述，确保学生掌握。

6. 小结语：要成为冲突调解高手，这些技巧和方法希望同学们都能掌握。

（三）讨论或分享环节（5分钟）

1. 导入语：在了解了冲突调解的方法后，我们就来试一试。

2. 遵循学生自愿原则，老师选取几位学生示范"调解过程"，以"两个人因叫绰号而打架"为例，请两名学生扮演"冲突者"，四个学生扮演"冲突解决者"。六名示范者通过讨论进行角色分配。

（四）实践活动环节——模拟练习（10分钟）

1. 第一批角色扮演完毕后，老师与学生一起总结，应注意哪些问题。

2. 分小组角色扮演：每个小组都选择同样的冲突案例来扮演，在这一过程中，注意要从简单的冲突开始。每个小组做完后，全班进行讨论，明确解决冲突的价值，思考在解决班级、学校、家庭甚至社会中的冲突时应根据什么规则来操作。

3. 每个小组的调解员进行总结报告，比如调解中遇到的难点及采取的策略、通过参与调解获得的成长等。

（五）总结与提升环节（5分钟）

1. 导入语：今天的班会课要接近尾声了。现在，我想请你们回想一下，今天学到了什么？

2. 老师邀请几位同学用一句话表达今天班会课的收获。

3. 分发"成长日记"，记录今天的课堂观察和收获。

4. 小结语：今天虽然是我们班级第一次尝试"冲突调解"，但老师深感欣慰。调解工作也不仅仅是一门技能，更表达了一种对自己和对他人负责任的态度，同学们表现出了对调解工作的浓厚兴趣与高度责任感，让老师看到了你们今后在构建和谐人际关系中的巨大潜力。

八、后续跟进计划

要经常利用合适的时间进行角色扮演，直至每一个学生都能将解决冲突的技能运用自如，并在角色扮演中逐渐增加难度，以使学生能尽快成功地把解决冲突的技能运用到实际生活中。

可以设立班级"调解小分队"，定期收集并尝试解决班级内部的小矛盾。

九、注意事项

鼓励学生积极参与，认真思考，主动尝试。这节课的内容较多，建议上课时间适当延长，如果能安排两节课的时间就更能保证课堂效果。

十、活动资源

江西卫视《金牌调解》系列节目。

十一、参考文献

1. 李颜浓，胡赤怡，朱小超. 亲子谈判［M］. 桂林：广西师范大学出版社，2020.

2. 马歇尔·卢森堡. 非暴力沟通［M］. 刘轶，译. 北京：华夏出版社有限公司，2021.

第 3 课
感恩父母

一、教育背景

1. 活动缘起：许多家长任劳任怨，为孩子奉献一切，导致孩子认为一切都是理所当然的，缺乏感恩之心。通过感恩教育，让初中生理解父母的辛勤付出，珍惜家庭关系，增强家庭责任感和归属感，促进家庭和谐，同时认识到自己作为社会成员的责任和义务，珍惜和尊重他人的劳动成果。

2. 学生基本情况：九年级学生处于青春期与学业压力交织的关键时期，情绪波动大，易受外界影响。在家庭教育中，部分家长过于关注学业成绩，忽视了感恩意识的培养，导致孩子感恩之心淡薄。同时，社会上的功利主义和个人主义风气也对学生的价值观产生冲击。

二、教育目标

1. 认知目标：引导学生感受父母之爱，学会从不同的角度感受爱。

2. 情感目标：激发学生对父母的感恩之情，培养学生感恩的价值观。

3. 行为目标：认识到父母对我们的爱，从内心深处认可并感激，将感恩父母的行动付诸实际生活。

三、活动对象

九年级学生

四、活动时间

40 分钟

五、教学方法

讲授法：老师通过口头语言带领学生感受父母之爱。

六、活动准备

1. 互动材料："父母的账单""父母档案"、《苹果树》等。

2. 活动材料：彩色笔、心形心愿纸。

七、活动流程

（一）导入环节（5 分钟）

1. 导入语：同学们好！首先请大家欣赏《苹果树》的故事。

2. 老师播放 PPT，学生欣赏。

3. 过渡语：刚刚，我们一起走进了《苹果树》温馨而又略带忧伤的世界，见证了一棵苹果树与一个小男孩之间无条件的爱与奉献。苹果树经历了从枝繁叶茂到硕果累累再到最后变成了树桩，它用自己的一切来满足小男孩的需求，从攀爬的树干、荡秋千的枝条，到甘甜的苹果、休憩的树荫，每一份给予都充满了深深的爱与牺牲。

（二）主题讲解或展示环节（15 分钟）

1. 导入语：在我们的成长过程中，父母扮演了不可或缺的角色，他们用无私的爱和辛勤的付出，滋养着我们的人生，如同故事中的那棵"苹果树"。然而，在日常生活中，我们常常因为学业、朋友等等忽略了对父母的感恩和孝敬之情。我们习惯了父母的付出，却未曾真正停下脚步去感受他们的辛劳与期盼。

2. 播放视频"父母的生活"。

3. 提问：看了父母的这些生活记录，你有什么体会？

4. 学生分享。

5. 老师小结与过渡：为了一家人的生活，为了养育子女，父母不辞辛苦地劳作。你有没有想过，将一个孩子抚养成人大概需要多少费用呢？我们今天就一起来算一算。

6. 组织活动"父母的账单"：先由学生自己计算花销，再呈现网络计算的结果，引发学生的思考。

7. 学生分享：请同学们谈一谈计算完"父母的账单"的感受，不论是在经济还是在其他方面，我们的父母都在竭尽全力给予我们最好的。

8. 小结语：是啊，亲情无处不在！只是有时会被"误会蒙住了眼睛"，但是爱可以让我们紧紧地联系在一起，爱是沟通的桥梁，爱能融化心灵的冰川。

(三)讨论或分享环节(10分钟)

1. 导入语：接下来，我们将共同填写一份特别的"父母档案"。这不仅仅是一份简单的表格，还是一次心灵的触碰，一次对过往记忆的温柔回顾，更是对我们与父母之间深厚情感的深刻体悟。在这份档案里，我们将记录下父母的生日、喜好、梦想……

2. 学生填写。填写要求：根据父母的实际情况填写父母的信息；对于自己不清楚的问题，不要填写，可以回去询问父母；已填写的信息，课后要与父母商议是否正确。档案的内容可包括：父母的生日、父母的喜好、父母最喜欢做的事情、父母大学时候的梦想、父母工作中的烦恼、父母的遗憾、父母最期待的事情，以及其他对父母的了解。

3. 邀请自愿分享的学生分享，也可以邀请几位学生夸夸自己的父母亲。

4. 小结语：老师刚刚看了同学们写的"父母档案"，有的同学写得很轻松，有些同学写得就没那么顺利，有很多不清楚的。今天回到家，请继续完成这份档案。

(四)实践活动环节(5分钟)

1. 导入语：同学们，一说起父母，我们就会想起许多美好的回忆。请结合自己的所感所想，总结一下，你打算以后怎么做，向父母表达他们的养育之恩。感恩不仅仅是言语上的表达，更重要的是付诸行动。

2. 组织活动：提出几项具体可行的感恩行动建议，如照顾好自己、帮父母分担家务、为父母准备一顿晚餐、给父母写一封感谢信等，鼓励学生从现在做起，从点滴小事中体现对父母的感恩。

3. 邀请几位同学分享他们的课堂收获。

（五）总结与提升环节（5分钟）

1. 导入语：随着今天班会的缓缓落幕，我们共同走过了一段关于感恩的心灵之旅。此时此刻，你有没有想要对父母表达感恩呢？你想对他们说什么？

2. 老师分发心形便利贴，请同学们在上面写下想对父母说的话（可以是感谢、道歉、爱意表达等），并贴在"爱的留言墙"上。

3. 小结语：今天，我们分享了触动心灵的故事，感受了与父母生活的温暖与美好。让我们铭记，感恩父母，是他们给予我们生命，用无私的爱滋养我们茁壮成长。另外，还有很多人值得我们感恩，比如老师，用知识的钥匙为我们打开智慧的大门，引领我们在知识的海洋中遨游；感恩朋友，在我们需要时伸出援手，与我们分享快乐，分担忧愁；感恩生活中的每一次遇见，无论是顺境还是逆境，都是生命中最宝贵的财富，它们让我们变得更加坚韧和成熟。感恩让我们的生活更加美好，让我们带着这份感恩之心，继续前行。

八、后续跟进计划

感恩教育不仅是感恩父母，还需要通过一系列活动让学生明白，要感恩身边一切值得感恩的人和事。感恩是爱的内化，是情的表达。

1. 写感恩周记。每周写一篇以感恩为主题的周记，可以写自己对父母、老师、同学甚至对一个陌生人或一件事的感恩。

2. 开展感恩表彰活动。选出优秀周记在班里朗读，同时进行表彰，评选"感恩少年"。

九、注意事项

老师要着重引导学生深入思考，设置恰当的问题引发学生的思考。老师还要注意课堂氛围及学生情绪的调动，把握课堂节奏，让学生有充分的时间体会父母之爱。

十、参考文献

1. 吴发科. 心理健康主题教学［M］. 广州：广东省语言音像电子出版

社，2008.

2. 李希贵. 家庭教育指南[M]. 北京：新星出版社，2022.

第4课
携手同行，拯救水资源

一、教育背景

1. 活动缘起：水资源作为地球生命之源，其现状直接关系到人类社会的可持续发展。希望通过主题班会，引导学生深入了解水资源面临的危机，认识到保护水资源的重要性与紧迫性。此外，九年级学生已具备一定的独立思考和团队合作能力，班会课能激发他们的社会责任感，促使他们将所学知识与实际行动相结合，从自身做起，节约用水，减少污染，为拯救水资源贡献自己的力量。

2. 学生基本情况：九年级学生正处于青春成长的关键期，对社会责任和环境问题已有初步认识。他们已掌握一定的自然科学知识，能理解水资源的重要性及其面临的危机。然而，由于学业压力大，部分学生可能对环保议题关注不足，节水意识有待增强，实际行动有待增加。

二、教育目标

1. 认知目标：让学生能更广泛地理解世界运行的复杂性和相互关联性，加深他们对相关领域的理解和应用。

2. 情感目标：让学生意识到自己在社会中的角色和责任，从而激发起他们的社会责任感，鼓励他们为解决问题贡献自己的力量。

3. 行为目标：帮助学生在小组讨论或团队合作中解决问题，进一步提升学生在小组合作中的倾听、沟通能力。

三、活动对象

九年级学生

四、活动时间

40分钟

五、教学方法

合作学习：通过小组合作，探索问题解决的办法。

六、活动准备

1. 课前小组准备：六人一组，围桌就座。

2. 物资准备：点赞贴纸、资源稀缺的相关网络资料。

七、活动流程

（一）导入环节（5分钟）

1. 导入语：班主任简明扼要说明开展本周体验式生命教育主题班会的目的和意义，并且总结上周班务情况。

2. 播放PPT。通过数据、图表展示当前全球面临的资源短缺问题，如水资源危机、石油储备下降、矿产资源枯竭等。

3. 过度语：同学们，大家有没有想过，假如真的有一天没有水、没有电了，地球会变成什么样？会不会也和火星、土星一样，没有生命，死气沉沉？

4. 引导学生讨论资源稀缺对个人生活、经济发展、环境保护等方面的影响。

5. 小结语：（可以从老师自己的见闻或经历中讲述资源缺乏对人们生活的影响）水，是生命之源，是万物生长的基石，但如今，它面临前所未有的挑战。让我们共同走进这个话题，思考我们的责任与行动。

（二）主题讲解或展示环节（15分钟）

1. 导入语：各位同学，关于水，大家都有哪些相关的了解呢？

2. 邀请2~3名学生分享。然后老师通过PPT展示相关的内容，比如世界水日的由来和意义、世界水资源的情况。

3. 过渡语：同学们，水，这一生命之源，如今正遭受前所未有的挑战。我们脚下的这个蓝色星球，水资源正逐渐枯竭，污染日益严重。那么，是什么导致这场水资源危机呢？是人口快速增长带来的巨大需求，还是工业化进程中不可避免的污染排放？抑或全球气候变化引发的极端天气，影响了水资源的分布与利用？请各小组从人口增长、工业污染、农业用水过度、水资源浪费等方面选取一个角度探讨出现水资源危机的原因。

4. 请各小组相互交流，把交流结果写在卡纸上。

5. 各小组派代表分享。

6. 小结语：深入探讨水资源稀缺的众多原因后，我们深刻意识到这一全球性挑战的多面性与紧迫性。从自然因素如气候变化导致的降水不均，到人为活动如过度开采、污染及不合理利用，每一环节都紧密相连，共同加剧了水资源的紧张局势。面对这一挑战，我们需立即行动起来。

（三）讨论或分享环节（10分钟）

1. 导入语：面对水资源日益枯竭与污染的严峻现实，我们不能再坐视不理。每一滴水都关乎生命的延续，每一次行动都是对未来的投资。让我们投入"拯救水资源"的行动中。

2. 请各小组在组长的带领下开展讨论。分别从家庭、学校、公共场所、某一地区、某一行业出发，选择一个场景，讨论保护水资源的对策。

3. 各小组分享他们的讨论结果。

4. 过渡语：我们上周给各小组布置了一个调研作业，是关于"再生水技术"的价值和挑战问题。已请各小组将调研报告展示在教室后面空位的桌面上，现在我们排好队，观摩各组的研究情况，在你认为优秀的研究报告上贴个"赞"。

5. 组织学生活动。

6. 小结语：面对水资源保护的问题，人类并非无能为力，而是可以通过智慧、勇气和行动来找到解决方案。各组的调研报告完成得非常优秀，我们有责任和义务加入保护自然资源的队伍中，奉献我们的力量。

（四）总结与提升环节（10分钟）

1. 导入语：同学们，今天的班会课，我们算是老生常谈，但说到自然资源的保护，怎么强调都不为过。

2. 小结语："绿水青山就是金山银山"这句话不只是说说而已，它深刻揭示了保护水资源等自然资源的重要性。希望大家都能从自我做起，作出自己该有的贡献。谢谢大家！

八、后续跟进计划

1. 发起"节水小卫士"活动，设立节水监督小组，定期评选节水标兵；发起"绿色行动倡议"，鼓励学生将所学知识转化为实际行动。

2. 鼓励学生将节水理念带回家，带动家人形成关注水资源、保护水资源的良好意识。

3. 组织综合实践活动，带领学生到当地的水务公司参观学习。

九、注意事项

老师需充分调动学生参与课堂的积极性，导入环节一定要设计得生动有趣。

十、参考文献

赵雅卉. 亚洲国家水资源管理对中国的启示［J］. 湖南农业科学，2021（03）：111-113，118.

模块三　初中生体验式生命教育专题课设计范例

七年级体验式生命教育专题课设计范例

第1课
我是谁

一、理论依据

在心理学上，自我是一个具有独特的、持久的统一身份的"我"，自我意识是人对自己以及与周围世界关系的认识。美国心理学家 Jone 和 Hary 提出自我认识的窗口理论（乔哈里窗），他们认为人对自己的认识是一个不断探索的过程。每个人的自我都有四部分：公开的自我，盲目的自我，秘密的自我和未知的自我。

二、学情分析

七年级学生正处于生理、心理和社会知觉急剧变化的时期，是自我意识发展的重要时期，他们对自我有着强烈的好奇与探索愿望，非常在意他人的评价，通常从他人的表情动作和只字片语中获得自我的信息，容易对自己产生怀疑和不确定感。

三、活动对象

七年级学生

四、活动时间

40 分钟

五、活动目标

1. 知识与技能：帮助学生从多个方面认识自我。

2. 过程与方法：帮助学生运用乔哈里窗的方法认识自我。

3. 情感态度与价值观：促进学生悦纳自我。

六、重难点及突破策略

重点：懂得从生理、心理和社会三个方面认识自我；掌握并运用乔哈里窗的方法，促进自我认识。

突破策略：通过课堂公约鼓励学生真诚、真实、客观、不带有攻击性地评价。

难点：学会在生活中多角度认识自我。

突破策略：老师采用启发式策略引导学生从不同角度认识自我。

七、教学方法

1. 体验式学习：通过实践活动帮助学生体验和理解自我认知。

2. 小组合作：促进学生之间的交流与合作，增强集体归属感。

八、活动准备

1. 场地与桌椅摆放：选择宽敞明亮的团体辅导室，桌椅以小组围桌的形式摆放，便于学生互动。

2. 活动材料：完成句式卡纸、签字笔。

九、活动流程

(一)热身阶段——"开火车"游戏(8分钟)

1. 游戏规则：在开始之前，每个人说出一个国家名字，代表自己。假设你说"美国"，你就要说"开呀开呀开火车，美国的火车就要开"，大家一起问"往哪开？"你就要说"英国"，那代表英国的那个人就要接着说"开呀开呀开火车，英国的火车就要开"，游戏继续。

2. 组织学生参与活动。

3. 过渡语：大家的反应都很棒！现在让我们坐下来，准备开始我们今天的探索之旅。

【设计意图：游戏的目的是调动学生的积极性，为接下来的活动做好准备。】

（二）导入情境——"猜字谜"（2 分钟）

1. 导入语：在上课之前，老师先请同学们猜一个字谜——天鹅飞去鸟不回(打一字)。学生猜一猜。

2. 小结语：谜底是"我"。"我"字是生活中的高频汉字，常用于指代自己。但仅用一个"我"字，就能完全概括我们自己吗？那肯定是不可能的，今天的心理课是一场探寻自我之旅。

【设计意图：能够让学生在轻松愉快的氛围中开始一堂课，为后续的学习内容打下一个良好的心理基础。】

（三）探索阶段(15 分钟)

1. 第一阶段：我眼中的"我"。

（1）导入语：请同学们在 5 分钟内，用"我……"的句式写出 10 个短句来描述自己，内容不能重复。例如：我戴黑框的眼镜；我喜欢安静；我是第 4 大组的组长。

我眼中的"我"	
我_____。	我_____。
我_____。	我_____。

（2）组织学生活动。提问：这个任务对你来说困难吗？为什么有的同学觉得很容易，有的同学却觉得很困难呢？请你仔细观察我眼中的"我"，归纳一下可以从哪些方面认识自己？

（3）指导学生从外形特征、性格特点及在生活中的角色和身份进行补充。

（4）PPT 展示：生理自我包括性别、年龄、身高、体重、容貌、健康状况等自我原始特征；心理自我包括能力、性格、兴趣、价值观等个性特征，社会自我包括社会角色、角色地位、角色评价、与他人的关系等自我知觉。

（5）请学生对自己眼中的"我"的自我描述进行分类，将描述生理自我的句子涂上红色，描述心理自我的涂上黄色，描述社会自我的涂上蓝色。刚才没完成任务的同学，可以根据这三方面对我眼中的"我"进行补充。

2. 第二阶段：你眼中的"我"。

（1）活动准备：请小组长将"你眼中的'我'"卡纸分发给小组成员，并提醒同学写上自己的班级和姓名，两两一组相互帮忙将卡纸贴在对方后背。

<table>
<tr><td colspan="2" align="center">你眼中的"我"</td></tr>
<tr><td>班级_____</td><td>姓名_____</td></tr>
<tr><td>你_____。</td><td>你_____。</td></tr>
<tr><td>你_____。</td><td>你_____。</td></tr>
</table>

(2)导入语：音乐响起的时候，以"你……"的句式真诚、客观、负责地给其他同学写1~2句留言。可以从生理、心理、社会三个方面进行留言，内容不重复，不出现攻击性语言。例如：你有一双明亮的大眼睛、你乐于助人、你是我信赖的好朋友，尽可能邀请更多的同学留言，音乐停止的时候回到座位上。

(3)组织学生活动。

3. 第三阶段：发现之旅。

(1)导入语：请学生仔细观察我眼中的"我"和你眼中的"我"，看看有什么发现？两者的描述是否一致，将发现的情况填写在"我的乔哈里窗"的卡纸上。

	我眼中的"我"	我不知道的"我"
他眼中的"我"	A	B
他不知道的"我"	C	D

其中，我眼中的"我"和你眼中的"我"一致的部分，填写在A区；别人的评价在自己意料之外的，填在B区；其他同学未写而我写的部分，填入C区域。引导学生思考A、B、C、D区域分别代表的含义。

(2)过渡语：A区为自我公开区，内容越多，说明我认识的"我"和别人了解的"我"一致性高。B区为自我盲区，这部分不被我们自己意识到，但是它是客观存在的，比如一些习惯、口头禅、性格上的弱点、他人的感受等。C区为"自我私密区"，指的是你不希望别人了解的自我，比如一些想法和愿望。D区为"自我未知区"，是自己和别人都不知道的，还有待探索和挖掘。

【设计意图：通过前面两个阶段的活动增强自我认知，利用乔哈里窗模型促进反思，探索未知自我，实现全面成长。】

（四）成效阶段（10分钟）

1. 导入语：现在，让我们分享一下，今天的探寻自我之旅，我们用了哪些方法来认识自我？你有什么收获？

2. 学生回答。

3. 小结语：如果你们想要更深入了解自己，老师送你们四个秘诀：扩大公众我，袒露私密我，缩小盲点我，发现未知我。

【设计意图：总结活动收获，引导学生进行反思，提供自我认知提升的四项建议，促进学生持续成长。】

（五）总结阶段（5分钟）

1. 导入语：今天的心理课上到这里，掌声送给帮助你探索自我的同伴，也送给真诚探索的你自己。

2. 组织仪式化活动：每个人主动向其他同学表达感激之情，感谢同学让自己见到"不知道"的那个自己。

【设计意图：鼓励持续探索自我，促进同学间相互理解和支持。】

十、注意事项

1. 在活动过程中，老师需要密切关注学生的参与度和反应，确保所有学生都能积极参与进来。

2. 在活动结束后，可以通过反馈表的形式收集学生的意见和建议，以便在未来调整活动方案。

十一、参考文献

林崇德. 发展心理学［M］. 3版. 北京：人民教育出版社. 2013.

第2课
走向你，靠近我

一、理论依据

本课属于七年级"爱他人"板块的教学内容，旨在探讨人与人之间的安全距离。这一概念源于E.霍尔的理论，指出人们在交往和互动中会根据关系的不同而保持不同的心理和空间距离，这种距离帮助我们判断与他人的关系和沟通的程度。

二、学情分析

七年级学生开始渴望建立更深层次的友谊关系，也更在意同伴间的互动和关系。但他们往往对交往距离和人际边界缺乏清晰的认识，也缺乏拓展人际交往的策略和方法。

三、活动对象

七年级学生

四、活动时间

40 分钟

五、活动目标

1. 知识与技能：引导学生掌握人际交往的合适距离，让学生理解不同的人际距离带来的不同心理感受。

2. 过程与方法：让学生学会运用正确的策略和方法拓宽自己的人际交往圈。

3. 情感态度与价值观：让学生感受人际交往带来的愉快体验，提高学生主动拓宽人际交往的积极性。

六、重难点及突破策略

重点：理解不同的人际距离带来不同的心理感受。

突破策略：通过体验式活动引导学生充分理解。

难点：人际交往圈的拓展策略和方法。

突破策略：通过小组合作、案例分析鼓励学生突破难点。

七、教学方法

体验式活动：通过自我发现、自我探索来获取对人际距离相关内容的理解和掌握。

八、活动准备

1. 场地准备：团体辅导室，撤去桌子，椅子围成一圈。

2. 物资准备：不同场景下的人们的图片、人际圈导学案、"我找到你了"导学案。

附："我找到你了"导学案

跟我同一月生日		读过《西游记》	
喜欢陶喆的歌		去过西安	
穿 37 码鞋子		读过《哈利·波特》	
不喜欢喝奶茶		喜欢科学实验	

九、活动流程

(一)热身阶段(5分钟)

1. 导入语：同学们，在社交场合，人们交往和互动时会保持一个怎样的安全距离呢？在课程开始之前，我们先来做个小游戏感受一下。请一对关系要好的同性同桌、两位关系一般的同性同学、一对异性同桌、两位交往不多的异性同学，分别组成四组参加游戏。每组两位同学相向而站，当老师说开始后，同时向前走，直到感觉无法再靠近时停下来定格。

2. 邀请 2~3 名同学分享观察到的现象，四组同学最后的距离有何不同？为什么会有这样的不同？

3. 小结语：这个游戏让我们直观地看到人与人交往时都会有一个安全距离，这个距离受到关系、性别、文化背景等多种因素的影响。

【设计意图：通过暖场游戏，激发学生的学习兴趣，为接下来的活动做准备。】

(二)导入情境(5分钟)

1. 导入语：老师带来了一些照片，有地铁上的人们、有电梯里的人们，还有广场上的人们……

2. 引导学生观察图片，思考人际距离与人际关系的关系。

3. 小结语：人与人的安全距离是一个复杂而多变的概念，它受到多种因素的影响，比如文化、个人习惯、具体情境等。

【设计意图：通过图片展示，让学生直观感受人际安全距离。】

(三)探索阶段(15分钟)

1. 导入语：现在，请大家拿起桌面上的导学案，离开座位，来到中间的场地。我们将在场中走动起来，从"亲密距离、个人距离、社交距离和公众距离"四个维度感受你的人际安全距离。

2. 学生活动：要求学生根据导学案上的提示，在场地中走动并感受不同的人际距离。完成后回到座位。

3. PPT 展示：展示霍尔关于安全距离的论述，加深学生对人际距离的理解。

4. 过渡语：现在，请大家再次拿出导学案，从圆心出发，由内到外，在第二圈写出跟你关系最为亲近的人；在第三圈写出跟你关系较为亲近的人。以此类推，在最外圈写你不认识的陌生人。观察你的人际圈，看看你的人际圈按照亲近到陌生的程度如何进行排序？

5. 引导学生填写导学案，思考自己的人际圈特点。

6. 小结语：人与人之间的物理距离也揭示了人与人之间的心理距离。在与人交往的过程中，我们要掌握"距离"的分寸，随着关系的改变调节距离，让彼此觉得舒服和安全。

7. 过渡语：随着年龄的增长，我们的人际圈都会随时变化。现在，请各组同学相互讨论，如何才能让外圈的人进入我们的内圈呢？接下来，请大家拿上导学案"我找到你了"，离开座位，走进同学当中去，找找符合导学案上描述的同学。找到后，两人可以暂停片刻简短交流后再继续寻找。时间到后，看看哪位同学找得最多。

8. 组织学生活动：引导学生积极参与活动，寻找符合导学案描述的同学并在一起进行交流。

9. 邀请 2~3 名找到较多同学的学生分享感受。老师对学生的回答进行归纳和总结，强调拓宽人际交往圈的重要性和方法。

【设计意图：通过体验式活动引导学生理解"人际距离"与"人际关系"的联系，了解自己的人际圈以及"拓圈"的策略和方法。】

（四）成效阶段（10 分钟）

1. 导入语：我们了解了"拓圈"的方法，现在一起讨论一个案例。

2. PPT 展示：佳佳是个成绩优异的女孩，不仅人美心善，还乐于助人。2月 14 日，她像往常一样走进教室，把书包放进抽屉时，意外发现里面藏着一份礼物，盒子上写着："我很喜欢你，希望成为挚友，MJ。"通过名字首字母，佳佳隐约猜到了送礼者。她抬头望去，恰好与那位同学目光交汇，顿时心跳加速，脸颊绯红。尽管两人在上次科技节曾同组参赛，但实际上并不熟络。

3. 同学们分组讨论：（1）MJ 想成为佳佳亲密圈的人，他的做法会对佳佳造成怎样的困扰？（2）对 MJ，你们又会有哪些建议呢？

4. 小结语：积极拓展人际圈，或许能给对方带去喜悦。当有意拉近与某人的距离至 30 厘米以内时，这通常意味着超越了普通友谊的界限。此时，务必充分尊重对方的意愿，确保这份亲近不会变成对方的困扰或惊吓。

【设计意图：通过案例分析，进一步让学生理解人际"拓圈"的策略和方法。】

（五）总结阶段（5 分钟）

1. 导入语：同学们，今天的课就要接近尾声了，我们一起探索了我们的人际圈。

2. 组织学生活动：重新审视自己的人际圈，并对其进行调整。

3. 小结语：人际圈是动态变化的，希望我们把握好人际交往的美好距离，做一个值得被爱的人，也有能力去爱的人。

【设计意图：再一次强化了学生认知，让学生的情绪得以升华。】

十、注意事项

活动中，关注那些内圈或圈里名字写得少的同学，了解原因，并及时给予帮助和关怀。

十一、参考文献

张超. 掌控聊天：人际沟通中的关键策略［M］. 北京：中国友谊出版公司，2020.

第 3 课
理解之光，照亮彼此的世界

一、理论依据

"理解之光，照亮彼此的世界"属于七年级"爱父母"板块中的内容。系统家庭治疗理论强调从家庭系统的整体视角出发，关注家庭成员之间的互动和关系模式。这一理论认为家庭冲突反映了家庭成员的某种需求或愿望，比如对关注、认可或改变现状的渴望。

二、学情分析

七年级学生正处在认知发展的关键时期，思维水平迅速发展，自主意识增强。理性思维发展尚未完全成熟，对于复杂问题的分析和解决能力有限，依然受"自我中心"的影响，不能自觉地用换位思考去理解父母的爱与期待。

三、活动对象

七年级学生

四、活动时间

40 分钟

五、活动目标

1. 知识与技能：帮助学生理解父母的爱；学会换位思考，尝试用系统观点理解亲子冲突，减少误解与冲突。

2. 过程与方法：通过家庭情景剧等方式，让学生学会运用有效的方式进行沟通和表达自己的感受。

3. 情感态度与价值观：培养学生理解与尊重父母的情感，深化对父母的爱与感激之情，感受家庭的温暖与力量。

六、重难点及突破策略

重难点：让学生了解家庭冲突发生的脉络，理解父母的期待和需要，深化爱与感激之情，感受到家庭的温暖与力量。

拟突破策略：通过家庭情景剧的再创作、参演和观看，帮助学生了解家庭冲突发生的脉络，理解父母的期待和需要，让学生学会换位思考，深化爱与感激之情。

七、教学方法

情境教学法：通过课前家庭情景剧的排演和探索阶段家庭情景剧的展示，让学生了解家庭冲突发生和变化的脉络并探讨解决的方法。

八、活动准备

1. 场地准备：移除桌子，保留椅子围成圆圈，确保同组同学相邻而坐。

2. 材料筹备：准备 3 份家庭情景剧本素材，鼓励同学自愿参与。

3. 预习安排：提前一周分发剧本至各小组，由组长组织再创作与角色分配，确保包含爸、妈、孩子的角色，展现冲突发展及解决方案，剧长限定在 6 分钟内。

4. 嘉宾邀请：特邀家庭治疗专家进行现场指导与点评，并邀请家长代表作为评委，评选最佳剧本与表演团队。

九、活动流程

（一）热身阶段（6分钟）

游戏：大风吹。规则如下：老师喊"大风吹"，同学们回应"吹什么?"老师随后说"吹到曾听过'快点写作业去!''吃快点!''少玩游戏!''考试考得如何?'等话语的同学那里去"。游戏初期，老师可先邀请学生示范，待熟悉游戏规则后，再随机选择上述内容。

小结语：观察大家的游戏反应，不难发现，即便面对那些耳熟能详却略显烦躁的唠叨，当我们心情愉悦时，便不会太在意父母的言辞。

【设计意图：通过热身游戏，营造轻松的课堂氛围，同时吸引学生的注意力，并导入主题。】

（二）导入情境（4分钟）

1. 导入语：除了刚才那些常听到的唠叨话，同学们，最近与父母亲之间有没有发生烦心事呢?

2. 老师可以根据学生的反应决定是否邀请个别学生进行分享。

3. 过渡语：上一周，老师就将几个同龄人的烦心事分享给大家了（得到了学生允许），各组也做了大量的准备，接下来的时间就请轮流展示。

【设计意图：起承上启下的作用，引出家庭情景剧表演。】

（三）探索阶段（20分钟）

1. 导入语：同学们，就按照抓阄的顺序开始。

2. 学生进行家庭情景剧表演。

情景剧一：小花渴望领养小狗以缓解孤独，但父母因担忧学习（爸爸）和过往养猫失败经历（妈妈）而拒绝。需展现小花难以言说的孤独感及父母背后的忧虑。

情景剧二：小强沉迷 iPad 游戏，因学习困难而转向网络，结识众多网友。妈妈埋怨爸爸送 iPad 作为生日礼物；爸爸内心纠结，担心禁止游戏会让小强失去朋友。需表达小强学习困境的难以启齿及父母的矛盾心理。

情景剧三：小明由奶奶抚养长大，随奶奶迁入新家与父母同住，面临严格的教育和高期望。此剧本自由创作，展现家庭新成员融入及教育观念的碰撞。

3. 要求未参演的学生观看后，评选出最好剧本和最佳演员，并说明原因。

（四）成效阶段（5 分钟）

1. 导入语：三组表演各具特色，均从不同角度展现了家庭成员间的爱与期待。

2. 邀请 2~3 名学生及 1 名家长代表分享观后感，探讨家庭关系中的理解与尊重。

3. 嘉宾点评：结合系统治疗理论，嘉宾深入剖析家庭冲突背后的期待与需求，强调相互理解的重要性，指导学生如何化解家庭矛盾。

4. 小结语：换位思考、主动表达与尊重，是构建和谐家庭关系的关键。当我们学会这些，家庭中的冲突将大幅减少，和谐氛围自然而生。

【设计意图：设置专业人士的点评环节，强化学生对家庭冲突发生的脉络及解决思路的理解。】

（五）总结阶段（5 分钟）

1. 导入语：同学们，我们的课程即将结束。在下课前，我们还要举行一场特殊的仪式——向表演优秀的小组和演员颁奖。

2. 由嘉宾向每个小组评出的优秀演员颁奖。

3. 老师引导全班同学用自己特殊的仪式化动作表达对爸爸妈妈的感恩和爱。

4. 小结语：同学们，期待我们在今后的日子里，作为家庭的一分子，让家充满温馨与理解！

【设计意图：梳理本节课知识，仪式化地设计强化学生的感受。】

十、注意事项

1. 探索阶段的家庭剧展演要注意把握时间。

2. 剧本再次创作时，老师要把握内容，尤其注意意识形态、科学性和文明用语。

3. 嘉宾点评环节，要提醒用学生理解的语言阐述相关的理论内容。

十一、参考文献

1. 陈俊. 中小学心理健康教育中级培训教程［M］. 广州：广东人民出版社，2018.

2. 徐汉明，盛晓春. 家庭治疗：理论与实践［M］. 北京：人民卫生出版社，2010.

3. 斯坦·博丹, 简·博丹. 和父母相处 [M]. 张德启, 等译. 乌鲁木齐: 新疆青少年出版社, 2013.

第 4 课
我们不一样，却共同闪耀

一、理论依据

"我们不一样，却共同闪耀"是七年级"爱世界"板块的核心课程。依据埃里克森理论，自我同一性关乎个体对自我一致性与连续性的深刻感知，涵盖身份、信念、价值观、情感及社会角色的全面认知。儿童观点采择理论则指出，从他人视角审视自我，标志着自我认识的新进阶。

二、学情分析

七年级学生正处于自我意识迅速发展的关键阶段，他们极为关注同伴对自己的评价，并开始整合来自他人和自我两方面的评价，以形成对自我的认知。在城市快速变迁及多元化的社会环境中，班级学生可能源自五湖四海，个性与生活习惯差异显著。这种多样性有时会导致误解、孤立感甚至自卑情结的出现。

三、活动对象

七年级学生

四、活动时间

40 分钟

五、活动目标

1. 知识与技能：通过游戏和活动增强自身独特性及他人差异性的认识，培养同理心和包容性。

2. 过程与方法：学生能够通过有效地沟通，表达自己的观点和想法，同时倾听他人的意见，学会与他人合作，共同解决问题。

3. 情感态度与价值观：学生能够在班级中感受到归属感和情感支持，将活动中的所学内化为新的信念和价值观，并能应用到日常生活中，促进个人成长和发展。

六、重难点与突破策略

重难点：促进自我独特性的认识和对他人的理解。

突破策略：设计两轮游戏，通过问题卡片引导学生了解个体的独特性，通过签名活动让学生发现彼此之间的共同点。

七、教学方法

1. 角色扮演法：通过角色扮演体验和理解他人的感受与需求，从而增进彼此之间的理解和尊重。

2. 体验式学习法：通过签名活动等体验性学习，让学生感受被他人认可和支持的过程，增强他们的归属感和自我价值感。

八、活动准备

1. 场地准备：确保心理团体辅导室有足够的空间供学生跑动和换位。撤掉桌子，只保留椅子，椅子围圈。

2. 物资准备：A4 纸，一系列关于个人兴趣、习惯、梦想等问题的卡片。

九、活动流程

（一）热身阶段（5 分钟）

游戏：大风吹。游戏规则：一开始老师站在圆圈中央作为"发令员"，学生则坐在椅子上。当"老师"说出"大风吹"时，所有学生需齐声问"吹什么?"老师随后说出某个特征，比如"戴眼镜的人"等。此时，具有该特征（戴眼镜）的学生必须迅速离开自己的座位，找到一个新的空座位坐下。在参与者换位的同时，老师也参与其中，需要寻找并抢占一个空座位。最后没有抢到座位的参与者将成为下一轮的"发令者"。当某名参与者连续三次成为"发令者"时，该参与者需接受事先约定的惩罚（如表演节目等）。游戏再重新开始。

【设计意图：使用轻松愉快的游戏或活动，调动学生参与积极性。】

（二）导入情境（5 分钟）

1. 导入语：歌曲《我们不一样》中有句歌词："我们不一样，每个人都有不同的境遇。"正如世界上没有两片完全相同的树叶，我们班 45 名同学，也各自拥有不同的特点、兴趣和爱好。那么，如果让你用三个词来介绍自己，你会选择哪三个词呢?

2. 邀请 2~3 名同学分享。

3. 小结语：刚才几位同学描述自己的时候，用的词都一样吗? 是的，有一样的，也有不一样的。接下来，我们将带领大家通过一些活动来感受我们的不一样。

【设计意图：引导学生思考并分享个人特点，为后续活动作铺垫，加深学生对自我独特性的认识。】

（三）探索阶段（15 分钟）

1. 导入语：同学们，我们班 45 位伙伴，是否曾好奇，在这众多身影中，有谁与你心有灵犀？现在，让我们携手进入一个趣味横生的游戏——"让你找到我！"游戏分为两轮。

2. 第一轮：小组揭秘。规则：每组轮流抽取问题卡片，每张卡片藏着组内某同学的独特印记，如"谁爱在雨中漫步沉思？"或"谁曾勇敢挑战一盘辣椒？"等。抽取者需运用智慧，通过询问、观察，揭开谜底。被揭晓的同学，不妨分享背后的小故事或感受。轮转继续，直至每人都有机会成为揭秘者。

3. 小组分享：活动尾声，每组选出代表，分享活动中最触动心灵的瞬间或感悟。

4. 过渡语：刚才的活动中，我看到了你们眼中的光芒，尤其是谜底揭晓时的那份惊喜与欢呼。我们带着好奇，一步步走进彼此的世界，发现了各自的独特魅力。现在，让我们步入第二轮游戏。

5. 第二轮：全班共鸣。规则：每位同学在纸上写下三条个人信息，无论是兴趣爱好，还是希望他人知晓的秘密。音乐响起，我们手持纸张，字面向外，自由穿梭，寻找共鸣者签名。音乐停止，看看谁的纸上签名最多。

6. 分享时刻：邀请签名最多或最少的同学，谈谈他们的感受与收获。

7. 小结语：通过今天的游戏，我们不仅发现了各自的独一无二之处，也找到了彼此间的共通之处。正是这些不同与相同，构成了我们丰富多彩的班级画卷。让我们珍惜这份独特，也拥抱那份共鸣，共同绘制更加美好的班级记忆。

【设计意图：以游戏为媒，加深同学间的相互了解，认识个人独特价值，同时发现共同点，促进班级和谐与团结。】

（四）成效阶段（10 分钟）

1. 导入语：现在，让我们分享一下，今天在活动中你的发现和感受。

2. 提问：你觉得这个游戏对你有什么帮助？

3. 学生活动：学生将自己的感受和收获写在小便利贴纸上，并找 2~3 个小伙伴签名，让小伙伴成为支持你的人。

【设计意图：通过分享让学生将所学内化为新的信念。】

（五）总结阶段（5 分钟）

1. 导入语：请大家将今天的发现或感受写在纸上，贴在小组大卡纸上。

2. 组织仪式化活动：每个小组成员围圈，手持大卡纸合影！

【设计意图：通过回顾让学生的情绪得到升华，新认知得到强化。】

十、注意事项

老师要通过积极地回应，鼓励学生真诚地分享自己的收获和感受，增强学生的成就感和归属感。

十一、参考文献

吴增强，蒋薇美. 心理健康教育课程设计［M］. 北京：中国轻工业出版社，2007.

八年级体验式生命教育专题课设计范例

第1课
驾驭时间，快乐成长

一、理论依据

"驾驭时间，快乐成长"是八年级"爱自己"板块中的一课。时间管理理论有三个基本目标，首先要提高单位时间的工作效率；其次要先完成重要的事情，避免时间被非重要且琐碎的事情占据；最后要避免遗漏一些重要事情。长期坚持时间管理，还可以提高自主管理能力，实现人生目标。

二、学情分析

八年级的学生迫切需要学会管理自己的时间，这样才可以更好地完成学业任务。

三、活动对象

八年级学生

四、活动时间

40 分钟

五、活动目标

1. 知识与技能：通过活动体验时间管理的重要性。

2. 过程与方法：通过讨论和案例分析掌握时间管理的原则，学会设计出合理的时间计划表。

3. 情感态度与价值观：激发学生对自我管理和时间优化管理的兴趣。

六、重难点及突破策略

重点：理解并应用时间管理四象限法则，合理规划每日时间。

突破策略：通过案例分析等加深理解并学会应用。

难点：准确判断事情的重要紧急程度，平衡各项活动的时间分配。

突破策略：通过案例分析和小组讨论，带领学生实践应用，反思调整。

七、活动准备

资料准备：长纸条数条，时间圆盘。

八、活动流程

（一）热身阶段（5分钟）

1. 游戏规则：老师念许多小动物的名字，当学生听到是会飞的动物（比如天鹅）时，站起来，听到不会飞的动物（比如乌龟）时，坐下或保持坐着。游戏约定：游戏过程中，请大家保持安静，以免影响对老师口令的识别。

2. 过渡语：刚刚的游戏，大家都玩得很投入。老师发现，有的同学几乎不出错，请分享一下，你是怎么做到的？学生回答。

3. 结语：要想不出错，就需要专注地听，全身心地投入。

【设计意图：吸引学生的注意力，为后续的学习活动打下基础。】

（二）导入情境（5分钟）

导入语：假如有人每天零点时向你的账户里打入86400元人民币，并在当天23：59要清零，你会怎么使用这笔钱？世界上有这样的好事吗？有的，时间之神非常公平，给我们每人每天的时间都是86400秒，你是怎么度过每一天的呢？

【设计意图：引发学生的好奇心，导入主题。】

（三）探索阶段（15分钟）

1. 活动一：撕纸游戏。

组长分发长条纸给每位组员。学生将纸条均分为24份，象征一天的24小时。指导学生依次撕去吃饭、睡觉、看电视、运动及学习时间所对应的纸条部分。提问：你还有剩余时间吗？如果有的话你会用这些时间做什么？请你将要做的事情都写下来。

2. 活动二：我的假日时间馅饼。

(1)导入语：请根据刚才的分享，绘制周末"时间馅饼"，将一天活动按比例填入，用不同颜色区分，并标注活动名称及占比。

(2)学生绘制完后，小组内分享讨论：对当前时间分配满意吗？有哪些活动可缩减时间，有哪些重要活动被忽略？

(3)过渡语：每天事务繁多，有轻重缓急之分。在时间分配上，有哪些活动可调整？调整的原则又是什么呢？

3. 活动三：时间管理四象限法则。

(1)导入语：同学们，我们来学习运用四象限法则管理时间。请先将每天的事务按重要紧急程度分类，并填入对应象限。

(2)小组讨论：如何界定事务的重要紧急程度？哪些因素影响此判断？小组代表分享后，老师总结：重要不紧急的事务需持续投入，重要紧急的需立即处理，非重要紧急的如赴约，非重要非紧急的如闲聊。老师可用案例或现场学生情况示范。

(3)学生实践：对周末事务进行重要紧急排序。

(4)小结语：在划分时，可能会纠结。记住，价值观、责任感及目标导向是影响因素。正确划分事务的重要紧急程度，是运用四象限法则的关键。

【设计意图：通过撕纸游戏、"时间馅饼"绘制及四象限法则学习，让学生感受时间管理的重要性，帮助学生优化日常活动的时间管理，学会根据事情的重要紧急程度合理规划时间。】

(四)成效阶段(10分钟)

1. 导入语：现在，让我们分享一下，在今天的活动中你有哪些收获？

2. 提问：良好的时间管理是一种习惯，也是一种能力，需要我们刻意地实践。你能用一句话总结出今天课堂的收获吗？

3. 学生回答。

4. 小结语：在老师看来，最大收获可以概括为：高效的时间管理不仅关乎于技巧，更在于意识——认识到时间的价值；合理规划，坚持执行，让每一分每一秒都充满意义。

（五）总结阶段（5分钟）

1. 导入语：今天的心理课接近尾声了。让我们围坐一起，共同分享这份成长的喜悦。在今天的活动中，有哪些瞬间让你觉得特别有意义？你又从中收获了哪些新知识、新技能或是新的思考方式呢？

2. 2~3名学生分享。

3. 组织仪式化活动：将自己的收获写在导学案最后一栏。

4. 小结语：通过今天的学习，希望大家能够将这份认识转化为实际行动，让时间成为我们成长道路上最坚实的伙伴。今后的日子里，愿我们都能成为时间的主人，掌控自己的人生节奏，向着更美好的目标迈进！

九、注意事项

活动过程中，老师需要密切关注学生的参与度和反应，确保所有学生都能积极参与进来。活动结束后，可以通过反馈表的形式收集学生的意见和建议，以便在未来调整活动方案。

十、参考文献

1. 段新焕，吕超，刘文华. 走进心理课堂：初中心理健康教育活动课设计与实践［M］. 南昌：江西教育出版社，2020.

2. 诺特伯格. 番茄工作法图解：简单易行的时间管理方法［M］. 北京：人民邮电出版社，2023.

第 2 课
我的情绪救援站

一、理论依据

"我的情绪救援站"属于八年级学生"爱他人"板块中的一课。本节课涉及叙事疗法的外化技术。其观点认为，应将问题与人分开，问题是问题，人是人，从而增强个体解决问题的主动性和能力。

二、学情分析

八年级的学生处于青春期的关键阶段，此阶段学生容易放大自己的情绪感受，且波动较大，特别是当不良情绪来袭时，往往不能善待自己的情绪，容易走极端。

三、活动对象

八年级学生

四、活动时间

40 分钟

五、活动目标

1. 知识与技能：让学生主动识别和准确表达情绪，认识到调整不良情绪的重要性。

2. 过程与方法：通过体验活动和情绪外化方法，让学生学习主动地管理和调整情绪。

3. 情感态度与价值观：接纳他人的情绪，体会主动运用资源帮助自己和他人调节不良情绪的成就感。

六、重难点及突破策略

重点：让学生掌握处理不良情绪的策略和方法。

突破策略：小组合作积极探索，主动头脑风暴。

难点：主动运用资源帮助自己和他人调节不良的情绪。

突破策略：采用叙事疗法的外化技术，提高学生调节情绪的主动性和解决问题的能力。

七、教学方法

1. 体验式活动：通过活动帮助学生觉察情绪，感受情绪的影响。

2. 叙事疗法的外化技术。

八、活动准备

1. 场地准备：宽敞明亮的教室，六七人一组。

2. 物资准备："我的心情空间"卡纸。

九、活动流程

（一）热身阶段（5分钟）

1. 热身游戏：手指操练习。老师示范，学生模仿，跟着音乐全班一起做。

2. 组织学生活动。在做手指操的时候，老师要关注学生表现。

3. 小结语：同学们做得非常好！相信大家在这个过程中身体得到了放松，大脑也得到了休息。

【设计意图：通过暖场游戏，让学生集中注意力。】

（二）导入情境（5分钟）

1. 导入语：刚才有几位同学的手指操做得特别棒，请你们帮我一个忙。我们一起做个活动——"穿越烽火线"。

2. 老师邀请4名同学，2个男生和2个女生。请4名同学并排站在教室中间，其他同学仔细观察4名同学的反应。

3. PPT展示活动规则：老师将依次对4名同学发起猛烈的"言语攻击"，如果扛得住，就向前跨出一步；如果扛不住，就往后退一步。"言语攻击"进行两轮，第一轮的"攻击语"如下：

（1）虽然这次考试结果不佳，但我看到你一直在努力，继续加油，未来可期。

（2）不知道讲过多少遍了，你怎么还能搞错？你到底有没有认真听啊？

（3）最近你的课堂表现很好！认真思考，积极发言！

（4）你怎么每次考试都很差，这次更差，你到底会不会学习啊？

第二轮的"攻击语"如下：

（1）立正，靠墙站好！上课天天讲话，今天给我站着听课！

（2）你最近一次的作文写得特别好！感情真挚，表达自然。

（3）你最近的状态不怎么样，发生了什么事？可不可以和我聊聊。

（4）你到底怎么回事，好事不做，捣蛋第一，你是要把我气死啊！

老师采访4名同学的感受，请他们表达自己在整个过程中的情绪变化。请场下2~3名同学分享他们观察到的四名同学的表情反应和肢体语言反应。

4. 小结语：也许对老师刚才某句话你感到似曾相识，仿佛说的就是你，引起了你的不适感，请允许自己和此时此刻的情绪待一会儿。

【设计意图：让学生主动体验情绪，并引导学生允许和接纳情绪的发生。】

（三）探索阶段（15分钟）

1. 导入语：看大屏幕上的情绪脸谱，找到现在的自己，命名情绪并释放它。你熟悉刚才的情绪吗？哪些情况下特别容易引发你同样的情绪体验。请打开"我的心情空间"，完成我的"一周心情晴雨表"，将一周情绪变化用曲线连起来，看看它的变化过程。

2. 唤醒学生过去的感受：考试失利、同学冲突、父母责备、物品丢失、宠物生病等，都可能引发我们的情绪。

3. 过渡语：观察情绪曲线，聚焦最低点，回想当时的情境、感受、想法及应对措施。你对处理结果满意吗？请你把他们都记录下来。

4．组织学生活动。

5．小结语：对我们每个人来说，很多情绪都不陌生，它们是如此频繁地到来，一不小心就会被它们搅得非常痛苦。

【设计意图：采用叙事疗法技术将情绪外化，提高学生对于情绪管理的掌控感。】

（四）成效阶段（10分钟）

1．导入语：有那么一句话，如果你有一个苹果，我有一个苹果，咱俩交换一下，各自还是只有一个苹果，但交换想法却能收获更多。现在，请各小组合作，共同探索调整和处理不良情绪的有效方法。

2．小组合作：请在组内就"调整和处理不良情绪的方法"进行头脑风暴，并把所有方法和资源都写下来。

3．小组代表分享小组制作的"配方"，其他同学认真听，将那些对你来说适合的方法和可获得的资源放进你的"情绪救援站"。

4．小结语：情绪的发生对每个人来说都是普遍的，但主动地管理和调整情绪的钥匙却在我们每个人的手里。大家都提供了很多策略、方法和资源，希望对你有帮助。

【设计意图：采用小组合作，完成本节课重点内容的学习。】

（五）总结阶段（5分钟）

1．导入语：请大家闭上眼睛，回想本节课的内容，重新感受本节课你的情绪变化，再重新回到你的"情绪救援站"。

2．请同学们对"情绪救援站"里的每个方法、每个人、每种资源说声"谢谢"。

3．小结语：常常有这样一句话，办法总比问题多，请大家善于发现和总结那些能帮助到自己的策略和方法。

【设计意图：通过将"情绪救援站"外化，强化学生主动管理和主动调整情绪的能力。】

十、注意事项

在活动过程中，老师需要密切关注学生的参与度和反应。尤其在前面"穿越烽火线"环节中，注意关注学生的情绪反应。等活动结束后，一定要做"去角色"处理，让学生从当时的情绪中走出来。

十一、参考文献

1. 迈克尔·怀特. 叙事疗法实践地图［M］. 重庆：重庆大学出版社，2019.

2. 赫尔德·克罗伊. 我和我的情绪［M］. 张世佶，译，长沙：湖南少年儿童出版社，2016.

第 3 课
爱您在心口难开

一、理论依据

"爱您在心口难开"是八年级"爱父母"课程的一节。依据埃里克森理论，八年级学生正处于自我认同探索期，思考未来与自我，并探索包括与父母在内的人际关系。此时，他们需要空间进行自主探索，也需要适时指导，以助建立自我认同，减少亲子冲突，增进关系。

二、学情分析

美国心理学家霍林沃斯把青少年的这个时期称之为"心理断乳期"。这个年龄段的孩子与父母在学习、生活等诸多方面意见不统一时，不太愿意和父母沟通，表现出一定的"逆反心理"，部分同学开始顶撞甚至驳斥家长，不愿接受家长对他们行为的约束和管教。

三、活动对象

八年级学生

四、活动时间

40 分钟

五、活动目标

1. 知识与技能：帮助学生正确认识亲子之间的矛盾是客观存在的，积极地沟通有助于和谐亲子关系的建立。

2. 过程与方法：帮助学生掌握有效的沟通技巧。

3. 情感态度与价值观：增强学生的情感表达能力，培养对父母的感激与爱意。

六、重难点及突破策略

重点：掌握与父母沟通的技巧，学会积极倾听。

突破策略：通过案例讨论，让学生归纳总结有效沟通的技巧。

难点：在感悟父母给予自己关心与爱的同时，觉察自己对于父母的感情。

突破策略：通过视频观看和案例讨论，理解在一些不良沟通下隐藏的父母的爱，从而诱发对父母情感的觉察。

七、教学方法

1. 体验式活动：通过实践活动帮助学生体验和理解自我认知。

2. 案例分析法：通过案例讨论，促进对有效沟通的认知。

八、活动准备

1. 场地布置：选择宽敞明亮的团体辅导室，桌椅以小组围桌的形式摆放。

2. 活动材料：节奏感较强的音乐、卡纸、签字笔、彩色笔、小礼物或奖励贴纸。

九、活动流程

(一)热身阶段——爱的接力(5分钟)

游戏规则：全体同学围成一圈，音乐一起，在圈里传递毛绒公仔，音乐停止时，毛绒玩具在哪个同学手里，这个同学要大声说一句感激的话，可以向家人，也可以向同学、老师表达……讲完后，伴随音乐声开启下一轮的传递。

【设计意图：吸引学生上课的注意力，营造温馨氛围。】

(二)导入情境——观看小品《开不了口》(5分钟)

1. 导入语：2024年中央电视台春节联欢晚会上，有一个小品给我留下非常深刻的印象，它讲述了一对父子无法开口向对方表达称赞和感激的故事。请大家一起欣赏。

2. 学生观看视频并分享感受。

3. 小结语：小品中父亲内心以儿子为傲，却无法直接向儿子表达鼓励和称赞的话；儿子要上大学了，买了礼物，也不知道怎么开口送给父亲。

【设计意图：通过视频展现亲子沟通的困境，促进学生对亲子沟通的思考。】

(三)探索阶段(15分钟)

1. 导入语：我在心理信箱里收到一位同学的来信，信中提到每次成绩进步想得到父母亲的一点鼓励，而得到的总是"警告"。每次聊天，聊不了几句就会因意见不合，最后不欢而散，搞得自己越来越不想跟父母说话了。同学们，怎样才能做到有效地沟通，我们一起体验一下。

2. 组织学生一起体验"撕纸"游戏。全体学生分别坐在自己的位置上，老师给每位学生发一张 A4 纸。游戏分为两轮。

第一轮的规则如下：请大家闭上眼睛，活动过程中不许提问题，按照老师叙述的指令进行操作。指令如下：把纸对折，第二次对折，第三次对折，然后把右上角撕下来，把纸转 180 度，再把左上角也撕下来。睁开眼睛，把纸打开，跟周围同学比较一下。

老师又给每位学生发一张 A4 纸，开始第二轮的撕纸。第二轮的指令跟第一轮一样，不同的是学生要睁开眼睛，且可以随时提问。完成后请每一位同学铺平纸张，跟周围同学比较一下。

提问：第一轮游戏，老师发出的指令是一样的，为什么会有这么多不同的结果？第二轮游戏结果更好些，是什么因素起了作用？通过这个游戏，你有什么样的感悟？小组讨论，小组代表发言。

【设计意图：通过生活经验，让学生直观感知，总结有效沟通的技巧。】

3. 案例讨论：除了刚刚讨论的沟通技巧之外，还有哪些办法可以促进有效沟通呢？我们来看下面这个案例：

佳佳是八年级女生，父母期望她考进名校，常询问学习情况。佳佳觉得日复一日无甚可说，厌烦父母啰唆，也担心自己进步不大令父母失望。渐渐地，她与父母交流越来越少，回家便躲进卧室，更愿意在网上找朋友倾诉。但她深知父母养育之恩，想改善关系。

请各位同学帮忙出谋划策，从沟通的角度看，佳佳该怎样做才能与父母重现往日的温馨和谐？

4. 分组讨论，将讨论结果写在海报纸上，并粘贴在教室空白墙壁上。

5. 小结语：从大家的分享看，各组都为佳佳想了很多的办法，请同学们走动起来相互地学习一下。

【设计意图：通过案例分析，小组讨论，发掘有效沟通的技巧，巩固和补充学生对有效沟通的认识。】

(四)成效阶段(10 分钟)

1. 导入语：现在，让我们分享一下，在今天的活动中你有哪些收获？

2. 提问：今天的亲子沟通议题的讨论，哪些方法和策略能用于自己的家庭生活呢？

【设计意图：汇总班级成果，有益于今后将技巧应用于生活。】

（五）总结阶段(5分钟)

1. 导入语：通过大家的讨论，我们收获了有效沟通的锦囊妙计，接下来让我们一起将这些妙计利用起来，向献计的每个同学表达感激！

2. 组织仪式化活动：小组成员围成圈，主动向其他同学表达感激之情！

【设计意图：通过课堂表达，将收获践行经验，为以后运用沟通技巧打下基础。】

十、注意事项

1. 活动较多，需注意时间的把控。

2. 在小组讨论环节，需要适当引导和帮助学生进行总结归纳。

十一、参考文献

徐汉明，盛晓春. 家庭治疗：理论与实践［M］. 北京：人民卫生出版社，2010.

第4课
构建我的社会支持系统

一、理论依据

"构建我的社会支持系统"是八年级学生"爱世界"板块的内容。社会支持系统理论认为，一个人所拥有的社会支持网络越强大，越坚固，就能越好地应对来自环境的困难和挑战。社会支持系统包括个人资源和社会资源。其中个人资源包括个人的自我功能和应对能力，社会资源指个人在社会网络中的广度和网络中的人所能提供的社会支持功能的程度。

二、学情分析

进入初中后，人际关系更多样。在同伴关系上，希望能找到真正志同道合、相互信任的朋友，并在友谊中寻求情感上的寄托和安全感。

在师生关系上，希望老师能够尊重他们的个性、想法和感受，得到平等地对待和交流。在家庭方面，他们更需要父母的关爱和呵护，希望父母能够倾听自己的想法和感受，尊重自己的选择。

三、活动对象

八年级学生

四、活动时间

40分钟

五、活动目标

1. 知识与技能：能够理解社会支持系统的概念，学会评估和整合自己的支持系统。

2. 过程与方法：学会绘制自己的社会支持系统。

3. 情感态度与价值观：感受到自己背后的强大支持系统，增强对建立和维护健康社会支持系统的重视。

六、重难点与突破策略

重难点：让学生学会整合自己的社会支持系统。

突破策略：老师通过详细讲解，展示自己的社会支持系统供学生参考。

七、教学方法

游戏教学法：让学生感受同伴的支持带来的愉快体验。

八、活动准备

1. 场地准备：心理辅导活动室。

2. 物资准备：A4 纸、彩笔、数张报纸。

九、活动流程

（一）热身阶段（5 分钟）

1. 导入语：我这里有一些报纸，都是一样大小的，每个小组一张，请大家将报纸平铺在地上，全组同学都站上去。然后每个小组派出一位代表，与对方猜拳（剪刀石头布），输掉的小组须将脚下的报纸对折后再站在上面（所有人的双脚都不许着地），直到其中一方站不上去为止。

2. 组织学生参与活动。

3. 过渡语：人是社会性动物，每个人都需要社会关系，在必要的时候还需要向他人寻求帮助。刚才的游戏大家都很投入，现在请回到座位上，让我们开启接下来的探索之旅。

【设计意图：通过"踩报纸"的游戏调动学生的积极性，让学生感受团队的力量，为接下来的活动做好准备。】

（二）导入情境（5 分钟）

1. 导入语：哈佛大学 1938 年开展了一项哈佛大学史上时间最长的人生发展研究。

2. 播放哈佛医学院 Robert 教授的 TED 演讲视频。提问：什么因素决定我们未来的幸福？

3. 学生回答，老师小结：因为好的人际关系让我们与社会有连接，而不是孤独。

4. 过渡语：我们在生活中，可能会遇到困难或烦恼，比如下面的情境："外出游玩，时间太晚，你想让人过来接你""准备了很久的期末考，但结果却不理想，你很沮丧，想找人说说""下午放学的路上，总会遇到几个身材高大的人让你感到害怕"等等，也就是说，当你有困难时，你会求助谁？当你孤独的时候，你会向谁倾诉？生命中给予你支持、力量的都有谁呢？请你把他们都写下来。

5. 组织学生活动。

【设计意图：唤起学生的兴趣，为导入下一阶段的内容做铺垫。】

（三）探索阶段（15 分钟）

1. 导入语：社会支持系统，就是与我们分担困难，分享快乐的人所组成的整体。让我们一起探索自己的社会支持系统。

2. 组织学生活动。老师指导并展示自己的社会支持系统：最里面的格子中写上"我"，从里到外，根据右下角的数字写上相应的人数，向外第一格写一个人的名字，向外第二格写两个人的名字，向外第三格写三个人的

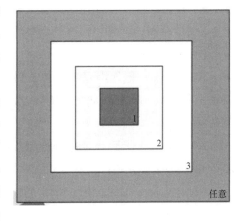

名字，第四格写任意个人的名字。从内到外，代表他对你的重要性由强变弱。这里可以是人也可以是物，比如自己的宠物。如果实在写不出要求的人数，也不要慌，请再静下心来体会已经写下的人或物对你的意义。如果名单实在太少，就要酌情增加。

3. 过渡语：请在小组内分享你的社会支持系统，可以按照下面的问题进行分享：你的支持系统中都有哪些人、事、物？他们是否全是亲人或朋友？都是同龄人或是长辈？通过列举印象深刻的场景，思考他们是怎么支持和帮助你的。

4. 学生小组内分享。

5. 过渡语：接下来，请同学们对照你的支持系统，从外向内依次将纸沿

着方框折叠，请想一想，如果你的生活中没有他们，你的生活会有什么样的改变。请写下你的想法和感受，然后请重新打开纸，重新感受他们对你的意义。

6. 学生活动。

7. 小结语：无论是接受帮助还是去帮助他人，都是一件非常温暖、幸福的事情。情感是需要互动的，关系需要相互维持的。

【设计意图：深入探索支持系统的每个元素和折叠活动，帮助学生体会每一层对他们的意义，完善体验，从而珍惜现有的支持者，珍爱生命。】

（四）成效阶段（10分钟）

1. 导入语：现在，让我们回顾一下，你在今天的活动中有哪些收获或感悟？

2. 提问：请在你的社会支持系统里，选一人（物），写一句话送给他。

3. 学生活动：请学生写在小便利贴纸上。

【设计意图：让学生再次体会良好人际关系的意义。】

（五）总结阶段（5分钟）

1. 小结语：他人可以成为你支持系统的一部分，那么你也可以是别人支持系统的一员。我们彼此之间需要花时间去交流互动，相互滋养，恰如其分地互帮互助。

2. 组织仪式化活动：每个小组成员伸出手，搭在一起，为今天课程上的聆听和帮助感谢彼此！

【设计意图：通过回顾让学生的情感得到升华，认知得到强化。】

十、活动注意事项

1. 在踩报纸活动中要注意安全。

2. 如果有学生表示写不出能帮助他的人或物时，老师一定要给予安抚，可以在课后开展个体咨询。

十一、活动资源

哈佛医学院教授 Robert 的 TED 演讲资源，源自百度搜索引擎。

十二、参考文献

傅宏. 心理健康教育[M]. 南京：江苏凤凰科学技术出版社，2024.

九年级体验式生命教育专题课设计范例

第1课
我是压力解锁师

一、理论依据

"我是压力解锁师"属于九年级"爱自己"板块中的一课。表达性艺术治疗是通过绘画、游戏、音乐、冥想等非言语层面的艺术媒介让人在不经意之间表达内心的真实想法和潜在情绪，释放被言语所压抑的情绪困扰，从而达到心理辅导的效果。

二、学情分析

九年级的学生，面对中考，在思想、心理、行为上具有其复杂性和特殊性，加之正处于青春期，对外界的封闭使得他们难以将自身出现的困惑和感受的压力直接通过语言表达出来，本课表达性艺术治疗正好是针对这一情况开展的。

三、活动对象

九年级学生

四、活动时间

40分钟

五、活动目标

1. 知识与技能：让学生认识到九年级心理压力的来源和表现，以及了解克服心理压力的方法和策略。

2. 过程与方法：通过绘画等方式表达自己的情绪与感受，学习有效的心理调适方法，缓解压力，自我赋能。

3. 情感态度与价值观：觉察自己成长的力量源泉，聚焦当下，以积极的心态面对九年级的学习。

六、教学方法

体验性活动：利用绘画心理分析的方法，通过绘制"山"这一物象来使自己当前的学习和生活压力具象化，帮助学生深入了解自己的内心状态。

七、重难点及突破策略

重难点：引导学生觉察并管理压力，探索应对压力的策略，增强心理韧性。

突破策略：通过绘画分析使压力具象化，同伴进行鼓励性的回应，强化自我激励与同伴支持。

八、活动准备

1. 场地设置：安排在团体辅导室开展活动。

2. 活动材料：铅笔、碳素笔、橡皮、彩色铅笔或水彩笔、A4 纸。

3. 音乐准备：节奏感较强的音乐（在热身阶段使用），营造轻松愉快的气氛；舒缓的轻音乐（在冥想、绘画时播放）。

九、活动流程

（一）热身阶段——开火车（5 分钟）

1. 游戏规则：活动中所有人都可能处于四个状态，鸡蛋、小鸡、大鸡和凤凰。一开始都是"鸡蛋"，身体处于"蹲着的"状态，两两"剪刀石头布"猜拳，赢者的同学进化到"小鸡"，身体状态从"蹲着的"变成"半蹲着"，继续猜拳……"大鸡"的身体状态是"站立的"，"凤凰"的身体状态是"举起双臂，作上下摆动状"。成功进化到"凤凰"阶段的可以选择不再参与猜拳，但如果被其他玩家挑战，必须应战。如果"凤凰"猜拳输掉，需要降级到"鸡蛋"并重新开始进化过程。

2. 组织学生活动。活动结束后，老师可邀请下面这些同学分享感受：第一个成功进化"凤凰"的学生、多次猜拳都输掉仍然处于"鸡蛋"的学生、从"凤凰"又跌回到"鸡蛋"的学生。

3. 过渡语：几位同学的分享都提到了紧张、焦虑、不确定性等，像极了我们当下的状态。今天我们就一起来讨论压力和压力管理的话题。

【设计意图：激发学生的兴趣和参与度，吸引学生的注意力，为后续的讨论和教学活动奠定积极的情感基础。】

（二）导入情境（5 分钟）

1. 导入语：现在请大家结合当下学习和生活状态，感受它带给你的感觉，把这种感觉想象成一座山，把这座山想象得越形象越好，然后把它在纸上画出来。

2. 播放背景音乐，创设冥想氛围，给学生充分的时间想象和画画。如果学生说自己画不出来或画不好，老师强调这是心理绘画，不是美术作品创作，无需画得多么精美。

3. 过渡语：有些同学的山巍峨陡峭，有些同学的山绵延起伏，有些同学的山光秃秃的，有些同学的山充满了花草树木。今天我们就一起探寻"通往山顶的路"。

【设计意图：用具象化技术关注画者目前面临的压力和动力，为下一步分析压力的来源提供讨论的基础。】

(三)探索阶段(15分钟)

1. 活动一：我的压力山大。

(1)导入语：每个人画的山都不一样，请同学们给自己的山起个名字，写在空白处。然后老师请同学来介绍自己的山。

(2)邀请2~3名学生分享。

(3)过渡语：接下来，同桌两两一组，一人提问一人回答，问题如下：这座山是怎么形成的？组成山的成分都有哪些？这座山在你心里有多长时间了？

(4)组织学生活动。

(5)小结语：同学们，今天我们有一个任务，需要找到通往你面前这座山的山顶的路。

【设计意图：通过"山"这个外化物，使学生当下的学习和生活状态具象化。】

2. 活动二：寻找通往山顶的路径。

(1)导入语：各位，拿出刚才的画作，我们继续作画，在上山路上或山顶，画攀登者。

(2)老师巡堂观察学生作画过程，可以补充说明：如果你想增加一些元素，你会增加哪些元素呢？可以将其添加到画中。

(3)学生完成后，老师选几位学生的作品，将作品投影到屏幕上，同时邀请学生分享他们的画作。

【设计意图：通过引导学生绘制攀登者，促使学生将内心压力具象化为可攀登的山峰，并思考解决压力的实际方法和态度。】

(四)成效阶段(10分钟)

1. 导入语：现在，让我们分享一下今天的收获。

2. 提问：你觉得今天的探索活动对我们缓解当下的学习和生活压力有什么帮助？如果让你对今天的画作进行修改，你会做哪些修改？这次的"爬山之旅"带给你哪些启示？可以在空白处写下你的感悟。

3. 学生活动：学生将自己的感受和收获写在小便利贴纸上，并找 3~5 个同学分享。

【设计意图：通过分享收获与反思，促使学生内化活动体验。】

（五）总结阶段（5 分钟）

1. 导入语：我们今天一起度过了非常有意义的一节课，大家都有了一些感悟和收获。希望今天的课能对你度过紧张的九年级有所帮助。

2. 组织仪式化活动：请对克服困难登上山顶的自己说句"你真棒！"，也对认真聆听你的同桌表达感激！

【设计意图：通过回顾让学生的情感得到升华，认知得到强化。】

十、注意事项

确保课堂环境安全、具有包容性，鼓励学生真诚分享，同时也要尊重每个人的隐私和界限。老师要密切观察学生的参与情况，及时给予必要的指导，特别是对于在分享中遇到困难或出现负面情绪的学生，要给予更多的关注和鼓励。

十一、参考文献

1. 宋兴川. 绘画与心理治疗[M]. 厦门：厦门大学出版社，2013.

2. 吴增强，蒋薇美. 心理健康教育课程设计[M]. 北京：中国轻工业出版社，2007.

3. 方蕾，庞丽娟. 别让压力毁了你，别让情绪毁了你[M]. 北京：中国华侨出版社，2013.

第2课
我来做冲突协调员

一、理论依据

"我来做冲突协调员"属于九年级"爱他人"板块中的一课。托马斯认为冲突发生后，参与者有两种主要的策略维度：关心自己和关心他人。这两个维度构成了冲突行为的二维空间，并据此划分出回避、竞争、迁就、合作和折中五种不同的冲突处理策略，其中合作被认为是解决冲突的最佳方式。

二、学情分析

九年级学生的认知发展水平显著提升，他们能够深入地理解复杂概念和情境，具备一定的逻辑推理和批判性思维能力。在处理冲突时，他们倾向于寻求公平和合理的解决方案，但可能因缺乏经验而难以全面考虑各方利益。

三、活动对象

九年级学生

四、活动时间

40分钟

五、活动目标

1. 知识与技能：让学生能够了解每个人都有自己的想法，学会尊重和理解他人的想法。

2. 过程与方法：让学生掌握换位思考的方法，理解他人想法和观点，尝试用合作的策略处理冲突。

3. 情感态度与价值观：让学生感受冲突解决后的喜悦和成就感。

六、重难点与突破策略

重难点：能让学生理解冲突中的每个人都有自己的观点和看法。

突破策略：创设情境，通过自我探究让学生体会到每个人都有自己的看法，团队中要达到统一，就要适度地放弃一些自己的意见。

七、教学方法

1. 情境教学法：创设情境，启发学生探索冲突解决的策略。

2. 案例分析法：通过案例讨论，深化对冲突解决的策略的理解。

八、活动准备

1. 场地准备：团体辅导室，六人一组围圈而坐。

2. 物资准备：导学案、托马斯关于冲突解决理论的相关资料。

九、活动流程

(一)热身阶段——"我说你做"(5分钟)

1. 游戏规则：老师会随机喊1、2、3、4四个数字，当喊1时，同学们要用右手抓住左耳朵，左手捏住鼻子；喊2时，同学们要用左手抓住右耳朵，右手捏住鼻子；喊 3 时，同学们要用左手抓住右耳朵，右手抓住左耳朵；喊 4 时候，同学们要用两只手捏住鼻子。

2. 组织学生活动。老师的指令可以先慢后快，观察学生的反应。提问：大家完成这个游戏有没有困难？困难是什么？

3. 邀请 2~3 名学生分享。

4. 小结语：在这个游戏里，大家需要迅速而准确地根据指令作出反应，这对我们的协调性提出了不小的挑战。

【设计意图：通过暖场游戏，激发学生的学习兴趣，为接下来的活动做准备。】

（二）导入情境（5 分钟）

1. 导入语：想象一下，你们一家人想要进行一次长途旅行，爸爸希望行李少带，能够轻松穿梭于各个景点，而妈妈觉得出门在外，"有备无患"，用得上的东西都要带上，两人还未出门就因为行李的多少争吵不休。你以前遇到过类似的情况没？

2. 邀请 2~3 名学生回答。

【设计意图：引发学生初体验冲突。】

（三）探索阶段（15 分钟）

1. 导入语：小明也遇到一件左右为难的事情。他要带着五只动物到野外探险，这五只动物是猴子、老虎、兔子、鹦鹉、狗。可是到中途，小明发现食物和水越来越少，他不得不逐一放弃它们，最后只能留下一只动物陪伴前行。这些动物小明都很喜欢，放弃谁他都不忍心，他陷入极大的冲突中。如果让你给小明提建议的话，你会如何决定？

2. 学生活动，完成导学案：

要放弃的动物	放弃的理由	你的纠结
1.		
2.		
3.		
4.		
最后保留的动物	保留的理由	

3. 要求分两步：第一步，个人工作，请每个同学先拿出导学案，按照自己的想法，将逐一放弃的动物填入对应的表格，并给出理由；第二步，小组合作，假如这次旅行是你们小组一起去的，小组成员商量出一个统一的意见。请各小组总结本组意见，统一采用的策略和方法。

4. 各小组代表分享本组的讨论结果。

5. 小结语：根据大家的分享，每个人都有自己的想法和思路，这没有问题。但如果在团队中，每个人都固执己见的话，就容易引起冲突和矛盾。小组要达到统一，每个人都要调整思路，或许得妥协一点，要结合团队其他人的想法，综合考虑。

【设计意图：通过自我探究和小组讨论两个步骤，让学生体会冲突的解决方法，尝试从合作的方向考虑问题。】

（四）成效阶段（10分钟）

1. 导入语：我这里有一个案例，接下来，请大家尝试帮助小洋和爸爸。

2. PPT展示案例内容：小洋今年九年级，平时学业压力很大，一到周末就想玩玩手机放松一下。可是爸爸看到他玩手机就会生气，尤其期中考试成绩并没有达到爸爸的期待，他周五回到家拿出手机刚玩了一会，爸爸就抢了他的手机，小洋极度地气愤，父子关系颇为紧张。

3. 请4人一组交流。

第一步，先分别从爸爸、小洋个人的立场体会各自的想法。可以参考下面的句式：

爸爸（小洋）之所以会_____，那是因为_____（想法或需求），但他这样做会让小明（爸爸）感到_____，也会让他自己_____
____。

第二步，寻找冲突的解决之道——各组讨论如何化解这个冲突，选择合适的化解方式。各组需要从以下三个方面讨论：（1）这个家庭冲突的解决要达到的目标；（2）这个冲突解决的策略和方法；（3）评估冲突解决的效果。

4. 各小组分享讨论结果。

5. 小结语：因为每个人的需求和期待不同，所以对同一件事的看法不同，结果也就不同。如果冲突双方进行沟通，朝向同一目标，就可以找到解决冲突的策略和方法。

【设计意图：通过案例分析，进一步让学生深化冲突解决的策略和方法。】

（五）总结阶段（5 分钟）

1. 导入语：同学们，今天我们一起寻找关于生活中的冲突的解决之道。想一想最近与家人、老师、同学之间的一次冲突，今天的哪些内容对你会有些许启发？

2. 邀请 2~3 位学生分享。

3. 小结语：冲突随时可见，今天我们的讨论让我们加深了冲突的理解，它不仅是挑战，更是成长的契机。在未来遇到冲突时，希望你们能够运用今天所学智慧地解决冲突。

【设计意图：再一次强化学生认知，让学生的情感得以升华。】

十、注意事项

1. 在探索阶段要留出足够的时间，让学生有机会体会自己的想法跟他人的想法常常会不同。

2. 老师需提前给学生下发关于冲突解决策略和方法的相关资料，请学生预习，本节课主要是通过活动体验加深理解。

十一、参考文献

1. 王鉴. 积极心理活动课操作指南：初中版[M]. 深圳：深圳报业集团出版社，2012.

2. 意趣出版有限公司. 托马斯和朋友：7 个做事好习惯[M]. 北京：人民邮电出版社，2017.

第 3 课
感恩父母

一、理论依据

"感恩父母"属于九年级"爱父母"板块中的一课。家庭树绘制可以帮助我们了解自己家庭的历史脉络，从而更好地理解自己和家庭成员的成长背景以及相互关系。家庭树绘制可以增进家庭成员之间的理解和未来生活的规划。

二、学情分析

九年级学生正处于青春期的关键阶段，面临人际关系的复杂性增加以及未来规划的初步思考等多重挑战。在这个阶段，对于父母的感恩之情不仅能够促进他们积极面对困难，还能增强他们的社会责任感。

三、活动对象

九年级学生

四、活动时间

40 分钟

五、活动目标

1. 知识与技能：通过绘制"家庭树"，了解家庭成员之间的关系和角色，认识到父母养育之恩的伟大，理解感恩父母的重要性。

2. 过程与方法：让学生掌握绘制"家庭树"的基本方法和技巧。

3. 情感态度与价值观：培养学生的感恩心态，增强对家庭的情感联结，提高家庭的凝聚力和幸福感。

六、教学方法

绘制"家庭树"体验式活动，能帮助学生了解家庭成员之间的关系和角色。

七、重难点及突破策略

重难点：学习绘制"家庭树"。

突破策略：制作视频给学生观摩。

八、活动准备

1. 场地与桌椅摆放：选择宽敞明亮的团体辅导室，桌椅以小组围桌的形式摆放。

2. 活动材料：A4 纸、彩色笔、标签纸。

3. 视频材料：提前录制好"家庭树"制作视频。

九、活动流程

(一)热身阶段——"大树松鼠"活动(5 分钟)

1. 游戏规则：学生 10 秒内以老师为圆心围成圆，顺时针 1 至 3 报数。报 2 者扮松鼠，蹲下双手放耳侧；报 1 者右转，报 3 者左转，1 和 3 搭手成大树。游戏含三个口令："猎人来了"时，松鼠跑动找树洞，大树静止，若找不到树洞则松鼠表演节目；"着火了"时，松鼠静止，大树跑动重组；"地震了"时，所有角色跑动，可互换身份，组成三人组合。未按时完成组合者表演节目。

2. 组织学生参与活动。

3. 小结语：大家的反应都很棒！现在让我们坐下来，准备开始我们今天的探索之旅。

【设计意图：通过"大树松鼠"游戏，激发学生活力，增进学生间的互动与默契，为后续学习营造积极氛围。】

（二）导入情境——"猜字谜"活动（5分钟）

1. 指导语：请同学们猜一个字谜，"宝盖头下藏宝玉，盖下一头猪。"（打一字）。

2. 老师解析："宝盖头"指的是"宀"，"藏宝玉"是虚指，实际上是为了引出后面的"猪"。整个谜语描述的就是"宀"下面有一个"豕"（猪），组合起来就是"家"字。

（三）探索阶段——绘制"家庭树"（15分钟）

1. 绘制"家庭树"。

（1）导入语：家是每一位家人用爱为彼此铸就的最坚固的人生堡垒。它就像一棵大树，由爱构成，树的根、茎、枝叶、花和果实，都散发着爱的芬芳。

（2）老师需预先录制家庭树绘制方法。播放时同步讲解：家庭树展现家庭成员及其关系，含姓名、性别、年龄、职业等基本信息，还涵盖家庭背景、历史和文化。家庭树分家族树、家庭树和个人树。绘制步骤为：定中心、加主要成员、添分支、补细节、完善画面。

（3）组织学生观看，确保每个学生都明白了再进入下一阶段。

（4）过渡语：家庭树，作为连接过去与未来的桥梁，每一根枝条、每一个名字都代表着一个独特的个体，他们或平凡或伟大，但都在家族的历史长河中留下了不可磨灭的印记。接下来，就让我们一起动手，用心去描绘这幅专属于你家族的家庭树吧。

（5）再次组织学生活动：给每位学生下发一张A4纸，引导学生完成。

2. 分享我的"家庭树"。

（1）老师分享自己的家族故事或某位家族成员在家庭中的分工和承担的责任，鼓励其他人也参与到分享中来。

（2）小组内按照下面的内容进行相互分享：家庭树中每位成员的角色和分工；家庭树中对你成长影响最大的成员的故事；你作为"家庭树"中的一员，会从家庭成员中获得什么样的滋养。

每位成员中依次发言，确保每个人都有机会分享。

【设计意图：通过绘制与分享家庭树，增进学生对家庭结构的理解，感受家族传承与爱，促进自我认知与情感交流。】

（四）成效阶段（10分钟）

1. 导入语：随着这棵枝繁叶茂的家庭树在我们眼前缓缓展开，它的每一根枝条，都承载着祖辈们的辛勤与智慧，每一片叶子，都见证了我们家族中的欢笑与泪水。

2. 提问：刚才小组成员的分享中，你认为让你印象深刻的是哪位小伙伴的分享？他的分享引起了你什么样的感受和思考？

3. 学生自由发言。

【设计意图：通过分享交流，深化对家庭情感的理解。】

（五）总结阶段（5分钟）

1. 小结语：今天的心理课上到这里，掌声送给聆听你家庭故事的同伴，也送给真诚分享的你自己。探寻家庭故事之旅并不会就此结束，它让我们懂得了成长不是一个简单的事情，大家的成长深深地受到了我们的父母亲和其他亲人的滋养和帮助。

2. 组织仪式化活动：每个小组成员围成圈，每个人主动向其他同学表达感激之情！

【设计意图：总结课程，强化感恩意识，通过仪式化活动促进情感表达，增强团队凝聚力。】

十、注意事项

在活动结束后，可以通过反馈表的形式收集学生的意见和建议，以便在未来调整活动方案。家庭作业的设计要简单而有趣，鼓励学生回到家与家长分享自己的"家庭树"，促进家庭内的交流。

十一、参考文献

莫妮卡·麦戈德里克. 家谱图：评估与干预[M]. 第3版. 霍莉钦，译. 北京：当代中国出版社，2015.

第4课
携手同行，保护水资源

一、理论依据

"携手同行，保护水资源"属于"爱世界"板块中的一课。相互依存性理论认为，当个体或集体意识到自身的行为和结果与其他实体密切相关时，他们会倾向于采取合作的态度和行为，以实现共同的目标或利益。

二、学情分析

九年级学生具有较强的集体荣誉感，他们愿意为团队目标付出努力，但仍有部分学生合作意识淡薄，过分强调个人竞争，难以融入团队；团队合作方面也存在沟通不畅、分工不明等问题。

三、活动对象

九年级学生

四、活动时间

40分钟

五、活动目标

1. 知识与技能：让学生初步具有全球视野和社会参与的意识，认识到团队工作中合作的重要性。

2. 过程与方法：进一步强化观察、倾听等团队合作的技巧和方法。

3. 情感态度与价值观：让学生感受到团队合作的喜悦和成就感。

六、重难点及突破策略

重难点：进一步强化观察、认真倾听等团队合作的技巧和方法。

突破策略：通过"穿越雷区"的团队合作游戏，让学生从体验中获得成长。

七、教学方法

体验式活动：通过"穿越雷区"的体验式活动，获得学习与成长。

八、活动准备

1. 分组准备，招募8个学生担任志愿者，其他同学随机分成4组，保证每组人数一样，多余同学加入志愿者队伍。

2. 场地准备：室外空地，分成四个区域，提前如下图布置。

起点	2	3	4	5	6	7
8	9	10	11	12	13	14
15	16	17	18	19	20	21
22	23	24	25	26	27	28
29	30	31	32	33	34	35
36	37	38	39	40	41	42
43	44	45	46	47	48	终点

3. 物资准备：

(1)地雷布阵图 4 张,如下:

(2)记录表,如下表:

原始经费	1000 元			
第1个人	踩雷数	同一雷重复被踩	是否原路返回	准确回答的问题个数
第2个人	踩雷数	同一雷重复被踩	是否原路返回	准确回答的问题个数
……				
剩余经费				

（3）关于"水资源稀缺及解决方案"相关问题：

①什么是水资源稀缺？

②水资源稀缺的主要原因有哪些？

③除地表水和地下水，还有哪些水资源可以被开发和利用？

④在日常生活中，我们可以采取哪些实际行动来节约用水？

⑤学校可以采取哪些措施来加强水资源保护教育？

⑥科技创新在解决水资源稀缺问题中起到什么作用？

（4）粉笔、水资源稀缺纪录片、小绿人动画等。

九、活动流程

（一）热身阶段——"正反指令"（5分钟）

1. 游戏规则：请各小组同学排成一列。游戏分两轮，第一轮，按指令做相应动作，指令如：向前一步走、向左转……第二轮是按指令做相反动作，如指令为向左转，学生得向右转……组内有人出错，全组受罚。

2. 小结语：这个游戏很有挑战性，它考验我们的反应力、专注力和团队合作能力。

【设计意图：通过设置一个团队合作热身活动，快速吸引学生注意力。】

（二）导入情境（5分钟）

1. 导入语：同学们，大家有没有想象过，假如没有水，地球会变成什么样？会不会也和火星、土星一样，没有生命，死气沉沉？

2. 播放一段精心挑选的纪录片，展示干旱地区由于缺水导致的土地龟裂、人民生活困难的境况。

【设计意图：情境导入，为今天团队合作要完成的任务做好铺垫。】

（三）探索阶段（20分钟）

1. 导入语：今天，我带来了一位小绿人。听听它要说什么？

2. 播放小绿人动画：大家好！我是地球卫士小绿人，我接到一项特殊任务，带领全班同学用最短时间穿越雷区，回答问题，破解情报，找到"水资源稀缺的解决方案"。具体规则：①四个组在四个雷区同时探雷，每次派出一名队员，可往前、后、左、右相邻格子前进探雷，不能斜插和跳跃；每走一步，听候"布雷人员"命令，"继续"或者"触雷、返回"。到达终点后要回答三个问题，正确回答了两个及以上的则探雷成功，否则返回起点重新探雷。回答问题时可向本组通过者求助。②触雷者返回起点重新探雷。③每个小组初始活动经费 1000 元。每触雷一次罚 100 元，同一颗雷被第二次踩中罚 200 元。触雷后，切记原路返回，未按原路返回再次触雷扣 100 元。④雷区只允许探雷队员出现，如果闯入雷区则罚 200 元。⑤成功探雷者奖励 1000 元。⑥所有人员成功探雷且所剩经费最多的一组为获胜组。

3. 各小组选择一个雷区活动，每个小组两名志愿者，担当"布雷者"和"记录员"。

4. 活动结束后，"记录员"计算剩余经费。

5. 老师根据各组完成情况做活动小结，表扬用时最短、剩余经费最多的小组。

【设计意图：通过体验式团体活动，引导学生充分感受团队合作的重要性及个人在团队任务中的责任，学习团队合作的技巧和方法。】

(四)成效阶段(5 分钟)

1. 导入语：各位同学，刚刚我们参与了一个有趣的活动，现在到了分享环节。

2. 讨论与分享。老师提问：(1)你认为这个活动的意图是什么？(2)你认为你们组能顺利穿越雷区最重要的经验是什么？(3)如果再给你们一次机会，你们打算怎样穿越雷区？(4)通过这个活动，你最想和大家分享什么？

3. 小结语：感谢所有分享的同学，今天的活动，比赛结果并不是最重要的，重要的是在这个过程中的体验和收获。

【设计意图：活动后的分享，升华学生的活动体验，强化认知，内化行为。】

(五)总结阶段(5 分钟)

1. 导入语：今天的心理课上到这里，掌声送给我们自己，因为我们都顺利地完成了一次团队合作。在合作中，我们启迪了智慧，收获了友谊。

2. 老师邀请几位同学分享他们的收获和心得体会。

3. 播放提前录制的动画，请出"小绿人"：感谢大家的积极参与，在你们的努力下，你班获得了参与"水资源稀缺及解决办法"挑战赛的资格，恭喜你们！

【设计意图：与课程导入呼应，回顾课程收获。】

十、注意事项

在活动过程中，一定要注意场地的秩序和安全，要提前培训志愿者。活动前，可以采用报数的方式随机分组。

十一、参考文献

段新焕，吕超，刘文华. 走进心理课堂：初中心理健康教育活动课设计与实践[M]. 南昌：江西教育出版社，2020.

项目三

高中生体验式生命教育活动内容选择和设计范例

模块一　高中生体验式生命教育活动内容选择

一、爱自己

高中生"爱自己"课程旨在深化自我认同，理解价值多样性，培养高效能习惯，增强韧性与抗压能力，学会自助与自救，并从中获得成就。课程围绕四个目标设计：自我认同、高效能习惯、韧性与抗压能力、自助与成就感，全面促进学生个人成长与发展。

（一）自我认同是学生深化对自我身份、角色、价值观及社会地位认知的过程。针对不同年级，课程设计如下：

1. 高一年级活动主题：绘制我的 SWOT

活动目标：引导学生运用 SWOT 分析法，识别兴趣、特长、价值观及潜力，奠定自我认知基础。

2. 高二年级活动主题：未来我来了

活动目标：通过职业探索实践，强化自我认同与未来规划的结合，明确自我价值与社会角色定位。

3. 高三年级活动主题：我的巅峰时刻

活动目标：通过回顾与挑战，增进自我认同，建立自信，同时强化社会责任感与个人成就感，为步入社会做好心理准备。

（二）高效能习惯，指引导学生养成良好的生活习惯，提高个人效率和生产力，从而提升自我效能感。

1. 高一年级活动主题：效能启航——时间管理大师

活动目标：培养学生基本的时间管理技能，理解时间的价值，学会合理规划每日学习与生活。

2. 高二年级活动主题：高效学习——深度与创新

活动目标：深化学习策略的应用，如主动学习、批判性思维和创造性解决问题，提高学习效率。

3. 高三年级活动主题：未来领航员——生涯规划与执行

活动目标：引导学生进行个人生涯规划，设定长远目标，并制订实现路径，强化目标导向的行动力。

（三）韧性与抗压能力，指提升学生心理韧性和适应能力，学会有效管理压力和挑战。

1. 高一年级活动主题：解压奇趣坊

活动目标：认知压力的来源与对生活的影响，学习基础压力管理技巧。

2. 高二年级活动主题：应对挫折，提升韧性

活动目标：通过活动提升情绪识别与调节能力，增强同理心和沟通技巧，增强韧性。

3. 高三年级活动主题：逆风飞翔，挑战与超越

活动目标：面对升学等重大挑战，实践高级压力管理和韧性策略，实现自我超越。

（四）自助与成就感，指学会识别和利用资源帮助自己化解心理危机，并在这个过程中获得成就感及意义。

1. 高一年级活动主题：我是自己最好的盟友

活动目标：认识自我帮助的重要性，学习心理健康知识和自助技巧。

2. 高二年级活动主题：铸就成就之路

活动目标：通过参与社会实践项目，运用所学自助技巧解决实际问题，提升自我效能感。

3. 高三年级活动主题：激发潜能，成就人生

活动目标：让学生能够积极应对困难，并通过活动体验激发成功动机，树立信心，实现自我超越。

二、爱他人

为了培养高中生爱他人的能力，我们将能力目标细化为四个关键词以指导课程设计：精进同理心、情商与团队领导力、心理健康管理能力、助人与增进意义感。全方位地培养学生的爱他人能力，不仅促进其情感与智力的双重发展，更引导他们在关爱他人的道路上找到自我实现的路径，为成为有温度、有担当的社会公民奠定坚实的基础。

(一)精进同理心，是指学会站在对方的角度考虑问题，通过言语和非言语行为展现对他人情感的理解和尊重。

1. 高一年级活动主题：情感共鸣的启航

活动目标：为学生打下同理心基础，教会他们识别并理解情感表达，学会倾听和进行换位思考。

2. 高二年级活动主题：深度共情的航行

活动目标：进一步深化同理心的应用，通过高级情感认知训练，提升学生在复杂情境中感知他人情感的能力，并教授有效的共情表达技巧。

3. 高三年级活动主题：我们一起谈谈爱情

活动目标：结合青春期特点，通过辩论和合作探究，培养学生的思辨力、沟通力和同理心，引导学生理性看待和妥善处理青春期恋情，树立正确健康的爱情观。

(二)情商与团队领导力，是指通过实践让学生在领导自我、领导团队及影响他人的过程中，实现个人情商与领导力的飞跃。

1. 高一年级活动主题：学会倾听，拉近你我

活动目标：增强学生人际交往的能力，通过倾听等高效沟通技巧的学习，为团队合作奠定基础。

2. 高二年级活动主题：领导力与协作策略

活动目标：通过模拟项目管理和团队冲突解决，锻炼学生的团队领导力以及与成员之间的高效协作能力。

3. 高三年级活动主题：影响力传播与领导实践

活动目标：让学生在真实的社群或校园项目中担任领导角色，实践领导技

能，同时学习如何通过公众演讲与项目展示扩大正面影响力。

（三）心理健康管理能力，是指培养学生形成较熟练的心理健康管理和危机干预技巧，学会识别和支持处于心理困境中的他人，并能在必要时提供帮助和支持。

1. 高一年级活动主题：心灵守护者，探索心理健康之旅

活动目标：帮助学生建立对心理健康的全面认识，激发学生对维护自身心理健康重要性的深刻认知，培养积极向上的心态。

2. 高二年级活动主题：慧眼识危机，共筑安全网

活动目标：提升学生深入理解复杂心理状态的能力，识别隐藏的心理危机信号。

3. 高三年级活动主题：行动于心，实践心理健康之旅

活动目标：运用所学知识与技能，参与校园或社区心理健康服务项目，体验助人过程中的成就与意义，深化对心理健康管理的理解。

（四）助人与增进意义感，指培养学生乐于助人的精神，并体验到成就感和意义感。

1. 高一年级活动主题：同窗情深——校园互助起航

活动目标：在校园内部营造互助文化氛围，通过服务同学的实际行动，培养同理心与责任感，体验帮助同学带来的正面情感。

2. 高二年级活动主题：校园筑梦——共创美好空间

活动目标：增强学生对校园环境的责任感，通过团队协作改善校园设施与环境，深化团队领导力与项目管理技能。

3. 高三年级活动主题：社区暖阳——服务与回馈

活动目标：将学生的服务范围扩大至社区，运用所学知识与技能解决实际社会问题，强化社会责任感与公民意识。

三、爱父母

高中生"爱父母"课程旨在深化与父母的关系，学会理解父母的期望和付出，对父母更成熟的支持和尊重，深刻理解承担家庭责任和相互支持的意义。我们梳理出四个小目标，作为设计课程指引。

(一)深化与父母关系，指进一步强化与父母之间的情感纽带，促进相互理解。

1. 高一年级活动主题：好好说话，好好爱

活动目标：激励学生与父母开展深入心灵层面的对话，增进双方同理心，理解 PAC 理论及自我形态特征，促进亲子关系和谐。

2. 高二年级活动主题：爱的桥梁——亲子理解与沟通之旅

活动目标：通过互动活动增进学生对父母的理解与尊重，同时学习并实践有效沟通技巧，让爱与理解在彼此间流淌。

3. 高三年级活动主题：规划未来，共享成长喜悦

活动目标：鼓励高中生与父母共同制订个人及家庭发展目标，构建相互支持体系，让学生在追梦路上感受与父母并肩作战的快乐，增强家庭凝聚力。

(二)学会理解父母的期望和付出，指学会在独立思考的同时寻求父母的意见和支持。

1. 高一年级活动主题：周末时光共享会

活动目标：建立家庭责任感，促进沟通技巧，理解父母期望与努力，同时在个人时间管理中融入家庭考量。

2. 高二年级活动主题：共谋成长蓝图

活动目标：深化家庭协作，在个人决策中融合家庭期望，锻炼独立思考与家庭沟通的平衡艺术。

3. 高三年级活动主题：看见家人的力量

活动目标：通过收集与分享家族故事，强化家庭归属感与荣誉感，激发学生对家庭情感的共鸣，增强对家族传统和价值观的认同感与自豪感。

(三)对父母更成熟的支持与尊重，指的是在对待父母的态度和行为上，表现出一种更为成熟、深刻和全面的理解与支持。

1. 高一年级活动主题：笔尖流淌的感激之情

活动目标：引导学生以书信形式深入表达对父母的感激与尊敬，学会用文字传递细腻情感，增进自我理解和家庭成员间的情感交流，促进家庭文化的建设，留下珍贵的家庭情感记忆。

2. 高二年级活动主题：爱的双向道——父母与我

活动目标：通过家庭剧展演，换位感受父母在家庭中的付出与奉献，引导

学生反思自己在家庭关系中的角色与行为，培养责任感和同理心，激发学生对父母的感激之情。

3. 高三年级活动主题：感恩回报——成人之际的深情献礼

活动目标：以毕业为契机，通过策划并实施感恩回报活动，表达对父母的尊重与感激，加深家庭成员对"成人"意义的理解，共同庆祝成长的里程碑。

(四)深刻理解承担家庭责任和相互支持的意义，意味着个体在家庭中对于自己的角色、责任以及与其他家庭成员之间的相互支持关系有了更加深入、全面和清晰的认识。

1. 高一年级活动主题：家·担——责任启航站

活动目标：激发学生对家庭责任的认识，通过实践活动感受家庭成员之间的相互支持，树立起作为家庭成员的责任感。

2. 高二年级活动主题：家·盟——共筑责任长城

活动目标：通过更深层次的家庭合作项目，增强学生解决家庭实际问题的能力，理解责任的重量与荣耀。

3. 高三年级活动主题：家·帆——扬帆未来，责任同行

活动目标：在这个关键时期，深化学生作为家庭一份子的责任意识，特别是在未来职业规划时，能主动将家庭考量纳入个人决策过程，展现出成熟的责任担当和自我驱动的学习态度。

四、爱世界

根据高中生"爱世界"课程的目标——深化对全球性挑战的理解，发展批判性思维和跨文化沟通的能力，积极参与社会环境问题的研究，增进跨文化的理解和尊重。我们细化了四个小目标，作为设计课程指引。

(一)深化对全球性挑战的理解，指加强对全球性问题(如气候变化、社会不平等、公共卫生等)的认识，了解这些问题的根源、影响以及可能的解决方案。

1. 高一年级活动主题：拯救地球行动

活动目标：唤醒学生对全球性问题的初步认识，通过生动的案例和互动学习，理解气候变化、资源保护及可持续发展等议题的基本概念、现状及其紧

迫性。

2. 高二年级活动主题：本土视角下的全球议题深度探索

活动目标：深化学生对全球性问题的理解，通过小组合作调研，培养基本的调研与分析技能，同时促进对多元文化的尊重与理解，形成跨文化视角。

3. 高三年级活动主题：全球公民的责任与行动

活动目标：鼓励学生将所学知识转化为实际行动，通过参与国际交流、志愿服务等活动，增强社会责任感，提升解决全球性问题的能力。

(二)发展批判性思维和跨文化沟通的能力，指培养批判性思维能力，学会分析和评估信息，同时发展跨文化沟通的能力，能够在不同文化背景下有效地交流和合作。

1. 高一年级活动主题：慧眼识真伪，文化多样性初探

活动目标：启发学生培养基础批判性思维，学会辨别信息的真实性和相关性，同时拓展对世界各地文化的初步认识，激发对文化多样性的兴趣和尊重。

2. 高二年级活动主题：AI，想说爱你不容易

活动目标：鼓励学生以开放的心态面对 AI 时代，通过案例分析、辩论等形式，培养对未来社会变化的敏感度和责任感，运用全面、发展、辩证统一的观点分析问题和解决问题。

3. 高三年级活动主题：实践出真知，跨文化沟通桥梁

活动目标：鼓励学生将批判性思维运用于社会实践，通过参与跨国项目、文化交流等活动，解决学校或社区内的实际问题，同时成为本土文化的积极传播者，展示中华文化的魅力。

(三)积极参与社会环境问题的研究，是指通过参与学校项目、社区服务或志愿服务等活动，为解决社会和环境问题作出贡献。

1. 高一年级活动主题：绿动未来，从我做起——社区环保行动

活动目标：培养学生对环保基础理论的认知，通过实施社区环境调研和开展实践性环保项目，增强环保意识和社会责任感。

2. 高二年级活动主题：地球村可持续发展论坛——青年之声

活动目标：增进学生对全球性问题的深度理解，通过模拟联合国会议、可持续发展论坛等活动，锻炼批判性思维，探讨可持续发展的路径和策略。

3. 高三年级活动主题：高三，为理想而战——国家发展与个人责任

活动目标：引导学生了解国家发展对个人理想的影响，认识个人理想与社

会责任的关系，通过参与社会实践活动，激发学生的爱国热情，树立远大理想，增强对国家和民族的认同感和自豪感。

（四）增进跨文化的理解和尊重，是指通过参与国际文化节、文化交流项目等活动，增进对不同文化的理解和尊重。

1. 高一年级活动主题：色彩斑斓地球村——文化多样性体验

活动目标：通过国际文化节、文化展览等活动，初步感知全球文化多样性，奠定跨文化交流的基础，培养尊重和包容不同文化的态度。

2. 高二年级活动主题：携手同行地球村——跨文化合作与交流

活动目标：深化学生对全球文化问题的理解，通过国际交流项目、文化工作坊等活动，强化沟通与合作能力，培养全球视野和跨文化沟通能力。

3. 高三年级活动主题：桥接知识海洋·对话全球考试文化

活动目标：在全球视角下理解不同国家的考试文化多样性，通过国际学术竞赛、留学准备等活动，学会高效备考策略，健康应对考试压力，成为拥有全球竞争力的学习者，同时促进对多元教育体系的尊重和理解。

模块二　高中生体验式生命教育主题班会课设计范例

高一年级体验式生命教育主题班会课设计范例

第1课
绘制我的 SWOT

一、教育背景

1. 活动缘起：青春期是自我意识确定和自我角色形成的关键时期。学生需要不断探索和确认自己的身份和价值，以形成稳定的自我认同。培养学生健康的自我意识，是实现学生自我管理、自我调节进而达到自我教育目标的必由之路。

2. 学生基本情况：进入高中阶段后，学生更加关注自我，对自我认知的需求日益增强，思考自己是谁，想要成为什么样的人。他们逐渐形成自己的价值观和人生观，并对社会中的各种观念进行质疑，试图建立自己独立的思维方式。

二、教育目标

1. 认知目标：让学生能够在互动中深化对自我的理解，学会倾听他人意见，促进自我成长。

2. 情感目标：激发学生对自我探索的兴趣，培养积极向上的自我认知态度，增强自信心和自我价值感。

3. 行为目标：引导学生掌握基本的自我认知方法——学会使用 SWOT 分析与识别兴趣、特长、价值观及潜在能力。

三、活动对象

高一年级学生

四、活动时间

45 分钟

五、教学方法

小组合作互动讨论：通过师生互动和小组的讨论学习，引导学生掌握自我认知的方法。

六、活动准备

1. 活动材料：A4 彩纸、海报纸、彩色笔、SWOT 分析表、小组讨论问题卡、制作班级成员"优点墙"的材料。

2. 分组准备：学生 8 人一小组（拥有相同颜色纸的同学组成一个小组）。

七、活动流程

（一）导入环节（5 分钟）

1. 导入语：今天我们将一起探索发现自我。通过这次班会，我们希望每个人能够更深入地了解自己，找到真正的自我。

2. 播放一个有关名人自我探索故事的视频。

3. 小结语：人的成长过程就是一个自我不断探索的过程。

（二）主题讲解或展示环节（20 分钟）

1. 导入语：同学们，SWOT 分析技术是一个帮助我们全面认识自己，明确个人优势、发现潜在机会与威胁的强有力工具。接下来，老师将带领大家利用这个工具完成自我探索。

2. 向学生分发SWOT分析表。解释SWOT表中每个字母的含义：S代表优势(strengths)，W代表劣势(weaknesses)，O代表机会(opportunities)，T代表威胁(threats)。指导学生完成SWOT分析的步骤如下：①聚焦优势。列出三个最显著的优势，如擅长学科、受认可的方面。②面对劣势。诚实地评估自己的不足，包括常感力不从心之处及希望改变的习惯。③寻找机会。识别可参与的趋势、活动，及可用来弥补劣势的资源或平台。④识别威胁。考虑可能阻碍目标实现的外部因素，如学习威胁、竞争对手优势。

3. 小结语：通过完成SWOT分析，你不仅对自己有了更全面、深入的了解，还为自己未来的发展制订了一张清晰的蓝图。记住，SWOT分析是一个动态的过程，你可以随时根据实际情况进行调整和更新。

（三）讨论或分享环节（10分钟）

1. 导入语：有时候，我们对自己的认知可能并不完全准确，因为我们往往只站在自己的角度，带着一层自我滤镜。我们的朋友、家人、老师以及同学，他们则从不同的角度观察着我们，形成了他们眼中的我们。接下来，我们将进行一场特别的探索——"我眼中的自己与他人眼中的我"。向小组成员分享自己的SWOT，真诚地向同伴请教，"就我眼里看到的你的优势"等进行补充。

2. 分组讨论"我眼中的自己与他人眼中的我"。

3. 小结语：请大家比较同学眼中你的优势、劣势等与你刚才填写的会不会一致，哪些部分较一致，哪些部分差异更大？

（四）实践活动环节（8分钟）

1. 导入语：今天，我们一起探索了一个非常实用的工具——SWOT分析。无论是规划个人的学习路径，还是要完成某项任务，或者未来要从事的专业，SWOT分析都能帮助我们打开一扇窗，让我们更加深刻地理解自身的优势、劣势，同时洞察外部的机会和威胁。个人可以随时进行SWOT的分析，其实这一分析工具也可用于团队。为了加深对这一分析工具的理解，接下来以小组为单位，对我们所在的组进行SWOT分析。

2. 老师下发海报纸，小组内讨论。

3. 邀请小组代表分享讨论成果，老师给予正面反馈和鼓励。

4. 小结语：各小组都分析得很好！大家在完成小组SWOT分析时，一定也在思考与刚才的个人 SWOT 分析有什么关系。我们不难发现，团队 SWOT 往往大于等于个人 SWOT 之和。

（五）总结与提升环节（2 分钟）

小结语：我们认识到，每个人的成长与发展都是建立在对自己全面认知的基础之上的。今天我们学习了一个自我分析的工具 SWOT。经过大家的团结合作，我们也发现，每个人都有自己的优势，也有需要我们不断学习与进步的地方。同时，外部环境中的机会与威胁如同双刃剑，它们为我们既带来了无限可能，也伴随着挑战与风险。我更希望大家不断加深对自己的认知和了解，并通过不断地努力，提升自己的综合素质和竞争力。

八、后续跟进计划

在教室墙壁空白处，建立一块"优点墙"，鼓励学生写下自己的一个优点并贴在墙上，同时鼓励其他同学发现并补充他人的优点。

九、注意事项

1. 老师要在课前对学生充分调研，合理分组，确保每组学生性格、能力分布均衡。同时，明确告知学生分组标准和目的，避免引起不必要的误解或不满。

2. 在引导学生利用 SWOT 进行自我认知时，要尊重每个学生的个体差异性和独特性，避免"一刀切"的评价标准。

十、参考文献

1. 马库斯·白金汉，唐纳德·克利夫顿. 现在，发现你的优势[M]. 方晓光，译. 北京：中国青年出版社，2010.

2. 秋叶. 如何高效读懂一本书[M]. 北京：北京联合出版公司，2015.

第 2 课
学会倾听，拉近你我

一、教育背景

1. 活动缘起：有效地倾听不仅是沟通的基础，更是建立信任、增进理解、拉近人与人之间距离的桥梁。

2. 学生基本情况：高一学生热衷于构建个人人际关系网，主动融入各类"群"与"圈"，渴望在社交中展现自我，以赢得群体的接纳与归属感。然而，此阶段的学生常易陷入自我中心，忽视他人感受与观点，进而可能妨害其与同伴交往的和谐发展。

二、教育目标

1. 认知目标：让学生了解倾听在人际交往中的重要性。

2. 情感目标：深刻体会不认真的倾听态度和不投入的倾听行为带给别人的感受。

3. 行为目标：进行倾听技巧训练，学会倾听。

三、活动对象

高一年级学生

四、活动时间

45 分钟

五、教学方法

1. 体验式教学：通过角色代入，体验不被对方倾听的不适感，引发学生相应的情感体验。

2. 小组合作学习法：通过小组成员的互动合作学习，让学生掌握倾听技巧。

六、活动准备

1. 活动材料：记录纸、彩色笔。

2. 分组准备：按照班级自然分组，围桌而坐。

七、活动流程

（一）导入环节（5 分钟）

1. 热身活动——"黑熊和棕熊赛蜜的故事"。游戏规则如下：老师读一个故事，黑熊和棕熊都爱吃蜂蜜，各自养了数量相同的蜜蜂。它们决定比赛看谁的蜜蜂产得多。黑熊认为，蜜蜂多接触花就能多产蜜，于是它关注蜜蜂的"访问量"。而棕熊则看重蜜蜂采回的花蜜量，认为这才是决定蜂蜜产量的关键。时间飞逝，一年之后，比赛结果揭晓：棕熊的蜜蜂产的蜂蜜是黑熊的两倍。在这个故事中，"蜜蜂"代表着勤劳与努力，"蜂蜜"则是它们劳动的成果。每当听到"蜜蜂"，男同学起立；听到"蜂蜜"，女同学起立，这样的互动让故事更加生动有趣。

2. 学生参与活动。

3. 小结语：在刚才的游戏中，有些同学的反应很快很准确，反应又快又准的前提就是认真倾听，听完再做出反应。什么是倾听？怎样倾听呢？今天我们一起来探讨这个话题。

（二）主题讲解或展示环节（15 分钟）

1. 导入语：同学们，人际交往是我们日常生活非常重要的内容，人际交往中最基本且重要的环节就是倾听。那么怎样才能做好倾听呢？现在请我们看一个情景剧表演。

2. 邀请四位学生上台表演。其中一位扮演诉说者，三位扮演听众。创设的情境如下：A 同学满怀期待地想找同学分享他暑期的旅游经历。他首先找到了 B，但 B 却东张西望，最终拿起书阅读，对 A 的分享毫无兴趣。A 并未气馁，转而找向 C。起初，C 正忙于整理桌面，但当 A 提及的景点正是他所熟悉的，C 立刻接过话题，滔滔不绝地讲述起来，完全忽略了 A 的存在。A 无奈，只好放弃与 C 的交流。最后，A 找到了 D。D 起初还在倾听，但不久便露出不耐烦的神情，开始转动笔杆，频繁看表。没过多久，D 便打断了 A，问其是否说完。A 满心失落，兴致全无，最终黯然离开，口中喃喃："就没人愿意听我说吗？"

3. 提问：同学们，你们觉得三位听者的表现如何？听者身上有哪些不受欢迎的倾听行为？

4. 学生自由发言，老师将学生回答中的关键词写在黑板上：东张西望、埋头做自己的事情、没有眼神回应、插话、抢话、转笔、不停地看表……

5. 提问：如果你是扮演倾诉者的 A，面对这样的听者，你会有什么样的感受？

6. 邀请扮演 A 的同学进行现身说法。

7. 小结语：在人际互动中，要想成为一名好的倾听者，我们不仅要竖起耳朵认真听对方讲的内容，还得善于用眼睛去观察，通过面部表情、身体姿态向倾诉者传递你在认真听他讲。

（三）讨论或分享环节（15 分钟）

1. 导入语：接下来，以小组为单位，共同讨论"如何才能做一个好的倾听者？"

2. 老师准备了六个主题。组长随机抽取一个主题后，带领小组成员讨论。

这六个主题分别为：倾听者应该有的态度、倾听时如何回应、倾听时的表情管理、倾听时的姿态、倾听时的身体语言、倾听时要关注诉说者什么。

3. 各组讨论，并将讨论结果写在记录纸上。组长在班上报告讨论结果，并将记录贴在黑板上。其他组同学如果有补充信息，可以相互补充。

4. 老师引导学生归纳、总结倾听的技巧，比如：要将注意力完全集中在对方身上、要有眼神交流、要保持开放的身体姿态、要减少干扰源等等。

(四)实践活动环节(8分钟)

1. 导入语：经过讨论，我们总结出良好倾听的技巧，但是知道与做到还是有距离的。现在就请我们两两一组，一人扮演倾听者，一人扮演诉说者。诉说者可以"今天发生的某件事""最近看的一本书"等开始谈。

2. 老师学生两两实践。一轮后，互换角色。

3. 小结语：一定要从姿态、表情、眼神，以及恰当地回应等方面努力做一个好的倾听者。

(五)总结与提升环节(2分钟)

同学们，今天我们深入探讨了倾听的沟通艺术。倾听，不仅仅是耳朵在工作，更是心灵与思想的交汇。一个好的倾听者不仅要全神贯注地听，还需要适当地向诉说者表现出共情，要积极地倾听。关于这些内容，我们将会在下节课继续讨论。

八、后续跟进计划

可以将本节课归纳和总结出的技巧做成"宣传语"贴在教室的墙壁上，提醒学生在日常人际交往中继续践行。

九、注意事项

鼓励所有学生积极参与活动，特别是性格内向或平时不太活跃的学生。在情景剧表演和讨论环节中，确保每位学生都有发言的机会，避免少数学生主导讨论。

十、参考文献

1. 罗品超. 中小学心理健康教育优质教案[M]. 广州：广东人民出版社，2016.

2. 马克·郭士顿. 只需倾听：与所有人都能沟通的秘密[M]. 苏西，译. 重庆：重庆出版社，2010.

3. 科里·帕特森，约瑟夫·格雷尼，罗恩·麦克米兰，等. 关键对话：如何高效能沟通[M]. 毕崇毅，译. 北京：机械工业出版社，2012.

第 3 课
好好说话，好好爱

一、教育背景

1. 活动缘起：随着年龄增长，孩子渴望独立、追求自我决策的权利，但是父母还继续扮演保护者角色进行过度干预，两者之间常常出现冲突。当双方沟通不畅、缺乏理解时，冲突易升级。

2. 学生基本情况：中学生处于青春发育期，成人感增强，开始有意识地想摆脱童年期的直率和纯真，不情愿原封不动地承受成年人的观点，也不情愿与成年人探讨与自己有关的事情。

二、教育目标

1. 认知目标：帮助学生理解代沟产生的原因，认识到不同年龄段、不同经历背景的人之间存在差异是正常的。

2. 情感目标：帮助学生理解父母在自己成长过程中的辛劳与付出，培养他们对父母的尊重与感激之情。

3. 行为目标：鼓励学生主动与父母沟通，培养学生冷静分析、寻找解决方案的能力，提高学生倾听、表达、反馈等人际沟通的技能。

三、活动对象

高一年级学生

四、活动时间

45 分钟

五、教学方法

1. 案例分析法：通过生活场景中常见案例，引导学生深层思考导致与父母沟通不良的原因。

2. 小组合作教学法：通过小组讨论分享，促进学生自主思考，提高学生沟通和解决问题的能力。

六、活动准备

1. 活动材料：记录纸、彩色笔、卡纸、情景剧。

2. 老师课前准备：了解学生在与父母交往中面临的实际问题，以便提高教学的针对性。

3. 分组准备：随机分组，围桌而坐。

七、活动流程

（一）导入环节（2分钟）

导入语：有人说，世上有种结难以解开，它叫心结；世上有扇门难以放开，它叫心扉；世上有条沟难以逾越，它叫代沟。随着年龄的增长，我们与父母之间的关系不再像小时候那样亲近无间。那么是什么缘由造成了我们与父母的隔膜？又该如何搭建与父母心灵沟通的桥梁呢？带着这些问题，让我们一起来探讨怎样与父母沟通。

（二）主题讲解或展示环节（18分钟）

环节一：为什么会这样？

1. 向学生展示一些有关生活场景的小视频，都是关于父母和孩子在沟通上出现问题的视频。

第一个：中学生写完日记后，将日记本和iPad锁进抽屉，恰巧被妈妈看见。妈妈好奇地问："你藏什么呢，有什么好瞒我的？"

第二个：周五晚上，孩子从学校回家。饭桌上，父母关切地询问孩子在校情况，孩子却冷漠地回答："没什么可说的。"

第三个：女儿在房间与同学打电话，母亲悄悄在门口偷听。通话结束后，母亲急切地问："你刚才跟谁打电话呢？"女儿却不予理会。

第四个：父母外出归来，兴奋地给中学生儿子展示新买的衣服，儿子看了一眼，不屑地说："这衣服真土，我才不穿。"

2. 提问：视频中的场景你熟悉不？假如让你用三个词形容你跟父母的关系，你会用哪三个词呢？

3. 邀请3~4位学生分享。

4. 展示学生与家长交流情况调查表。

学生与家长交流情况（关系融洽程度）表

我和父母交流情况	无话不谈/非常融洽	有时交流/比较融洽	偶尔争吵/不太融洽	总是争吵/很不融洽
与父亲的融洽程度	36.4%	43.8%	13.7%	6.1%
与母亲的融洽程度	52.8%	33.6%	10.4%	3.2%

5. 过渡语：从上表可知，大多数同学都感觉与父母的沟通比较融合。结合刚才的视频，下面大家分组探讨一下，是什么缘由影响了我们与父母之间的沟通呢？

6. 学生分组讨论后，小组代表分享讨论的结果。

7. 老师在学生分享的基础上进行总结：影响与父母沟通不畅的原因主要有两点：一是年龄特点，随着成长，我们心理发生变化，渴望独立空间，不希望父母过多约束；二是代际差异，我们与父母在观念、经验和行为方式上存在巨大差异，这些差异容易导致误会、摩擦甚至对立，从而影响双方的有效沟通。

环节二：听懂唠叨背后的"爱"

1. 过渡语：与父母相处不融洽，往往是沟通语言不恰当。当父母对我们说出以下这些言语时，你是怎么理解的呢？

①为什么你总是整天让我操心，难道你不会变得懂事一点吗？

②看看你的房间，脏得跟"猪窝"一样，难道你就不会收拾一下吗？

③你看你，整天就知道玩，也不好好学习！

④如果你昨天晚上不玩游戏，怎么会起不了床呢？你总是这样，不懂得如何安排时间！

2. 学生回答，老师完善：第一条，希望我们懂事一些；第二条，要把房间整理得井井有条；第三条，不要贪玩，要多学习；第四条，学会克制，合理安排时间。

（三）讨论或分享环节（15分钟）

1. 导入语：既然我们找到了问题产生的缘由，若对症下药，或许能找到解决之道。怎样才能很好地与父母沟通呢？

2. 请各组从刚才的视频中选取一个,进行讨论,寻求解决之道,可用一些关键词句来描述讨论结果,并将其写在卡纸上。

3. 小组展示讨论结果。展示方式不作限制,可以讲述,可以表演情景剧。

4. 老师根据各小组的分享,总结归纳"与父母冲突解决的六个步骤":分析冲突发生的原因;列举解决冲突的方法(至少三条,应注意避免只考虑自己的利益,而忽略父母的愿望);了解父母的愿望及理由;向父母陈述自己的愿望和理由(可通过谈话或者发信息、写信的方式);选择解决冲突的方法,在列出的方法中,选择双方都能接受的一条试一试;观察所选择的方法是否令父母和自己都满意。

(四)实践活动环节(8分钟)

1. 导入语:接下来,每位同学回忆一下近期发生在你与父母之间的一件事,这件事或许引发了你们的不愉快,或许是你们对彼此有所期待的事情,接下来让我们用今天所学来正确处理。

2. 邀请1~2位愿意分享的同学分享。

(五)总结与提升环节(2分钟)

在今后的生活中,我们难免还会与父母发生误会和冲突。但有了今日的探索,老师认为大家面对这些冲突时会更加成熟和理性。有了对父母养育之恩的理解,有了对父母的敬重,同学们定会找到与父母沟通的有效途径,与父母共建一个和谐美满的家庭。

八、后续跟进计划

可以倡导学生课后给父母写一封信,在信中表达自己对父母的感激之情,对某件事沟通的理解或反思,以及自己对未来的期待。

九、注意事项

1. 老师应充分了解学生在家庭中的实际情况,特别是他们与父母沟通中遇到的具体问题,以便在课堂上能更精准地引导和解答。

2. 老师应持续关注学生在家庭中的沟通情况,及时给予指导和帮助,确保学生能够将所学知识长期应用于实际生活中。

十、参考文献

1. 托马斯·戈登. P. E. T. 父母效能训练:让亲子沟通如此高效而简单[M]. 北京:中国发展出版社,2015.

2. 马歇尔·卢森堡. 非暴力沟通［M］. 刘轶，译. 北京：华夏出版社有限公司，2021.

第4课
拯救地球行动

一、教育目标

1. 活动缘起：目前全球环境问题日益严峻，如气候变化、生物多样性减少、资源枯竭等。高一学生作为未来社会的建设者和接班人，有必要深入了解这些情况，认识到环境保护的紧迫性和重要性。

2. 学生基本情况：高一学生大多数都有一定的社会责任感，开始关注社会热点问题，如人类发展、地球环保、公益等。他们逐渐意识到个人行为对社会发展的影响，愿意参与志愿服务和社会实践活动，为社会贡献自己的力量。

二、教育目标

1. 认知目标：使学生理解自然环境对人类生存和发展的基础性作用。

2. 情感目标：激发学生对保护地球环境的责任感和使命感，认识到每个人都有责任采取行动保护我们的家园。

3. 行为目标：通过查阅文献、搜集信息和整合资料等，提高学生解决问题的能力，培养学生的团队协作精神和沟通能力。

三、活动对象

高一年级学生

四、活动时间

45 分钟

五、教学方法

合作学习

六、活动准备

1. 课前小组准备：（1）各组选择一个"地球问题"，搜集相关资料，制作PPT；（2）每个小组自行选题，通过采访、问卷调查、查阅资料等方式，深度调研当地环境状况及保护情况，形成一份调研报告，调研题目自拟。

2. 物资准备：海报纸、彩笔、视频"聆听地球的声音"、地球灾难视频、点赞贴纸、心形贴纸，一张主题为"保护地球"的宣传海报。

3. 场地准备：教室后排留出空位，摆上几张桌子。

七、活动流程

（一）导入环节（5分钟左右）

1. 播放中国科协科普部关于"聆听地球的声音"的宣传视频。

2. 过渡语：2009年第63届联合国大会通过决议，将每年的4月22日定为"世界地球日"，旨在唤起人类爱护地球、保护家园的意识，促进资源开发与环境保护的协调发展，改善地球的整体环境。

（二）主题讲解或展示环节（10分钟）

1. 导入语：在这个蓝色星球上，每一片海洋的呼吸、每一片森林的低语、每一座城市的心跳，共同编织成了地球之歌。然而，随着人类文明的进步，我们也面临前所未有的全球挑战。今天，就让我们携手，聆听地球的声音，共同探讨那些关乎我们未来命运的议题。

2. 播放一段精心挑选的纪录片片段，展示全球变暖导致的冰川融化、极端天气频发、生物多样性减少等自然现象，配以旁白解说，让学生直观感受地球面临的危机。

3. 小组讨论：视频中最触动你的画面是什么？你认为这些变化对人类生活有哪些直接影响？

4. 请3~4名学生分享观点。

5. 小结语：大家的分享很精彩，我们深刻感受到地球变化对人类生活带来的多维度、深层次的直接影响。这些变化，如同一张错综复杂的网，紧密地关联着每一个人的日常生活和未来福祉。

（三）讨论或分享环节（15分钟）

1. 导入语：上一周我布置了本节班会课的议题，现在请展示各组研究成果。

2. 各组按照抽签顺序分别就下面四个话题进行展示。

（1）气候变化：从自然因素和人为因素讨论气候变化的原因，气候变化对生态系统、人类生活、社会经济的影响，以及全世界对于气候变化的应对措施。

（2）资源枯竭：从人为因素、自然环境变化、人口增长与经济发展等方面分析资源枯竭的原因，资源枯竭对于经济发展和社会稳定的影响，以及世界对于资源枯竭问题的应对策略。

(3)生物多样性的保护：分析生物多样性的重要性并讨论相关的保护措施。

(4)环境污染：包括环境污染的内容与分类，造成环境污染的原因，污染源，对人类健康、生态系统及经济发展的危害，目前采用的防治措施。

3. 每个小组在展示结束后，安排提问和回答环节。

4. 小结语：非常感谢刚刚几位同学的精彩分享，你们用自己的视角深刻剖析了地球面临的严峻挑战。这些挑战不仅影响着自然界的平衡，也直接关系到我们人类自身的福祉和未来。

(四)实践活动环节(10分钟)

1. 导入语：我们上周还给各小组布置了一个调研的作业，请各小组将本组的调研报告展示在教室后面的空位桌面上，所有的同学排好队，观摩各组的研究成果，在优秀的研究报告上贴个"赞"！

2. 组织学生活动。

3. 小结语：面对这些地球挑战，人类并非无能为力，而是可以通过智慧、勇气和行动来找到解决方案。刚才各组的调研报告完成得非常优秀，大家深入城市的不同方面，深度了解政府、企业、市民在保护环境、爱护地球方面采取的措施和付出的努力。

(五)总结与提升环节(5分钟)

1. 导入语：同学们，今天的班会就要结束了。如果让你一句话写出你对"地球心声"的回应，你会写什么？

2. 学生在心形贴纸上写上自己的"回应"，贴到班级"保护地球"的宣传海报上。

3. 小结语：同学们，地球是我们共同的家园，它的健康直接关系到我们及后代的福祉。通过今天的班会，我们深刻认识到了地球面临的诸多挑战，也看到了通过我们的努力，这些挑战并非不可战胜。让我们携手并进，用实际行动回应地球的呼唤，共同守护这个唯一的蓝色星球。

八、后续跟进计划

1. 组织班级学生集思广益，制订班级环保行动计划，如设立垃圾分类制度、推广绿色出行方式等，还可以向家长普及相关环保知识。

2. 后期还可以在全校范围内开展低碳环保知识有奖问答、世界地球日主题手抄报竞赛等活动，倡导大家行动起来，成为生态环保的推行者与践行者。

九、注意事项

学生在课前准备时，老师应尽可能提供相应的支持，比如电脑等。

十、参考资料

1.《2024 地球保护报告》由 2024 年 6 月联合国环境规划署世界保护监测中心（UNEPWCMC）和世界自然保护联盟（IUCN）发布的。

2.《绿色云端 2024》由国际环保机构绿色和平、苏州高新区（虎丘区）碳中和国际研究院发布的。

高二年级生命教育主题班会课设计范例

第 1 课
应对挫折，提升韧性

一、教育背景

1. 活动缘起：抗逆力指的是当个人面对逆境时能够理性地做出建设性、正向的选择。抗逆力是一种资源和资产，能够引领个人在恶劣环境中正确处理不利的条件，抗逆力也是一个过程，可以通过学习获得并且不断增强。

2. 学生基本情况：高二是高中阶段的分水岭，也是学生从未成年到成年的关键时期。他们在学习、生活中随时有可能经历挫折，有些学生受挫后沉湎于负面情绪无法自拔，或者过分依赖外部资源应对挫折，往往忽略了自己是解决挫折问题的"专家"。

二、教学目标

1. 认知目标：帮助学生理解韧性的概念，并认识到韧性在应对挫折中的意义。

2. 情感目标：激发学生在应对挫折时产生不畏惧的积极情绪，在面对困难时能保持乐观的心态。

3. 行为目标：倡导学生在集体生活中相互鼓励，运用所学帮助有需要的同学。

三、活动对象

高二年级学生

四、活动时间

45 分钟

五、教学方法

体验式活动：通过漂流瓶活动，让学生共同寻找应对挫折的策略和方法。

六、活动准备

物资准备：海绵、报纸、数块饼干、视频、活动单、"挫折漂流瓶"。

七、活动流程

（一）导入环节（5 分钟）

1. 导入语：同学们，先和大家玩一个小游戏，老师手中有三件物品，海绵、报纸和饼干，还要找三位同学来参与游戏，哪三位同学愿意？

2. 邀请三位学生上来参与游戏，他们每个人用手压其中的一样物品，饼干会被压碎、报纸会缩成一团、海绵会快速地恢复成原样。

3. 小结语：三样物品在遇到外力时结果是不同的。我们人也一样，当遇到压力时不同人有不同的反应，有的人会被击溃，有的人会收获成长。海绵很快就能恢复成原样，这种"恢复常态的能力"就是一种心理韧性，指的是从逆境、矛盾、失败甚至是积极事件中恢复常态的能力。

（二）主题讲解或展示环节（15 分钟）

1. 导入语：在每个人的成长日记里，一定有那么几页，记录着一些不那么顺利的经历——可能是考试失利后的失落，是朋友间误会带来的孤独，是努力付出却未获认可的挫败感，或是面对未知挑战时的恐惧与不安。现在，我想请大家闭上眼睛，深呼吸，让心灵回到那些时刻。不要急于评判或逃避，只是静静地感受那份经历带给你的所有感受。然后，当你准备好时，我想邀请你勇敢地站出来，与我们分享你的故事。

2. 请学生在活动单上写下挫折经历，装入小组"漂流瓶"中。

3. 将"漂流瓶"在小组间进行两轮交换，第一轮 1 组和 2 组交换、3 组和 4 组交换……，第二轮只要不与第一轮重复就好，拿到漂流瓶的成员，每人随机抽取一张，写下挫折应对的方法并送上一句祝福或鼓励的话，再重新将活动单投入到漂流瓶中。

4. 两轮交换后，将漂流瓶流回原小组，同学们取回自己的活动单。

5. 邀请2~3名学生分享，包括挫折问题和解决方法。

6. 小结语：我们集思广益，发挥集体的力量，所有人的问题都获得了答案，你们才是解决问题的专家。

（三）讨论或分享环节（10分钟）

1. 导入语：我们都拿回了自己的活动单，大家看看刚才写的"挫折"，有的是"考试的失利"，有的是"朋友的误解"，而有的则源于内心的自我怀疑或目标的迷茫，请组内交流，看看本组成员的挫折都源于哪些方面？另外，看看同伴写给你的应对策略，评估这些策略是否能带给你一些启发。

2. 组织学生活动。

3. 过渡语：遇到挫折，有人选择直面，用坚韧不拔的意志攻克难关；有人选择暂时绕行，寻找新的路径或机会；还有人通过倾诉、反思寻求帮助来重新调整方向。现在以小组为单位，总结应对挫折的策略和方法。

4. 给每个组分发一张海报纸，请各组将讨论结果写在卡纸上，完成后将其张贴在教室墙壁空白处。

5. 小结语：根据各组的总结，有效地应对挫折的方法包括保持积极的心态、及时进行目标调整、积极寻求支持，等等。

（四）实践活动环节（10分钟）

1. 导入语：今天，我们不谈失败的苦涩，而是要一起探索如何应对挫折，下面的视频或许也会带来启发。

2. 观看视频《所遇挫折，皆是成长的宝藏》：视频中几位学医的学生，在学习和研究过程中，他们查阅过无数的资料，熬过很多个通宵，学医的路上充满考验。他们曾经害怕过，犹豫过，退缩过，但是通过不断地总结经验，以实际行动将挫折转化为成功路上的阶梯，并最终成为一名救死扶伤、优秀敬业的医生。

3. 请2~3名学生分享视频观后感，然后学生们写下本节课的收获，包括新认识到的挫折观、学到的应对策略以及未来面对挫折时的决心。

4. 邀请几位学生进行分享，老师给予正面反馈和鼓励。

5. 小结语：行动是改变的开始。我们将一起实践，将那些应对挫折的策略转化为实实在在的行动。因为，最终塑造我们的不是挫折本身，而是我们如何应对挫折，如何以行动书写自己的故事。

（五）总结与提升环节（5分钟）

1. 导入语：同学们，今天的班会课接近尾声，现在，请你们回想一下，今天学到了什么？你有什么感悟想要分享吗？

2. 请每个小组选一位代表分享。

3. 小结语：通过今天的课程，希望我们大家学会在挫折来临时，保持积极的心态，善于借助外部力量，总结反思，在失败中成长，在行动中进步，勇敢面对挫折，用实际行动挑战自我，实现突破。

八、后续跟进计划

在接下来的一个月内，可以用"晴雨表"记录自己遇到的挫折、引发的情绪感受及采取的应对策略，每月末进行一次自我评估，反思成长与变化。

九、注意事项

"挫折漂流瓶"活动中，提醒学生轻拿轻放。

十、参考资料

视频《所遇挫折，皆是成长的宝藏》来自小红书博主"瞅你像星星一样"。

第2课
慧眼识危机，共筑安全网

一、教育背景

1. 活动缘起：识别并预防心理危机，是学校心理健康教育工作中不可或缺的一环。班会课通过案例分析、角色扮演等形式，让学生了解心理危机的表现形式、危害及应对措施，明白在遇到心理困扰时寻求专业帮助是一种积极、勇敢的行为。

2. 学生基本情况：高二阶段是学生心理发展的关键时期，学生面临着学业压力、人际关系变化、自我认知探索等多重挑战。这一阶段的心理状态对学生未来的学业成就、人格发展乃至终身幸福都有着深远的影响。

二、教学目标

1. 认知目标：让学生了解心理危机的概念、常见表现及影响，认识心理健康的重要性。

2. 情感目标：增强学生的同理心，鼓励开放、包容的班级氛围，共同构建一个支持心理健康的安全网。

3. 行为目标：培养学生识别心理危机的能力，学会初步的心理调适方法和求助途径。

三、活动对象

高二年级学生

四、活动时间

45 分钟

五、教学方法

1. 案例分析教学法：通过案例分析帮助学生学会心理危机的识别方法。

2. 角色扮演教学法：通过角色扮演引导学生探讨心理危机转危为安的关键做法。

六、活动准备

1. 多媒体课件：心理危机案例、心理健康知识图表。

2. 资料准备：小组讨论材料、卡纸、海报纸、心理健康资源手册（每人一份）、纸巾。

七、活动流程

（一）导入环节（5 分钟）

1. 导入语：在这个快节奏、高压力的时代，我们每个人都像航行在广阔海洋中的小船，时而乘风破浪，时而也会遭遇风雨交加、迷雾笼罩的至暗时刻。同学们，你是否曾经有过一些至暗时刻？

2. 邀请 2~3 名学生分享。

3. 小结语：本次主题班会，我们将探讨"心理危机识别与应对"，希望每位同学都能成为自己心灵的守护者，也能成为他人困境中的那一抹温暖。

（二）主题讲解环节（10 分钟）

1. 导入语：什么是心理危机？心理危机通常会有哪些表现？接下来，我会播放一段小视频让大家了解一下。

2. 播放小视频。内容包括心理危机的概念、表现、影响及对心理危机进行及时干预的重要性。

3. 向 1~2 名学生提问，确定学生理解了视频内容。

（三）案例分析和讨论环节（10 分钟）

1. 导入语：上周，一位 17 岁女孩的母亲来电求助。她表示，女儿自小性格开朗、成绩中上、兴趣多样。但上高中后，笑容渐失，回到家也多沉默，常把自己关在卧室不出门，也不再喜欢弹琴。本周情况加剧，发现女儿手臂有鲜红伤痕，称是体育课时擦伤，随后又发现多处隆起疤痕。母亲深感担忧，不知所措。

2. 针对这个案例向全班提问：这个孩子的心理状态、产生的原因以及可能的解决方案。

3. 邀请 3~4 名学生回答。

4. 过渡语：现在请各组对此案例进行分析，中学生可能会遇到的心理危机、心理危机的表现、导致危机的原因以及应对心理危机的策略。请大家在讨论案例时，要保持开放的心态，尝试从多个角度分析问题，比如个体因素、环境因素、社会支持系统等。

5. 给每个小组分发一张海报纸，将讨论结果写在纸上。各组选择一个主题深入讨论。

6. 各小组选代表汇报讨论结果。老师带着学生一起对中学生心理危机的表现、原因、应对策略以及自杀风险进行归纳总结。

(四)实践活动环节(15 分钟)

1. 导入语：个体在遭遇心理危机时，不仅要看到危险，还要看到改变的机会。如果能得到及时和专业的处理，绝大多数的心理危机就能被化解，转危为机，因此我们有必要了解心理危机的一些自助和互助的专业知识。现在，请四位同学上来，和老师一起帮帮这位家长。

2. 角色扮演：四位同学共同组成"专家组"，老师扮演"求助的妈妈"。"专家组"的任务是帮助"妈妈"学会识别孩子的"危机信号"，感受孩子的情绪，并能规劝孩子求助专业人士。此外，"专家组"可以查阅心理健康资源手册。老师把"专家组"的建议和帮助中不恰当的地方记录下来，等角色扮演结束后再做进一步引导。

3. 过渡语：非常感谢大家的精彩演绎，刚才的场景确实触动了我们。现在，让我们稍微抽离出来，从观察者的角度，一起回顾一下心理危机应对的关键节点。

4. 老师带领学生一起梳理心理危机的识别、应对和求助问题。这部分一定要强调：规劝自杀群体是一件非常专业的事情，专业的事情交给专业的人，遇到困难不要一个人扛，要主动求助家长、老师、心理咨询师甚至警察，一定要学会借力！

（五）总结与提升环节（5分钟）

1. 导入语：下课的时间又要到了。今天的讨论与学习，你有哪些收获呢？

2. 邀请2~3名学生分享。

3. 小结语：今天的学习，让我们能够学会敏锐地察觉自己及身边人的情绪变化，这是预防与干预心理危机的第一步，也是至关重要的一步。心理健康和身体健康一样重要，都是我们全面发展的基石，维护心理健康，需要我们每个人的共同努力！让我们携手并进，共筑安全网，守护好每一颗年轻而脆弱的心灵。

八、后续跟进计划

1. 向学生介绍学校心理咨询中心的服务内容、预约方式及开放时间，强调区、市乃至国家层面提供的心理援助热线和服务，同时向学生推荐一些心理健康相关的书籍、网站、APP等资源。

2. 推选班级心理委员，对心理委员开展心理危机的相关培训，负责收集同学们的心理状况反馈，并及时与老师沟通。

九、注意事项

1. 本节课要特别注意营造一种开放、包容、不轻易评判的课堂氛围，鼓励学生自由表达观点和感受。

2. 在讨论案例和个人经历时，要严格遵守伦理，向全班同学强调要尊重他人隐私，避免提及具体人名或敏感信息。

十、参考文献

1. 陈润森，安静. 校园心理危机守门人手册[M]. 北京：人民卫生出版社，2024.

2. 罗伯特·戴博德. 蛤蟆先生去看心理医生[M]. 陈赢，译. 天津：天津人民出行社，2020.

第3课
爱的双向道——父母与我

一、教育背景

1. 活动缘起：本次主题班会旨在通过一系列活动，引导学生认识到父母养育之恩的深重，激发他们内心的感激之情，并学会以更加成熟、积极的方式表达这份情感，促进亲子关系的和谐与深化。

2. 学生基本情况：高二学生面临学业压力，与父母沟通时间减少，有时会觉得父母过于关注成绩，忽视了他们的情感和兴趣。同时，沟通方式的不契合阻碍了亲子之间的有效沟通。

二、教学目标

1. 认知目标：提升学生与父母有效沟通的能力，减少代沟与误解。

2. 情感目标：引导学生理解并感受家庭中爱与牺牲的深刻内涵，培养学生对家庭成员的感恩之情，激发学生对家庭的责任感。

3. 行为目标：培养学生主动理解父母，从点滴做起，以实际的行动感恩父母。

三、活动对象

高二年级学生

四、活动时间

45分钟

五、教学方法

小组合作学习：学生不仅在互动中深化对感恩主题的理解，还能够培养团队合作精神和沟通能力。

六、活动准备

1. 活动资料：视频 *FAMILY*、卡纸、家庭调查表格。

2. 老师准备：课前完成小调查。

3. 小组活动：各组确定一个能反映父母亲履行家庭责任的主题，收集相关照片或视频，制作本组关于这个主题的分享视频。

七、活动流程

(一)导入环节(5分钟)

1. 中央电视台公益广告 *FAMILY* 动画导入：F(爸爸)和 M(妈妈)在孩子小

的时候细心呵护，等孩子有了主见，企图挣脱爸妈的束缚，不断与爸妈发生冲突。然后，孩子成年后，体会到生活的艰辛，回过头才发现爸爸的背早已驼得不成样子，妈妈的身体也变得臃肿，于是开始主动承担起家庭的责任，让年迈的爸妈可以依靠。广告结束时出现了一行字：有家就有责任。

2. 学生看完后分享观后感。

3. 老师总结：同学们，刚刚我们共同观看了一则非常温馨而有意义的公益广告——*FAMILY*。这则广告虽然简短，却向我们展示了一个关于"家"的深刻故事。广告中的一幕幕画面，无声地诉说着父母无私的奉献与牺牲。今天我们一起聊聊家里的那些事。

（二）主题讲解或展示环节（20分钟）

环节一：认识父母的家庭功能

1. 导入语：一个家庭从建立到发展，再到成熟，无论处于哪个阶段，家的温暖与力量都是无可替代的。周末请同学们准备的家庭生活观察视频，现在请各组代表分享你们的视频。

2. 各小组展示本组视频，并讲解。

3. 老师提问：感谢各小组的精彩分享，每个视频都充满了浓浓的爱和幸福。我有个小小的问题，大多数同学的家庭生活照片或视频中，总是能看到处于忙碌的妈妈或爸爸的身影。从角色和功能的角度看，如果一个家庭要顺畅地运转，父母亲在这个家庭里都要承担哪些功能？

4. 小组讨论，并将讨论结果写在卡纸上。

5. 老师在小组分享的基础上进行归纳。比如：经济功能，满足家庭成员的日常消费；照顾功能，养育孩子、赡养老人；教育功能，辅导孩子；等等。

环节二：我们都为对方做了什么？

1. 过渡语：父母为家庭付出很多，但自己为父母做的其实并不多。给同学们每人一张表，请大家如实填写。表格如下：

你的父母知道吗？	为什么知道？	你知道吗？	为什么不知道？
你的生日		父母的生日	
你喜欢吃的东西		父母喜欢的东西	
你的爱好		父母的爱好	
家庭的收入		你每年的花费	

2. 请填完的同学跟小组成员进行交流，大家发现了什么？

3. 邀请 2~3 名同学分享。

4. 过渡语：为了维持一个家庭的生活，也为了我们的健康成长，每位父亲母亲都付出了许多，也为我们做了很多。请每位同学将父母亲日复一日坚持为你做的事情找出来。

5. 小组讨论，代表分享。

6. 过渡语：家庭中的很多事情都需要父母亲日复一日地坚持做，而我们作为孩子也会为家庭做些事情，但常常是偶尔为之。我这里有份调研表，调查了"父母现阶段最希望孩子做到的事"，从这份调研表大家看出了什么？

父母现阶段最希望孩子做到的事

帮忙做家务	多孝敬父母	为家庭分忧	努力学习	能心贴心交流
2.6%	4.7%	1.5%	58.5%	32.7%

7. 请几位同学分享。

8. 小结语：大多时候都是父母亲在为家庭成员付出，而他们的付出基本上都不求对等的回报，他们最大的期待就是孩子能好好上学。

（三）讨论或分享环节（10 分钟）

1. 导入语：现在请各小组围成一个圈，在"父母为我做过的最令我感动的一件事"和"我为父母做过的一件小事"两个话题中选择一个进行分享。等所有人分享完，选取其中一个故事做集体分享。

2. 每组代表分享他们的故事，其他同学认真聆听，并给予掌声鼓励。

（四）实践活动环节（5 分钟）

1. 导入语：同学们，我这里有个分享箱，此时此刻你有什么想跟父母说的，请写下来后投入分享箱。

2. 组织学生活动。

3. 小结语：我会将这个分享箱放置在教室后面，如果你今后也有想对父母说的话或想做的改变，也请你写下来。

（五）总结与提升环节（5 分钟）

1. 导入语：今天的班会课就要结束了，你有什么收获或感受？

2. 邀请 2~3 名学生分享。

3. 小结语：今天的班会课让我们看到了父母无私的爱与付出，也让我们反思了自己在家庭中的角色和责任，你们表达了对父母的感激之情，这让我深感欣慰，因为我知道，感恩之心已经在你们心中生根发芽，并将伴随你们走过未来的每一个日子。

八、后续跟进计划

1. 要求学生回家后与家人共度一段时光，观察并记录家庭成员之间的爱与温馨行为，下周班会课进行分享。

2. 鼓励学生在家中实践感恩行动，如为父母做家务、写一封感谢信等，并记录下自己的感受和父母的反应。

九、注意事项

本节课要鼓励学生大胆发言，分享自己的真实感受和经历，谨记不轻易评价。

十、参考资料

视频 *FAMILY*，来源搜狐视频。

第 4 课
AI，想说爱你不容易

一、教育背景

1. 活动缘起：在科技日新月异的今天，人工智能（AI）作为最前沿的技术之一，正逐步融入我们的日常生活，带来了前所未有的便利与变革。然而，随着 AI 技术的深入发展，其背后的复杂性、不确定性以及潜在的风险也逐渐显现。

2. 学生基本情况：高二学生的形式逻辑思维占据主导地位，他们能够熟练地运用概念、推理和逻辑法则进行思考和判断。他们的抽象逻辑思维基本成熟，能够以理论作指导去分析、解决各种问题。另外，辩证逻辑思维也获得迅速发展，能够以全面、发展、辩证的观点认识、分析和解决问题。

二、教育目标

1. 认知目标：引导学生全面、辩证地看待 AI 技术。

2. 情感目标：鼓励学生以开放的心态面对 AI 时代，培养对未来社会变化的敏感度和责任感。

3. 行为目标：让学生能够以全面、发展、辩证的观点分析和解决问题。

三、活动对象

高二年级学生

四、活动时间

45 分钟

五、教学方法

角色扮演教学法、讨论法。

六、活动准备

1. AI 视频：Sora 制作的一段视频、浙江省数字主持人视频。

2. AI 实物：AI 语音助手小艺。

3. 学生课前准备：查询 AI 对人类生活影响的相关资料。

七、活动流程

（一）导入环节（5 分钟）

1. 导入语：人工智能正以前所未有的速度席卷全球，从几年前的智能语音助手到今天的无人驾驶汽车，从 ChatGPT 到 Sora，从智能医疗诊断到各种个性化教育服务，即使身处象牙塔，我们也能感受 AI 技术独特的魅力和强大的功能。

2. 播放由 Sora 制作的一段视频以及浙江省数字主持人的视频。

3. 提问学生：你使用过 AI 吗？你用 AI 做过什么？

4. 邀请 2~3 名学生分享。

5. 小结语：非常感谢几位同学的精彩分享，让我们对 AI 有了深入的了解。人工智能已经渗透到我们生活的方方面面，它既是工具，也是伙伴，更是推动社会进步的重要力量。

（二）主题讲解或展示环节（10 分钟）

1. 导入语：今天我也带来了一位大家熟悉的语音助手小艺，它具有基础语音助手功能，除了具备打电话、发短信和娱乐互动功能外，它还能够解答用户的各种疑问，辅助用户完成文案创作。哪些同学愿意体验一下？

2. 邀请 1~2 名学生体验，并分享用户体验。

3. 老师可以继续打开"文心一言""讯飞星火"等 AI，设置"问题"，请 AI 完成解答。让学生直观感受 AI 的功能。

4. 播放 PPT，展示 AI 在医疗、教育、交通、娱乐等领域的成功案例。

5. 过渡语：医疗、教育、交通等领域的这些成功案例仅仅是 AI 广阔应用蓝图的冰山一角。未来，随着技术的不断进步与融合，AI 将在更多领域展现出其无限潜力与可能。请大家发挥想象力，分组讨论未来 AI 将如何在提高人类的工作效率、改善生活质量等方面发挥作用？

6. 小组讨论并形成小组观点，由代表发言。

7. 小结语：大家的发言都极具想象力。在同学们看来，AI 确实在各方面发挥着越来越重要的作用。我们应当积极拥抱这一变革，充分发挥它的潜力。

（三）讨论或分享环节（15 分钟）

1. 导入语：前不久，老师看到两则新闻，一则是关于 AI 换脸某明星的，一则是利用 AI 换脸技术设计"高端"骗局的。AI 的飞速发展开始改变我们的生活，比如引导就业结构变化，但同时 AI 也面临隐私安全、伦理道德等挑战。

2. 角色扮演。邀请 7 名学生进行角色扮演，分别扮演 AI 开发者（2 名）、政府官员、滴滴司机、漫画师、法律人士以及学生本人，就 AI 将如何影响人类生活方式进行模拟讨论。

3. 全班交流：引导学生形成对 AI 的全面认识。

4. 小结语：我们通过一场别开生面的角色扮演活动，深入探索 AI 如何带给我们生活便利，以及它所带来的就业结构转型、隐私安全、伦理道德等多方面的挑战。

（四）实践活动环节（5 分钟）

1. 引入语：同学们，如果让你作为人类代表向 AI 说一句话，你会说什么呢？

2. 邀请 1~2 名同学分享。

3. 小结语：AI 技术就像一把双刃剑，既带来了前所未有的便利与机遇，也伴随着诸多挑战与风险。作为未来的建设者和接班人，我们需要保持开放的心态，积极拥抱 AI 技术带来的变革；同时，我们也要具备批判性思维，审慎评估其潜在影响，确保 AI 技术的发展始终服务于人类的福祉与社会的可持续发展。

（五）总结与提升环节（5 分钟）

1. 导入语：今天的班会课接近尾声，请同学们回顾一下今天的课程内容，请大家分享自己的收获。

2. 邀请2~3名学生分享。

3. 小结语：感谢大家的分享！通过本次班会课，我们学会了从多个角度审视AI的影响，培养了批判性思维和社会责任感。在未来的日子里，希望我们以更加理性、全面的态度面对AI技术的发展，共同创造一个更加美好的科技未来。

八、后续跟进计划

1. 要求学生搜集更多关于AI应用的案例，思考并撰写一篇短文，分析AI对某一具体领域（如教育、医疗等）的深远影响及应对策略。

2. 开展关于AI技术利弊的辩论会，准备相关辩题，如"AI将取代人类工作，是福还是祸？"，各班学生自愿报名组队进行辩论。

九、注意事项

1. 在角色扮演环节，为了保证辩论效果，需提前与学生沟通，确保每位学生能代入相应的立场，做到有话可讲，能明确自己的角色定位和讨论要点，避免角色冲突或讨论偏离主题。

2. 课堂上要注意保持开放态度，鼓励学生以开放的心态面对AI技术及其带来的变化，尊重每位学生的观点和看法，营造宽松、包容的课堂氛围。

十、参考资料

Sora制作的一段视频，浙江省数学主持人的相关视频。

高三年级体验式生命教育主题班会课设计范例

第1课
激发潜能，成就人生

一、教育背景

1. 活动缘起：高三作为整个中学阶段最为紧张和关键的一年，各类考试接踵而至，有些学生由于成绩的不理想开始对自己产生怀疑，对学习和考大学失去信心。因此，有必要通过班会课提高学生士气。

2. 学生基本情况：面对繁重的课业负担、频繁的模拟考试以及即将到来的高考，不少学生会感到紧张不安，产生焦虑情绪，有些学生会过分关注自己的失败和缺点，而忽视自己的优点和潜力。

二、教育目标

1. 认知目标：引导学生自我觉察，正确地看待自己的能力。

2. 情感目标：引导学生树立积极的心态，相信自己的能力和潜力。

3. 行为目标：通过活动体验，让学生养成遇到困难不放弃，善于思考，不断尝试各种应对困难的策略的习惯。

三、活动对象

高三年级学生

四、活动时间

45 分钟

五、教学方法

游戏教学法：通过"吸管穿透土豆"的游戏，引导学生树立积极的心态，相信自己的能力和潜力。

六、活动准备

1. 活动材料：数个大小均匀的土豆、大量不同材质的吸管、彩色卡纸。

2. 分组准备：6 人为一组。

七、活动流程

（一）导入环节（5 分钟）

1. 导入语：首先我们来玩一个游戏，游戏的名称叫"掌声响起来"。请大家先预估一下，假如让你用最快的速度鼓掌，你一分钟能鼓多少个，请你写在纸上。现在我们立刻来验证，老师给大家 20 秒的时间，一边鼓掌一边数自己鼓掌的次数。时间到后，请乘以 3，大概就是你一分钟最多的鼓掌次数。

2. 学生活动。提问：为什么预估次数与实际次数差别那么大？

3. 过渡语：很多时候，我们常常低估了自己的能力，这些实际存在但没有呈现出来的能力，就是我们所说的潜能。一个人如果潜能发挥得好，就会表现出更好的成绩，在人生的道路上也会取得更大的成功。

（二）主题讲解或展示环节（20 分钟）

1. 老师播放一段有关"奥运健儿破纪录"的视频。

2. 过渡语：这些令人震撼的破纪录瞬间，不仅仅是速度与力量的展现，更是梦想、坚持与超越精神的集中体现。

3. 老师拿出一个土豆和一根吸管，继续说：猜一猜，一根吸管能穿透厚实的土豆吗？试一试，用桌上三种不同材质的吸管去穿透土豆。

4. 学生活动。老师为每个组分发数个大小均匀的土豆和三根不同材质的吸管。

5. 谈一谈：(1)是不是有同学根本就不相信"吸管能穿透厚实的土豆"？为什么不相信？

(2)已经有同学成功将吸管穿透了土豆，请分享一下经验。邀请多位同学分享，老师归纳总结。

6. 小组讨论：

(1)一开始我们有很多同学质疑，从不相信吸管能穿透土豆，直到我们有同学成功穿透土豆，一件看上去不可能完成的事情变成"可能的事情"，大家是怎么做到的？（学生可能分享的点：不断地尝试；得有信念，相信一定可以；结合经验以及其他学科的知识；相互合作；快速；找出薄弱点集中精力克服；等等。）

(2)各小组将讨论的结果写在彩色卡纸上。

(三)讨论或分享环节(10分钟)

1. 导入语：刚刚我们体验了"吸管穿透土豆"的活动，如果我们将这个活动带给我们的启示用于我们的学习，你会有什么感悟？你最应坚持的优点和亟待改进的不足分别是什么？

2. 邀请3~4位学生结合自己的情况分享。

3. 小结语：同学们，今天我们一起见证了一个看似不可能，实则蕴含了深刻科学道理的奇迹。刚才几位同学的分享里都不约而同地提到了几个关键点：勇气、尝试、相信自己、科学的方法、不放弃、对未来保持希望感。

(四)实践活动环节(8分钟)

1. 导入语：我们现在是高三，也是冲刺高考的最后一年。在过去一年里，你可能遇到很多困难，经历过许多失败，但总会有那么一次，你通过自己的努力走出了困境。请回想一下，在过去的时光你是如何做到的？

2. 老师采访一位学生：这件事发生后，你是怎么想的？具体做了哪些努力来克服困难？从这些努力中，你看到了一个什么样的自己？当你发现自己能够通过努力来缓解或走出困境时，这意味着什么？请总结一下，你克服困难有什么经验、方法?

3. 学生在老师的提问引导下进行反思。

4. 过渡语:相信每位同学都有那么一次通过努力走出(或缓解)困境的经历。请参照老师刚才提供的访谈提纲,两人一组相互访谈。

5. 老师下发卡纸,请每位学生将今天的收获以思维导图的形式进行总结。

(五)总结与提升环节(2分钟)

1. 导入语:本节课又到了最后的环节,我们来总结一下本节课的收获。老师想请教同学们一个问题,为什么用拇指堵住吸管顶端的穿透效果更好?

2. 老师以提问的方式来引导学生总结。

3. 小结语:当我们用拇指紧扣吸管的顶端再扎向土豆时,此时吸管内的空气处于密闭状态。随着吸管越来越深,吸管内的空气将被压缩,并对吸管内壁产生巨大的压力,增强了吸管的刚度和抗弯曲能力,因此就更容易穿透土豆了。就如同我们在学习上,勇往直前要有锐气,战无不胜要有勇气,凝心聚力要有定气,实力满满才有底气,相信自己!

八、后续跟进计划

1. 组织学生将本次班会课的精彩瞬间、感悟心得以及"吸管穿透土豆"活动的照片和成果制作成主题墙报,展示在班级或学校的显眼位置,供师生们观赏和学习。

2. 要求学生撰写学习日志,记录自己在接下来一段时间内面对学习困难时的思考过程、采取的行动、取得的进步以及从中获得的经验和教训。

九、注意事项

鼓励学生发挥创意和个性,在完成任务时融入自己的想法和感受,这不仅可以增强学生的参与感和成就感,还能使成果更加丰富多彩,更具吸引力。

十、参考文献

李一诺. 力量从哪里来:面对每一个不敢[M]. 北京:中信出版社,2021.

第2课
我们一起谈谈爱情

一、教育目标

1. 活动缘起:苏联教育学家苏霍姆林斯基认为爱情是人最重要、最高尚的情感之一，爱情教育关系着年轻人一生的幸福，早在年轻人刚产生爱情萌芽的时候，父母、老师等就应该认真教育、积极引导，使其了解爱情、逐渐具备拥有爱情的能力。

2. 学生基本情况：高三学生面临巨大的学业压力，合理的情感寄托与支持有助于缓解压力。通过与高三学生开放、理性地对话，我们可以帮助他们更好地平衡学业与情感，为未来的生活做好准备。

二、教育目标

1. 认知目标：通过故事分享和小组合作，理解爱情的内涵。

2. 情感目标：感受爱情的美好，学会以积极、理性的态度面对青春期的情感困惑。

3. 行为目标：通过讨论与分享，学会如何在高三生活中妥善处理情感问题，促进个人成长。

三、活动对象

高三年级学生

四、活动时间

45 分钟

五、教学方法

案例分析教学法：对同龄人的案例进行分析，让学生学会用积极、理性的态度面对青春期的情感困扰。

六、活动准备

1. 场所准备：宽敞的功能室，6 人一组围圈就坐。

2. 资料准备：视频《双向奔赴才是爱情最美好纯粹的样子》，电影《侧耳倾听》的片段。

3. 学生课前准备：准备一个自己最欣赏的爱情故事。

4. 老师课前准备：开展学生恋爱观调查，内容可以包括：你谈过恋爱吗？你对中学生恋爱的态度是什么？如果你现在喜欢一位异性，你会跟对方表白吗？你认为高三恋爱对学习会有怎样的影响？你觉得学校(家长)对中学生恋爱应采取什么样的态度或措施？

七、活动流程

(一)导入环节(5 分钟)

1. 播放音乐《传奇》MV。导入语：这首《传奇》很多同学都耳熟能详，歌曲充满了对爱情的向往、思念、坚定与奉献。你有没有听说过哪些令人感动的爱情故事呢？

2. 邀请2~3名同学上台分享他最欣赏的爱情故事。老师可以提问：故事的什么地方最令你感动？老师归纳关键词写在黑板上。

3. 小结语：感谢几位同学的分享。从你们的讲述中，我们共同提炼出了信任、忠诚、理解与陪伴这些宝贵的关键词。爱情，正是这些美好品质的交织，它让心灵得以成长，世界更加温暖。

（二）主题讲解或展示环节（10分钟）

1. 导入语：马克思曾说过，爱情是使一个人成为真正意义上的人的力量。苏联教育学家苏霍姆林斯基认为，爱情是人最重要、最高尚的情感之一，那么爱情到底是什么？

2. PPT展示名人有关爱情的名言。

泰戈尔：眼睛为她下着雨，心却为她打着伞，这就是爱情。

雨果：人间如果没有爱，太阳也会死。

秦观：两情若是久长时，又岂在朝朝暮暮。

莎士比亚：真诚的爱情的结合是一切结合中最纯洁的。

爱因斯坦：万物都是相对的，我对你的心，是绝对的。

3. 播放视频短片《双向奔赴才是爱情最美好纯粹的样子》。

4. 邀请2~3位同学谈谈他们对爱情的理解。

5. 小结语：在名人名言的启迪下，我们更深刻地理解了爱情的多样与美好。每位同学的分享也让我们感受到爱情的不同面貌。爱情不仅仅是情感的吸引，更是责任、理解和包容。

（三）讨论或分享环节（15分钟）

1. 导入语：我们刚刚感受了爱情的美好，可是老师这里有一个故事，故事的男生深陷在情感的漩涡里不能自拔，痛苦不堪。听听他的故事。

2. 学生倾听高三男生的"恋情"。

内容如下：你好！我是一个性格内向的男孩，高二下学期喜欢上一个女生，但是在她面前我总不敢多说话。高三生活太紧张枯燥了，我很想跟她在一起，我担心高考后大家就要各奔东西，不想错过，但又担心说出来后会影响学习。这学期她就坐在我后面，我偶尔会向她借点东西。最近一个男生跟她坐同桌，这个男生对她特别好，大概是喜欢上她了吧！所以每当他俩说话，我总是很难受，甚至痛苦无比。你能帮帮我吗？

3. 小组讨论：这个男生的痛苦你曾经有过吗？你认为高三时期如何处理情感？

4. 老师将课前的调研结果通过 PPT 展示，结合各小组的分享进行小结。

（四）实践活动环节（10 分钟）

1. 导入语：爱情是人类最美好的情感，给予我们力量，也让我们在成长的路上学会理解与包容。但高三，时间紧，学习任务重，更需要我们精心规划与合理安排。今天，让我们围坐一起，以开放而理性的心态，讨论如何在高三紧张的学习生活中合理安排时间。

2. 组织学生活动，邀请小组代表发言。

3. 小结语：经过深入讨论，我们深刻认识到，在高三这段既充满挑战又充满希望的旅程中，合理安排时间是很重要的。它需要我们做好未来的人生规划，要有坚定的意志和相互理解与支持。

（五）总结与提升环节（5 分钟）

1. 导入语：不知不觉班会课就要结束了，今天的课程你有什么收获和感受？请你把它们写下来。

2. 邀请 2~3 名学生分享。

3. 小结语：在结束这场关于"爱情"的分享与交流之后，我想说的是高三阶段，我们要珍惜青春，明确目标，书写属于自己的精彩人生篇章。

八、后续跟进计划

1. 针对高三学生在情感方面可能遇到的困惑和压力，提供心理健康讲座和咨询服务。

2. 邀请教育专家或心理咨询师通过讲座帮助家长树立正确的爱情观，从而更好地引导孩子。

九、注意事项

在处理学生对异性有好感问题时，要严格遵守保密原则，保护学生的个人隐私。避免在公共场合或同学之间讨论具体学生的情感问题，以免给学生带来不必要的压力和困扰。

十、参考文献

1. 金国婷. 高中生的爱情观与爱情教育探讨［D］. 南昌：江西师范大学，2010.

2. 孙云晓，张引墨. 藏在书包里的玫瑰：校园性问题访谈实录［M］. 桂林：漓江出版社，2009.

第3课
看见家人的力量

一、教育背景

1. 活动缘起：高三学生面临升学和未来的职业规划等问题。通过讲述家族故事，绘制家族树，一方面让学生深入地了解自己的家族历史和文化，增强家族的认同感和归属感，另一方面引导学生思考个人发展与家族传承的关系，为未来规划提供新的视角与动力。

2. 学生基本情况：高三学生正处于高考冲刺阶段，学习压力大，时间紧迫。此主题班会旨在通过家族故事分享，让学生感受到家人的支持与力量，增强学习动力与责任感。

二、教育目标

1. 认知目标：让学生学习如何收集并整理家族信息，理解家族成员的成就与挑战，进而思考自身生涯发展的可能性。

2. 情感目标：激发学生对家庭情感的共鸣，增强对家族传统和价值观的认同感与自豪感。

3. 行为目标：提升学生的团队合作能力、信息整合能力及自我反思能力。

三、活动对象

高三年级学生

四、活动时间

45分钟

五、教学方法

1. 实践操作法：学生自己动手绘制生涯家族树，并在绘制过程中思考家族成员的职业、成就和对自己的影响。

2. 案例分析法：老师选择具有代表性的家族故事，向全班同学分享，引导学生分析家族故事中的价值观、精神内涵等。

六、活动准备

1. 材料准备：彩笔、纸张、家族成员照片（可选）。

2. 学生课前准备：选择任意一项或几项进行准备，收集家族成员的基本信息，绘制生涯家族树；访谈至少一位家族成员，了解他的职业故事；查阅族谱、网络资料等，了解家族的变迁故事；收集家族历史照片、传承物件，了解照片或物件背后的家族故事。

3. 分组安排：四五人一组，确保组内成员能够互帮互助。

4. 小组任务：帮助成员准备分享 PPT。

七、活动流程

（一）导入环节（5 分钟）

1. 故事导入：以李鸿章家族关系图为引子开启今日课程。李鸿章，这位晚清重臣，不仅是淮军与北洋水师的缔造者，更是洋务运动的领航者，他的影响力深刻塑造了晚清的政治、经济与军事格局。李鸿章家族人才济济，众多成员在政坛与军界留下足迹，例如其长子李经方，曾任驻美、驻日公使，而孙子李国焘则在邮政领域发光发热。

2. 过渡语：李鸿章家族世代为官，展现了家族传承的力量。类似的故事不胜枚举，如水稻之父袁隆平的孙女，正于中国农业大学深造，志在延续祖父的事业。老师世家、医生世家等现象，无不彰显了家庭环境对个人成长的深远影响。

3. 引导学生思考家族中有哪些人对自己的成长有所启发？邀请 2~3 名学生分享。

（二）主题讲解或展示环节（15 分钟）

1. 导入语：生涯家族树将帮助我们理解，家人是如何用他们的智慧、勇气和爱，为我们铺设了一条通往未来的道路。接下来的时间里，我们就一起来绘制自己的生涯家族树。

2. 屏幕显示家族树的定义：通过图形化的方式展现家族成员的职业生涯及相互关系，帮助学生直观感受家族的职业传承与影响。同时，展示几份课前准备好的生涯家族树示例，老师讲解绘制要点，包括如何布局、如何标注信息、如何体现家族成员间的联系等。

3. 学生完成自己的家族树。

4. 同学两两一组，向对方讲解自己的家族树。在分享过程中，重点分享家族成员的贡献和价值；家族中对自己影响较大的成员的故事。

（三）讨论或分享环节（20分钟）

1. 导入语：同学们，我们刚绘制的生涯家族树，不仅是树形图，更是家族历史、传统、价值观的缩影，展现了每位家族成员对我们的深远影响。现在，让我们怀揣敬意与感激，进入展示环节，邀请几位同学分享各组提交的"家族故事"。

2. 老师精选代表性的家族故事，如老照片、家谱家训、家书等，让全班同学共同聆听。每位同学分享后，老师适时小结或待全部分享完毕再总结。

3. 小结语：刚刚的故事分享，如同温馨的时光之旅，滋养了我们的心灵。每个家族故事独一无二，是爱与勇气、坚持与传承的生动体现。同学们的分享中，不仅有"传承"，更有"创新"，以独特方式诠释家族荣耀与梦想。这些故事，将成为我们前行路上的宝贵财富。

（四）总结与提升环节（5分钟）

1. 导入语：最后，我们总结一下今天的学习收获。

2. 邀请3~4名学生分享或总结本节课的学习收获。

3. 小结语：本课我们绘制生涯家族树，聆听家族故事，深感家族力量与传承厚重。这不仅增进对家族历史文化的理解，也激发个人生涯规划思考。家族乃成长根基，其故事智慧乃宝贵财富。我们应将家庭传承融入个人梦想，勇于创新，回馈社会，让家族之光在新时代继续闪耀，实现个人与家族的双重提升。

八、后续跟进计划

1. 鼓励学生将自己及同学分享的家族故事进行整理、编辑，汇编成一本家族故事集或制作成电子版的家族故事书。

2. 要求学生回家后，与家族长辈进行一次深入的访谈，了解家族历史、传统和家族精神，并撰写一篇访谈报告。

九、注意事项

1. 老师课前应提前布置作业，确保每位学生都能提前收集到足够的家族信息，包括家族成员的职业、成就等。

2. 在分享家族故事时，要尊重学生的隐私和家族成员的意愿，避免涉及敏感或不愿公开的信息。鼓励学生分享积极、正面的家族故事，避免负面情绪的传递。

十、参考文献

张德芬. 遇见未知的自己[M]. 长沙：湖南文艺出版社，2012.

第4课
高三，为理想而战

一、教育目标

1. 活动缘起：高三的学生对未来充满憧憬，但由于平时学业繁重，部分学生对国家发展和社会责任缺乏深刻理解，对个人理想和国家需求之间的关系也认识不足。

2. 学生基本情况：高三学生正处于青春奋斗的关键时期，对国家、民族有着强烈的归属感和责任感。他们即将步入社会，不仅关注个人前途，还开始思考如何为国家和社会贡献自己的力量。

二、教育目标

1. 认知目标：让学生了解国家发展对个人理想的影响，认识个人理想与社会责任的关系。

2. 情感目标：激发学生的爱国热情，树立远大理想，增强对国家和民族的认同感和自豪感。

3. 行为目标：促进学生思考与交流，增强团队合作与自我反思能力，学会规划个人未来发展方向。

三、活动对象

高三年级学生

四、活动时间

45分钟

五、教学方法

小组讨论法：组织学生分组讨论"如何将个人理想与国家需要结合起来？"等问题，培养学生的团队协作能力和批判性思维能力。

六、活动准备

1. 场所准备：宽敞的功能室，6人一组围圈就坐。

2. 资料准备：《厉害了，我的国》视频精华集锦，国家功勋人物邓稼先、于敏、黄旭华、屠呦呦、袁隆平等事迹介绍，《"时代楷模"黄大年》视频材料，本校优秀毕业生的事迹。

3. 学生课前准备：个人理想与国家发展关系的思考，纸和笔。

七、活动流程

(一)导入环节(5分钟)

1. 播放视频《厉害了，我的国》精华集锦版。

2. 导入语：同学们，在我看来，《厉害了，我的国》不仅仅是一部纪录片，更是对我们每一个人的激励与召唤。让我们在感受到国家强大的同时，也思考自己能够为国家的发展贡献什么力量。带着这份激动与责任，让我们开启今天的主题班会"高三，为理想而战！"

3. 老师提问：同学们，我们现在高三了，过几个月就要高考，就要迈出实现理想的第一步了。老师想问问大家的未来理想都是什么？

4. 邀请2~3名同学分享。

5. 小结：听了大家关于理想的分享，老师深感欣慰。每个人的理想都闪耀着独特的光芒，它们汇聚成海，正是推动社会进步、国家发展的不竭动力。

(二)主题讲解或展示环节(10分钟)

1. 导入语：同学们，今天的班会课老师还带来了一些图片，请大家欣赏。

2. 老师通过PPT展示新中国成立以来的辉煌成就，如"两弹一星"、改革开放、脱贫攻坚等，重点介绍功勋人物邓稼先、于敏、袁隆平、屠呦呦的事迹，讲述他们对国家发展的贡献。

3. 过渡语：在领略了这些国家功勋人物的卓越贡献之后，我们不禁为他们展现的家国情怀与科学精神所深深震撼。接下来请同学们分组讨论一个问题：个人理想实现与国家的发展有何关系？

4. 组织学生小组交流。各组派代表分享讨论结果。

5. 小结语：国家的发展为我们提供了广阔的舞台和丰厚的资源，我们的理想与国家的发展密不可分。

（三）讨论或分享环节（15分钟）

1. 导入语：同学们，我们再来观看用生命谱写报国人生的黄大年的视频故事。

2. 组织学生观看视频《"时代楷模"黄大年》，讲述杰出科学家黄大年立志报国的故事，将个人理想与国家需要结合起来。

3. 邀请学生分享自己了解到的报国人物故事。老师提问：听到不同时代不同人物的报国故事，我们能总结出个人理想和国家的发展紧紧结合起来的核心要素是什么吗？（忠诚、奉献、担当等）

4. 小结语：将个人理想与国家发展紧紧结合起来不仅仅体现在伟大人物身上，每一个普通人也可以在自己的岗位上实现报国理想。

（四）实践活动环节（10分钟）

1. 老师分享本校优秀毕业生的事迹，如某位毕业生在科研领域的突破，或在扶贫工作中的贡献。

2. 导入语：某某学长（姐），就是从我们学校走出去的优秀毕业生，他们去了祖国最需要的地方。我们正处于高考前最后阶段，很快将步入大学、步入社会，那么，同学们，你们未来的理想是什么？你们如何将个人理想与国家需要结合起来？制订具体的行动计划，然后在小组内交流。

3. 各小组派代表发言。

4. 小结语：我们的理想不仅在于那些伟大的事业，每个人在自己平凡的岗位上，通过自己的努力也能实现报国理想。

（五）总结与提升环节（5分钟）

1. 导入语：今天的班会课接近尾声了，老师带来了一些拼图，请各小组在一分钟内将你们手里的拼图拼出来。

2. 组织学生活动，展示拼图"扬理想之帆，立报国之志"。

3. 邀请2~3名学生分享今天班会课的所感所想所获。

4. 小结语：理想，如同远方的灯塔，指引着我们前行的方向；报国，则是我们心中最炽热的情感，激励着我们不断奋斗。愿我们都能怀揣着对理想的执着追求，以及对祖国的深厚情感，勇往直前，不断奋进。

八、后续跟进计划

1. 开展职业规划讲座，邀请不同领域的杰出校友、行业专家或成功人士来校，分享他们的职业经历、成长故事。

2. 围绕"理想·报国"主题，开展演讲比赛。鼓励学生结合个人经历、社会观察或未来设想，开展演讲比赛，表达自己对理想的追求和对祖国的热爱。

九、注意事项

提前收集并整理相关素材，如国家发展成就、杰出人物事迹、励志故事等，以便在班会中分享。

十、参考文献

1. 吴晶，陈聪. 心有大我 至诚报国：黄大年［M］. 长春：时代文艺出版社，2017.

2. 任仲文. 功勋［M］. 北京：人民日报出版社，2021.

模式三　高中生体验式生命教育专题课设计范例

高一年级体验式生命教育专题设计范例

第1课
发现自我之旅：绘制我的SWOT

一、理论依据

"发现自我之旅：绘制我的SWOT"属于高一年级"爱自己"板块中的一课。SWOT分析就是将与研究对象密切相关的主要内部优势、劣势，外部的机会、威胁等列举出来，用系统分析的思想，把各种因素相互匹配起来加以分析，并给个人的决策提供参考。SWOT分析可以帮助学生更清晰地认识自我，规划未来。

二、学情分析

依据埃里克森人格发展八阶段理论，青春期（12~18岁）面临自我同一性和角色混乱的冲突。高中生需掌握正确认识自己的方法，建立良好的自我同一性，对自身的优势、能力、经验和资源有更清晰的探索与觉察，促进身心健康发展。

三、活动对象

高一年级学生

四、活动时间

45 分钟

五、活动目标

1. 知识与技能：让学生掌握 SWOT 分析技术。

2. 过程与方法：帮助学生用辩证和发展的视角看待自己的优势和劣势。

3. 情感态度与价值观：激发学生对自我探索的兴趣，培养积极向上的自我认知态度，增强自信心和自我价值感。

六、重难点及突破策略

重难点：学习运用 SWOT 进行自我分析，认识自己的优势、劣势、资源及威胁。

突破策略：通过老师重点讲解和演示，帮助学生更清晰地认识自我，规划未来。

七、教学方法

1. 体验式学习：通过实践活动帮助学生体验和理解自我认知。

2. 小组合作：促进学生之间的交流与合作，增强集体归属感。

八、活动准备

1. 活动材料：A4 彩纸、彩色笔、SWOT 分析表、"我的高光时刻"卡纸。

2. 音乐准备：轻松愉悦的背景音乐。

3. 分组准备：学生 6 人一组，围圈而坐。

九、活动流程

(一)热身阶段——"我有，你有吗?"活动(8 分钟)

1. 游戏规则：小组成员伸出 10 根手指，轮流说出一个自己的特征或特长(如：我戴眼镜、我会打架子鼓……)。如果小组内其他人也有这个特征，分享者需要收回自己的一根手指；如果小组内其他人没有这个特征，小组内其他成员都需要收回一根手指，一轮后谁收回的手指少谁获胜。

2. 邀请获胜的学生来分享，你都提到了哪些"我有你没有"的特质？这些特质属于你身上的什么方面(优势、特点、缺点)？

【设计意图：通过"我有，你有吗?"游戏，增进学生自我认知，营造积极

课堂氛围。】

（二）导入情境（2分钟）

导入语：刚才的游戏，大家都提到了自己的特质，我们每个人都是独一无二的。今天的心理课，将继续我们的探索！

（三）探索阶段（25分钟）

第一阶段：我的高光时刻

1. 导入语：在每个人的生命旅程中，可能都有过一些经历，令我们感到特别自豪。比如：我独自拼好了一台有7000多个零件的小汽车，我为全家人安排了一次旅游。请大家写下那样的经历，并从事件发生的时间、地点、事件内容、我的感受四方面来写。

2. 给学生下发印有"我的高光时刻"字样的卡纸。

3. 邀请3~4位学生分享。老师提问：你认为在完成这件事情的过程中发挥了哪些优势？你遇到了哪些困难？你是如何克服的？你寻求了哪些资源和支持？

4. 过渡语：刚才每位同学都积极分享了自己生命中的高光时刻，在完成当时的任务时，都不可避免地遇到过困难和阻碍，通过发挥优势、寻求资源和支持等都圆满地完成了。

第二阶段：学习SWOT

1. 向学生介绍自我分析方法SWOT。SWOT分析是一种针对个人内部的优、劣势以及外部环境的机会和威胁进行的分析决策。其中，优势指的是个人身上有利于实现目标的积极因素或特点。比如对语言敏感、善于表达，喜欢写作；能很好地适应外界环境。劣势指的是个人身上可能阻碍其实现目标的消极因素或特点，比如说话毫不顾忌，有时候会得罪人；学习缺乏主动性。机会指的是外部环境中有利于实现目标或增强其优势的积极因素，比如担任班级语文课代表；妈妈工作比较轻松，有比较多的时间可以陪伴我。威胁指的是外部环境中，可能对目标的实现产生不利影响的消极因素。比如我家距离学校比较远；弟弟比较吵。

2. 学生结合"我的高光时刻"的分享，完成SWOT自我分析。

3. 小组内分享自己的SWOT。按照下面的顺序来分享：自己的优势（劣势/资源/困难）是什么以及自己是怎样发现这些优势（劣势/资源/困难）的。

【设计意图：通过"我的高光时刻"和SWOT自我分析法，帮助学生全面认识自身优劣势、机会与威胁，促进自我认知与成长规划。】

（四）成效阶段（5分钟）

1. 导入语：现在，让我们分享一下，在今天的活动中你有哪些收获？

2. 邀请3~4名学生分享自己的SWOT。

3. 小结语：同学们，运用SWOT分析技术，每位同学都认真审视了自己在学习、兴趣、技能等方面的现状，以及面临的外部环境，展现出了深刻的自我认知和敏锐的洞察力。

【设计意图：总结分享促进知识内化，强化自我认知，鼓励持续成长，展现学生自我探索成果。】

（五）总结阶段（5分钟）

1. 导入语：今天的心理课就要结束了。你有什么收获呢？

2. 邀请2~3名学生分享。

3. 小结语：同学们，今日的探索之旅让我们更加了解自己，认识到每个人独有的光芒。让我们带着这份宝贵的自我认知，在成长的路上发光发热。期待下次相聚，共同开启新的成长篇章。

【设计意图：促进学生反思，分享感悟，强化自我认知。】

十、活动注意事项

1. 在介绍SWOT分析时，确保学生理解其含义与应用，可通过实例讲解，帮助学生更好地进行自我分析。

2. 确保活动全程在轻松、无压力的氛围中进行，鼓励学生真诚分享，老师需对分享内容保持尊重，并予以保密。

十一、参考文献

1. 斯奈德，洛佩斯. 积极心理学：探索人类优势的科学与实践［M］. 王彦，等译. 北京：人民邮电出版社，2013.

2. 夏勇军. 成长力觉醒：探寻人生与职业幸福之路［M］. 北京：电子工业出版社，2021.

第2课
学会倾听，拉近你我

一、理论依据

"学会倾听，拉近你我"是高一年级"爱他人"板块的一课。在心理学中，倾听被视为有效沟通的重要组成部分。非暴力对话倡导者马歇尔·卢森堡和现代教练技术之父汤姆·斯通在研究结果的基础上发展出"3F 倾听法"。"3F"是指 Fact（事实）、Feel（感情）、Focus（意图）。研究表明，"3F 倾听法"有助于倾听者更好地理解说话者的真情实感。

二、学情分析

在高中生的人际交往中，倾听是一种非常重要的交往方法。对即将步入成年的他们来说，做个合格的倾听者，既是对别人的尊重，也是交际能力的展现。能否有效倾听、感受身边人的情绪及内在体验，决定了他与身边人的关系质量。

三、活动对象

高一年级学生

四、活动时间

45 分钟

五、活动目标

1. 知识与技能：学习倾听的三个层次，知道在倾听时"怎么听"以及"听什么"。

2. 过程与方法：掌握并运用"良好倾听"技巧进行倾听和回应。

3. 情感态度与价值观：体会到良好倾听的重要性。

六、重难点及突破策略

重点：理解"良好倾听"的含义。

突破策略：采用"自我介绍接龙""我说你听"游戏，让学生理解良好倾听的含义。

难点：运用"良好倾听"技巧进行倾听和回应。

突破策略：通过小组合作讨论、角色互换倾听的方式，让学生在实践中进行演示，增进对良好倾听技巧的理解和掌握。

七、教学方法

角色扮演体验式活动：让学生扮演不同的角色(A 和 B)，在模拟的情境中体验倾听与被倾听的感受。

八、活动准备

1. 活动材料：课件准备、信封、表格。

2. 分组准备：学生 6 人一组。

九、活动流程

(一)热身阶段——"我最崇拜的一个人"接龙游戏(5 分钟)

1. 活动规则：小组围圈，第一个人说出自己的名字并附加一句"我最崇拜的人是……"，第二个人需要复述前一个人的信息后再介绍自己，以此类推。组内成员必须都参与。

2. 讨论与分享：如何才能把每个人的信息进行准确复述？

3. 过渡语：我们发现，只有当我们全神贯注地倾听对方的话语，才能准确捕捉到关键信息，并将其顺利传递给下一位同学。

【设计意图：通过接龙游戏，吸引学生的注意力，为后续探讨倾听的重要性奠定基础。】

(二)导入情境(5 分钟)

1. 导入语：当你有个好消息想跟同学分享，发现对方完全心不在焉，你会是什么感受？

2. 邀请 2~3 名学生分享。

3. 小结语：倾听不仅是一种基本的沟通技能，更是一种对他人的尊重和理解。今天我们一起探索倾听的技巧。

【设计意图：通过提问与分享，引出主题。】

(三)探索阶段(25 分钟)

活动一："你说我听"活动

1. 活动规则：给每个学生分发 1 个信封，封面上写着"A 收"或"B 收"。拿 A 的同学找一名拿 B 的同学组成搭档，然后各自打开信封，完成信里要求的任务，整个过程不许讨论。

其中 A 的任务：请你认真给对方讲一讲你上周末的经历，时间两分钟。

B 的任务：要求你在听的时候要东张西望或做其他动作，大概一分钟时打断他的话，表现出不耐烦。

2. 向拿到 A 任务的同学提问，发生了哪些事情？你有何感受？

3. 小结语：当 A 同学在讲话时，B 同学的表现表明他们没有认真听，让 A 感到不舒服和不被尊重。倾听不仅可以让我们获得信息，更是一种态度，表达一种尊重，认真地倾听可以鼓励对方继续说。

活动二：小组合作

1. 发给每组一张表格。以小组为单位，完成表格（每个小组完成表格中一行的内容填写）。内容填写尽可能全面、详细。

2. 完成后请小组代表分享，老师总结和归纳。

	不良倾听行为	良好倾听行为
眼神		
表情		
动作		
言语		

活动三："倾听小屋"

1. 规则：每组选择一个成员作为"讲述者"，在"倾听小屋"（用椅子围成小空间）内分享一件近期对自己影响较大的事情，其他成员作为"倾听者"认真倾听。结束后，每个倾听者需反馈至少一个从讲述者内容中捕捉到的细节。

2. 小组内成员互换角色，确保每位成员都有机会做讲述者和倾听者。

【设计意图：通过多样化活动，促进学生理解倾听的重要性，掌握有效倾听技巧，完成本节课重点任务。】

（四）成效阶段（5分钟）

1. 导入语：现在，让我们分享一下，在今天的活动中你有哪些收获？

2. 邀请3~4名学生分享。

3. 小结语：同学们分享得太精彩了，看来大家都很有收获，本节课就是一种很好的聆听体验。

【设计意图：通过分享收获，巩固学习成果。】

（五）总结阶段（5分钟）

1. 导入语：倾听的技能不是通过一两节课就能够熟练掌握的。希望大家带着这门课的体验，把倾听的技能运用于日常生活与人际交往中，通过倾听来了解别人，提升人际关系的质量。

2. 组织仪式化活动：每个人主动向组内其他同学表达感激之情，感谢同学认真聆听自己的分享！

【设计意图：强调倾听的重要性，鼓励学生将所学应用于生活。】

十、注意事项

1. 热身活动和探索阶段的活动要确保每位学生都能积极参与，特别是性格内向或不愿表达的学生，要给予他们更多的鼓励和机会。

2. 在"倾听小屋"活动中，要确保每位学生都有机会担任讲述者和倾听者，以便他们能从不同角度体验倾听的重要性。

十一、参考文献

1. 黄喜珊. 心理健康教育课程设计获奖案例解析［M］. 武汉：华中科技大学出版社，2023.

2. 马歇尔·卢森堡. 非暴力沟通［M］. 刘轶，译. 北京：华夏出版社有限公司，2021.

第 3 课
好好说话，好好爱

一、理论依据

加拿大心理学家艾瑞克·伯恩提出人际沟通理论 PAC。该理论认为个体在沟通中通常表现出三种心理状态。它强调理解自己和他人在沟通中的角色，有助于更好地处理冲突，提高沟通效率，改善人际关系。

二、学情分析

高中生独立性增强，倾向于表达个人见解，与父母在某些议题上常有分歧，但他们也重视家庭支持，愿与父母分享生活。然而，代际差异导致沟通不畅，易引发冲突。

三、活动对象

高一年级学生

四、活动时间

45 分钟

五、活动目标

1. 知识与技能：理解 PAC 的基本原理和三种自我形态的特征。

2. 过程与方法：学会运用"两倡导一谨慎"的家长交流方式。

3. 情感态度与价值观：唤起对改善父母与子女之间不良交流状态的渴望。

六、重难点及突破策略

重难点：通过对 PAC 的理解，学生能够更好地与家长交流；区分各种情景下的 PAC 自我状态。

突破策略：通过老师讲授和情景剧表演，学生理解 PAC。小组讨论续写剧本，让学生区分各种情景下的 PAC 自我状态。

七、教学方法

1. 体验式学习法：通过实践活动帮助学生体验和理解自我认知。

2. 角色扮演法：学生模拟特定的情境，扮演不同的角色，以理解特定心理过程或行为。

3. 案例分析法：通过分析具体的案例，帮助学生理解理论并应用于实际。

八、活动准备

1. 场地准备：团体辅导活动室。

2. 物资准备：剧场脚本。

3. 分组准备：6 人一小组。

九、活动流程

（一）热身阶段——"Copy 不走样"活动（8 分钟）

1. 活动规则：6~8 名学生站成一列，最前面的学生抽签，根据纸条内容，（只能）用肢体语言将纸条上的信息传递给后面的学生，依次下去，直到最后一位。

2. 分享：在这个游戏中，每个人都希望我们传递的信息是 100% 的正确，可结果却从一个东西演绎成了另一个东西。这是怎么回事呢？你从中能感悟到什么？

3. 小结语：在人际交流中，无声的语言是不够的。

【设计意图：通过热身游戏，激发学生兴趣，引出话题。】

（二）导入情境（2 分钟）

导入语：今日主题是"好好说话，好好爱"。看以下案例，案例 1，从前与妈妈无话不谈，现在却觉得跟她说话好烦；案例 2，妈妈太落伍了，老喜欢管我穿什么；案例 3，与父母交谈总被灌输大道理，话题离不开学习。这些冲突背后，隐藏着怎样的沟通障碍？

（三）探索阶段（20 分钟）

第一阶段：了解 PAC

1. 情景剧。邀请自愿表演的三名学生来参与表演。让他们先看看台词，根据台词内容配合姿态和动作进行表演，并且在完成表演后，请他们定格一个最能代表台词内容的姿态保持不动。

场景：期中考试结束后，你的成绩掉了好几个名次，尤其是擅长的数学这次考试失分太多。

其中 P 的台词是："这次成绩考差了，就是因为你每天都在玩手机，玩得太厉害，接下来不许再玩了。"

C 的台词是："成绩考得差，我也没办法，我也不懂，不管了。"

A 的台词是："这次的成绩下滑得厉害，让我们来分析一下原因吧！"

2. 过渡语：三位同学的姿态，大家都熟悉不？对此，你有什么样的联想？

3. 小组讨论：这三个状态各自有什么样的特点，可以从语言、姿态和态度等方面进行分析，另外，站在孩子的角度看，三种状态的回应会带给孩子什么样的感受？

4. 各小组分享，老师根据小组的讨论进行归纳总结。

第二阶段：家庭剧场

1. 过渡语：刚才我们对 PAC 进行了讨论，接下来请大家一起走进四个同龄人的家庭剧场。每组都有四个脚本，小组讨论并标出脚本中每一句话的 PAC 状态，推测接下来的剧情变化。

小明家之剧场

家长：你的学习越来越差了，别再打游戏了。

孩子：（沉默）

家长：听见了吗？我在和你讲话，不许再拿着手机了。

小孩：你说停就停？我怎么就不能用手机了？

家长：当然，这件事上你必须听我们的……

接下来＿＿＿＿＿＿＿＿

小花家之剧场

家长：<u>你的学习越来越差了，别再打游戏了。</u>

小孩：那好吧，妈，我不打了。

接下来＿＿＿＿＿＿＿＿＿＿

小强家之剧场

家长：<u>你的学习越来越差了，别再打游戏了。</u>

小孩：不行，我还有几次就达到下一关了，我要打！（哭）

家长：要打就把成绩先搞上去。

小孩：我不管，我就要打！（哭得更厉害）

家长：烦死了，烦死了，我也不管了，爱干吗干吗！

接下来＿＿＿＿＿＿＿＿＿＿

小光家之剧场

家长：<u>你的学习越来越差了，别再打游戏了。</u>

儿子：妈，我的成绩确实倒退了，这跟打游戏没有直接的关系。

家长：还在这里推三阻四，总之，你这几天都不许用手机。

小孩：我成绩的确有所下降，这与我没有练习基础题目有关系，我花了大量的时间攻克难题，而这一次考得比较基础。

家长：你在日常生活中注重基本功，不要忽视这一点。

小孩：好的。我每天都花两个小时写作业，写完后再休息，怎么样？

家长：你要信守诺言。

接下来＿＿＿＿＿＿＿＿＿＿＿＿

2. 各小组分享讨论结果。

3. 小结语：多个小组指出，孩子以 A 回应时，家长会变得更理性。我惊喜地看到大家关注到"顺从 C"与"反抗 C"，应慎用"反抗 C"，提倡"顺从 C"或"成人 A"。

【设计意图：PAC 理论学习与家庭剧场活动助力学生识别有效沟通状态，提升与父母沟通的能力与效果。】

（四）成效阶段（10 分钟）

1. 导入语：现在，让我们总结一下，亲子沟通中，家长的状态与孩子的状态是如何相互影响的。

2. 邀请3~4名学生分享。

3. 小结语：感谢大家的分享。今天是我们对于 PAC 理论的初体验，对于三个状态的理解和灵活转化还需要在以后多加练习。

【设计意图：总结活动成果，鼓励学生持续实践 PAC 理论。】

（五）总结阶段（5分钟）

1. 导入语：我们的课接近尾声，今天你有什么收获？

2. 2~3名学生分享。

3. 小结语：在 PAC 框架下，我们意识到沟通中常不自觉地扮演"父母""成人"或"儿童"角色。这些角色各具优势与局限，深刻影响交流效果。我希望在以后的生活中，你们能在沟通中自觉地运用这些知识，提升交流质量。

【设计意图：深化 PAC 理论理解，鼓励实践应用。】

十、注意事项

在情景剧和家庭剧场环节，要鼓励学生积极参与，通过角色扮演和小组讨论来深入理解 PAC 理论。同时，要确保每个学生都有机会发言和分享。

十一、参考文献

1. BERNE E. Games people play：The psychology of human relationships[M]. New York：Grove Press，1964.

2. 罗伯特·戴博德. 蛤蟆先生去看心理医生[M]. 天津：天津人民出版社，2020.

第4课

保护地球行动

一、理论依据

"保护地球行动"是高一年级"爱世界"板块中的一课。针对"保护地球资源"这一议题模拟联合国会议，旨在培养学生的国际视野、领导力和外交技能。通过参与活动，学生可以了解国际事务的复杂性和多样性，学会用国际眼光来思考问题、讨论问题。

二、学情分析

高一学生认知水平进一步提高，抽象逻辑思维逐渐成熟，具备假设性、预计性和内省性，形式逻辑思维优势明显，辩证逻辑思维开始发展，同时思维敏捷性、批判性和创造性也有所提升，展现出多样化的思维方式，但个体间存在很大的差异。

三、活动对象

高一年级学生

四、活动时间

45 分钟

五、活动目标

1. 知识与技能：让学生了解地球资源现状及面临的挑战，了解不同国家在保护地球资源方面的立场、行动及成效。

2. 过程与方法：培养学生的团队合作能力、沟通协调能力以及公共演讲能力，通过角色扮演和模拟会议的形式，提升他们的综合素养。

3. 情感态度与价值观：激发学生对全球环保问题的兴趣和热情，培养他们的环保意识和责任感，培养学生的国际视野和合作精神。

六、重难点及突破策略

重难点：培养学生的国际视野和合作精神。

突破策略：通过模拟联合国会议的活动，学生扮演不同国家的外交代表，围绕国际上的热点问题进行讨论，培养国际视野和合作精神。

七、教学方法

角色扮演教学法：通过模拟联合国会议的形式，让学生扮演不同国家的代表，就"保护地球资源"议题展开讨论。

八、活动准备

1. 教室布置：将教室分为几个小组区域，模拟联合国会议场景。

2. 角色分配：学生提前抽签决定代表的国家(中国、美国、印度、德国)，每组选出一名组长，负责协调组内讨论和发言准备；同时，每名学生都要扮演该国在环保领域的某个角色，如政府官员、环保专家、企业代表等。

3. 材料准备：地球资源现状的 PPT；联合国旗帜或相关装饰；若干张讨论话题卡片(每张卡片上写有一个具体的环保主题，如"如何促进可再生能源的发展""减少塑料使用的策略"等)，每组随机抽取一张卡片，作为该组讨论的主题。

4. 发言准备：围绕主题，查阅相关资料，了解该国在资源保护方面的立场和行动，做好发言准备。

九、活动流程

（一）导入情境（5分钟）

1. 导入语：今天，我们齐聚一堂，共同关注一个全人类未来的重大议题——保护地球资源。地球，这个我们共同的家园，孕育了无数的生命与文明。然而，随着工业化、城市化的加速推进，地球资源的消耗速度也急剧上升，环境污染、生态破坏等问题日益严重，威胁着我们的生存与发展。

2. 展示PPT：通过图片和数据展示地球资源的现状。

3. 小结语：让我们以开放的心态、务实的态度，共同投入到这场意义深远的讨论中来吧！

【设计意图：通过播放相关图片，引发学生关注，引入主题。】

（二）探索阶段——模拟联合国会议（25分钟）

1. 导入语（开场与介绍）：欢迎大家参加本次模拟联合国大会。今天，我们就"保护地球资源"这一议题展开深入讨论。现在，请各国代表依次发言，介绍本国在保护地球资源方面的做法和经验。

2. 各国代表发言。由组长指定一名代表上台发言，代表需以所代表国家的立场和视角，就讨论话题进行发言。

3. 过渡语：感谢各国代表的精彩发言。现在，请各国代表就如何更好地保护地球资源展开深入讨论。

4. 各国代表就课前抽取的卡片上的主题，结合所代表国家的实际情况，讨论并提出具体的解决方案或策略。组长负责记录讨论要点，并整理成简短的发言稿。

5. 代表发言。发言时，代表可以展示相关图表、数据或实物模型，以增强发言的说服力和吸引力。

6. 提问与回应。

7. 过渡语：感谢各位代表的积极参与和精彩发言。本次模拟联合国大会就"保护地球资源"这一议题展开了深入讨论。现在，请各国代表就如何更好地保护地球资源提出具体提案，并进行投票表决。

8. PPT展示各国代表的提案，投票表决。

9. 小结语：感谢各位参与本次的联合国会议，我们相信，在各国共同努力下，地球资源将得到更好地保护。让我们携手共进，为子孙后代留下一个美好的家园！

【设计意图：通过模拟联合国会议的形式，让学生扮演不同国家的代表，了解并讨论全球性的环保问题，形成国际化的思维方式。】

（三）成效阶段（10分钟）

1. 导入语：刚刚我们模拟联合国会议讨论了一个全球性议题，现在，请各位代表从角色扮演中回归到小组成员的身份，对本次活动的合作情况进行深入总结。

2. 邀请每个小组代表分享。

3. 小结语：在本次模拟联合国会议中，各小组积极参与，深入讨论，展现了高度的合作精神与责任感。

【设计意图：引导反思合作，促进经验分享，强调团队精神与责任感，总结模拟联合国会议的成果。】

（四）总结阶段（5分钟）

1. 导入语：今天的课到此结束。掌声送给小组同学，感谢他们与你一起度过了两周的合作时间，也送给认真参与的你自己。那么，我想问一下大家有哪些收获和感受？"

2. 学生自由发言。

3. 小结语：从大家的分享可以看得出，今天我们度过了一个愉快的下午，请大家珍藏这段成长记忆，更希望大家能将所学运用到实际生活中。

【设计意图：总结收获，鼓励实践。】

十、注意事项

1. 督促学生课前做好充分准备，必要的时候提供相应的帮助和支持。

2. 确保讨论氛围积极、开放，鼓励学生大胆表达自己的想法。

3. 引导学生关注实际可行的解决方案，避免过于理想化的讨论。

十一、参考资料

北京大学模拟联合国协会的官方网站。

高二年级体验式生命教育专题设计范例

第1课
应对挫折，提升韧性

一、理论依据

"应对挫折，提升韧性"是高二年级"爱自己"板块中的一课。心理韧性，是个体在面临生活中的重大压力时展现出的适应能力，其本质是从压力与挫折中迅速恢复并继续前行的能力。国际心理韧性课题（IRP）提倡利用外部资源、坚定内在信念，并积累解决问题的经验，实现自我赋能，增强面对挑战的勇气和信心。

二、学情分析

高中生遇到挫折事件，当不懂得如何应对时，会表现出迷茫与无助，有些学生会产生抑郁、焦虑等情绪障碍，甚至出现自残、自杀等过激行为。

三、活动对象

高二年级学生

四、活动时间

45分钟

五、活动目标

1. 知识与技能：学生能够理解挫折的概念，认识到在逆境中保持积极和不懈努力的重要性。

2. 过程与方法：学生能够找到"3I"策略中的三个核心要素来应对挫折，增强他们的心理韧性。

3. 情感态度与价值观：培养应对挫折的积极态度，形成坚韧的价值观。

六、重难点及突破策略

重难点：学生了解挫折的内涵，引导学生寻找自身应对挫折的资源和能量。

突破策略：通过一系列活动，让学生理解"挫折"的含义，并让学生理解每个人都有应对挫折的资源。

七、教学方法

体验式活动：学生通过参与"跨越绳墙""句式训练"等体验性活动，理解挫折的含义，找到应对挫折的资源。

八、活动流程

(一)导入情境(5 分钟)——"大风吹"活动

1. 游戏规则：一开始老师站在圆圈中央作为"发令员"，学生坐在椅子上。当"老师"说"大风吹"，学生问"吹什么?"老师说出某个特征，比如"戴眼镜的人"等。此时，具有该特征的学生必须迅速离开座位，找到一个空椅子坐下。在参与者换位的同时，老师也参与其中，抢占一个空座位坐下。最后没有抢到座位的学生将成为下一轮的"发令者"。当连续三次成为"发令者"时，该学生需接受事先约定的处罚(如表演节目等)，游戏也随之结束或重新开始。

2. 组织学生参与活动。

3. 过渡语：在游戏中，有人因为没有找到椅子不得不成为"发令员"，那一刻小小的失落，正是生活中挫折的一个缩影。

【设计意图：通过游戏活跃气氛，引导学生体验挫折感，自然过渡到挫折主题的探讨。】

(二)探索阶段(25 分钟)

活动一："跨越绳墙"活动

1. 导入语：各位同学，老师要邀请 6 名同学一起来玩个游戏。

2. 老师从主动报名的学生当中邀请 6 名。

第一轮：4 名同学拉着 3 根绳子，将其设置成一堵绳墙，另 2 名同学观察跳绳位置，依次在不碰到跳绳的情况下跨过绳墙。

第二轮：4 名同学继续用 3 根跳绳设置一堵绳墙，绳墙布局、位置与先前保持一致，2 名挑战者戴上眼罩，依次尝试在不碰到跳绳的情况下跨过绳墙。

第三轮：2 名挑战者再一次戴上眼罩，在他们不知情的情况下撤去绳墙，请他们继续完成跨绳挑战。

3. 讨论与分享会。

①提问挑战者：在第三轮的挑战中，为什么会采取与第二轮一样的策略完成挑战?

②提问其他学生：看到挑战者完成第三轮挑战的过程，你能联想到什么?

4. 老师小结：人的行动很容易受到先前经验或心理预设的影响。有时候，我们遇到"挫折"，不一定是现实生活中的"绳墙"，而是人的心里预设的"绳墙"。

活动二：可爱岛实验

1. PPT 展示心理学家埃米·沃纳的实验：心理学家埃米·沃纳曾经对夏威夷群岛上一个叫可爱岛的地方的 698 名儿童做研究。这些儿童有些共同特点：母亲孕期高血压、糖尿病，都有酗酒或心理不健康的父母，家境都异常贫困、生活环境恶劣。这 698 名儿童最终会发展出怎样的人生呢？

2. 学生根据先天条件猜测儿童的发展状况。

3. PPT 展示实验结果：心理学家最开始也感到很悲观，不过尽管这些儿童经历了重重的磨难，但其中的三分之一，很好地适应了学校生活，他们学业有成，事业有为，保持着良好的身心健康。

4. 提问：请大家思考下，这些儿童能克服困难顺利成长的原因是什么？你认为会有哪些关键因素起作用。

活动三：我的"3I"能量球

1. 过渡语：现在，请大家写下自己的"挫折事件"。

2. 学生活动。老师继续邀请学生用"虽然……但是……所以"的句式对"我的挫折事件"进行改写，寻找我们应对挫折的能量和资源。对改写后的句子进行分析，哪些是外部支持，哪些是自身的努力，以及哪些是自己身上的优势或品质。

3. 请同学们内观自己，画出自己的能量球。

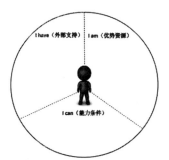 

【设计意图：通过一系列体验活动，引导学生直观感受挫折，探索应对方法，完成本节课的重点内容。】

（三）成效阶段（10分钟）

1. 导入语：现在，让我们分享一下，在今天的活动中你有哪些收获？

2. 邀请学生分享自己的"能量球"。

3. 小结语：人的成长会遇到挫折，但记住我们也有自己的"能量球"。

【设计意图：通过分享交流，增强应对挫折的自信心和动力。】

（四）总结阶段（5分钟）

1. 小结语：今天的心理课上到这里，你有什么收获？请大家分享。

2. 2~3名学生分享。

3. 小结语：在这节课中，我们通过一系列体验活动探讨了挫折与韧性这一重要主题。每个人总结了应对挫折的能量球。相信在未来的生活中，你们能够更好地面对挑战，展现出自己的坚韧与成长。

【设计意图：总结收获，增强信心。】

九、注意事项

1. 每个学生都是独特的个体，他们在面对挫折时会有不同的反应和处理方式。老师要尊重每个学生的差异，提供个性化的支持和引导，避免一概而论或歧视某些学生。

2. 在处理挫折主题时，要注意学生的情绪变化。引导学生以积极、健康的方式表达自己的情感，避免负面情绪的积压和传播。

十、参考文献

1. 林崇德. 发展心理学［M］. 3版. 北京：人民教育出版社，2018.

2. 彭凯平. 吾心可鉴：澎湃的福流［M］. 北京：清华大学出版社，2016.

3. 彭凯平、闫伟. 孩子的品格：写给父母的积极心理学［M］. 北京：中信出版社，2021.

第2课

慧眼识危机，共筑安全网

一、理论依据

"慧眼识危机，共筑安全网"是高二年级"爱他人"板块的一课。心理危机指个体遭遇突发事件或重大挫折时，因无力自行解决而产生的心理反应。凯普兰的心理社会转变模式提出，强化社会支持系统与促进个体和环境的积极互动，能有效应对危机。学校加强预警体系时，应科学地选拔、培训及督导朋辈学生，提升危机识别能力。

二、学情分析

高二学生面临的心理危机特点显著，这一阶段的学生常因学业分化、自我期望与现实差距等因素而陷入心理困境，此时同学和朋友会成为支持他们走出困境的关键力量。

三、活动对象

高二年级学生

四、活动时间

45 分钟

五、活动目标

1. 知识与技能：学生理解心理危机的概念，掌握识别、应对和帮助他人应对心理危机的技巧。

2. 过程与方法：通过"剧本杀"游戏，学生参与角色扮演和互动，掌握心理危机觉察、识别及应对技能。

3. 情感态度与价值观：学生体验陷入心理危机的感受，并体会帮助他人的喜悦。

六、重难点及突破策略

重难点：确保学生准确理解心理危机定义，学会识别危机迹象并有效应对。

突破策略：采用"剧本杀"等实践活动，结合案例分析与讨论，帮助学生将理论与实际进行结合。

七、教学方法

情境教学法：创设情境，通过"剧本杀"的形式，将学生置于一个模拟的真实校园情境中，扮演不同的角色，学习心理危机的识别和应对技巧。

八、活动准备

1. 场地准备：团体活动教室。

2. 分组准备：学生分组，并分配角色。

3. 资料准备："剧本杀"的剧本、道具、场景设置，《发现被遗忘的笔记本》和《心理危机》视频录制。

4. 学生信息准备：搜集 20 位同学的信息，包括姓名（化名）、性别、年级、性格特点、近期经历的事件、情绪状态和行为表现。其中，包含多位存在一定心理问题的孩子和一位出现心理危机的孩子。

九、活动流程

（一）热身阶段（5 分钟）

1. 导入语：同学们，我们先来玩一个小游戏，叫作"心情猜猜看"。我会给几个描述情绪的词语，大家快速在脑海中想象自己处于那种情绪下的场景，并用表情或动作表现出来。准备好了吗？一起来感受情绪的多彩世界吧！

2. 学生活动。

3. 小结语：大家都能很好地理解和表达不同的情绪。情绪是我们内心世界的重要组成部分，影响着我们的行为和决策。今天，我们探讨一个与情绪密切相关的话题——心理危机与应对。

【设计意图：通过轻松的活动，营造积极的学习氛围，帮助学生放松心情，为接下来的深入讨论做好准备。】

（二）导入情境（5 分钟）

1. 导入语：同学们，你们有没有想过，在我们的校园里，可能隐藏着一些不为人知的秘密和困扰？这些秘密和困扰会引发很多危机。今天，我们将一起进入一场在校园发生的"案件"，请大家帮助老师寻找线索，解救同学。

2. 老师介绍"剧本杀"背景，分发角色卡片，介绍每个角色的身份和任务，强调在角色代入中不要提及同学的真实姓名，可用代号称呼。

3. 小结语：接下来，我们将扮演不同角色，通过寻找线索、分析情况，找到并帮助陷入心理危机的同学。

【设计意图：通过设置悬念，激发学生对课程内容的兴趣，为后续的深入探讨打下基础。】

（三）探索阶段（25 分钟）

导入语：现在游戏正式开始。

第一幕：发现被遗忘的记事本

（1）播放提前录制的视频《发现被遗忘的记事本》。内容：我和小花在厕所洗手台上发现一个记事本，里面满满的都是对世界的绝望和无助，还有一幅人从楼顶跌落的画。

播放完后，（画外音）提问：一个被遗失的记事本，记录着主人的"绝望和痛苦"。大家回想一下，周围有没有朋友、同学有过类似情况？

学生分享经历：

学生1：一个网友的父母离婚后各自再婚，他感到被抛弃，认为活着没意思。

学生2：初中同学，学习好，然而父母期望过高，在一次考试失败后他情绪崩溃，有轻生念头。

(2)过渡语：（画外音）中学生的心理危机是一个复杂且日益受到关注的社会问题。学业压力、同伴冲突、亲子矛盾等都可能导致中学生陷入心理危机。

(3)继续播放视频：我和小花对是否救援产生分歧，"我"认为非常危险，应予以重视；"小花"认为青春期有些负能量正常，不必小题大做。

第二幕：救与不救，这是一个问题

(1)（画外音）：捡到日记本，你会怎么做？采取行动还是认为不要小题大做？

学生3：必须采取行动，我感受到了她的痛苦，那幅画可能是轻生计划。

学生4：她用这种方式求助，肯定希望有人帮她。

学生5：必须行动，她非常痛苦，至少要找心理老师。

(2)（画外音）：为什么她不直接求助，而用匿名方式？

学生6：不想麻烦别人，尝试求助但被伤害，不再信任他人。

学生7：害怕被嘲笑，觉得别人不能帮自己解决问题。

学生8：求助感到羞耻，害怕被贴标签，没人理解。

第三幕：谁可以帮她

(1)（画外音）：讨论应向谁求助，说明理由。

学生9：德育主任，与学生打交道多，能调动资源。

学生10：心理老师，专业处理心理问题，可查看心理档案。

(2)（画外音）：有心理危机时，寻找熟悉的老师，及时告知，不要独自承担。

学生11（心理老师）：接到消息，立即行动，调取监控、查看心理普查高危信息及心理预警学生白名单、心理咨询记录，锁定可能需要帮助的同学。

(3)过渡语：初步锁定20位同学，分小组讨论排查五位，锁定一位，还原故事，包括基本情况、扳机事件、情绪状态、行为表现。

第四幕：必须找到你

（1）继续播放视频，内容：心理危机的概念、表现。

（2）各小组分享锁定的同学及原因。

学生11（心理老师）：排查后找到同学，在实验楼五楼角落哭泣，情绪低落。安抚后离开危险区域。

（3）小结语：很多时候我们对处于心理危机中的同学有误解，认为他们脆弱或能力不足。其实他们遇到困境不会责怪他人、迁怒社会，而是先归咎自己、伤害自己，他们中的大多数都是非常善良的人，值得温柔以待。

【设计意图：通过"剧本杀"的形式，将学生置于一个模拟的真实校园情境中，扮演不同的角色，亲身体验心理危机发生时的紧张氛围和解决问题的过程。】

（四）成效阶段（5分钟）

1. 导入语：经过探索和讨论，我们成功找到陷入心理危机的同学并帮助她。现在，请大家回顾整个过程，对心理危机干预中的要点进行总结。

2. 学生分组讨论，每组选一名代表全班分享。

3. 小结语：看到大家认真参与，非常欣慰。通过"剧本杀"，我们学会了识别和处理心理危机。

【设计意图：通过反思和分享，让学生认识到自己在课程中的收获和成长，增强自信心和责任感。】

（五）总结阶段（5分钟）

1. 导入语：课程即将结束，但对心理危机的关注和探索才刚刚开始。今天的你有什么收获呢？

2. 学生分享。

3. 小结语：希望大家以后发现他人陷入困境时，能伸出援手，同时照顾好自己的情绪，及时求助。愿大家在人生旷野中自由、热烈且尽兴地活着。

【设计意图：对整节课进行总结，强调课程的核心价值和意义，鼓励学生将所学知识应用到实际生活中。】

十、注意事项

提醒学生在分享经历和感受时，也要避免提及具体的人名或敏感信息，确保讨论的匿名性和安全性。在课程过程中，引导学生学会调节自己的情绪，避免过度沉浸或受到负面情绪的影响。

十一、参考文献

1. 谢四元，胡小兰，邵海，等. 多元视角下学校心理危机干预的困境与优化策略[J]. 中国学校卫生，2023，44(09)：1377-1381.

2. 凯尔西·克罗，埃米莉·麦克道尔. 恰到好处的安慰[M]. 陈卓，范泽鑫，译. 北京：机械工业出版社，2020.

第3课
爱的双向道——父母与我

一、理论依据

"爱的双向道——父母与我"是高二年级"爱父母"板块中的一课。舒伯彩虹生涯理论将人生划分为成长阶段、探索阶段、建立阶段、维持阶段和衰退阶段，每个阶段都有其特定的发展任务和角色要求，家庭成员共同承担责任。然而，由于立场不同，家庭成员时常会产生冲突。

二、学情分析

高二学生正处于青春期向成年过渡的关键时期，心理发育日趋成熟，对自我及家庭关系有了更深入的思考，但在面对家庭问题时仍可能感到困惑。

三、活动对象

高二年级学生

四、活动时间

45分钟

五、活动目标

1. 知识与技能：让学生理解父母的责任与奉献，认识到家庭成员间相互支持的关键性。

2. 过程与方法：借助家庭剧展演，学生将亲身体验父母在家庭中的辛劳，反思自身角色与行为，增进同理心。

3. 情感态度与价值观：激发学生对父母之爱的感激，鼓励他们在日常生活中关爱家人，维护家庭和谐。

六、重难点及突破策略

重点：深刻理解家庭成员间的相互依赖与支持，明确各自的角色与责任。

突破策略：设计家庭剧展演等互动游戏，模拟真实家庭情境，让学生亲身体验不同角色的情感与责任。

难点：引导学生换位思考，深入体验父母付出，培养责任感和同理心。

突破策略：采用角色扮演等方式，促使学生反思自身在家庭中的角色与行为，探讨改进方法，增强责任感和同理心。

七、教学方法

1. 小组讨论与物件投射法：通过"我们这一家"活动，让学生选取代表家庭成员的玩偶并分享选择理由，促使学生深入观察和理解自己家庭的结构、成员关系及情感联结。

2. 角色扮演与家庭剧展演法：学生通过扮演家庭成员，亲身体验不同角色的情感与挑战，促进对家庭关系的深入理解和情感共鸣。

八、活动准备

1. 场地准备：团体活动教室，布置温馨舒适的观演环境。

2. 物资准备：各小组展演需要的道具。

3. 音乐准备：不同小组家庭剧展演时需要用到的音乐。

4. 出演准备：将学生分为5~6人一组，每组需创作一个时长5分钟的剧本。剧本需基于舒伯生涯理论的五个阶段之一，展现典型的家庭生活场景，涵盖家庭趣事、亲子关系、成长烦恼及传统美德等元素。角色分配需确保包含爸爸、妈妈、孩子等角色。

九、活动流程

(一)热身阶段——森林和松鼠(8分钟)

活动规则：三人一组，两人面对面站立并举手成伞状扮演"大树"，第三人蹲下扮演"松鼠"。游戏开始，老师发布指令：若喊"松鼠"，则"松鼠"需离开原"大树"选择新"大树"，多余"松鼠"可抢"大树"，未找到新"大树"的"松鼠"失败。若喊"大树"，"大树"需解散并重新组合为"松鼠"提供庇护，可抢"松鼠"，未找到"松鼠"、未能重新组合或仍守护原"松鼠"的"大树"失败。若喊"地震"，所有人需散开重新组合，原"松鼠"可变"大树"，原"大树"可变"松鼠"，最终三人成功组成新"大树"与两只"松鼠"即为胜，其余人失败。

【设计意图：通过轻松有趣的游戏，创造积极、开放的环境。】

(二)导入情境(2分钟)

1. 导入语：在刚才的游戏中，作为松鼠的同学，在没有大树的庇护时，有什么感受？扮演大树的同学，找不到小松鼠时又是什么感受？

2. 学生活动：1~2名学生分享。

3. 小结语：这个游戏中，松鼠失去大树庇护会感到不安全和惊慌，大树未能保护好松鼠也会感到着急。这初步展现了家庭中支持与温暖的重要性。今天，我们将一起感受家庭中流淌的温暖与支持。

【设计意图：引入课堂主题，加深学生在游戏中感受到的支持与温暖，激发思考与探索欲望。】

(三)探索阶段(20分钟)

活动一：我们这一家

1. 导入语：刚才我们为小松鼠撑起了一个"家"，每位同学也都有自己的家。这里有很多小玩偶，请各小组选取最能代表你们家家庭成员的玩偶，并在小组内分享。

2. 分组讨论与分享：你都选择了哪些玩偶？为什么选它们？选的过程中是否纠结？

3. 小结语：通过家庭成员投射分享，我们不仅看到了彼此眼中的世界，更深刻地触碰到了自己内心深处的情感与期待。每个家庭样态也是独一无二的。小玩偶就像镜子，映照出我们各自家庭的温暖、挑战与成长。

【设计意图：通过物件投射，让学生观察自己心中的家庭及每个家庭成员代表的意义。】

活动二：家庭剧展演——爱的双向奔赴

1. 导入语：现在，让我们讲述关于家的故事。让我们在舞台上共同见证爱的双向奔赴吧！

2. 学生活动：小组依次上台表演，展示家庭剧，演出过程中可设置观众互动环节，增强现场氛围。表演结束后，可邀请扮演不同角色的学生分享感受。

3. 讨论与分享。

饰演爸爸或妈妈的学生：这个阶段的爸爸(妈妈)在家庭中承担的主要的

功能是什么？为孩子做得最多的是什么？对孩子最大的期待是什么？陪伴孩子过程中遇到的最大挑战是什么？坚持为孩子付出的动力是什么？

饰演孩子的学生：对父母的期待是什么？与父母相处中遇到的最大挑战是什么？

4. 小结语：感谢大家的精彩演绎和真诚分享。你们用心体验并剖析每个家庭角色背后的情感与责任，现在的你们想必对家庭有了更深的理解。

【设计意图：通过家庭剧展演，让学生以角色扮演的方式体验不同家庭角色所面临的挑战与情感，促进对家庭关系的深入思考和情感共鸣。】

（四）成效阶段（10 分钟）

1. 导入语：今天的心理课，我们一起交流了家庭，也演绎了家庭生活。请分享一下你此时的感受及活动心得。

2. 邀请 3~4 名学生分享。

3. 小结语：大家分享得特别好，让我们带着这份深刻的感悟与收获，继续用心去倾听和理解家人的想法与感受。

【设计意图：通过分享和交流，将课堂体验和学到的知识内化为自身新的信念及行为准则。】

（五）总结阶段（5 分钟）

1. 导入语：今天的心理课即将结束。老师希望今天的活动能让大家对父母、家庭有新的认识和理解！

2. 学生活动：每个小组成员围圈，向其他同学表达感激之情，感谢认真聆听分享。

3. 小结语：今天，我们共同度过了一段难忘的时光。愿我们每个人都能成为家庭中爱的传递者，用我们的行动和言语，让家充满更多的温馨与幸福。

【设计意图：增强团体成员的连接感，再次总结强调课堂所学，加深学生印象和信念感。】

十、注意事项

1. 在导入情境和探索阶段，老师需敏锐捕捉学生的情感反应，适时给予情感支持和引导，避免任何可能引发学生不适或负面情绪的内容。

2. 严格控制每个环节的时间，确保整个课程流程紧凑有序，不拖延时间，也不匆忙结束。

十二、参考文献

1. 杨润东，刘鹏. 反观以成人：教育戏剧中的"他者"眼光［J］. 陕西学前师范学院学报，2022，38（2）：1-8.

2. 莉兹·克里莫. 每一天都是爱你的一天［M］. 七英俊，译. 济南：山东文艺出版社，2021.

第 4 课
AI，想说爱你不容易

一、理论依据

建构主义学习理论强调学生通过与环境的互动，主动构建知识体系。活动中鼓励学生通过讨论、探索和反思，自主理解 AI 及其社会影响。批判性思维理论则鼓励学生质疑、分析信息，形成独立判断，通过对 AI 利弊的深入探讨，培养其批判性思维。

二、学情分析

高二学生正处于青春期后期，是形成独立见解、培养批判性思维的关键时期。他们对新技术充满好奇，但同时也可能对 AI 带来的社会变革感到迷茫或担忧。虽然部分学生可能对 AI 有初步了解，但大多缺乏深入分析和跨文化比较的能力。

三、活动对象

高二年级学生

四、活动时间

45 分钟

五、活动目标

1. 知识与技能：学生需理解 AI 的基本概念、发展现状及未来趋势，能分析 AI 在不同领域的应用案例，识别其潜在优势和风险。

2. 过程与方法：运用批判性思维方法，对 AI 相关信息进行筛选、分析和评价，提升信息处理能力。

3. 情感态度与价值观：激发学生对科技创新的兴趣，强化学生对人类情感的珍视，倡导在 AI 时代保持人性的温暖和关怀。

六、重难点及突破策略

重难点：引导学生深刻理解 AI 的双刃剑效应，既看到其带来的便利，也认识到潜在的风险。

突破策略：通过案例分析，选取具有代表性和争议性的 AI 应用实例，如医疗诊断等，引导学生深入探讨其利弊。

七、教学方法

1. 案例分析教学法：选取典型 AI 应用案例，引导学生分析其利弊，培养批判性思维。

2. 讨论法：通过组织辩论赛，让学生就 AI 议题进行辩论，既锻炼了学生的沟通能力和表达能力，又加深了他们对 AI 议题的理解。

八、活动准备

1. 场地准备：团体心理辅导室，学生围圈就座。

2. 分组准备：6 人一组。

3. 物资准备：打印好的案例材料、小组讨论指南、笔和纸。

4. 辩论赛准备：8 位同学就辩题做好辩论准备。

九、活动流程

（一）热身阶段（5 分钟）

1. 导入语：同学们，今天我们一起探索一个既熟悉又陌生的领域——AI。在开始之前，让我们先通过一个小游戏来放松一下。

2. 学生活动："快速问答"游戏。老师说出一系列关于 AI 的简单问题，如"你生活中有哪些 AI 的应用？"等，学生快速举手回答，答对者获得小奖励。

3. 小结语：看来大家对 AI 都有一些了解，但 AI 的世界远比我们想象的要复杂得多。接下来，让我们一起深入探索吧！

【设计意图：通过轻松愉快的游戏，调动学生参与积极性，同时引出 AI 主题。】

（二）导入情境（5 分钟）

1. 导入语：在正式进入探讨之前，我想先给大家讲一个故事。这是一个关于 AI 如何改变一个家庭生活的真实案例……

2. 老师讲述一个关于 AI 在智能家居中的应用案例，如智能音箱、扫地机器人等如何为家庭带来便利，但同时也引发了隐私、安全等问题。提问：听完这个故事，你有什么感想？你认为 AI 给这个家庭带来了什么变化？又有哪些潜在的问题？

3. 小结语：AI 确实为我们的生活带来了很多便利，但同时也伴随着一系列挑战和问题。

【设计意图：通过故事讲述和提问，引发学生对 AI 的深入思考，为接下来的探讨奠定基础。】

（三）探索阶段（15 分钟）

1. 导入语：现在，让我们从更广阔的视角来审视 AI。我将为大家介绍几个不同领域的 AI 应用案例，请大家思考这些案例背后的深层含义。

2. 每组分配一个 AI 应用案例（如医疗诊断、自动驾驶、教育辅导等），各组选取其中一个进行讨论，讨论其优势、风险以及可能的社会影响。

3. 小结语：通过大家的讨论，我们可以看到 AI 在不同领域的应用都有其独特的价值和挑战。同时，我们也意识到文化背景对 AI 的接受和应用有着重要影响。

【设计意图：通过小组讨论和案例分析，引导学生深入理解 AI 的复杂性和多元性，同时培养其跨文化思考能力。】

（四）成效阶段（15 分钟）

1. 导入语：现在，让我们将所学知识和技能应用到实际情境中。我们就 AI 的某个议题进行辩论。

2. 学生辩论赛：辩题为"是否应该全面推广 AI 教育辅导？"。

3. 模拟辩论：正反方轮流发言，进行辩论。其他学生作为观众，可以提问或发表评论。

4. 小结语：通过这场辩论赛，我们看到同学们对 AI 议题的不同看法和态度。这提醒我们，在探讨 AI 时，需要保持开放的心态和多元的视角。

【设计意图：通过模拟辩论，提升学生的沟通能力和批判性思维能力，同时加深对 AI 议题的理解。】

（五）总结阶段（5 分钟）

1. 导入语：时间过得真快，转眼间我们的活动就要结束了。在结束之前，让我们一起回顾一下今天的收获吧！

2. 学生分享收获和感受。老师引导学生总结 AI 的利弊、跨文化沟通的重要性以及如何在 AI 时代保持人性的温暖和关怀。

3. 小结语：通过今天的活动，我们深入探讨了 AI 的复杂性和多元性。希望大家在未来的学习和生活中，能够继续保持对 AI 的关注和思考，为构建一个更加美好的世界贡献自己的力量。

【设计意图：通过总结和分享，巩固学生的学习成果。】

十、注意事项

1. 鼓励学生积极参与讨论和活动，同时尊重每个人的观点和感受，营造一个包容、开放的讨论氛围。

2. 在辩论环节中，要引导学生尊重彼此的观点，避免文化冲突，促进友好、理性地交流。

十一、活动资源

视频：TED 演讲《AI 如何改变我们的世界》（由 Andrew Ng 主讲），可在 TED 官网或 B 站等视频平台找到。

十二、参考文献

罗素，诺维格. 人工智能：一种现代的方法［M］. 殷建平，等译. 北京：清华大学出版社，2013.

高三年级体验式生命教育专题设计范例

第1课
激发潜能，成就人生

一、理论依据

"激发潜能，成就人生"是高三年级"爱自己"板块中的一课。美国哈佛大学著名教授戴维·麦克利兰（David McClelland）指出，在满足基本生存需求的前提下，人类主要有三大需求：成就需求、权力需求和亲和需求。其中，成就需求对个人成长和发展尤为关键。高成就需求者往往拥有强烈的成功欲望，渴望在工作或学习中取得卓越成绩，以此证明自身能力和价值。

二、学情分析

高三阶段对学生而言至关重要。经过十多年的寒窗苦读，学生终于迎来了收获的关键时期。然而，经过无数次考试，部分学生因成绩不理想而开始自我怀疑。

三、活动对象

高三年级学生

四、活动时间

45 分钟

五、活动目标

1. 知识与技能：引导学生自我觉察，辩证且发展地看待当前能力。

2. 过程与方法：通过活动体验，使学生学会在面对学习或生活困难时积极应对。

3. 情感态度与价值观：培育学生的积极心态，让学生在不断自我挑战中发现潜能，树立信心，超越自我。

六、重难点及突破策略

重难点：让学生认识到实际能力远超预测，激发其探索自我潜力的意识，引导其形成积极面对挑战、勇于尝试的心态，增强自信心。

突破策略：设计难度递进的自我突破任务，让学生意识到潜能无限，很多时候阻碍自己的只是内心的"不可能"思维。

七、教学方法

体验式学习：通过实践活动帮助学生体验和理解自我认知。

八、活动准备

1. 场地准备：团体活动教室。

2. 物资准备：一次性纸杯若干、回形针若干、土豆若干、三种不同粗细和材质的吸管若干。

3. 分组准备：6 人一组。

九、活动流程

(一)热身阶段(5 分钟)——掌声响起来

1. 导入语：我们每个人都鼓过很多次掌，有没有好奇过自己一分钟能鼓多少次掌呢？

2. 学生活动：请学生预估，如果以最快速度鼓掌，1 分钟内能鼓多少次。将预估数字写下来。老师设定 20 秒时间，让学生尽可能多地鼓掌，结束后乘以 3，就能估算一分钟内的鼓掌次数。游戏结束后，邀请学生分享预测数字与实际结果的差异，并讨论原因。鼓励学生分享感受和启示，如认识到潜力、努力与结果的关系以及成就感等。

3. 小结语：许多人发现实际鼓掌次数远超预测。很多时候，我们对自己的能力评估过于保守，实际上拥有更多潜力和可能性等待发掘。

【设计意图：以轻松的游戏打破学生对自我能力的保守估计，激发课堂参与热情。】

（二）导入情境（5分钟）

1. 导入语：通过刚才的鼓掌实验，我们发现了自己的潜力远超想象。那么，你们觉得自己的潜力到底有多大呢？

2. 学生活动：回答老师问题。

3. 小结语：接下来，我们将通过两个有趣的实验，进一步挖掘大家的潜力，希望大家积极参与，勇敢尝试。

【设计意图：通过简短导入，引导学生从上一环节过渡到新内容，激发好奇心和参与欲。】

（三）探索阶段（25分钟）

活动一：到底能装多少回形针？

1. 导入语：在刚才的活动中，大家都低估了自己的潜力。我们的潜力到底有多大，一起来做个实验。

2. 学生活动：老师分发给每个小组一个装满水的纸杯（水面与杯沿平齐或稍凸）和一盒回形针。

3. 小组讨论、预估并实践，验证水杯中还能加多少枚回形针。

4. 分享和讨论：各小组加了多少枚回形针？与预估有何差距？过程中如何操作？感受如何？

5. 各小组总结复盘，邀请小组代表分享。

6. 小结语：实验让大家经历了内心的紧张、期待，最后收获了惊喜。接下来，我们再来玩个游戏。

活动二：用吸管穿透土豆

1. 导入语：每个小组桌面上有土豆和三种不同的吸管，两两一组，试一试用这些吸管穿透土豆。

2. 学生活动：两两讨论和实践。老师巡堂观察，记录学生表现。

3. 提问与分享。

(1)向成功小组提问：如何做到？成功秘诀是什么？开始时认为会成功吗？

(2)向失败小组提问：多次尝试未成功的原因是什么？

(3)向未尝试小组提问：为何没有尝试？放弃时怎么想的？什么阻碍了尝试？

4. 小结语：实验见证了将不可能变为可能的奇迹，由此我们体会到自我潜能是无限的。成功小组展现了勇气和坚持，失败小组积累了经验，未尝试小组收获了直面内心恐惧的勇气。无论结果如何，都让我们明白勇于探索、超越自我才能创造更多可能。

【设计意图：通过两个体验活动，完成本节课重难点任务。】

(四)成效阶段(5分钟)

1. 导入语：今天心理课上，我们玩了三个游戏，请大家回顾表现和收获，分享感受和活动心得。

2. 邀请3~4名学生分享。

3. 小结语：大家分享得很好。心理游戏不仅让大家放松，更希望能给冲刺阶段的你们带来力量。

【设计意图：通过分享和交流，将课堂体验和知识内化为自身信念和行为准则。】

(五)总结阶段(5分钟)

1. 导入语：今天的课即将结束。希望今天的活动对大家有帮助，不要轻易否定自己，要不断挑战自我，勇于尝试，直到成功。

2. 学生活动：组织仪式化活动，每个小组成员围圈，向其他同学表达感激之情。

3. 小结语：通过三个游戏，我们不仅收获了快乐，更重要的是学会了面对挑战、挖掘潜力。希望大家将这些经验应用到学习和生活中，不断挑战自我，追求卓越。

【设计意图：通过感谢增强团体成员连接感，总结强调课堂所学，使学生加深印象。】

十、注意事项

密切关注学生参与度，确保每位学生都能积极参与。活动结束后，通过反馈表收集意见和建议，调整活动方案。

十一、参考文献

1. 孙小傅，况小雪. 成就动机研究综述［J］. 教育教学论坛，2020，（06）：84-85.

2. 大脑里存在"胜利者效应"神经环路［J］. 广州医科大学学报，2017，45（04）：69.

3. 胡哲. 人生不设限［M］. 彭蕙仙，译. 天津：天津社会科学院出版社，2011.

第2课
我们一起谈谈爱情

一、理论依据

"我们一起谈谈爱情"是高三年级"爱他人"板块的一课。美国心理学家赫洛克将人的性意识萌发至爱情产生的全过程划分为四个阶段：首先是青春期对异性的否定期，表现为疏远；接着是向往成年异性的牛犊恋时期；然后是青春中期积极接近异性的狂热期；最后是青春后期的正式浪漫恋爱时期。绝大多数高中生正处于第三个阶段，即积极接近异性的狂热期。

二、学情分析

当前，高中生谈恋爱的现象较为普遍，调查显示其比例超过总人数的三分之一。高中生的爱情观多具有盲目性和偏激性，其恋爱动机也复杂多样，主要包括：为缓解青春期焦虑、寻找安全感；因学习、生活、人际交往受挫而选择恋爱等。

三、活动对象

高三学生

四、活动时间

45分钟

五、活动目标

1. 知识与技能：通过探讨爱情的真谛，增进学生对爱情的深层思考。

2. 过程与方法：通过辩论和合作探究，培养学生的思辨力、沟通力及同理心。

3. 情感态度与价值观目标：引导学生理性看待和处理青春期恋情，树立正确健康的爱情观。

六、重难点及突破策略

重难点：促进学生对爱情的深层思考，理解爱情的真谛，帮助学生恰当处理青春期恋情。

突破策略：利用同龄人案例，通过辩论活动，不断更新学生对爱情的理解，让学生学会处理青春期恋情。

七、教学方法

案例讨论法：将高中生常见的情感困惑设计成案例进行讨论分析。

八、活动准备

1. 场地准备：团体心理辅导室。

2. 物资准备：卡纸。

九、活动流程

(一)热身阶段(5分钟)

1. 导入语：同学们，正式上课前，老师想和大家玩一个"Yes or No"的游戏，所有人闭上眼睛，我会提一些问题，大家认真听。如果你的答案是"Yes"，请双手比心；如果是"No"，请双手过头顶交叉。问题列表：

你是否渴望恋爱？

你是否曾经暗恋过别人？

你是否考虑在高三期间找个人谈恋爱？

你是否正陷入失恋的困境？

你是否认为谈恋爱会影响高三的学习？

2. 小结语：从大家的反应看，不同的人有不同的答案。今天的专题活动，我们就一起谈谈爱情。

【设计意图：以学生感兴趣的问题入手，吸引其注意力，为接下来的讨论做铺垫。】

(二)导入情境(5分钟)

1. 导入语：一位高三学生向青春热线求助，让我们一起看看他遇到了什么难题。

2. 老师用 PPT 展示"求助信"：我喜欢上一个女孩好长时间了，我们在同一个班。在班里时，我总喜欢时不时地朝她坐的位子看上几眼，看到她对我笑时，我好像就是全世界最幸福的人。我没有直接告诉她，一是怕失去她，二是6月份就要高考了，我怕会耽误她的学习，如果她考不上是因为我的话，我这辈子都不会原谅自己的。

我们的学习非常辛苦，休息时间较少，我只希望有时跟她散散步。我学习不太好，有时学着学着就不想学了，真希望她能经常提醒我、鼓励我。我不能再这么一直郁闷了，我不想放弃前途，但更不愿错过她，毕竟可能每个人一生只有一次真爱，请你告诉我，我现在可不可以向她表白？

3. 小结语：到底要不要表白呢？这个男生的苦恼大家能理解吗？我们现在来帮帮他。

【设计意图：通过同龄人的感情苦恼，创设探究情境，直入主题。】

（三）探索阶段（20分钟）

1. 导入语：处在高三的冲刺阶段，这个男生到底要不要向喜欢的女生表白呢？如果你觉得要表白，请站在过道的左边；反之，请站在过道的右边。

2. 组织辩论：两组学生分别陈述各自的理由，轮流进行。三个回合后，老师叫停，让学生重新选择立场。

3. 老师引导：根据两边人数情况，老师带领学生进行下一步讨论。如果更多学生认为要表白，则讨论"爱情的内涵及如何把握恋情和学习的平衡"；如果更多学生认为不要表白，则讨论"如何处理暗恋带来的痛苦"。大多数情况下，选择"要表白"的学生更多。

4. 过渡语：我们大多数人都选择要表白，那么当男生表白时，女生向你这个朋友求助，询问是否要接受男孩的表白，你会怎么帮她？你是劝她接受，还是劝她不接受？

5. 分组讨论：选择接受的同学站在左边，选择不接受的同学站在右边。再组成6人小组，讨论表白后的两种可能走向及其问题。

6. 小组发言：各小组代表发言，分享讨论结果。

7. 小结语：通过分组讨论，同学们深入探讨了表白后的两种可能，接受者面临情感发展与挑战的并存；拒绝者则需关注对方情绪，维护友情边界。无论是哪一方，都需要一种成熟与尊重的态度。

【设计意图：通过案例分析和辩论，让学生合理看待青春期恋情，培养思辨能力和同理心。】

（四）成效阶段（10分钟）

1. 导入语：接下来，请左边选择接受的同学，就你们分享的挑战和问题，给出相应的对策。选择不接受的同学，你们要给该男生写一封信，帮助他在当下这个阶段处理好这份情感。

2. 分组讨论：学生分组讨论，将讨论结果写在卡纸上。

3. 分享结果：小组代表分享讨论结果。

4. 小结语：感谢大家的分享！同学们以智慧和同理心给出了宝贵的建议。无论是面对挑战的对策，还是给男生的温情信件，都展现了成长的力量与友情的温暖。

【设计意图：通过小组合作讨论，让学生合理处理青春期恋情，培养问题解决能力。】

（五）总结阶段（5分钟）

1. 导入语：大家还沉浸在对爱情的思考中，却已到了说再见的时间了。请回顾一下我们今天的对话和讨论，你们有哪些感想和收获呢？

2. 学生分享：邀请2~3名学生分享感想和收获。

3. 小结语：爱情是我们一生的功课，今天也仅仅是一次探索。让我们不断学习，努力成长，让自己成为有能力爱的人，并在恰当的时候遇到爱情！

【设计意图：回顾本课全过程，让学生的思维和情绪有沉淀的过程。】

十、注意事项

在公众场合谈论爱情，能否引导学生自由开放地表达、真实分享自己的感受和观点，是本节课的一大挑战。第一，老师需课前做充分调研，了解这个话题是否受高三学生的欢迎；第二，老师要努力与学生共同创设一种安全、受保护的课堂氛围，保持开放、平等、尊重的对话，不轻易评价。

十一、参考文献

1. 金国婷. 高中生的爱情观与爱情教育探讨［D］. 南昌：江西师范大学，2010.

2. 康宁. 你好，爱情！［J］. 中小学心理健康教育，2021（05）：39-42.

第3课
看见家人的力量

一、理论依据

"看见家人的力量"是高三年级"爱父母"板块中的一课。Bowen 理论指出，个人生涯选择受内外环境共同影响，而在诸多外部因素中，原生家庭的影响尤为显著。家谱图通过描绘从祖父母至自身三代人的血亲与婚姻关系，直观展现家庭内部的各种关系及相关信息，有助于个体理清原生家庭对自身的影响，明晰家族关系的脉络。生涯家谱图则进一步帮助我们识别在生涯决策过程中，哪些"无形之力"在悄然发挥作用。

二、学情分析

面对高考这一人生重要转折点，高三学生往往在职业生涯规划上表现出迷茫与探索并存的复杂心态。

三、活动对象

高三年级学生

四、活动时间

45 分钟

五、活动目标

1. 知识与技能：学生能够理解家谱图的基本概念，掌握其绘制方法，学会使用简单符号表示家族成员及其关系。

2. 过程与方法：学生学会收集并整理家族信息并绘制家谱树，培养信息整理与团队协作能力。

3. 情感态度与价值观：引导学生认识到家族的力量与传承的重要性，增强对家族历史的尊重与自豪感，促进家庭成员间的情感联结。

六、重难点及突破策略

重点：引导学生认识到家族的力量和传承的重要性。

突破策略：采用冥想、故事讲述等情境导入方式，激发学生的情感共鸣，使他们深刻体会到家族与职业之间的紧密联系。

难点：引导学生从家族历史中汲取力量，为职业生涯规划提供实际支持。

突破策略：通过绘制生涯家谱图、分享家族故事等实践活动，让学生亲身体验家族历史对职业生涯规划的潜在影响。

七、教学方法

体验式学习：采用冥想、绘制生涯家谱图、分享家族故事等实践活动，让学生亲身体验家族历史对职业生涯规划的潜在影响。

八、活动准备

1. 场地准备：团体活动教室。

2. 物资准备：家族资料收集表，包括亲属姓名、出生年份（如已去世，还包括死亡年份）、职业名称、胜任力自评、职业幸福感、如果再次选择会选择的职业、对我的职业发展期待等信息。

3. 学生分组：每组6人。

九、活动流程

（一）热身阶段——萝卜蹲家庭职业角色版（5分钟）

1. 导入语：上课前，我们先来玩个小游戏。

2. 学生活动：老师准备"职业+家庭成员称呼"组合的词语，如"医生妈妈""律师爸爸"等。每组分配一个词语，并排队站好，手搭肩。老师随机喊出一个词语，被喊到的组需蹲三下，并接力喊出另一个词语。游戏重复5次结束。

3. 小结语：小游戏让大家快速记住了自己的家庭成员及职业。接下来，我们将探索更多家族成员及其职业故事，看看他们的故事如何影响我们。

【设计意图：通过趣味游戏，调动学生参与热情。】

（二）导入情境（5分钟）

1. 导入语：请闭眼想象，你站在一棵大树下，这棵树就是你的家族树。每根枝条代表一个家族成员，他们的职业就像树上的果实。你的家族树上结出了哪些果实？这些果实如何影响你？

2. 学生活动：闭眼冥想，感受家族成员职业对自己的影响。

3. 小结语：冥想让大家感受到了家族与职业的联系。接下来，我们将通过绘制生涯家谱图，更直观地展现这种联系。

【设计意图：通过情境导入，激发学生对家族与职业关系的兴趣。】

（三）探索阶段（25分钟）

活动一：绘制生涯家谱图

1. 导入语：家谱图是分析家族成员关系及职业影响的工具。接下来，我们学习如何绘制生涯家谱图。

2. 老师讲解绘制方法，并展示个人生涯家谱图。学生根据课前收集的家族信息，绘制自己的生涯家谱图：确定起点（如曾祖父母），添加分支，表示子女及孙子女，添加相关信息，可用不同颜色修饰。

活动二：观察你的生涯家谱图

1. 导入语：在绘制过程中，你们或许回想起了祖辈的奋斗。现在，请认真观察你的生涯家谱图，思考以下问题。

家族成员职业有哪些相似之处？

哪些成员的职业观念对你影响重大？

你的哪些兴趣或职业价值观来自家人？

家族成员职业对你的现状和未来有何影响？

家人对自己职业的评价如何？最常提到什么？

家人对你未来职业选择的影响是什么？

哪些职业你绝不考虑？

回答完以上问题后，你的感受与发现是什么？

2. 学生思考并分享答案。

3. 小结语：通过观察，大家意识到家族成员的职业观念、期望和评价对我们产生深远影响，成为我们未来职业生涯规划的宝贵参考。

【设计意图：通过绘制、观察绘制生涯家族树，让学生发现家族生涯发展对自己的影响，并寻找支持。】

活动三：讲述你的家族故事

1. 导入语：完成生涯家族树后，你们已对家族历史有了初步了解。现在，请小组内每位同学以"我的……"为题，讲述一位对你影响较大的家庭成员的故事。

2. 组内轮流分享故事，过程中其他成员可提问。

3. 小结语：从故事中，我们看到了家族成员的坚韧与智慧。希望大家珍惜家族情感纽带，传承优秀品质和价值观，为职业生涯规划注入动力。

【设计意图：通过讲述家族故事，增进学生对家族成员及其影响的深刻理解。】

（四）成效阶段（5分钟）

1. 导入语：回顾今天的课程，它对你当下的学习和未来的专业意向有何帮助？

2. 学生活动：分享感受。

3. 小结语：感谢大家的分享。你们对家族与职业关系的深刻理解，以及对未来的期待和规划，让我深感欣慰。希望这次学习能成为你们职业生涯规划的重要里程碑。

【设计意图：检验学习成效，加深理解。】

（五）总结阶段（5分钟）

1. 导入语：今天这节课，你们有何收获与体会？

2. 学生记录收获或分享心得。

3. 小结语：家庭是我们成长的摇篮，也是职业发展的起点。它赋予我们技能、情感和价值观，成为我们面对挑战的坚实后盾。希望大家珍惜与家人的关系，传承家族优秀品质，为职业生涯打下坚实基础。

【设计意图：总结课程，强调家庭在职业发展中的重要性。】

十、注意事项

1. 在分享家族故事和讨论家族成员时，老师应提醒学生尊重他人的隐私，避免泄露敏感或不宜公开的信息。同时，也要尊重学生的个人意愿，不强求他们分享自己不愿意分享的内容。

2. 在小组讨论和分享环节，老师应营造积极、开放的讨论氛围，鼓励学生积极发言、分享观点。

十一、参考文献

曾海波，郑日昌. 生涯咨询中几种质性评估技术[J]. 中国人力资源开发，2010(05)：43-45，54.

第4课
高三，为理想而战

一、理论依据

人本主义心理学派深信，每个人内心都蕴藏着追求自我实现的强烈动力，这一动力驱使个体最大限度地挖掘自身潜能、实现个人价值和目标。在这一过程中，理想为个体提供激励和方向，引导其不断超越自我，追求更高的成就。

理想根植于信念与信仰，而这些又深受个体价值观的影响，不同的价值观塑造出不同的信念与信仰，进而决定了个体的理想追求。

二、学情分析

高三是学生学业生涯的转折点，面对高考的巨大压力，学生们既对未来充满期待，又难免感到迷茫。多数学生已初步形成个人志向，但往往缺乏深入思考和坚定信念，容易出现焦虑、动力不足等问题。

三、活动对象

高三年级学生

四、活动时间

45 分钟

五、活动目标

1. 知识与技能：帮助学生树立价值观，明确个人理想目标，理解高三阶段在实现理想中的重要性。

2. 过程与方法：指导学生制订合理的学习计划，增加目标达成和理想实现的可能性。

3. 情感态度与价值观：激发学生的自信心，让他们坚信通过努力可以实现自己的理想。

六、重难点及突破策略

重难点：帮助学生树立价值观，从而明确目标和理想。

突破策略：通过"卡牌的抽取和交换"活动，特别是交换环节，帮助学生不断树立价值观，坚定信念和理想追求。

七、教学方法

体验式学习：通过实践活动帮助学生进一步树立价值观，明确目标和理想。

八、活动准备

1. 场地准备：心理团体辅导室，六人一组围圈就坐。

2. 物资准备："我的理想卡"42 张，每张卡上都印有一句话，用来表述美国心理学家米尔顿·洛克奇在《人类价值观的本质》中提到的 13 种价值观所表达的未来状态，如"我的理想是未来获得一份高薪的职业""我想成为一个大BOSS"等。

九、活动过程

（一）热身阶段（5分钟）

1. 导入语：同学们，正式上课前，老师想和大家玩一个"Yes or No"的游戏。游戏规则很简单，所有人闭上眼睛，老师会读一些陈述句，请大家认真听。如果你认同这句话，请双手比心；如果你不认同，请双手过头顶交叉。陈述句如下：

（1）你希望长大后拥有很多金钱；

（2）你的梦想是长大后当老师，用心浇灌祖国的花朵；

（3）你认同"一分耕耘，一分收获"这句话；

（4）你小时候的理想是长大后当个宇航员；

（5）你已经确定好了高考的目标大学；

（6）你愿意未来去守护祖国的边疆；

（7）你希望未来从事助人的工作。

2. 小结语：在刚才的活动中，我们可以看到，每个人对于不同的事情都有不同的选择，而这些选择背后，其实与我们的理想和目标是否明确有关，同时也反映着我们的价值排序。

【设计意图：吸引学生注意力，让学生初步感受不同人拥有不同的理想和目标。】

（二）导入情境（5分钟）

1. 导入语：同学们，哈佛大学曾进行了一项关于目标与人生的25年跟踪调查。

2. 展示PPT：研究调查了一群智力、学历、环境等条件相近的年轻人，发现3%的人有清晰且长期的目标，10%的人有清晰但短期的目标，60%的人目标模糊，27%的人没有目标。经过25年追踪，设定明确且长期目标的3%的人几乎都成了社会各界的顶尖成功人士；设定明确短期目标的10%的人大多生活在社会的中上层；60%目标模糊的人大都生活在社会的中下层；27%没有设定目标的人几乎生活在社会的最底层。

3. 过渡语：这个调查研究的结果对我们有什么启示呢？

4. 学生回答后老师进行总结：一个人选择什么样的目标，就会有什么样的成就和人生。明确且长期的目标能够激发人们的内在动力，引导他们坚持不懈地努力，最终实现自己的梦想。

【设计意图：通过展示调查研究，启发学生思考目标和理想对人的成长的重要性。】

（三）探索阶段（25分钟）

1. 导入语：同学们，今天，我们来一场"目标与理想"的自我探索之旅。请各小组打开桌面上的"我的理想卡"，思考：如果这些卡牌描绘着你对于未来理想生活状态的特点，哪些是你特别想要的？哪些是你不想要的？我们将通过一个活动来获取自己最想要的理想卡牌。

2. 活动规则：每组一盒"我的理想卡"、6张扑克牌（红桃 A 到红桃 6）、6张空白卡。

活动分三轮：第一轮，将扑克牌和卡牌分别顺时针盲摸扑克牌，按牌面大小依次选择卡牌，每人 7 张。第二轮，将扑克牌重新洗牌，顺时针盲摸扑克牌，按牌面大小依次查看并可选择与同学交换卡牌（A 与 6 也可交换），每人可交换 1 张。第三轮，若对手中卡牌不满意，可用空白卡描绘自己最想要的卡牌，并去掉一张最不想要的卡牌。

3. 思考与分享：学生按最想要到最不想要的顺序排列卡牌，小组内分享选择理由。邀请 3~4 名同学全班分享。

4. 小结语：有些同学活动前就有明确目标，很容易拿到想要的卡牌。有些同学规划模糊，选择时纠结。

【设计意图：通过卡牌游戏，帮助学生树立价值观，明确目标和理想，突破重难点。】

（四）成效阶段（5分钟）

1. 导入语：现在，请同学们将未来理想的生活与高考目标联系起来，并在纸上写下想要报考的大学和专业。

2. 鼓励制订计划：学生根据自己的目标，制订高三接下来的学习计划。

【设计意图：帮助学生将理想的实现与当下的学习生活联系起来，增强学习动力。】

（五）总结阶段（5分钟）

1. 导入语：今天的心理课到此结束。掌声送给一起完成自我探索之旅的小组同学，也送给认真参与的你自己。

2. 小结语：生活是丰富多彩的，理想是千差万别的。今天使用的理想卡牌只有 42 种，描述了未来 10 年、20 年的理想状态。大家可以打破这些卡牌的限制，思考更具体、明确的目标，如高三一年、本学期、一个月的目标等，并制订相应的行动计划。

【设计意图：鼓励学生继续深入思考和规划未来。】

十、注意事项

1. 在卡牌交换环节，若学生找不到满意卡牌，老师应鼓励学生描绘自己理想的未来生活。

2. 注意把握时间，留出足够多的思考和分享时间。

十一、参考文献

1. 张建人. 过去、现在和将来：时间视角下的工作价值观［D］. 重庆：西南大学，2014.

2. 赵婷. 职业价值观大冒险：高三学生职业价值观探索［J］. 中小学心理健康教育，2021（11）：39-42.

项目四

大学生体验式生命教育活动内容选择和设计范例

一、爱自己

根据大学生爱自己的培养目标——升华自主探索，在自我反思与自我规划中实现自我负责，深入理解生命的意义，形成积极的生命观，注重身心健康平衡管理，并从中获得自豪感和希望。我们梳理了三个小目标：自主探索与自我负责、形成积极生命观、身心健康与平衡管理，作为课程设计指引。

1. 自主探索与自我负责：是指在成长过程中主动地探索自我，包括个人的兴趣、潜能、价值观以及职业发展方向，并在此基础上对自己的行为、决定和未来发展承担起责任的过程。

（1）大一年级活动主题：遇见自己 遇见你

活动目标：学会通过自我分析来识别自身的优势和不足，看到自己的优势，接纳自己的不足，做最好的自己。

（2）大二年级活动主题：我的未来蓝图

活动目标：学生制定清晰的个人发展规划，掌握决策技巧。

（3）大三年级活动主题：行走的课堂

活动目标：学生通过实践展现领导力和社会责任感，培养学生的实践精神。

（4）大四年级活动主题：我的梦想启航

活动目标：学生能自信展示个人成就，确立毕业后发展方向，具备应对未来挑战的能力。

2. 形成积极生命观，是指大学生持有的一种积极向上的人生态度和价值观，这种态度体现在对待生活、学习、工作和个人成长等方面，它强调珍视生命、追求意义、积极面对挑战，并从中获得成长和满足感。

（1）大一年级活动主题：开启心航乐观道

活动目标：引导学生树立正面乐观的心态，通过探索生命哲学，理解个人存在意义，初步形成积极的生命观，培养学生对生活的热爱与好奇心。

（2）大二年级活动主题：价值探索成长岛

活动目标：深化价值观探索，鼓励学生在批判性思维训练中巩固积极价值观，持续激发学习热情与内在驱动力。

（3）大三年级活动主题：幸福曼陀罗

活动目标：帮助学生明确自我关爱是实现个人潜能与幸福生活的基石，树立积极的生命观，增强内在幸福感。

（4）大四年级活动主题：未来领航者

活动目标：强化学生积极面对职场挑战的决心，提升就业的竞争力，同时深化个人品牌建设，确保生涯规划的前瞻性和执行力。

3. 身心健康与平衡管理，指大学生通过一系列策略和方法，维持身体健康、心理健康，并在学习、工作和个人生活之间达到良好的平衡状态的过程。这有助于提高生活质量，增强抗压能力，远离生命危机，促进个人全面发展。

（1）大一年级活动主题：身心筑基营

活动目标：培养学生目标与时间管理能力，掌握化解学习压力策略，建立健康的身心发展保障基石，为大学生活打下稳健的基础。

（2）大二年级活动主题：我的生命树

活动目标：认识和重视自身身心健康，掌握积极应对策略，预防生命危机，培育积极的生命态度。

（3）大三年级活动主题：韧性飞跃，助我行

活动目标：引导学生进行职业探索与规划，学会将学业压力转化为职业发展的动力，同时增强逆境中的心理韧性。

（4）大四年级活动主题：生涯启航与社会适应力

活动目标：帮助学生全面回顾大学生活，确立个人生涯愿景，增强社会适

应能力和综合竞争力，确保平稳进入社会。

二、爱他人

根据大学生爱他人目标——在深入理解与满足他人需求的过程中享受成就与快乐，通过高效的团队协作与共享成果强化人际关系网，在寻找资源帮助他人远离心理危机中感受爱他人的意义，积极参与社会志愿服务，深化自我价值认知。我们梳理出三个小目标：深入理解与满足他人需求、高效团队协作与强化人际关系网、服务社会与助人远离心理危机，作为课程设计指引。

1. 深入理解与满足他人需求。

（1）大一活动主题：风雨人生路

活动目标：认识到理解与满足他人需求是构建信任关系的基础，促进他们学会关心和支持他人。

（2）大二活动主题：需求解决挑战赛

活动目标：明确以校园服务为核心，举办挑战赛形式的活动，鼓励学生发现并解决校园内的实际需求问题，并在满足他人过程中获得个人成长与快乐。

（3）大三活动主题：跨界协同强服务

活动目标：强化跨校合作的概念，建立区域高校间的联盟，共同策划并执行大型服务项目，促进资源共享与文化交流。

（4）大四活动主题：影响力项目孵化会

活动目标：在策划并执行有长期社会影响的项目时，将深度理解与精准满足他人需求作为核心原则，从而在贡献社会的同时实现个人价值与职业发展。

2. 高效团队协作与强化人际关系网。

（1）大一活动主题：共鸣启航，我心飞翔

活动目标：培养学生同理心，加深同学之间的相互理解和情感联结。

（2）大二活动主题：武林大会

活动目标：深化团队合作技巧，促进专业知识交流，拓宽人际网络，共同实现创新解决方案。

（3）大三活动主题：我的剧场我作主

活动目标：提升领导力与人际协调能力，增强团队的应变与决策效率。

（4）大四活动主题：职业桥梁，助我飞

活动目标：通过模拟职场团队项目、行业对接会等活动，激发学生的潜能，促进他们团队协作与人际网络构建能力的成长。

3. 服务社会与助人远离心理危机。

（1）大一活动主题：我是心理健康大使

活动目标：提升学生的心理健康知识与助人技能，增进学生之间的相互理解和支持。

（2）大二活动主题：携手同行健康路

活动目标：培养有效倾听和同理心技巧，强化人际支持能力，有意愿成为他人心理支持者。

（3）大三活动主题：昂扬生命活力

活动目标：提高学生的心理健康意识和应对能力，增强他们的同理心和社会责任感，从而更愿意主动关怀他人，并有能力帮助他人远离心理危机。

（4）大四活动主题：我的助人之旅

活动目标：促进学生总结在助人实践中获得的经验与教训，培养高级心理援助项目的设计与执行能力。

三、爱父母

根据大学生爱父母目标——深化与父母的成熟关系，建立相互尊重和理解的情感系统；建立开放、诚恳的家庭对话环境，增进彼此的了解和信任；强化家庭责任与担当，传承与创新家庭价值观，并在情感上更加成熟稳定。我们细化了三个小目标：尊重与理解、开放与沟通、责任与传承，作为课程设计指引。

1. 尊重与理解：理解和尊重父母的观点和感受，建立互信和情感连接。

（1）大一活动主题：母亲的手

活动目标：帮助学生加深对母亲的理解，激发学生对母亲的情感表达。

（2）大二活动主题：时光胶囊

活动目标：培养对父母的深切感恩，深化心灵与情感连结。

（3）大三活动主题：倾听智慧

活动目标：进一步掌握倾听与反馈技巧，通过虚拟与现实结合的情境练习，提升解决家庭沟通障碍的能力。

(4)大四活动主题：携手绘蓝图

活动目标：在毕业前夕，深化高级情感管理，融合个人职业规划与家庭价值观，共同规划未来发展。

2. 开放与沟通：建立开放、诚恳的家庭对话环境，增进彼此了解和信任。

(1)大一活动主题：家庭的和声

活动目标：回顾并总结与父母间友好相处的宝贵时刻，提炼有效情感沟通的核心原则。通过角色互换和非暴力沟通研习，加深对父母角色的理解，培养同理心及深层次的情感共鸣。

(2)大二活动主题：父亲的背影

活动目标：学习以更成熟的方式表达感受，助力学生加深对父亲的理解，在对父亲做情感表达的基础上形成有效的沟通模式，助力自身成长。

(3)大三活动主题：家庭的心桥

活动目标：面对家庭冲突时，能运用所学技巧，协同父母寻求解决方案，增强解决问题的合作能力。

(4)大四活动主题：家庭的愿景

活动目标：强化家庭成员间的情感纽带，通过共同制定并实践家庭目标，展现四年成长中情感成熟的最终成果。

3. 责任与传承：强化家庭责任与担当，传承与创新家庭价值观。

(1)大一活动主题：纸短情长

活动目标：复兴书信文化，通过手写书信的形式，让学生与家长分享校园生活点滴，增进情感交流。

(2)大二活动主题：味蕾上的记忆

活动目标：通过回忆饭桌上家传菜肴，加深学生对家族饮食文化的认识，加强与家人的互动。

(3)大三活动主题：感恩在行动

活动目标：培养学生的感恩之心与责任感，通过实际行动为家庭做出贡献。

(4)大四活动主题：生命的旅程

活动目标：深化学生对家族价值观的理解，促进家族精神的传承与个人价值观的形成。

四、爱世界

根据大学生爱世界培养目标——具备全球视野与国家情怀，增强包容世界万物的情感，促进人类社会的紧密联结与共同繁荣；强化使命意识，培养领导力和社会责任感，并在此过程中获得对世界和平发展的责任感和使命感。我们梳理出三个小目标：具备全球视野与国家情怀、增强包容世界万物的情感、强化使命意识与社会责任感，作为课程设计指引。

1. 具备全球视野与国家情怀：既能放眼全球，理解多元文化，又能胸怀国家，成为兼具国际视野和民族根基的时代青年。

（1）大一活动主题：奔跑吧青春

活动目标：理解全球意识与国家情怀对个人成长的价值，学习并实践如何在全球视角下传播和交流中华优秀传统文化。

（2）大二活动主题：文化交融新体验

活动目标：拓宽学生国际视野，了解国家精神文化，强化对民族文化的认同与自豪感。

（3）大三活动主题：专业视角看世界

活动目标：提升学生跨文化沟通能力，培养批判性思维，强化全球意识。

（4）大四活动主题：全球公民的担当

活动目标：回顾大学期间的全球体验，规划个人未来在全球化背景下的发展方向，形成具有前瞻性的行动计划。

2. 增强包容世界万物的情感：对世界万物持开放与接纳态度，树立人与人之间、人与自然间和谐相处的意识。

（1）大一活动主题：生命万花筒

活动目标：加强对不同文化和背景人群的理解与尊重，培养共情与包容能力。

（2）大二活动主题：落入凡间的天使

活动目标：认识到不同生物都有其特点和作用，理解和谐自然的重要性，尊重生命，促进形成人与自然和谐发展的价值观。

（3）大三活动主题：和谐的交响曲

活动目标：探讨可持续发展与生态文明建设，加深对人与自然关系的理解。

（4）大四活动主题：行动力量

活动目标：鼓励学生就人与自然和谐等议题开展研究，培养学生的社会责任感与全球关怀行动力。

3. 强化使命意识与社会责任感：具备使命感，增强团队领导力和树立主动贡献社会的责任意识。

（1）大一活动主题：社会创想家的心声

活动目标：深入研究与社会发展相关的问题，培养学生实践创新精神，增进社会责任感。

（2）大二活动主题：领航者的铿锵脚步

活动目标：通过模拟项目或实际案例分析，培养决策能力、团队激励与沟通协调技巧。

（3）大三活动主题：决策之巅对决

活动目标：在模拟复杂情境中锻炼快速决策与问题解决能力。

（4）大四活动主题：不忘责任与世界同行

活动目标：激发学生的责任感和使命感，增强对社团和志愿服务的热爱，树立贡献社会的责任意识。

模块二　大学生体验式生命教育活动设计范例

大一年级体验式生命教育活动设计范例

第1课
遇见自己　遇见你

一、理论依据

"遇见自己 遇见你"属于大学生爱自己板块中的"自主探索与自我负责"内容。

自我决定理论认为个体的基本心理需求包括自主性、胜任感、归属感。个体在自我选择中感受到自由和控制感，在完成任务时感受到能力和效能，在与他人建立联系和关系的基础上感受到归属感。本活动旨在促进学生进行自主探索，并为自主探索负责，促进学生的自我和谐。

二、学情分析

大学一年级学生正处于人生的新阶段，面临身份转变、独立生活与自主学习的挑战，有些学生会产生适应不良、自我认知不足等问题。因此，通过本次活动，激发学生积极探索个人志向，实现潜能开发与自我成长。

三、活动对象

大学一年级学生

四、活动时间

90分钟

五、活动目标

1. 知识与技能：认识到自己是世界上独一无二的生命，学会通过自我分析来识别自身的优势和不足。

2. 过程与方法：通过体验活动与小组学习，看到自己的优势，接纳自己的不足，做最好的自己。

3. 情感态度与价值观：激发学生对自我成长的积极态度，形成勇于追求自我和谐的态度。

六、重难点及突破策略

重点：认识到自己是世界上独一无二的生命，学会通过自我分析来识别自身的优势和不足。

突破策略：通过"无腿勇士登顶珠峰"的视频和"你的选择"的活动，帮助学生认识自己的与众不同，勇于发现自我优势，接纳不足。

难点：激发学生对自我成长的积极态度，形成勇于追求自我和谐的态度。

突破策略：通过"假如两者都存在，那是多么美好的啊！"体验活动，促进学生在体验中产生追求自我和谐的态度。

七、教学方法

1. 情景教学法：通过视频，帮助学生认识到个体的独特性。

2. 体验式学习：通过体验式活动，让学生在亲身体验中形成追求自我和谐的态度。

3. 小组合作学习：通过小组讨论与合作，促进学生之间的交流与成长。

八、活动准备

1. 场地布置：选择大间教室，撤掉桌子，留下椅子，八人围坐。

2. 材料准备：每人 1 张大黄纸、2 支彩笔和 2 张 A4 纸。

3. 音乐准备：《自画像》《选择》。

4. 视频准备：《69 岁无腿勇士靠假肢登顶珠峰　夏伯渝登峰入史册》。

九、活动过程

(一)热身阶段(10 分钟)

1. 导入语：同学们，大学是一个全新的环境，生活与学习需要更加独立。面对新的变化，需要大家有更清晰的自我认知。本次活动将要探索一个全新的自我。

2. 热身活动：自画像。(播放音乐《自画像》)

规则：

(1)每人 1 支彩笔。

(2)选定一名同学，由他左边的第一同学画一个脸形，接着向左传递，左边第二个同学为他画左眼睛，第三个同学画右眼睛，第四个同学画鼻子，第五个同学画嘴巴，第六个同学画左耳朵，第七个同学画右耳朵，第八个同学画左眉毛，第九个同学画右眉毛，第十个同学画头发，第十一个同学画脖子……

(3)最后回到第一个同学，看一看这张画像，你有什么感想？

3. 小结语：别人眼中的你，不一定是你，你眼中的你，也未必就是你，只有接纳不完美的自己，才可以真正地看到"你"。

【设计意图：通过热身活动"自画像"，营造轻松愉悦的氛围，同时激发学生思考"我是谁"，为下个环节的活动做好铺垫。】

(二)导入情境(10分钟)

1. 导入语：现在，我们来看一段视频《69岁无腿勇士靠假肢登顶珠峰夏伯渝登峰入史册》。请同学们边看边思考：主人公为什么要登顶珠峰？他遇到了哪些困难？他是如何克服这些困难的？

2. 播放视频。

3. 组织学生分享，老师适时引导。

4. 小结语：我们通过视频看到了69岁无腿勇士是如何通过努力实现自己的梦想的。接下来，我们将通过一系列活动来进行自我探索，看一看，未来的"我"在哪里？

【设计意图：通过"登顶珠峰"视频，激发学生探索自己的欲望。】

(三)探索阶段(30分钟)

1. 活动一：你的选择。

规则：

(1)请每个同学领取1张大黄纸和1支彩笔，戴上眼罩，坐在地板上思考如下情景：

你需要马上去参加一个非常重要的面试，如果通过面试，你的人生将获得很多的机会。你只有十分钟的时间打开你的衣橱选择你的服装，十分钟后你将准时出发，请尽快做出选择。

(2)睁开眼睛，在大黄纸上画出你的服装。(播放音乐《选择》)

(3)拿着画好的服装找三个同学交流，你穿上这套服装，准备参加什么样的面试？你将如何赢得面试？

(4)在八人小组内进行面试，每人1分钟。1人当面试者，7人当面试官。

(5)面试结束后，所有面试官在画上写出对面试者的评价，既可以是优点，也可以是提升点。

(6)面试结束后进行讨论与分享：我最看中哪个评价？我最想了解哪个评价？

2. 小结语："你的选择"活动让我们看到自己的优势，同时也发现了自己的提升点。这是一次难能可贵的发现，因为有你的同学给你当镜子，所以给所有给予你评价的同学说"谢谢你，有你真好！期待未来你可以继续当我的镜子"。

【设计意图：通过"你的选择"体验活动，让学生体会到自己的优势，让自身不足也有了改变的机会。】

(四)成效阶段(30分解)

1. 导入语：同学们，我们总是在问三个问题：我是谁？我从哪里来？要到哪里去？下面，我们通过体验活动，来尝试回答"我要到哪里去？"

2. 体验活动："假如两者都存在，那是多么美好啊！"

(1)请同学们拿出一张A4纸，折成两部分，分别写出10个以上你的优点及10个以上你的不足。

如：我的学习能力强　　我的实践经验不足
　　我的思维活跃　　　我的抗压能力较弱

(2)三人一组，体验者坐中间，左右两边的同学与体验者成90度，即两人的脸分别对着体验者的左右耳朵。体验者将写有优缺点的纸条撕成两半，写着不足的纸条交给左边的同学，写着优点的纸条交给右边的同学。

(3)体验者轻轻闭上眼睛，右边同学深情地对着体验者右耳朵念出其第一个优点，左边同学深情地对着体验者左耳朵念出第一个缺点。之后，左右两边同学大声地一起说"假如两者都存在，那是多么美好啊！"以此类推，一条一条念，直至10条优缺点念完。再换另一个同学体验。

3. 组织分享：通过体验该活动，思考给你的人生成长启发是什么？未来人生，你要到哪里去？

4. 小结语：同学们，大家分享得都非常好，都谈到身心和谐的重要性。是的，对于未来人生，我们可能还不能规划得十分清晰，但我们未来成功人生一定是走向自我和谐的人生。

【设计意图：通过"假如两者都存在，那是多么美好啊！"体验活动，让学生真正悦纳自我。】

（五）总结阶段（10分钟）

1. 导入语：同学们，今天的活动让我们更深刻地认识了自己的优缺点，学会接受自己的全部。只有真正接纳自己，我们才能够走向和谐人生。

2. 课程回顾。请四人一组进行小结：本次活动给予你的启发是什么？你将如何走向与自我和谐的人生道路？

3. 组织分享，并进行课程总结。（播放音乐）

请所有人起立，和老师一起诵读这段文字：爱自己的宣言。

亲爱的自己，好好爱自己，不看别人的脸色，不听多余的闲言。怎么活，自己说了算；怎样过，自己有主见。

不要太乖，不想做的事可以拒绝，做不到的事不用勉强。人生不是用来讨好别人的，而是要善待自己。

做有用的事，说勇敢的话，想美好的事，睡安稳的觉。把时间花在进步上，行动上，对自己的人生负责。

亲爱的自己，你是世界上与众不同、独一无二的人，我懂你，我珍惜你，我爱你。

【设计意图：通过课程总结活动，进一步巩固认知。】

十、注意事项

1. 在开展体验活动"你的选择"和"假如两者都存在，那是多么美好啊！"时需要讲清规则，并强调学生做好讨论与分享，才能够让学生有所感悟，产生追求自我和谐的态度。

2. 要做好分组，设立组长，并提前培训组长担任活动助手，确保每个活动有序推进。

十一、参考资料

1. 69岁无腿勇士靠假肢登顶珠峰 夏伯渝登峰入史册［EB/OL］.（2018-05-18）. https：//www. iqiyi. com/v-19rrd62pvg. htm/.

2. 2024深圳市龙岗区教师生命教育种子师资课程第三阶段生命哲学课程"你的选择"。讲授者：张再红；制作公司：深圳创时代教育信息科技有限公司。

第2课
风雨人生路

一、理论依据

"风雨人生路"属于大学生爱他人板块中"深入理解与满足他人需求"的内容。

自我决定理论认为个体的行为和成就受内在驱动力影响。这些驱动力源于个体的内在需求、兴趣和价值观。当学生感受到自己的行为是有意义的，并且能够满足他人的需求时，他们会体验到更高的内在满足感和自我价值感。这样，他们能够更加信任他人，与他人建立和谐关系。

本活动基于自我决定理论，旨在通过情境模拟与角色扮演，提升价值观，进而引导学生理解他人需求，产生同理心与信任感，加深对人际关系的理解。

二、学情分析

大学一年级学生正处于个人价值观与社会责任感形成的关键时期，他们渴望认识新朋友，拓展自己的社交圈。他们具备一定的团队协作能力和沟通能力，但往往在面对复杂人际关系和生活挑战时感到困惑。本次活动旨在通过模拟真实情境，促进学生深刻理解并满足他人需求，进而提升与他人建立和谐关系的能力。

三、活动对象

大学一年级学生

四、活动时间

90分钟

五、活动目标

1. 知识与技能：帮助学生认识理解与满足他人需求是构建信任关系的基础，促进他们学会关心和支持他人。

2. 过程与方法：通过情境模拟与角色互换，认识个人行为对他人的影响以及信任在人际交往中的重要性。

3. 情感态度与价值观：增强学生的价值感与信任感，展现负责任的行为，形成积极与他人建立和谐关系的态度。

六、重难点及突破策略

重点：认识个人行为对他人的影响以及信任在人际交往中的重要性。

突破策略：通过创设问题情境引发学生思考，在"风雨人生路"活动的体验中，增进信任感和价值感。

难点：增强学生的价值感与信任感，展现负责任的行为，形成与他人建立和谐关系的态度。

突破策略：通过角色互换、小组讨论等方式，引导学生亲身体验不同人生境遇，促进情感共鸣，形成与他人建立和谐关系的愿望。

七、教学方法

1. 情境教学法：创设贴近生活的复杂情境，让学生代入角色体验，丰富信任在人际交往中重要性的认知。

2. 角色扮演：模拟特定情境下人际互动，提升价值感与信任感。

八、活动准备

1. 场地准备：宽阔教室(移开桌椅，关灯拉窗帘，营造神秘氛围)及校园内多种地形(如平地、楼梯、石子路等)。

2. 教具准备：眼罩(用于模拟盲人角色)、音乐播放设备(用于营造氛围)。

九、活动流程

(一)热身阶段(5分钟)

1. 导入语：同学们，在丰富多彩的大学校园生活中，人际互动是其中重要的内容之一。建立和谐的人际关系是解锁个人潜力、促进校园幸福生活的金钥匙。今天，让我们一起深入探讨这个话题：风雨人生路。

2. 暖场游戏：在活动启动之前，我们来一场暖场游戏，游戏叫"关系接龙"。

规则：8人一组围圈坐，由一人开始说出一个与人际关系相关的关键词，如沟通；下一个人需要说出一个以前一个词的最后一个字为首的词，如通达。依次进行，不能重复已说过的词，否则要表演一个节目。

3. 小结语：通过这个游戏，我们了解到许多关于人际关系的重要词。这些词都是直指建立和谐关系的重要因素。接下来，我们通过系列活动来探索其背后的意义。

【设计意图：通过暖场游戏的开展，活跃气氛，调动学生参与活动的热情。】

（二）导入情境（10分钟）

1. 导入语：同学们，在你的成长过程中，哪个转折点对你的人生产生了重大的影响？在这个过程中，有谁给予你支持或信任？

2. 组织讨论：四人一组，两两交流。

3. 指名让学生分享，老师适时引导。

4. 小结语：同学们，大家的分享让我们看到人与人之间的支持与信任是多么重要。它可以让个体在面对生活的困难与挑战时不再无力。支持如同雨中的伞，为你遮风挡雨；而信任如夜空中的星，指引着你前行，让你从失败中汲取教训，重燃希望之光。

【设计意图：通过创设问题情境，引发学生探索的激情。】

（三）探索阶段（35分钟）

1. 导入语：同学们，人生不如意十有八九。昨天你遇到的困难与挑战，今天又有一群人遇上。你愿意为他们助力吗？（愿意）好，下面，我们通过一个"风雨人生路"的活动，来展示你的支持与信任。

2. 组织学生体验活动。

（1）随机分组，一组扮演盲人，一组扮演哑巴，哑巴负责带路。盲人戴上眼罩，原地转3圈。哑巴随机搀扶盲人，当音乐响起，活动开始。

（2）活动开始后，沿着预定路线，哑巴和盲人经历多个障碍物，借此体验如何应对成长的困难与挑战。第一组同学跟着老师顺着楼梯来到一楼走廊，跨过长椅，爬过大桌，到达终点。然后进行角色交换，回到教室。

（3）行进中双方不允许有言语的交流，但可以通过"带路人"的肢体接触、动作引领对方行走，模拟人生路上的扶持与信任！

【设计意图：通过"风雨人生路"活动体验，让学生打开情绪，点燃情感，体会来自人际支持的力量。】

（四）成效阶段（30分钟）

1. 导入语：同学们，经过一场别开生面的"风雨人生路"活动的体验，我们收获许多。在刚刚过去的30多分钟里，我们或许是闭目前行的"盲行者"，信赖于那份未知却坚定的指引；或许化身为耐心细致的"扶持者"，在无声的默契中承担起支持与保护的责任。这两种角色的切换，无疑是对需要与被需要、信任与被信任、支持与被支持的一次真实考验与深刻洗礼。

2. 组织讨论。下面，四人一组进行三轮交流，以 ABCD 的顺序编号，两两一组。第一轮是 AC、BD；第二轮是 AB、CD；第三轮是 AD、BC。每轮每人 1 分钟。在交流中可以结合如下几个问题进行：

(1)作为"盲行者"，你是如何克服不安的？是选择完全信任，还是有所保留？这种信任带给你什么样的启示？

(2)作为"扶持者"，你采取了哪些策略来确保"盲行者"的安全与舒适？在这过程中，你对需要与被需要、支持与被支持有了怎样的认识？

(3)在角色互换中，哪一个瞬间让你感受最深？它对你意味着什么？

3. 组织分享，老师适时引导。

4. 小结语：同学们，经过三轮深刻与真挚的分享后，我们在思想上达到共鸣与理解。每一个同学的观点，犹如一颗颗璀璨的星辰，点亮了我们共同的精神夜空。现在，让我们一起来梳理并升华这些珍贵的体会与洞见。

(1)关于团结。在活动中，团结的力量展现得淋漓尽致。从活动的起始，团队成员们就仿佛心有灵犀一般，无需过多言语，便能默契地相互配合。这种无声的协作，并非偶然，而是源于大家内心深处对团队的认同和对彼此的信任。

当面对各种未知的挑战和障碍时，没有人选择退缩或独自行动。每一个成员都清楚地知道，自己是团队不可或缺的一部分，只有紧密团结在一起，才能顺利完成这段特殊的旅程。大家相互扶持、彼此依靠，形成了一个坚不可摧的整体。无论是在崎岖的道路上，还是在需要跨越的艰难险阻面前，团队成员们总是齐心协力，共同寻找解决问题的方法。这种团结的精神，如同黑暗中的明灯，照亮了我们前行的道路，让我们坚信，只要我们在一起，就没有克服不了的困难。

(2)关于信任。信任，是整个活动的核心基石。在不能说话的环境下，信任变得尤为关键且珍贵。学员们必须完全相信自己的伙伴，相信他们会在自己需要帮助的时候伸出援手，会引领自己安全地走过每一段路程。这种信任不是凭空产生的，而是在日常的相处和团队活动中逐渐积累起来的。

从最初的小心翼翼，到逐渐放下心中的疑虑，将自己的安危托付给队友，这是一个内心成长和转变的过程。在旅程中，我们能感受到伙伴们坚定的步伐和有力的扶持，这些都传递着一种无声的信任信号。每一次顺利通过一道难关，信任就会加深一层。我们学会了相信他人的能力和善意，也明白了只有给予信任，才能收获更多的信任。这种信任不仅存在于两两之间，更弥漫在整个团队中，形成了一种强大的凝聚力，让我们能够勇敢地面对一切未知。

（3）关于需要。我们从需要的视角审视人生价值。在活动中，无论是"盲行者"的迫切需求，还是"扶持者"承担的保护责任，都体现了人与人之间相互依存的价值。它深刻告诉我们，每个人既是自我实现的主力，也是他人成长所需的支撑。被他人需要，同时也主动去满足他人的需要，是构建和谐社会的基础。愿我们都能在人生成长的旅途中，成为彼此可靠的支点，共同承担，共同成长。

【设计意图：通过小组讨论分享，带来彼此认知的提升，强化团结、信任、需要在人际交往中的作用认知。】

（五）总结阶段（10分钟）

1. 导入语：时间飞逝！不知不觉中，我们的活动即将进入尾声。在这短暂又漫长的过程中，我们一起笑过、思考过，甚至还掉过泪。今天，同学们每一个微妙的情感波动，每一次心灵的触动，都是我们共同宝贵的财富。

2. 分享收获：在本次"风雨人生路"活动中，你最大的收获是什么？给你未来的人际互动带来什么启发？请拿出A4纸将你的收获写出来。

3. 见证成长：找三个同学为你的收获点赞，请他们签上名字，并写下承诺，作为未来彼此的支持与提醒，共赴成长旅行。

4. 小结语：今天的课程虽然结束了，但并不代表故事的终结，而是我们新旅程的开始。未来的路，可能还会经历风雨，但这些都是生命给予成长的礼物。它让我们变得更加坚韧，更加懂得经营人际关系。

愿同学们在未来的成长路上，手拉着手，相依相携，风雨同舟，分享着彼此的富有，分担着彼此的柔弱，用你的坚定、你的刚毅，用我的温柔、我的智慧，用温暖传递温暖，用真诚传递感动！就这样走过风雨，就这样走过暗夜，就这样走过一程又一程！

下面，请同学一起大声朗读：感谢你参与我的生命，让我的生命因你而丰富，让我的生命因你而精彩！

感谢生命中有你，请允许我对过去的缘分说声幸运，对今天的相助说声谢谢，对未来的扶持说声拜托，为一生的朋友说声永远！

十、注意事项

1. 确保学生在活动中能够充分投入，真实体验团队协作的过程。引导学生在活动后进行深入的反思和总结。

2. 保证绝对的安全，提前训练学生助教。每个障碍点由助教协助活动，确保活动顺利推进。

十一、参考资料

儿童心理护理种子师资培训课程"风雨人生路"。讲授者：余粤。

第3课
母亲的手

一、理论依据

"母亲的手"属于大学生爱父母板块中"尊重与理解"的内容。

荣格的情结理论强调了早期家庭关系，尤其是母亲与孩子的关系对个体心理发展的深远影响。通过理解和转化情绪带来的内心冲突，孩子可以学会如何在尊重母亲观点和优势的同时，发展出自己的独立性。

根据以上理论，本节课将创设回忆与母亲有关的情境，让学生在沉浸式体验中表达对母亲的情感，并通过角色扮演，让学生从不同角度觉察每个人的内心感受，增进学生对母亲的理解，发展出自我独立性。

二、学情分析

大学一年级学生正处于人生新阶段的起点，开始走向独立生活，应对事情的能力也趋于成熟，但也面临着适应新环境的挑战，倘若此时强化对家庭情感连接，可以帮助学生找到一种心理慰藉。

因此，通过本课程，引导学生维持健康情感纽带，有助于学生应对大学生活的各项挑战。

三、活动对象

大学一年级学生

四、活动时间

90分钟

五、活动目标

1. 知识与技能：对母亲有更深入的了解，提升情感表达与共情能力。

2. 过程与方法：通过绘画和角色扮演等活动，培养全面看问题的能力，学会接纳母亲的不完美。

3. 情感态度与价值观：激发学生对母亲的情感表达，促进学生情感成熟，培养学生的独立性。

六、重难点及突破策略

重点：对母亲有更深入的了解，提升情感表达与共情能力。

突破策略：采用绘画、诗歌、冥想等学习方法，让学生在艺术创作和生命体验中表达对母亲的情感。

难点：促进亲子之间的有效沟通。

突破策略：激发学生对母亲的情感表达，促进学生情感成熟，培养学生的独立性。

七、教学方法

1. 游戏教学：利用老鹰抓小鸡游戏活动激发学生的学习兴趣。

2. 体验式学习：通过冥想活动帮助学生进行情感的表达和宣泄。

3. 文字表达：在为母亲写传记过程中，升华学生对母亲的理解和爱。

八、活动准备

1. 场地准备：室内场地且室内灯光可以调节。

2. 活动材料：抱枕、A4 白纸、彩笔、彩色气球、眼罩。

3. 人手准备：学生助教若干名，学生六人一组，每组配一个助教。

4. 音乐准备：《母亲的手》《萱草花》《当你老了》《时间都去哪儿了》《母亲》。

九、活动流程

(一)热身阶段(10 分钟)

1. 导入语：在我们生命成长过程中，有这样一双手，它曾无数次温柔地抚过我们，给予我们无尽的安慰和力量。今天，我们一同走进"母亲的手"这个课堂，来感受这双带着力量的手。

2. 暖场游戏：老鹰抓小鸡。

八人一组，一人扮演老鹰，一人扮演鸡妈妈，鸡妈妈后面站着六只小鸡。鸡妈妈在前面阻挡老鹰抓自己的孩子。每名学生轮流做鸡妈妈，各组第一轮游戏结束后，进入第二轮游戏——鸡妈妈和小鸡一起把老鹰扑倒并压住，永远不能再把小鸡抢走。

3. 学生分享感受，老师适时引导。

4. 小结语：刚才看到大家都非常积极地参与活动，老鹰奋力抓小鸡，鸡妈妈拼命护住小鸡不被老鹰抓住。真是人间大爱无私，带着对妈妈的感恩之情，让我们一起走进"母亲的手"的活动。

【设计意图：通过游戏活动调动学生的积极性，为接下来的活动做好准备。】

（二）导入情境（10 分钟）

1. 导入语：在你的记忆中，母亲的手究竟是怎样的呢？

2. 冥想活动：下面我们进入"记忆触摸"活动，闭上眼睛，在音乐《母亲的手》中，回忆并想象母亲的手带给自己的感觉与记忆。

3. 讨论与分享：请每个同学拿出一张 A4 纸，画出母亲的手，并在下面写出"母亲的手"给你带来的感想。

4. 小结语：《母亲的手》感动了千万的听众，歌曲展现了对母亲辛劳哺育孩子成长、无私付出的肯定。这是天下最温暖的和最美丽的手，给予孩子们无限的力量。

【设计意图：从潜意识层面呈现母亲形象，对母亲作初步的情感表达。】

（三）探索阶段（35 分钟）

1. 导入语：母亲是我们生命中最重要的角色，她给到我们的不仅有触觉上的温暖，更有心灵深处的触动。接下来，让我们重温与母亲的故事。

2. 观看孩子出生的视频，并思考如下问题。

①你的妈妈在自己生命中的角色是怎样的？

②你的妈妈在你的生命中的影响是怎样的？

③你第一次对母亲有感激之情是什么时候？具体是什么事情？

④请你给妈妈打分，写下来。

⑤妈妈以为你会给她打多少分，写下来。

⑥不被妈妈满足的需要是什么？

将 A4 白纸分成四等份，在纸上写下你的思考。完成后，四人一组进行讨论分享。

3. 学生代表发言分享，老师适时引导。

每个人心目中渴望拥有一位完美的妈妈，但是世界上并没有完美的妈妈，我们需要看见妈妈真实的样子。

4. 活动：我与妈妈私密对话。

戴上眼罩，竖着拿抱枕到腹部。在音乐声中（播放歌曲《萱草花》）慢慢走动，回忆和妈妈在一起的幸福时光。（教室四周用警界线围起来，保证安全）

当碰到人或警界线时请回头，在另一首音乐声中（播放歌曲《当你老了》）进行遐想，从现在走到二十年后，设想妈妈二十年后的样子。

当音乐停时，请拿下眼罩。四人一组，两两交流。

5. 小结语：同学们，我们的成长始于母亲无私的爱。在爱的呵护下，我们慢慢成长，直到进入大学校园。今天，我们才恍然醒悟，成长不仅是接受，更是懂得回馈与贡献！

【设计意图：通过深入的讨论和交流，小组成员对自己的母亲有了更全面的了解，从认知层面促进学生对母亲的情感表达。】

（四）成效阶段（30分钟）

1. 导入语：同学们，母爱如同灯塔，照亮我们前行的道路，而真正的成长是在感激中学会独立。下面，请为你的母亲写一份传记。

2. 学生写传记：请拿出一张A4纸，按序言、成长经历、家庭角色、精神遗产、结语的顺序，为你的母亲撰写250字左右的传记。（播放音乐《时间都去哪儿了》《母亲》）

3. 组织分享，老师适时引导。

4. 小结语：同学们，在传记中，我们不仅重温了那些被日常琐碎掩盖的温情瞬间，更深刻体会到母亲那无私与深沉的爱。让我们将这份传记珍藏心中，不仅是回忆的需要，更是向前迈进的力量。

【设计意图：通过为母亲写传记，理解母亲对孩子深沉的情感，同时看见自己对母亲的深厚情感，促进学生情感成熟，培养学生的独立性。】

（五）总结阶段（5分钟）

1. 导入语：同学们，今天，我们以"母亲的手"为名，开启了这场寻找爱的旅程。相信我们每个人都找到了答案！

2. 课程收获：请八人围圈，每人用一个关键词说一说课程收获。

3. 小结语：同学们，今天我们以心灵之笔描绘母亲的手。它不单是一次活动的记录，更是一次灵魂的触碰。母爱是世上最无私的爱，它给予我们太多太多。请全体同学向母爱致敬！向母亲一起大声说出：母亲，请您放心，我已经长大，我将积攒母亲给予的所有力量前行。

【设计意图：通过集体表达，让学生的情感得到升华，认知得到强化。】

十、注意事项

1. 课程有几次冥想活动，需要安排若干学生担任助教，确保学生安全。同时对学生助教提前培训，熟悉活动过程。

2. 整个活动过程时刻关注学生变化，鼓励所有学生积极参与，对情感反应过度的学生要及时给予疏导，并利用全班资源予以赋能。

十一、参考资料

1. 娄卓灵. 争光夺爱，过度发展的厄洛斯-荣格视角下的母亲情结［EB/OL］.（2024-02-03）. https：//zhuanlan. zhihu. com/p/681259791.

2.《孩子出生的过程，伟大的母亲》，晓梅4898，2023 年 11 月 21 日。

3. 2024 年深圳市龙岗区教师生命教育种子师资课程第一阶段人之本源课程"我与妈妈私密对话"。讲授者：张再红；制作公司：深圳创时代教育信息科技有限公司。

第4课
奔跑吧，青春

一、理论依据

"奔跑吧，青春"属于大学生爱世界板块中"具备全球视野与国家情怀"的内容。

具备全球视野与国家情怀是指在认识与尊重本民族文化的基础上，开阔国际视野，理解并尊重多元文化，同时将个人或集体的发展置于全球视野下进行规划。

建构主义强调通过主动建构，如参与式、体验式的活动，可以将抽象的概念与自身经验相联结，达到深度理解和内化知识的目的。本次课程，以体验性的学习方式来培养学生的全球视野与国家情怀。

二、学情分析

大一学生正处于价值观形成的关键时期，对世界充满很强的好奇心，同时他们已经具备了对全球化的基本认识，但是要与国家情怀融合，在实践方面表现还很不足。因此，必须借助一些具体的活动来增强他们文化自信和全球责任感。

三、活动对象

大学一年级学生

四、活动时间

90 分钟

五、活动目标

1. 知识与技能：理解全球视野与国家情怀在个人成长中的价值，学习并实践如何在全球视角下交流和传播中华优秀传统文化。

2. 过程与方法：通过知识问答、活动挑战和小组讨论，激发学生宣传中华文化热情。

3. 情感态度与价值观：增强学生文化宣讲自豪感，增进他们团队协作、解决问题的信心。

六、重难点及突破策略

重点：理解全球意识与国家情怀对个人成长的价值，学习并实践如何在全球视野下交流和传播中华优秀传统文化。

突破策略：运用情景体验、文化宣讲等方式，使同学们切身体会到宣传中华文化其实是在展示自信的自我，从而更自觉地走到宣传中华优秀传统文化行列中。

难点：增强学生文化宣讲自豪感，增进他们团队协作、解决问题的信心。

突破策略：通过组织有趣味的文化宣讲竞赛活动以及有效的小组讨论分享会，让学生在活动中体验团体合作、共同解决问题的乐趣，并在此过程中增强宣传中华优秀传统文化的自豪感。

七、教学方法

1. 活动挑战法：运用文化宣讲竞赛活动，体验团队合作的力量，完成文化宣讲任务。

2. 小组合作学习：通过小组讨论、小组合作等方式完成活动任务。

八、活动准备

1. 场地准备：宽阔室内场地，人均 1.5 平方米；移开桌子，留下椅子；准备五个移动黑板（贴上五大洲标志）。

2. 教具准备：A4 纸、A3 纸、从中切开的 PVC 管子、乒乓球、大花红裤子、气球、筷子、鸡蛋、透明胶布、计时器。

3. 知识准备：提前了解家乡特色及特产、华侨情况。

4. 音乐准备：《男儿当自强》《家在东北》《飞得更高》。

九、活动流程

（一）热身阶段（8分钟）

1. 导入语：同学们，在这个世界上，我们既是地球村的一员，也是自己国家的守护者。今天，让我们一起踏上一场名为"奔跑吧青春"的旅程，一起探索如何在全球视野下交流和传播中华优秀传统文化。

2. 暖场游戏：在活动开启之前，我们来做一个暖场游戏——未来握手。

规则：全班同学迅速按来自东西南北中不同的地域围圈，用家乡话向3个以上同学握手问候，并介绍家乡华侨情况。

3. 小结语：中华民族是勤劳善良的民族，华人华侨为世界各国作出巨大贡献。青年一代，更应为传播中华优秀文化做出力所能及的事。

【设计意图：通过暖场游戏，营造轻松氛围，切入活动主题。】

（二）导入情境（10分钟）

1. 导入语：同学们，请大家轻轻闭上眼睛，想象一下，假如你是一位穿梭于古今中外的文化使者，手持一本《文化密码集》。这本书籍记录了世界各地文化的独特符号与故事，而其中有一个章节正是关于中华文化的瑰宝。今天，你站在全球的舞台上，将如何介绍家乡特色及人文情况呢？

2. 分组讨论：根据来自东西南北中不同的地域将学生分成五组，每组8～10人，选出一名组长，讨论如何向其他省份介绍独特的家乡文化。每组将家乡文化标志画在 A4 纸上，可以用简短文字加以说明。

【设计意图：通过创设《文化密码集》情景，激发学生参与主题活动热情。】

（三）探索阶段（40分钟）

1. 导入语：同学们，接下来，我们的介绍即将升级为一场激动人心的文化宣讲竞赛。各小组将化身宣讲队员，通过闯关方式，到相关国家介绍家乡文化特色。

2. 规则讲解。

闯关游戏：文化宣讲竞赛

(1)任务选定：东西南北中五组安排一名代表，抽签决定选择到达哪个洲(五大洲)做文化宣讲活动。

(2)活动介绍：按东西南北中地域标志，分为五大活动。

①东，游戏一："八仙过海"。通过此卡点的同学务必说出"八仙过海"是哪个海。(东海)接着请来自东海周边省份的同学介绍东海特产、旅游资源和人文等。

然后用PVC管子运送乒乓球，每组运送8只，名为"八仙过海"，要求球不能掉地上，掉地上需重新开始。人手一个约80厘米长的PVC管，将乒乓球接龙运送到指定的桶里。到达指定位置后将手中文化宣传纸张贴在相应洲的黑板上，同时记录时长，最短者获胜。

②西，游戏二：加字游戏——"我在大沙漠里哭"。请来自西北地区的同学说出西北的美景美食和美好未来。

小组的同学需不断地为这句话加字，失败的人要站到队伍的最后。例如：第一个人说"我站在大沙漠里哭"，第二个人说"我站在大沙漠里大哭"，第三个人说"我哥站在大沙漠里大哭""我二哥站在大沙漠里大哭，"我二表哥站在大沙漠里大哭"等等。该游戏组织两轮。到达指定位置后将手中文化宣传纸张贴在相应洲的黑板上，同时记录时长，最短者获胜。

③南，游戏三："划龙舟"。划龙舟是南方人较为喜欢的活动。请来自南方的同学介绍划龙舟的风俗，并介绍南方的美景美食。(背景音乐《男儿当自强》)

参与者坐在地上，双手向后抓住后面同学的腿，一起向前行进，用时最短的小组胜。也可以利用一根(不伤手)棍子穿过大家的胯下，小组的同学齐步前进，到达指定位置后将手中文化宣传纸张贴在相应洲的黑板上，同时记录时长，用时最短的小组胜。

④北，游戏四："我的家在东北"。老师介绍东北和东北代表性的花袄花裤，请来自东北的同学介绍东北的美食美景、美好未来。

同学们徒手穿裤子。每个小组穿三条代表东北的大红花裤子，用时最短者

获胜。任务完成后将手中文化宣传纸张贴在相应洲的黑板上。（背景音乐《家在东北》）

⑤中，游戏四："跨越黄河"。来自黄河周边省份的同学介绍自己的家乡美食美景、美好未来。

小组成员蒙着眼睛，快速通过摆放的 5 张泡沫板，可适当增加难度，有跨越感。任务完成后将手中文化宣传纸张贴在相应洲的黑板上，用时最短者获胜。

（3）组织活动：各小组按照任务卡上的路线和任务依次进行活动，老师在各个任务点观察学生的表现，鼓励学生积极思考，发挥团队协作精神，高效完成任务，同时记录出现的问题。

【设计意图：通过闯关游戏"文化宣讲竞赛"，学生在参与活动中完成宣传中华优秀传统文化的任务。】

（四）成效阶段（22 分钟）

1. 导入语：同学们，在刚才紧张有趣的活动中，相信大家一定有许多话想说。下面小组围圈，一起交流游戏过程中的策略、收获。讨论结束，每组安排一个代表上台分享心得。

2. 学生讨论及撰写宣传稿：文化宣传第一句话要用所在国家的语言向大家问候。

3. 学生分享：每组 2 分钟，老师适时点评。

4. 小结语：同学们，每个小组的分享很精彩，展示了不同的风采。尤其在做家乡文化宣讲时，特别能感受到大家对中华文化的骄傲之情。这些都是年轻一代在国际舞台展示时应有的文化自信。

【设计意图：通过小组讨论与成果分享，增强学生文化自信，增进团队协作、解决问题的信心。】

（五）总结阶段（10 分钟）

1. 导入语：同学们，今日，我们不仅是活动参与者，也是文化传承的使者。在这一刻，让我们静下心来，总结我们的收获。

2. 总结收获：你计划如何将今天所学到的文化知识或活动感悟应用到日常生活中，甚至向世界宣传中华优秀传统文化中？在一张小纸条上写出你的行动计划，并放入气球中，将气球吹大。

3. 课程升华：请同学们拿着带有梦想的气球来到教室中间，随着音乐（《飞得更高》）一起舞动。

4. 小结语：同学们，今天，大家拥有的文化自信源于我们对国家文化的认同。让我们不仅仅停留于此，还要将所学运用到日常生活中，运用到国际交流活动中，成为向世界宣传中华优秀文化的使者。

十、注意事项

1. 在文化宣讲竞赛活动中，要进一步优化任务的时间安排，确保每个小组都能充分参与和体验。

2. 在活动过程中要加强安全管理，确保学生的人身安全。此外，可以鼓励学生在活动结束后，继续探索改革开放 40 多年来祖国巨变的历程，增强中华文化自信。

十一、参考资料

2024 深圳市龙岗区体验式大团体活动心理课及主题班会课程"东西南北中游戏"。讲授者：周波；讲授时间：2024 年 9 月。

大二年级体验式生命教育活动设计范例

第 1 课
我的生命树

一、理论依据

"我的生命树"属于大学生"爱自己"板块中"身心健康与平衡管理"的内容。

心理韧性是指从逆境、矛盾、失败等事件中恢复常态的能力。它包括三层含义：一是复原力，是人们在痛苦、挫折、磨难、打击、失败、压力等挑战之下，能够迅速恢复到正常状态的心理能力。二是坚毅力，就是面对长远目标体现出的努力和耐力。三是创伤后的成长力，从失败中学累积经验，从打击中得到进取的力量。

生命树技术是由澳大利亚达利奇中心现任主任大卫·登伯勒和一位非洲心理咨询师共同提出的。生命树提供了一种视觉化的方式来帮助个体理解自己的生命历程、重要经历和价值观。这个技术可以帮助人们回顾过去、整理当下和展望未来，对于增强一个人的自我功能、帮助人们看到自己的资源和对未来的人生期望都有很好的作用。本课程借用生命树技术，引导大学生认识和重视自身身心健康，通过积极应对策略预防生命危机，培育积极的生命态度。

二、学情分析

大学二年级学生处于大学生涯中的关键转折期，常常遇到学业、职业规划与人际关系的多重挑战，容易产生心理压力，甚至出现自我怀疑和身份认同危机。为此，本课程将帮助大学生树立正确的生命观、价值观，增强面对困境的韧性。

三、活动对象

大学二年级学生

四、活动时间

90 分钟

五、活动目标

1. 知识与技能：掌握面对困难时的积极应对策略，学会维持身心健康的方法。

2. 过程与方法：通过绘制生命树的活动，帮助学生理解生命价值，学会运用有效方法进行自我调适。

3. 情感态度与价值观：树立珍视生命、主动关爱自我的价值观，增强面对困境的韧性。

六、重难点及突破策略

重点：掌握面对困难时的积极应对策略，学会几种维持身心健康的方法。

突破策略：通过绘制生命树活动，学会通过增强韧性和自信来克服困难的策略。

难点：树立珍视生命、主动关爱自我的价值观，增强面对困境的韧性。

突破策略：通过绘制生命树和开展"我有千千万万的优点"活动，帮助学生树立珍视生命、关爱自我的价值观。

七、教学方法

1. 体验式学习：在绘制与分享生命树中，学生收获关爱自我的价值观。

2. 视觉化表达：在绘制生命树过程中，学生与树根、树干、树枝、树叶、果实一一对话。

八、活动准备

1. 场地准备：宽阔室内场地，移开桌子，留下椅子。

2. 教具准备：写字板、A4 纸、彩色笔。

3. 音乐准备：班得瑞极度放松音乐、《秋日私语》、《夜的钢琴曲》、"Rcason"（钢琴演奏版《蓝色生死恋》插曲）。

九、活动流程

（一）热身阶段（10 分钟）

1. 导入语：同学们，进入大二，我们往往会面临学习压力、人际关系复杂化以及职业规划迷茫等困难。我们要如何来应对这些困难呢？今天我们一同进入生命课堂"我的生命树"。

2. 暖场游戏：在正式探索前，我们来一段放松练习——身体扫描放松练习，帮助大家放松身心，为后续活动做好准备。

在一段轻音乐（班得瑞极度放松音乐）中，大家将后背靠在椅子上，双手轻轻放在膝盖上，背部保持直而不僵，轻轻闭上眼睛。

深吸一口气，感觉气息自鼻腔缓缓流入，腹部慢慢鼓起。呼气时放松头皮，接下来，放松紧绷的额头、眉毛、眼睛、脸颊、嘴角，再放松颈部、肩膀、背部、腹部、臀部、大腿、小腿直至脚趾。

【设计意图：通过身体放松练习，引导学生进入自我感知状态，为下个环节做铺垫。】

（二）导入情境（10 分钟）

1. 导入语：同学们，绘制一棵树，便可以帮助你缓解压力，找到应对困难的策略，你们愿意吗？（愿意）请看，就是这棵生命树（展示 PPT）。生命树技术是通过绘画的方式，将自己意象化为一棵树，对所画的树根、树干、树枝、树叶和果实进行探索，去感悟自己的生命。

2. 冥想生命树：下面，请同学们轻轻闭上眼睛，随着轻音乐（《夜的钢琴曲》）做几个深呼吸，呼气时，想象一下，你化为一棵生命树。在这棵生命树的成长过程中，它经历了什么？是欢笑、满足，还是泪水、伤心与无奈？在这一过程中，你得到了什么人的支持？或者受到谁的嘲笑、打击？你又是怎么应对的呢？

3. 小结语：同学们，请轻轻睁开眼睛，你是否想象到了你的生命树？你的情绪是否被触发？这是不是很神奇？大家是不是很想继续探索下去呢？(想)下面进入下一个环节——绘制"我的生命树"。

【设计意图：通过冥想活动，放松身心，做好迎接活动的情绪准备。】

(三)探索阶段(35分钟)

1. 导入语：画一棵生命树，包括地平线、根系、树干、树枝、树叶和果实等部分，除此之外还可以在纸上画一些自己想画的东西。

一般来说，地平线代表当前的状态；树根代表成长早期让自己得到滋养、给自己带来力量的人或者事；树干代表自己；树枝代表未来规划；树叶代表自己所做的努力；果实代表自己所做的贡献及取得的成绩。

2. 绘制生命树：现在开始绘制你的生命树吧。(播放音乐《夜的钢琴曲》)

(1)画一棵生命树。用不同颜色笔画出树根、树干、树枝、树叶、果实，也可以画树周围的环境或附属物。

(2)给生命树取个名字。感受这棵树生长的环境、季节、年龄、心情，然后给树起个名字。

3. 分享自己的生命树。四人一组，两两讨论。

4. 描述生命树的经历。

(1)想一想：我的生命之树可能遭遇的困境。(播放音乐《秋日私语》)

它遭遇的困境可能是(   )。

面对这些困境，它可能产生的想法是(   )。

可能涌现的情绪是(   )。

可以出现的行为是(   )。

(2)应对策略：我是生命树专家。

你是生命树专家，面对生命树遭遇的困境，可以做些什么？可以寻找谁来提供帮助？

①10人小组围圈，每人拿出画纸写出自己的困境。将画纸传给坐在自己右手边的同学，每个同学写出帮助生命树解决烦恼和困扰的方法。

②当画纸回到自己手中时，阅读内容并找到或者补充出自己满意的三个以上的策略。若找不到或写不出满意策略，也可以写当出现什么情况时，生命树的困境可以得到解决。

③邀请让学生分享，老师适时引导。

5. 小结语：经过深入探索与交流，我们不仅认识了这棵生命树，也初步找到呵护它的策略与方法。同时，我们知道，经历风雨是生命树成长的常态。我们唯有勇于挑战，直面困难，才能够保证生命树苗壮成长，直至成为参天大树。

【设计意图：通过绘制和分享生命树活动，帮助学生理解生命价值，学会运用有效方法进行自我调适。】

（四）成效阶段（25分钟）

1. 导入语：同学们，请再次看一看自己这棵生命树，写出树的三个优点或品质，可以保证你的这棵生命树继续苗壮成长。

2. 活动"我有千千万万的优点"：10人围圈，第一个体验者站在中间，对着大家说"我叫×××，我身上有千千万万的优点，今天最想告诉大家其中三个（我的三个优点或品质）"，说完，伸出双手，掌心向上，做接收积极反馈状。其他人，伸出双手，微屈五指，掌心向前，做发出积极反馈状，同时大声喊："×××，我们看到你身上的三个优点，祝福你！"说完，从上往下，双手做抛出祝福状。体验者将所有祝福收向身体，并做深呼吸，对着外圈同学说"谢谢大家！"活动以此类推，直至10人体验完毕！

3. 制作生命树成长计划：每个同学拿出学习单，制作未来10年生命树成长计划。

4. 邀请让学生分享，老师适时引导。

5. 小结语：通过团队赋能，我们学会了在生命旅程中给予彼此支持与鼓舞，让我们的生命树得到更多养料，生命树的每一片叶子、每根枝条更加向上生长。

【设计意图：在绘制生命树的基础上，开展"我有千千万万的优点"活动，增强学生面对困境的韧性，树立珍视生命、主动关爱自我的价值观。】

（五）总结阶段（10分钟）

1. 导入语：同学们，在这温暖且富有意义的时刻，我们即将为今天的活动画上句号，但生命的探索与成长永不停止。请同学们轻轻闭上眼睛，随着音乐（"Rcason"）进行遐想，假如生命树连成生命林，会是一番怎样的景象呢？

2. 创作生命森林壁画：请同学们睁开眼睛，将自己绘制的那棵生命树贴到黑板上，变成一幅生命森林的壁画。拿出颜色笔，用一个关键词，写下如何在未来日子里利用好生命森林庇护自己的这棵生命树，并让其茁壮成长，再署上名。

3. 小结语：同学们，人生不如意事十有八九。在我们这棵生命树成长路上，经历风雨是在所难免的。不经历风雨，怎么见彩虹！每一场风雨都是对根系的加固，每一场风雨过后，枝叶会更加繁茂。勇于挑战的人是强者，善于求助的人是智者。

【设计意图：创作生命森林壁画，进一步增强学生面对困境的韧性，进一步升华主动关爱自我的价值观。】

十、注意事项

1. 绘制生命树是运用生命树技术的核心。为此，需要充分营造氛围，强化语言和背景音乐的感染力，调动学生认真按步骤完成各项任务的积极性，才能在绘制生命树的过程中领悟并得到成长。

2. 活动"我有千千万万的优点"是增强面对困境的韧性与磨炼心态的核心技术，因此，要保证每个体验者积极参与，并按要求做完所有身体动作。

十一、参考文献

1. 彭凯平. 幸福的种子[M]. 北京：生活书店出版有限公司，2024.

2. 种下生命树，长出希望的森林[EB/OL]. (2024-05-26). https：//mp. weixin. qq. com/s/aBiRbDFBd8hK4OIg26_ 7oQ.

第2课
"武林大会"

一、理论依据

"武林大会"属于大学生爱他人板块中的"高效团队协作与强化人际关系网"内容。需求层次理论提出，按照人类的需求从高到低进行排序，分别为自我实现需求、尊重需求、社交需求、安全需求和生理的需求。其中社交需求也称为归属与爱的需求，是学生与他人和谐相处的基础。增加信任与支持他人，人际关系可以得到提升。

社会学习理论强调，通过观察、模仿以及社会互动，促进个体行为的习得与改变。

根据需求层次理论和社会学习理论，本节课将设置闯关情境，让学生在沉浸式体验中去爱他人，在爱他人的过程中，获得信任和回应，最后学会互相支持、互相帮助，完成通关任务的同时收获友谊，强化同学之间的人际关系。

二、学情分析

大学二年级学生正处在探索自我身份、建立人际关系的关键时期。他们已经掌握了较多的社交技巧，但是也存在个体差异，部分学生因为个性比较内向而在主动社交、团队合作方面有所欠缺。因此，本节活动课通过设置情境，弱化学生的心理防御，通过挑战任务，勇闯通关，让他们学会互助与支持，同时也收获同学之间的友谊。

三、活动对象

大学二年级学生

四、活动时间

90分钟

五、活动目标

1. 知识与技能：帮助学生理解人际交往的基本原则，掌握与人相处的方法。

2. 过程与方法：通过闯关游戏和互动活动，让学生学会互相信任、互相帮助、互相支持。

3. 情感态度与价值观：培养学生人际交往的主动意识，增强互帮互助的团队精神，树立共同成长的价值观。

六、重难点及突破策略

重点：帮助学生理解人际交往的基本原则，掌握与人相处的方法。

突破策略：采用游戏化学习方法，设计闯关游戏，让学生在游戏中学会互相信任、互相帮助、互相支持。

难点：培养学生人际交往的主动意识，增强互帮互助的团队精神，树立共同成长的价值观。

突破策略：通过体验式活动，提高学生的积极性，让学生在活动中主动参与，互帮互助，培养学生人际交往的主动意识，在帮助他人的过程中收获自我成长。

七、教学方法

1. 游戏教学：利用"武林大会"场景游戏活动激发学生的学习兴趣。

2. 体验式学习：通过"冥想"和书写"感受和收获"活动，帮助学生体验和理解人际关系对我们的重要性。

3. 小组合作：在游戏活动过程中，以小组合作方式为主，促进学生之间的交流与合作。

八、活动准备

1. 场地与桌椅摆放：选择宽敞明亮的教室，桌椅以四桌一组摆放，可以自由移动，便于学生互动。

2. 活动材料：眼罩、A4 白纸、黑笔、入场函、垫子、报纸。

3. 知识准备：提前了解古代江湖各大门派的历史发展。

4. 音乐准备：《人在江湖漂》《逆战》《因为你因为我》。

九、活动流程

（一）热身阶段（5 分钟）

1. 导入语：同学们，大学校园不仅是学习知识的殿堂，而且是建立人际关系的阵地。今天，通过"武林大会"，共同探寻人际交往的秘诀。

2. 暖场游戏：在活动之前，我们来一组轻松拍拍操，唤醒我们的内功与外力。这个拍拍操名字叫"金龙拍拍操"。请同学们跟着视频动起来。

3. 小结语：同学们，通过"金龙拍拍操"活动，我们身体活力被激活了。接下来，我们将以最饱满的状态开启一段合作与挑战的成长之旅。

【设计意图：通过热身活动调动学生的积极性，同时帮助学生集中注意力，为接下来的活动做好准备。】

（二）导入情境（10 分钟）

1. 导入语：在江湖上，各大门派为了提升武艺，增进友谊，每隔三年举行一次武林大会。今天，大家作为不同门派的高手，需要在一系列挑战中展现自我。在"武林大会"选拔赛中脱颖而出的少侠们，可获得一次向其他门派高手学艺的机会，提升技能。

2. 冥想进入情境：请同学们轻轻闭上眼睛，在音乐中（播放音乐《人在江湖漂》）想象自己是一位"武林高手"。你最想代表哪个门派的弟子，少林、武当、峨嵋、华山，还是昆仑、崆峒门派。同时，想一想，你将以何种方式与各门派交流，是一比高低还是以武交友？想好后，慢慢睁开眼睛，将你的目的写在 A4 纸上。

3. 小结语：同学们，随着一幕幕江湖画面在眼前铺展，相信大家已摩拳擦掌，准备与各门派进行竞赛了。正所谓青衿之志，云程发轫，且看我辈少年郎，晔晔如扶桑！

【设计意图：通过创设情境，渲染氛围，引发学生的好奇心，激发学生的学习兴趣，提高他们参与本次通关活动的积极性。】

（三）探索阶段（40分钟）

1. 导入语：各位少侠，本次武林大会进行三项比赛项目，分别为"信任倒""自由奔跑""搭石过河"。

2. "信任倒"活动。

（1）讲解规则。

①任务条件：四人一组，一人从背后倒下，其他三人接住，轮流进行。

②思考：你希望别人如何支持你？你又是如何支持他人的？

③任务奖励：合作技能30分，心法口诀30分。

（2）组织活动：把场地空出来，每组发一个垫子，以防意外，学生四人一组进行闯关活动。

（3）组织分享：少侠们，刚才大家都顺利地完成了第一关的任务，没有一组失败。那么，接下来看一看我们的思考任务：你希望别人如何支持你？你又是如何支持他人的？

安排两组学生上台分享。（以下为预设）

学生1：我希望在刚才的"信任倒"活动中，我的伙伴能够稳稳地将我托住，不让我掉到地上，保护好我，同时我自己也是这么做的，我也非常稳地将我的同伴接住了。我们三个都是这么做的。

学生2：我相信我的伙伴，我也相信自己可以托住他，绝对不会让他掉到地上。

（4）老师引导：恭喜大家，顺利完成了第一个比赛项目。接下来，我们来到今天的第一个"通关密匙之人际交往秘诀"，谁来说一说。

学生：人际交往秘诀——互相信任。

（5）小结语：恭喜大家，顺利拿到密匙，顺利通过第一关，并且每个人获得相应的任务奖励，其中合作技能获得30分，心法口诀获得30分。

3. "自由奔跑"活动。

（1）导入语：现在，我们进入第二项比赛"自由奔跑"。请大家对大屏幕呈现的内容进行解读。

（2）讲解规则。

①任务条件：六人一组，围成一圈，中间一个同学闭眼，其他人围着他，保护好他，让他可以自由奔跑，同时可以发出声音引导。六个人轮流站在中间。

②任务奖励：合作技能30分，心法口诀30分。

③安全提醒：小组与小组之间注意保持距离，不要产生肢体的碰撞。

（3）组织学生活动：把场地空出来，每组发一个眼罩，给站在中间的同学戴上。学生六人一组进行闯关活动。播放背景音乐《逆战》。

（4）老师引导：恭喜大家，顺利完成了第二个比赛项目。接下来，我们来到今天的第二个"通关密匙之人际交往秘诀"，请同学来回答。

学生：人际交往秘诀二——互相支持。

（5）小结语：恭喜大家，顺利拿到密匙，顺利通过第二个比赛，并且每个人获得相应的任务奖励，其中合作技能获得30分，心法口诀获得30分。有请各位进入下一个活动。

4."搭石过河"活动。

（1）导入语：接下来我们进入第三个活动——"搭石过河"。请大家对大屏幕呈现的内容进行解读。

（2）讲解规则。

①任务条件：六人一组，组长每人拿两块石头（由两张报纸代替）。

小组六人一起全程站在石头上渡河，不能掉到水中，直到到达对岸，才算挑战成功。前后两组时间间隔30秒。前面小组的同伴如果被后面来的小组同伴追上，那就要接受相应的惩罚（20个上下蹲）。

②任务奖励：合作技能40分，心法口诀40分。

（3）组织活动：把场地空出来，每组发两张大报纸，学生六人一组进行闯关活动。播放背景音乐《因为你因为我》。

（4）老师提问：少侠们，大家又顺利地完成了第三个比赛。现在请大家分享"搭石过河"的活动感受。

（5）组织学生讨论：学生六人一组，进行讨论。

(6)组织学生分享：安排两个学生分享（以下为预设）。

学生1：在"搭石过河"闯关活动中，我觉得同学的信任很重要。

学生2："搭石过河"需要我们互相帮助、齐心协力才能尽快完成任务，觉得非常有挑战性，也非常有趣。

(7)提问：恭喜大家，顺利完成了第三个比赛项目。接下来，我们来到今天的第三个"通关密匙之人际交往秘诀"，请同学来回答。

学生：人际交往秘诀三——互相帮助。

(8)小结语：恭喜大家，顺利拿到最后一把密匙，顺利通过最后一关。每个人也获得相应的任务奖励，其中合作技能获得40分，心法口诀获得40分。统计一下大家的得分，我们看到大家的合作技能和心法口诀都是满分，祝贺大家都能拿到"武林大会"的拜师券。

【设计意图：通过"信任倒""自由奔跑""搭石过河"活动任务，学生学会互相支持、互相帮助，共同成长，同时也收获了友谊。】

（四）成效阶段（27分钟）

1. 导入语：各位少侠，在活动中，我们懂得了以武会友永远是习武的核心价值，明白了良好的人际关系对于个人的心理健康、社会适应以及事业发展具有重要意义。现在，请大家来检视一下自己的人际交往现状。

2. 介绍"情感银行"：每一个人心里都有一个"情感银行"，并且专门为生命中遇到的每一个人开设一个"情感账户"，这个"账户"就是用来记录对生命中遇到的每个人的感情状况。当你做了让对方开心的事，相当于"存款"；当你做了让对方伤心、不愉快的事，就是"提款"。

(1)梳理你的"情感账户"：拿出一张A4纸，折成三部分，左边是"提款"，右边是"存款"，中间是你生命中最重要的人。分析一下，你对最重要的人是"存款"，还是"提款"？

(2)哪些行为是"存款"？哪些行为是"提款"？四人小组一起讨论。

(3)组织分享，老师适时引导。"存款"就是给予对方肯定、赞美、关心、帮助，"存款"多了，彼此关系就会和谐了。"提款"则是批评、指责、嘲讽或谩骂等负面互动，"提款"多了，彼此关系就会恶化。

(4)给重要的人制订"存款"计划。

3. 小结语：同学们，"武林大会"不仅仅是武艺的较量，而且是一场心灵的盛宴。在这里，我们不仅懂得了互帮互助的重要性，还能够以实际行动为生命中重要的人的"情感账户"进行"存款"。

【设计意图：通过"情感银行"活动，学生更深入掌握人际关系建立的方法，树立共同成长的价值观。】

（五）总结阶段（8分钟）

1. 导入语：请大家闭上眼睛，感受此刻的自己，感受今天的课堂。在这一个半小时的时光里，你和你的伙伴互相支持，互相陪伴。请在心里默默地表达你对他们的感谢，还要感谢自己。

2. 收获提炼：下面请10人一组，用一个关键词说一说今天的收获。

3. 小结语：人际关系是一个长期的过程，需要时间和努力去维护和培养。路漫漫其修远兮，更多人际关系秘诀，还需各位少侠在以后的学习生活中去积极探索。人生如同一场漫长而精彩的武林之旅，唯有并肩同行，才能攀越更高的山峰！

【设计意图：通过分享收获，让学生的情绪得到进一步升华，认知得到进一步强化。】

十、注意事项

1. 在活动过程中，老师需要密切关注学生的安全问题。尤其在开展"信任倒"过程中，要注意保护头部的安全，并在地上面铺一张海绵垫。

2. 在组织"自由奔跑"和"搭石过河"的活动中，务必讲清楚活动规则，并做适当的示范，注意引导学生积极参与。

十一、参考文献

埃伦·伯斯奇德，帕梅拉·丽甘. 人际关系心理学［M］. 李小平，李智勇，译. 上海：上海教育出版社，2019.

第3课
父亲的背影

一、理论依据

"父亲的背影"属于大学生爱父母板块中"开放与沟通"的内容。亲子关系涉及马斯洛需求层次理论中的内容。

需求层次理论是美国心理学家马斯洛提出的。按照人类的需求，他从高到低进行排序，分别为自我实现需求、尊重需求、社交需求、安全需求和生理的需求。其中社交的需求也称为归属与爱的需求，大学生在生理和安全需求的基础上，都有归属与爱的需求。亲子关系中孩子与父亲的关系背后往往体现着孩子内心的力量与自尊。因此，帮助大学生与父亲形成有效的情感表达与沟通模式，增进他们之间的情感纽带，能够较好地帮助大学生面对大学生活的挑战，最终帮助他们达到自我实现的目标。

根据马斯洛需求层次理论，本节课将创设与父亲有关的情境，让学生在沉浸式体验中表达对父亲的情感，并通过角色扮演，让学生从不同角度觉察每个人的内心感受，增进学生对父亲的理解，促进形成有效的沟通模式。

二、学情分析

大学生大都已成年，应对事情的能力也趋于成熟，对父母的依赖程度更会大大降低。但是也面临学业、就业、人际关系的多重压力。部分学生可能会出现焦虑、抑郁等负面情绪问题。个别学生生活作息不规律，熬夜、饮食不规律等情况也时有发生。他们大多远离家乡，与父亲相处的时间也会大大减少，难得有机会对父亲进行情感的表达。因此，本次心理团辅导活动旨在帮助学生加深对父亲的理解，增加对父亲的情感表达，形成有效的沟通模式，助力学生成长。

三、活动对象

大学二年级学生

四、活动时间

90分钟

五、活动目标

1. 知识与技能：让学生对自己的父亲有更深入的了解，从而更加理解自己的父亲。

2. 过程与方法：通过绘画和角色扮演等团体活动，激发学生对父亲的情感表达。

3. 情感态度与价值观：培养全面看问题的能力，树立接纳父亲不完美的意识，增进对父亲的感恩之情。

六、重难点及突破策略

重点：让学生对自己的父亲有更深入的了解，从而更加理解自己的父亲。

突破策略：采用绘画、诗歌、冥想等学习方法，让学生在艺术创作和生命体验中表达对父亲的情感。

难点：培养全面看问题的能力，树立接纳父亲不完美的意识，增进对父亲的感恩之情。

突破策略：通过角色扮演和小组讨论等活动，鼓励学生从不同角度认识自己的父亲，增进对父亲的理解。

七、教学方法

1. 游戏教学：利用"背上捏气球"游戏活动激发学生的学习兴趣。

2. 体验式学习：通过四宫格和冥想活动帮助学生进行情感的表达和宣泄。

3. 小组合作：在角色扮演活动之中，开展三人小组合作，通过三个不同的角色，促进学生对父亲的理解。

八、活动准备

1. 人员准备：助教若干名，学生六人一组，每组配一个助教。

2. 多媒体资源准备：视频《我的南方》、与父亲主题有关的音乐。

3. 准备一个室内场地，室内灯光可以充分进行调节。

4. 活动材料：A4 白纸、大黄纸、彩笔、彩色气球、男士围巾、盲盒玩具。

九、活动流程

（一）热身阶段（10 分钟）

1. 导入语：都说父爱如山，一双肩膀需要撑起自己孩子的未来，更需要扛起整个家庭。接下来，让我们每个人成为自己心目中的那位父亲，背起自己的孩子，来一场背上的对决。请听游戏规则。

游戏规则：

①AB 两人一组，A 同学扮演父亲，B 同学扮演孩子。

②每组 B 同学背上绑四个气球，然后由 A 同学背起 B 同学。

③AB 两人合作，一方面需要保护好自己背上的气球不被其他组 B 同学捏爆，另一方面需要主动去捏爆其他组 B 同学背上的气球。

④最后 B 同学背上剩余气球最多的小组获胜，获得一份盲盒小礼物。

2. 组织学生参与"背上捏气球"的游戏。一轮结束以后，AB 同学角色互换，再来一次。

3. 邀请两位同学分享不同角色的游戏感受。

4. 小结语：刚才看到大家都非常积极地参与活动，背上的同学在卖力捏气球和保护气球，背的同学非常辛苦地坚持着。"孩子"能够全力获得好成绩，离不开"父亲"背后的默默支持。接下来，让我们一起走进父亲。

【设计意图：通过捏气球活动调动学生的积极性，为接下来的活动做好准备。】

（二）导入情境（15 分钟）

1. 导入语：时光总是匆匆，不留痕迹。让我们再来一起体味朱自清当年的那篇关于父亲的文章——《背影》。不同的年龄，品读同一篇文章，会有不同的感受。

2. 老师课件出示朱自清的《背影》，并邀请一位同学给大家深情朗读。

3. 邀请三位同学发言，说一说文章想要表达怎样的情感。

4. 下面邀请同学们六人一组，完成以下的活动。老师课件展示内容：

①在大黄纸上用彩笔共同画一个父亲的背影。

②以"父亲"为题，共同创作一首有关父亲的诗歌。

③完成以后，以小组为单位派代表上台进行分享。

5. 小结语：父亲的背影感动着千万读者，父亲那份真挚又深沉的爱，感动着我们每一个人。

【设计意图：从潜意识层面呈现父亲形象，对父亲做初步的情感表达。】

（三）探索阶段（25 分钟）

1. 导入语：带着对父亲的不同感受，接下来，我们来思考这样一些问题，请看大屏幕。

2. 老师组织学生活动。

引导语：请同学们思考如下问题，先将 A4 白纸分成四等份，然后在纸上写下你的思考，完成以后，小组讨论分享。

课件出示如下内容：

①你的爸爸是什么样的？

②你想要什么样的爸爸？

③你实际需要什么样的爸爸？

④请你给爸爸打分，写下来。

⑤爸爸以为你会给他打多少分？写下来。

3.老师组织学生代表发言分享。

4.小结语：通过交流我们可以发现，每个人心目中都渴望拥有一位完美的父亲，但是世界上并没有完美的父亲，我们需要看见父亲真实的样子。

【设计意图：通过深入的讨论和交流，小组成员对自己的父亲有了更全面的了解，从认知层面促进学生对父亲的情感表达。】

(四)成效阶段(30分钟)

1.活动："我和父亲"。

(1)导入语：下面，我们进行角色扮演，一起走进"我和父亲"的故事。

(2)老师组织学生参与活动。

引导语：请大家看大屏幕的活动要求，活动开始的时候老师会播放音乐。当音乐停止的时候，我们停下来。

展示课件内容：

①ABC三人一组，每组发一条围巾。A同学扮演父亲，B同学扮演孩子，C同学为观察者。扮演父亲时戴上道具围巾，帮助自己尽快进入角色。

②沟通情境：将自己最近或过去印象深刻的事情作为谈话的内容。

③完成一轮以后，ABC三人互换角色，每个人都需要扮演三个角色，一共进行三轮。

2.组织学生分享：请小组代表上台发言，说一说扮演不同角色的感受。

【设计意图：通过三个不同角色的扮演，帮助学生从不同的角度看待问题，丰富学生的认知，促进孩子与父亲之间的理解，帮助学生与父亲之间进行有效沟通。】

3.老师组织学生认真观看视频《我的南方》。

4.老师组织学生绘画。

时光飞逝，一眨眼来到二十年后，邀请同学们画出二十年后父亲的样子。(老师播放有关父亲的背景音乐)

5.老师组织学生分享绘画内容和感受。

【设计意图：理解父亲对孩子深沉的情感，同时看见自己对父亲的深厚情感，学会接纳父亲的不完美。】

(五)总结阶段(10分钟)

1. 导入语：今天，我们在一起探讨了如何与父亲进行沟通的话题，非常有意义。下面邀请大家用一句话表达自己想表达但是未曾对父亲表达的内容，写在画的旁边。

2. 老师组织学生书写并派学生代表在全班进行分享。

3. 小结语：今天，我们聚集在这里，通过一系列精心设计的活动，帮助我们更好地理解父亲以及对父亲的情感，让大家学会更有效的沟通方式，更好地面对未来生活中的挑战。最后送给大家一句话，请大家齐读。

屏幕出示名人名言：

使你的父亲感到荣耀的莫过于你以最大的热诚继续你的学业，并努力奋发以期成为一个诚实而杰出的男子汉。——贝多芬

【设计意图：通过书写表达，让学生的情感得到升华，认知得到强化。】

十、注意事项

1. 助教需要提前培训，由有心理学专业背景的人员担任。

2. 整个活动过程时刻关注学生变化，鼓励所有学生积极参与，对反应过度的学生，助教适时介入引导。

3. 在活动结束后，可以通过反馈表的形式收集学生的意见和建议，以便在今后调整活动方案。

十一、参考资料

2024深圳市龙岗区教师生命教育种子师资课程第三阶段以父为名课程"我的父亲"。讲授者：张再红；制作公司：深圳创时代教育信息科技有限公司。

第4课
落入凡间的天使

一、理论依据

"落入凡间的天使"属于大学生爱世界板块中"增强包容世界万物的情感"的内容。

生态伦理学认为地球上的所有生命体都有其独特价值，都对生态系统健康起作用。生态系统健康包括生态系统的结构完整和功能正常，生态系统的健康与完整远比其中单一物种的繁荣更为重要。

根据生态伦理学观点，我们在课程中通过角色扮演，培养学生认同生物的

内在价值和生态贡献，从而树立保护生态平衡的观念。

二、学情分析

大学二年级学生对未来充满期待，具备一定的科学素养和社会意识，对于生态保护有一定认知，但对生态系统健康的认知不够全面和完整。通过本次课程，深化他们对自然生态系统健康的理解，激发保护生物多样性的责任感，树立人与自然和谐共生的观念。

三、活动对象

大学二年级学生

四、活动时间

90 分钟

五、活动目标

1. 知识与技能：认识到不同生物都有其特点和对世界的贡献，理解人与自然和谐共生的重要性。

2. 过程与方法：通过角色扮演和项目比赛，提升学生跨学科整合知识能力和团队协作能力。

3. 情感态度与价值观：培养学生尊重自然、热爱自然的情感，形成尊重生命，促进人与自然和谐发展的价值观。

六、重难点及突破策略

重点：认识到不同生物都有其特点和对世界的贡献，理解人与自然和谐共生的重要性。

突破策略：设计互动式角色扮演游戏，让学生认识不同生物在生态系统中的作用。

难点：培养学生尊重自然、热爱自然的情感，形成尊重生命，促进人与自然和谐发展的价值观。

突破策略：设计生物和谐大合奏和生物保护行动计划，让学生在思想和行动上都能保护生物多样性。

七、教学方法

1. 角色扮演：在导入情境环节，学生从动物的视角进行辩论。

2. 情景模拟：以"天使来到凡间"为情景，引导学生认识和宣讲生物多样性对生态系统平衡的作用。

八、活动准备

1. 场地准备：宽敞的教室或活动室，保证学生有足够的空间进行角色扮演和情景模拟表演。每8人一块移动黑板。

2. 教具准备：角色扮演所需的动物头饰、大黄纸等。

3. 知识准备：提前了解不同生物如小白兔、狼、老虎、蚂蚁、毒蛇和人等生物在生态系统健康中的作用。

4. 音乐准备：*We Are the World*。

九、活动流程

（一）热身阶段（10分钟）

1. 导入语：在这个地球上，人与自然万物一道组成绚丽多彩的美丽家园。然而，人类某些行为使这个美丽家园有被破坏的可能。让我们一同走进今天的"落入凡间的天使"课堂。

2. 暖场游戏：在活动开启前，我们来学唱《一个干净的地球》手语歌。大家边看视频，边学练手语舞《一个干净的地球》。

3. 小结语：手语舞视频中每一个手势、每一个动作，都仿佛在诉说着我们对地球的关爱与呵护。让我们一起跟随着"落入凡间的天使"来看一看，可以做些什么？下面我们进入课程第二个环节。

【设计意图：通过手语舞激发学生关爱自然的热情，为下一环节的活动做好铺垫。】

（二）导入情境（10分钟）

1. 导入语：森林里，小白兔、狼、老虎、蚂蚁、毒蛇和人正在吵架。

2. 角色扮演：请八人为一组，随机抽取头饰戴在头上，分别扮演小白兔、狼、老虎、蚂蚁、毒蛇和人，另外两人代表天使。

每个角色随机找另一角色进行辩论，说对方的不足、自己的优势，以及对森林的贡献。（注：每个角色都要正视自己的缺点）

天使不能发言，只能记下争论要点。

3. 小结语：同学们，辩论时间到。但是，大家似乎都没有办法说服对方。那究竟谁说的有道理呢？下面，我们进入第三个环节。

【设计意图：通过角色扮演，引发学生对生态系统健康的思考。】

（三）探索阶段（30分钟）

1. 导入语：请各小组迅速集合到小组黑板前，由天使给大家说个明白。

2. 天使小组宣讲：天使通过各种形式讲解生态系统平衡。

例如，兔子的优点，它毛茸茸的外表深受人们喜爱，是童话故事中可爱的代表；食草性，对植物的需求相对比较单一，不会像一些杂食动物那样对多种生物造成较大影响；聪明，人称狡兔三窟；繁殖能力较强，能够在适宜的环境下保持种群数量稳定。

兔子的缺点是胆小、警惕性高，容易受到惊吓，在生态系统中是很多食肉动物的猎物，生存能力相对较弱；可能会对农作物造成一定损害，在农田附近的野兔会啃食农作物，影响农业收成。

狼的优点是具有很强的团队协作能力，狼群在狩猎时分工明确，这种协作能力有助于它们在自然界中获取食物；在生态系统中处于食物链的较高位置，对控制食草动物数量起着重要作用，有助于维持生态平衡；耐力较强，在追逐猎物时能够长途奔跑。

狼的缺点是对家畜有一定威胁，会袭击羊、牛等家畜，给牧民造成经济损失；在一些传统观念中被视为凶残的象征，对人类有潜在危险。

老虎的优点是生态系统中的顶级掠食者，对于维持生态平衡有着不可替代的作用，通过捕食控制食草动物数量，进而影响整个生态系统的结构；力量强大、动作敏捷，具有很强的适应能力，能够在多种不同的栖息地生存。

老虎的缺点是对人类和家畜有潜在威胁，不过老虎一般会主动避开人类，但在栖息地缩小和食物短缺的情况下，可能会出现伤人事件；由于栖息地被破坏和被人类捕杀，老虎的生存面临严重威胁，导致其数量稀少。

蚂蚁的优点是具有高度的组织性和纪律性，蚁群分工明确，有工蚁、兵蚁、蚁后等不同角色，这种高效的社会组织结构有助于它们生存和繁衍；蚂蚁能够分解有机物质，在生态系统的物质循环中发挥重要作用，如处理落叶等；有些蚂蚁能够与植物共生，保护植物免受其他昆虫侵害，同时从植物那里获取食物。

蚂蚁的缺点是一些蚂蚁会入侵人类居住环境，如小黄家蚁，它们会污染食物、破坏物品；某些蚂蚁具有很强的攻击性，例如行军蚁，在大规模迁徙时可能会对其他生物造成较大影响。

毒蛇的优点是在生态系统中是重要的一环，以鼠类等小型哺乳动物为食，对控制这些动物的数量有一定作用；毒蛇的毒液经过特殊处理可以作药用，例如一些抗蛇毒血清的研制就需要利用毒蛇毒液。

毒蛇的缺点是毒液对人类和其他动物有致命危险，一旦被咬伤，如果得不到及时治疗可能会导致死亡；毒蛇的存在会让人们感到恐惧，限制了人类在一些自然区域的活动。

3. 组织分享，并适时补充生态系统健康知识。

4. 小结语：同学们，通过天使讲解，我们每个人明白地球上的生命体都有其独特价值，都对生态系统健康起作用。因此，我们每个人都要主动承担起保护自然生态多样性的重任，做到与自然和谐共生。

【设计意图：通过天使小组的宣讲，提升学生对生态系统健康的认识，激发保护自然生态多样性的愿望。】

（四）成效阶段（30 分钟）

1. 导入语：同学们，我们可以做些什么与自然和谐共生呢？

2. 组织活动：生物和谐大合奏。

（1）讲解规则：各小组通过表演表达与自然和谐共生的心声，可以以舞蹈、心理剧、合唱、小品等形式进行。表演结束时，用大黄纸展示小组的核心理念，如，尊重自然、保护环境、实现人与自然的和谐共生。

（2）小组自由创作（播放音乐 We Are the World）：形成各小组独特的风格，时间 15 分钟。

老师巡堂指导，鼓励学生发挥创意。

3. 小组展示：每组 3~5 分钟。

4. 小结语：同学们，也许我们都带有自己的特质，带着自己对这个世界的理解，展示出不一样的风格。但是，刚才所有小组的展示，都是一首和谐的大自然之曲，奏响了人与世界和谐共生的乐章。

【设计意图：通过生物和谐大合奏展示会，激发学生尊重自然、热爱自然的情感，形成尊重生命、促进人与自然和谐发展的价值观。】

（五）总结阶段（10 分钟）

1. 导入语：同学们，从了解到宣传，从宣传到行动，是转变的开始。现在，请每个小组进行头脑风暴，为自然生物多样性保护制订可行的行动计划。

2. 学生书写计划：每小组结合校园实际，设计保护自然生物多样性的 5

个行动计划。

3. 分享计划：每个小组将大黄纸拼成一个大圆，由每组组长念出其中一条。

4. 小结语：所有的生物都有其存在的价值和意义，正因为有那么多生物的存在才构成了这个丰富多彩的世界，这也是世界和谐平衡的重要原因。因此我们是世界，世界也是我们！愿我们携手为这个世界贡献更多爱与和谐。

【设计意图：通过设计自然生物多样性保护行动计划，巩固学生热爱自然的认知，进一步升华学生的情感。】

十、注意事项

1. 角色扮演对课程理解非常重要。因此，在导入情境阶段，各小组全力进行辩论，是保证学生全面认识不同生物独特性的关键。

2. 生物和谐大合奏环节是引发学生珍爱自然的核心内容，要留足时间让学生练习，才能保障在展示时真情表达，增强学生与自然和谐共生的认识。

十一、参考文献

1. 西双版纳州生态环境局. 保护生物多样性，维护生态平衡，有利于人类健康和可持续发展［EB/OL］.（2023 - 10 - 13）. https：//www. ynmh. gov. cn/hjbhj/19660. news. detail. dhtml？ news_ id=460496.

2. 湄洲湾职业技术学院青年马克思主义理论读书社. 一个干净的地球［EB/OL］.（2022-04-23）. https：//channels. weixin. qq. com.

大三年级体验式生命教育活动设计范例

第1课
幸福曼陀罗

一、理论依据

"幸福曼陀罗"属于大学生爱自己板块中"形成积极生命观"的内容。

马斯洛需求层次理论认为，当人的基本需求（如生理、安全、归属与爱、尊重）得到满足后，会追求更高层次的自我实现。此时的个体有朝着成长、实现自我潜能迈进的内在驱动力，有更足的动力去追求幸福。

幸福曼陀罗疗愈是一种结合了曼陀罗绘画和心理治疗的艺术疗愈方式，旨在通过创作曼陀罗图案来实现自我觉察、情绪调节和心理疗愈。它强调正向吸引力法则，通过音乐性的叙事疗愈、现写创作等方法，实现心灵的净化和自我疗愈。

在本课程中，我们运用自我实现理论促进学生认识到自我关爱是自我实现的基础；并通过鲜花创作幸福曼陀罗的方式，认识并接纳自我，培养积极的生活态度，形成积极生命观。

二、学情分析

大学三年级是学业与职业生涯的关键期。这一阶段伴随着更为复杂的挑战，面对课业与实习压力，使学生易产生方向不确定的焦虑。为此，本课程通过一系列的活动，帮助学生在繁忙与挑战中找到自我关爱的空间，学会从经验中寻找价值感和幸福感，促进自我实现。

三、活动对象

大学三年级学生

四、活动时间

90 分钟

五、活动目标

1. 知识与技能：帮助学生明确自我关爱是实现个人潜能与幸福生活的基石，掌握关爱自我的策略与方法。

2. 过程与方法：通过游戏、视觉艺术创作和小组分享，提升自我反思和自我关爱能力。

3. 情感态度与价值观：培养感恩心态，树立积极的生命观，增强内在幸福感。

六、重难点及突破策略

重点：明确自我关爱是实现个人潜能与幸福生活的基石，掌握关爱自我的策略与方法。

突破策略：通过在音乐声中回忆成长幸福、绘制生命曲线和前后两次定义幸福活动，让学生提高对幸福的认识，学会关爱自我的策略。

难点：培养感恩心态，树立积极的生命观，增强内在幸福感。

突破策略：运用手工创作曼陀罗，开展小组合作学习，让学生学会感恩，激发追求幸福的动机，树立积极生命观。

七、教学方法

1. 视觉艺术治疗：运用手工创作曼陀罗，帮助学生掌握关爱自我的方法，提升学生内在幸福感。

2. 小组合作学习：通过小组合作学习，互相交流经验，帮助学生学会从经验中寻找价值感，形成积极生命观。

八、活动准备

1. 场地准备：宽敞的教室或活动室，保证学生有足够的空间进行曼陀罗绘画。

2. 教具准备：写字板、彩色笔、大黄纸、纸盘、不同色花瓣、叶子、树枝、A4纸。

3. 音乐准备：*Relacion Muscular*（用于热身阶段冥想）、*Sweet Return*（用于情感回忆）、《假如爱有天意》（用于定格你的幸福画面）、*The Power of Love*（用于我的幸福曼陀罗）。

九、活动流程

(一)热身阶段(7分钟)

1. 导入语：同学们，世界上有一个人最值得我们好好关心与照顾，这个人就是"我"。今天，让我们一同走进"幸福曼陀罗"，开启一段自我关爱的探索旅程。

2. 暖场游戏：下面，请同学们轻轻闭上眼睛，来一段幸福冥想。

(1)冥想：(播放音乐*Relacion Muscular*)随着音乐，请缓慢地深吸一口气，空气通过鼻腔、胸腔，一直到丹田，再轻轻地将气一点一点呼出去。深呼吸使你一点一点地放松下来了。现在请大家在心里默默想着让自己感激的三件事。之后用双手拥抱自己的身体，轻轻拍双臂，并对自己说："亲爱的自己，谢谢你一直以来对我的关心与照顾，才有了今天的我。从现在开始，我要好好地跟自己在一起，听自己的心声，好好爱自己！"

(2)自我对话：请轻轻睁开眼睛，按如下格式进行自我对话。让自己感激的三件事，分别是_____；念着这三件事，自己的内心产生的变化是_____，我想对自己说_____。

3. 小结语：同学们，每一次呼吸，都是对自己内心的一次放松。我们经常通过呼吸并感恩自己的方式，让自己变得越来越爱自己。

【设计意图：通过冥想和自我对话，打开学生思绪和情感，营造学习氛围。】

(二)导入情境(8分钟)

1. 导入语：同学们，假如在你面前摆放一个幸福百宝箱，你如何定义你的幸福呢？

2. 学生活动：定义"我的幸福"。

八人一组，第一个人拿出一张A4纸，画一个笑脸，写出自己对幸福的定义。之后往右传，拿到纸的同学又写出自己对幸福的定义。

3. 小结语：每个人的幸福是不一样的，每个人的幸福有每个人的样子。每个人的幸福之所以不一样，是因为它扎根于个人认识、经历及价值观之中。因此，我们的幸福之路不必与他人一样，关键是找到适合自己的方式，活出真实而丰富的自我。

【设计意图：通过创设定义"我的幸福"，引发学生探索幸福的热情，为下面的活动做好铺垫。】

(三)探索阶段(35分钟)

1. 导入语：我们每个人都有自己的生命故事，接下来，我们来探寻各自幸福的来源。请看PPT上九宫格中的画面，回忆你生命中成长的历程是否出现这些画面：幸福、快乐、感动、惊喜，或是委屈、失落、害怕、愤怒。

2. 音乐声中回忆：现在请你找一个舒适的地方坐下来，轻轻地闭上双眼，在音乐声中，探寻自己的成长故事。(播放 Sweet Return)。同学们，随着音乐响起，你回忆起来的是哪个画面，幸福的？委屈的？快乐的？失落的？感动的？害怕的？惊喜的？愤怒的？这些情绪背后是什么？

3. 绘制生命曲线：请大家慢慢睁开眼睛，拿出A4纸，画出一个坐标图，横坐标代表你的年龄，纵坐标代表成长事件。首先标记横坐标，交点为0岁，每5岁一个点，直到现在年龄。接着标记纵坐标，从0岁开始计算，每5年找一件有记忆的事，此事带给你的情绪是什么？用一个情绪词写出来，正向情绪词标在横坐标上方，负面情绪词标在横坐标下方，之后用线连接起来，形成生命曲线图。

四人一组，两两交流你的生命故事。

(1)这件事情给你怎样的思考？

（2）这件事情对你今天的意义，对未来的指导是什么？

（3）这件事情告诉你的人生道理。

（4）用一句话提炼你的幸福格言。

4. 组织学生分享，老师适时引导。

5. 小结语：同学们，我们在一起通过绘制生命曲线让我们看到成长的道路不是平坦的，是起起伏伏的。每一段旅程要么是欢笑与泪水并行，要么是失去与获得同在，要么是挑战与超越并存。生命之所以美丽，正是因为它的不可预测与多样性。这条生命曲线，让我们以更广阔的视角看待自己的成长，每个低谷之后都蕴藏着成长的机遇，只有心中有梦想，下一次才可能是新的高峰。

【设计意图：通过回忆成长中的幸福经历和绘制生命曲线，让学生明确自我关爱是实现个人潜能与幸福生活的基石。】

（四）成效阶段（32分钟）

1. 导入语：人生出现下一次新的高峰，源于你对幸福的定义。现请每一个人亮出你的幸福格言。看着PPT上的曼陀罗图案，定格你的幸福画面。

2. 重新定义你的幸福：请同学们带上眼罩，在音乐声中重新定义幸福。（播放音乐《假如爱有天意》）现在，请大家想一想，你重新定义的幸福是什么？在心中默默告诉自己，同时，想一想，在你未来人生路上，你的生命曲线将是如何走的？

3. 创作我的幸福曼陀罗：在重新定义幸福的冥想中，示意学生助教将花瓣、树叶、树枝、纸盘摆放在八人小组中间。

当同学已经有了新的幸福定义时，并想好生命曲线走向后，慢慢睁开眼睛，选择你身边五彩斑斓的树叶、花瓣，将你的幸福定义定格在纸盘上。（播放音乐 The Power of Love）

4. 组织分享：现在邀请大家带着你手中的幸福曼陀罗，找2~3人分享你的幸福。

5. 小结语：同学们，在大家沉浸于刚刚创作的幸福曼陀罗之后，我们一起来感受这份凝聚幸福力量的美好时刻。我们手中的每一片花瓣、每一片叶子，都演绎着我们追求幸福的画面。通过这独特的艺术之旅，我们内心深处更加爱自己。

【设计意图：通过重新定义幸福和创作幸福曼陀罗，让学生学会感恩过往

经历，勇于追求自己的幸福。】

（五）总结阶段（8 分钟）

1. 导入语：同学们，带着对幸福的向往，我们来到课程总结阶段。拿出笔和幸福纸盘，写出本课程的收获。

2. 组织分享：请同学们带着幸福纸盘，找 3 个同学为你的幸福点赞。

3. 幸福宣言：请所有同学起立，握右拳，一起做幸福宣言。

让我们：连接人生幸福纽带，感受生活幸福点滴，扬帆快乐学习之旅，共享人际交往之乐！

让我们：积聚爱的力量！

让我们：生命精彩绽放！

我们郑重承诺：做幸福的自己，做感恩的学生，传播幸福理念，开启幸福人生。

【设计意图：通过分享幸福和幸福宣言，巩固认知，升华情感。】

十、注意事项

1. 细心规划活动。本课程幸福曼陀罗运用音乐、现实创作等手法来推进课程，因此，需要提前准备好足够的花瓣、叶子、树枝、纸盘等物料，确保每个学生都可以自由创作幸福曼陀罗。

2. 用心引导小组分享。幸福曼陀罗创作过程中，有几个环节需要进行小组合作学习，需要小组成员讲述彼此幸福成长的经历。

十一、参考文献

1. 马斯洛需求层次理论［EB/OL］. https：//zhuanlan. zhihu. com/p/54240665.

2. 幸福曼陀罗带领我们深入彩绘的世界［EB/OL］. https：//zhuanlan. zhihu. com/p/82925816，2019-09-17.

十二、参考资料

儿童心理护理种子师资导师班培训课程"创作我的幸福曼陀罗"。讲授者：张再红。

第 2 课
昂扬生命活力

一、理论依据

"昂扬生命活力"属于大学生爱他人板块中"服务社会与助人远离心理危机"的内容。

社会支持理论强调个体在社交网络中获得的情感、信息及实际帮助对维护和促进心理健康至关重要。该理论认为，个人所拥有的社会支持网络越大，就能够更好地应对各种来自环境的挑战。对大学生而言，社会支持对其心理健康具有显著作用。研究表明社会支持能够帮助大学生应对学业压力、情感挫折、就业压力等心理危机。

本课程中，通过增强学生的心理健康意识和提高学生的应对能力，增强他们的同理心和社会责任感，从而更愿意主动关怀他人，并有能力帮助他人远离心理危机。

二、学情分析

大学生已具备较好的自我管理和问题解决能力，也有较强动机帮助他人并参与社会实践。同时，由于心理健康知识缺乏尤其是心理危机识别能力不强，难以给予他人恰当的支持与帮助。因此，本课程旨在学习应对策略，提升心理危机识别能力，树立助人意识。

三、活动对象

大学三年级学生

四、活动时间

90 分钟

五、活动目标

1. 知识与技能：帮助学生了解心理危机产生的原因，掌握心理危机识别方法。

2. 过程与方法：通过知识学习、小组讨论等方式，体验助人为乐的情感，提升助人能力。

3. 情感态度与价值感：增强同理心，树立帮助他人与服务社会的意识，提升个人价值感和社会责任感。

六、重难点及突破策略

重点：了解心理危机产生的原因，掌握心理危机识别方法。

突破策略：通过案例分析、危机识别的知识学习，提升学生心理危机识别能力。

难点：增强同理心，树立帮助他人与服务社会的意识，提升个人价值感和社会责任感。

突破策略：通过心理剧演练、小组分享等策略，增强同理心，树立帮助他人与服务社会的意识。

七、教学方法

1. 案例分析：在导入情境环节，设置一个心理危机案例，引发学生同理心。

2. 心理剧：为了帮助学生熟悉危机知识，设计心理剧表演，提升学生心理危机识别能力。

八、活动准备

1. 场地准备：宽敞的教室或活动室，保证学生有足够的空间进行心理剧表演。

2. 知识准备：提前熟悉心理危机等级的相关知识。

3. 音乐准备：《小情歌》、肖邦《夜曲》。

九、活动流程

（一）热身阶段(7分钟)

1. 开场白：同学们，人是有社会性的，需要与他人建立联系和互动，以满足各种需求。今天，就让我们一同走进"昂扬生命活力"课堂，探索如何用爱点亮自己，照亮他人。

2. 暖场游戏：探索从打开身体开始，请同学们随着音乐(《小情歌》)一起用肩膀跳个舞。

右肩向上一二三四，左肩向上一二三四，双肩向上一二三四，左右交叉一二三四；右肩向后一二三四，左肩向后一二三四，双肩向后一二三四，左右交叉一二三四；右肩向前一二三四，左肩向前一二三四，双肩向前一二三四，左右交叉一二三四。

【设计意图：通过暖场游戏，打开学生身体，调动情绪，营造轻松愉悦的

氛围。】

（二）导入情境（8分钟）

1. 导入语：同学们，我们在日常生活和学习中可能会受到心理问题的影响，让我们身心健康受损，甚至有个别同学遭遇生命危机。

2. 案例分析：A同学近来心情特别糟糕，有自杀的想法。为了控制自己，他经常割手臂。A同学表示自己也不想割手臂，但就是控制不了。

想一想：假如A同学是你的室友，同时，他告诉你，不可将他的事告诉别人。你该如何处理呢？

3. 指名让学生回答，并适时引导。

4. 小结语：同学们，这确实是一件棘手的事。在他人出现心理危机时，我们不仅是一位倾听者，也是一位帮助者。作为一位帮助者，你可以做些什么，才能给予A同学适宜的帮助呢？下面，我们进入下一个环节来一探究竟。

【设计意图：通过案例分析，激发学生同理心，为下一个环节做好铺垫。】

（三）探索阶段（35分钟）

1. 导入语：同学们，请看PPT助人五步曲。

第一步：发现。发现周围的人谁出现了危机，需要帮忙。

第二步：判断。判断心理危机等级，依照别人困难的危险程度，决定如何帮助他，才不会帮错忙。

第三步：不能。要知道你不能对他做什么，不能对他说什么。

第四步：能。你能对他做什么，对他说什么。

第五步：寻找资源。要知道你可以找谁来帮忙。

2. 提问与互动：这五步中哪一步最难？

（1）指名让学生回答，并适时引导：同学们说对了，是第二步最难。如何作判断呢？

（2）下面，请同学们看心理危机等级表。

心理危机等级表

类别	等别	案情主题	级别项目	核心问题
轻度危机	1	生活事件失控	□A 事理不平　　□B 人际困扰 □C 无解决方案　□D 忧思苦恼 □E 痛苦绝望　　□F 冷漠 □G 精神困扰	没有能力控制事件 → 不想活了 （找老师、找父母、找心理老师谈谈心）
	2	人际冲突挫败	□H 对环境负向观 □I 对他人负向观 □J 对自己（过去、现在、未来）负向观	
中度危机	3	异常动机困扰	□K 深度的焦虑、恐慌、畏惧、强迫 □L 对自己、他人或社会的敌意（受害者：报复心、想攻击他人） □M 对生命产生敌意 □N 家庭责任瓦解 □O 生存信念瓦解	没有能力控制事件 → 死了算了 （寻求专业心理咨询或辅导）
	4	异常情绪困扰	□P 重郁、大哭或狂躁的倾向 □Q 不快乐、活不下去了 □R 太痛苦了，死了算了	
重度危机	5	已启动自杀方式	□S 过去、现在与未来的自杀动机（因为……所以想自杀） □T 自杀意念（想自杀，只是想自杀） □U 目的性自杀（只有我自杀，他们才会……）	没有能力控制事件 → 我要自杀 （找人陪同，不可一个人，寻求专业心理治疗）
	6	准备进入自杀程序（行为）	□V 自伤（自虐、自残、自杀）的行为，无法制止自杀的处境…… □W 自杀安排与临终安排	
急迫危机	7	已进入自杀程序（行为）	□X 现在就自杀的冲动或行为 □Y 病发失控 □Z 自杀行为（前、中、后）	没有能力阻止自己 → 非死不可 （不可独处，立刻接受专业心理治疗或精神药物治疗）

（3）这个表很重要。如何记呢？下面，请 5 人一组，结合助人五步曲进行心理剧表演。请五个组长抽签，抽到序号 1 的表演等别 1 的内容，以此类推。

（4）小组进行心理剧排练，时间 20 分钟。（播放《夜曲》）

【设计意图：通过心理剧排练，丰富学生危机知识。】

（四）成效阶段（35 分钟）

1. **导入语**：同学们，看到大家这么用心进行排练，为大家点赞。接下来，期待我们以更开放的心态，迎接每一小组演出，同时从中汲取智慧，深化我们对助人知识的掌握。

2. 心理剧展示，每组 3 分钟。老师适时点评。

3. 提问：同学们，在排练与展示过程中，有哪些点让你对助人有了新的认识？或者对助人还有疑惑的？

根据学生回答，老师适时引导。

(1)在面对心理危机个案时，首先要保持冷静，同时表达关心。可以用平和的语气说："我非常在乎你的感受，我们一起来想办法解决所遇到问题，我会一直在你身边。"

(2)隐私例外，强调安全：诚实告诉同学，虽然你愿意尽可能保护他的隐私，但如果情况危及生命安全，你可能需要寻求外部资源帮助来确保他的安全。

(3)提议专业帮助，或采取行动：在陪伴同学过程中，提出寻求专业帮助的建议；如果情况紧急，应立即报警。

4. 小结语：同学们，每一幕心理剧展示不仅仅是对危机知识的熟悉，而且是一场助人的心灵交流。它让我们对危机识别与应对策略有了更深的把握，也让我们在助人过程中有了更足的底气。

【设计意图：通过心理剧展示和提问互动，进一步提升学生危机识别与应对能力，强化同理心。】

(五)结束阶段(5 分钟)

1. 导入语：同学们，在今天的活动中，我们共同见证了大家从知识到实践的转变，为大家感到高兴。现在，让我们在心田种下一颗助人的种子，它代表我们对生命的尊重，对他人的关怀，以及对社会贡献的决心。

2. 助人宣誓：现在请全体起立，进行助人宣誓。

我们庄重宣誓：将以今日之所学，化为明日之行动。我们承诺，好好理解和消化心理危机等级表，以此去理解每一个痛苦心灵的苦难，以专业的态度去温暖他们的心灵，让他们相信求助便有获救的可能，让他们相信世上一定有帮助自己解决痛苦的人。这不仅是我们对生命的誓言，更是对自我成长的坚定信念，让我们携手，将爱与勇气播撒，让每个孤独的灵魂看到曙光，共创一个幸福和谐的社会。

【设计意图：通过助人宣誓，进一步巩固学生认知，升华情感。】

十、注意事项

1. 探索阶段的心理剧排练是学生理解和应用所学知识的关键。因此，需要保证学生人人参与，并留足时间让小组进行彩排，注意安排学生提前学习。

2. 成效阶段的心理剧展示和提问环节是保证学生获得危机知识后自信地帮助他人解决问题的核心，因此，要特别给予重视，保证学生全面掌握危机知识。

十一、参考文献

1. 社会支持理论[EB/OL].（2022-04-07）.https：//wenku. baidu. com/view/afc0fdc449fe04a1b0717fd5360cba1aa8118ce5. html？_ wkts _ = 172818456 0052&needWelcomeRecommand = 1.

2. 仙崽. 大学生心理危机的发现与干预[EB/OL]. https：//zhuanlan. zhihu. com/p/268521892.

3. 心理危机等级表[EB/OL].（2022-10-31）. https：//wenku. baidu. com/tfview/14d5b521ac1ffc4ffe4733687e21af45b207fe69？_ wkts_ = 172820318341 4&login_ type = weixin.

大四年级体验式生命教育活动设计范例

第1课
生命的旅程

一、理论依据

"生命的旅程"属于大学生爱父母板块中"责任与传承"的内容。

家庭系统理论由默里·鲍恩（Murray Bowen）提出，家庭是一个相互作用的系统，其中每个成员的行为都受到其他成员以及整体家庭结构的影响。在这个系统中，家庭规则、角色以及交流模式共同塑造个体的发展轨迹。

本课程将着重引导学生认识家风家训、品格等家庭因素对个人成长的重要性，从而深化他们对家庭文化传承重要性的理解。

二、学情分析

大学四年级的学生正处于职业生涯规划与个人独立生活的重要时期，他们需要去关注外部世界的挑战和机遇。然而，一个人与社会的互动模式，往往深受家庭的影响。因此，本课程旨在帮助学生学会分析和筛选家庭给予的影响，对于提升他们认知能力、人际互动能力具有重要意义。

三、活动对象

大学四年级学生

四、活动时间

90 分钟

五、活动目标

1. 知识与技能：让学生认识家风家训、品格等家庭因素对个人成长的重要性；帮助学生学会分析和筛选家庭给予的影响，提升自我认知和决策能力。

2. 过程与方法：通过活动，培养学生的观察力、语言表达能力和思考能力，引导学生理解父母习惯和价值观对自身的影响。

3. 情感态度与价值观：增进学生对父母的理解和感恩之情，激发学生传承优秀家庭文化的责任感和使命感。

六、重难点及突破策略

重点：让学生认识家风家训、品格等家庭因素对个人成长的重要性；帮助学生学会分析和筛选家庭给予的影响，提升自我认知和决策能力。

突破策略：通过体验活动"生命的旅程"，提升学生对家风家训及品格的认识。

难点：增进学生对父母的理解和感恩之情，激发学生传承优秀家庭文化的责任感和使命感。

突破策略：通过活动"我有家风我传承"，让学生主动萌发传承家庭文化的责任感。

七、教学方法

1. 体验学习法：设置"生命的旅程"和"我有家风我传承"两个体验式活动，增强学生传承优秀家庭文化的责任感和使命感。

2. 小组合作学习法：设置小组分享与讨论，邀请同学在爱的宣言卡上签字见证环节，促进学生对家风家训及品格给予成长影响的认识。

八、活动准备

1. 场地准备：选择一个宽敞、安静、舒适的教室，便于学生分组活动和分享交流。

2. 教具准备："生命的旅程"图片。

3. 音乐准备：《孤勇者》《亲爱的旅人啊》以及火车声和其他音乐声。

九、活动流程

(一)热身阶段(7分钟)

1. 导入语：同学们，我们即将走上社会以及未来组建自己的家庭。今天，让我们一同回望，走进"生命的旅程"课堂，来探索我们原生家庭是如何潜移默化影响我们成长的。

2. 暖场游戏：下面，我们先来一个暖场游戏，打开我们身体的记忆。游戏名称叫"家的记忆"，在音乐声中，快速回忆关于家的一个瞬间画面。之后，每人拿出一张A4纸，写出你对于家的感受，你认为家是什么？

3. 组织分享，老师适时引导。

4. 小结语：同学们，为什么每一个人对家的感受是不一样的呢？因为每个家的文化不一样。

(二)导入情境(8分钟)

1. 导入语：请同学们来观看一个关于家文化的小视频，大家边看边思考：家代表着什么？它是怎样影响人的？

2. 播放《家的味道》MTV，请同学们跟着MTV一起来品家的味道。

3. 学生讨论与分享。

4. 小结语："家的味道"其实是家的一种文化，是父母教育孩子的成长的准则，更是生活中一言一行的传递，对孩子而言是一种潜移默化的影响。

(三)探索阶段(35分钟)

1. 导入语：现在，请同学们一起探索在自己成长路上受到家的哪些影响？

2. 体验活动：生命的旅程。

发放"生命的旅程"图片，如下图：

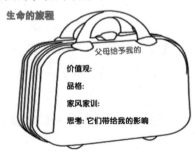

(1)背景音乐(车声或轻音乐)响起，老师引导：每个人都会踏上自己生命的旅程。在踏上生命旅程的时候，爸爸妈妈会在你的行李箱里除了装上日用品之外，还会给你带上家风家训。现在你把你家的家风家训写在上面，还有你的品格、爸爸妈妈的价值观等等。请按照图片上的要求填写。

(2)情景模拟：离别的车站。

创设情景——离别的车站。一家三口，爸爸、妈妈、孩子(分别由学生扮演)，父母在孩子的行李箱中装上父母的期待、父母的品格、家规家训等等。

父母陪伴孩子走一程，边走边叮嘱，并送出祝福。

父母和孩子分开。孩子戴上眼罩，父母将孩子们围在圈内，孩子们开始在圈内自由行走。

在音乐声中，老师引导：路上，我们会遇见一些人，遇到一些事。其中，可能会遇到一些麻烦人与一些困难事(播放歌曲《孤勇者》)。你将运用父母给你的价值观、品格、家风家训去应对。

3. 分享与讨论。

邀请学生分享自己所写的内容，包括家风家训、品德、世界观对自己的影响，包括好的和坏的方面，以及活动过程中"我"的感受、想法和决定。

4. 小结语：同学们，大家所有的分享，其实都在告诉我们，家风家训不仅仅是挂在嘴上的字句，更会潜移默化地影响我们每一个人。

(四)成效阶段(30分钟)

1. 导入语：同学们，在家风家训熏陶下，你茁壮成长，已经成为大学生了，也即将毕业。不久的将来，你也会成家，承担起家风家训的传承任务，你将会怎么向你的下一代传承呢？

2. 活动：我家的家风我传承。

老师引导：生命的旅程继续向前，请留下你想要传承的内容，删除你认为给你带来不太好的影响的内容。在下面的生命旅程卡上进行修改和标注。

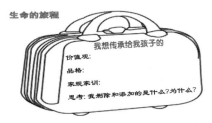

3. 传承与展望。

(1)再次邀请学生分享自己的选择和想法，重点分享为什么想要传承那些好的内容，以及如何在未来的生活中去传承和发扬。

(2)播放背景音乐《亲爱的旅人啊》，营造温馨感人的氛围。

4. 小结语：我家的家风我传承。改与不改，改多改少，其实，这里面代表着你们家族的共同心声，一代人有一代人的担当与使命。因此，家风家训也是在传承与革新中发展的。

(五)总结阶段(10分钟)

1. 导入语：现在，请同学们拿起想传承给下一代的家风卡，你想对你的下一代和现在的父母说什么呢？

2. 课程总结：请拿出一张 A4 纸，制作一份"爱的宣言"。之后，邀请2~3名同学在你的爱的宣言卡上签字见证。

3. 小结语：同学们，我们家的优秀家风家训将在我们这一代发扬光大。我们将带着对家的深情，继续前行。

十、注意事项

1. 在教学过程中，要密切关注学生的情绪变化和参与度，及时调整教学节奏和方法。对于学生分享的内容，要给予充分的尊重和积极的反馈，鼓励他们勇敢表达内心的真实想法。

2. 通过本次课程，希望能够引导学生更加深入地思考家庭关系，增强对家庭文化的传承意识，为构建和谐美满的家庭关系奠定基础。

十一、参考资料

1. 心理咨询四大流派——家庭治疗 | 代表人物：Murray Bowen；Salvador Minuchin[EB/OL] https://zhuanlan.zhihu.com/p/631208507.

2.《家的味道》MTV。

第2课
不忘责任　与世界同行

一、理论依据

"不忘责任　与世界同行"属于大学生爱世界板块中"强化使命意识与社会责任感"的内容。

联合国可持续发展目标（SDGs）是 2030 年可持续发展议程的核心内容，旨在通过全球各国的协同行动，解决生态、社会和经济三个维度的 17 项目标，实现全球可持续发展。这不仅为全球勾勒应对各种挑战的蓝图，也特别强调青年在其中的重要作用。青年学生被鼓励在教育提升、参与决策、承担社会责任和培养全球公民意识等多方面采取行动，为实现可持续发展目标作出贡献。

因此，本课程旨在通过引导学生参与可持续发展目标相关的项目，强化他们与世界同行的认同感和责任感，激发为解决全球问题作出贡献的意愿。

二、学情分析

大四学生即将毕业，他们已具备较为成熟的认知和思考能力，在大学期间积累了一定社团活动和志愿服务经验，对于国际事务的关注度逐步增强。然而，对于如何将个人行动与全球目标相结合的实践还不太清晰。

通过本次课程，期望引导他们认识个人积极参与社会项目行动与全球目标的关联性，培养他们的全球视野。

三、活动对象

大学四年级学生

四、活动时间

90 分钟

五、活动目标

1. 知识与技能：了解联合国可持续发展目标的内容，掌握具备全球视野的问题分析能力。

2. 过程与方法：通过模拟联合国会议、"世界咖啡馆"讨论等形式，锻炼具有全球视野的思维方式、团队协作能力。

3. 情感态度与价值观：增强对世界同行的认同感和责任感，激发为解决全球问题作出贡献的意愿。

六、重难点及突破策略

重点：了解联合国可持续发展目标的内容，掌握具备全球视野的问题分析能力。

突破策略：组织"世界咖啡馆"讨论，每桌代表不同国家或地区背景，模拟全球会议，讨论并提出解决方案。

难点：增强对世界同行的认同感和责任感，激发为解决全球问题作出贡献的意愿。

突破策略：设计"我的 SDGs 行动计划"环节，引导学生结合个人专业与兴趣，制定实现 SDGs 的小目标和行动计划。

七、教学方法

1. 案例研究：选择联合国可持续发展目标的 17 项目标进行研究，提升学生认同感与责任感。

2. 互动讨论：通过组织模拟联合国会议等活动，让学生体验不同文化，锻炼他们的语言、团队协作和解决复杂问题的能力。

八、活动准备

1. 场地准备：宽敞的教室或活动室，七人一组，配有多媒体设备。

2. 材料准备：不同颜色的便笺纸、大白纸、大黄纸、世界地图，联合国可持续发展目标宣传短片等。

3. 知识准备：提前了解联合国可持续发展目标的内容。

九、活动流程

（一）热身阶段（7 分钟）

1. 开场语：同学们，据联合国相关机构报告，世界面临气候变化、冲突、贫困等挑战。今天，让我们一同踏上这场环球之旅"不忘责任 与世界同行"，探索如何以实际行动为世界作出自己的贡献。

2. 暖场游戏：你说我接。

学生七人一组围圈站立，第一名同学说出一个与全球议题相关的内容，如气候变化，下一个同学说，二氧化碳增多。以此类推。

3. 小结语：在暖场活动中，我们已经与世界建立理解与连接。接下来，让我们进入下一个环节，想一想，如何更好地去认识联合国可持续发展目标。

（二）导入情境（8 分钟）

1. 导入语：请同学们观看联合国可持续发展目标介绍。

2. 情境创设：请同学们边看联合国可持续发展目标宣传短片边思考，你对哪个目标更感兴趣？

3. 组织讨论与分享，老师适时引导。

4. 小结语：同学们，大家对可持续发展目标的关注都是推动世界向前发展的一股力量。接下来，让我们进入下一个环节，探讨如何参与我们的关注项目。

(三)探索阶段(45分钟)

1. 导入语:同学们,现在,我们深入探索如何落实与世界同行? 今天,老师采用一个有趣的讨论形式——"世界咖啡馆",来帮助我们去发现。

2. 组织"世界咖啡馆"讨论:请同学们七人一组,选出一个桌长,桌长上台抽签选定一个全球议题,如气候变化、消除贫困、健康与福祉、优质教育、性别平等等。

讨论规则:

(1)第一轮,桌长作出研讨分工。每个人独立完成问题,在不同颜色的便笺纸上写出意见。小组讨论,最后形成一个本组的统一意见。

(2)第二轮,桌长留下,其他人员分散到其他桌上,倾听其他人员的意见,即自由组合,讲解本桌的见解,然后再回到本桌。

桌长欢迎词:1234567(边念数字边拍桌子)我们一起喝咖啡! 欢迎大家参与研讨,我代表本组进行汇报。

3. 各组轮流汇报,每组2~3分钟。

各组安排三人上台,两人拿着大白纸,一人做分享。老师进行点评与提炼。

(四)成效阶段(25分钟)

1. 导入语:经过探索与思考,相信同学们对联合国可持续发展目标项目有了更深的理解。现在是时候将认识转化为实践,让我们在实践中落实与世界同行的意愿。

2. 设计校园中的SDGS行动计划:下面请各小组根据所关注项目,设计并实施一个校园微行动计划,并将关键内容写在一张大黄纸上。

3. 组织分享:请各小组将本组校园微行动计划的大黄纸贴在移动黑板上,再进行全班交流。

4. 小结语:同学们,我们彼此见证了从想法到行动的华丽蜕变。我们相信,这些小小的行动,将成为我们担负保护地球、促进社会可持续发展重任的动力。

(五)总结阶段(5分钟)

1. 导入语:同学们,在即将结束课程的时刻,让我们用真挚的情感,为这段与世界同行的旅行点个赞。

2. 课程总结活动：下面，请小组同学围圈，用一个关键词说出课程收获。

3. 小结语：同学们，世界可持续发展需要全人类一起努力，而作为立志与世界同行的青年才俊，更有责任接过这一神圣使命并为之奋斗！

十、参考文献

1. 实现全球可持续发展［EB/OL］.（2023 - 02 - 15）. https：//www. un-wdf2023. org. cn/content/content_ 8471295. html.

2. 联合国 17 项可持续发展目标［EB/OL］. https：//mp. weixin. qq. com/s/f-vbnqterlimgchj5htzwa.

后　记

生命教育的使命与愿景

在完成《生命教育理论与实践探索——大中小学生生命教育体验式活动指引》的撰写之后，我们回望整个过程，深感生命教育的深远意义与迫切需求。本书从生命教育的理论基础出发，探讨了生命教育的价值追求、理论基础、老师素质、实施路径与课程设计，然后通过实践探索，展示了体验式生命教育活动在不同年龄段学生中的具体应用与范例。这一系列的探索不仅是对生命教育理论的丰富，更是对教育实践的一次深刻反思。

生命教育的核心使命在于培养学生的健全心灵，使其能够尊重生命、珍视生命，并具备面对生命挑战的勇气与智慧。在快速发展的现代社会中，青少年面临前所未有的压力与挑战，从学业负担到人际关系，从心理困惑到价值观迷茫，这些问题都亟待生命教育来解答与引导。生命教育不仅仅是一种知识的传授，更是一种情感的培育、态度的塑造与价值观的引领。

在生命教育的实践中，我们深刻体会到，教育的根本在于激发学生的内在潜能，帮助他们认识到自己的价值与力量，从而更加自信地面对生活中的种种挑战。同时，生命教育也强调爱的教育，通过爱自己、爱他人、爱父母与爱世界四个维度，培养学生的同理心、责任感与全球视野，使他们成为具有社会责任感和人文关怀的公民。

展望未来，生命教育的愿景是构建一个充满爱与尊重的教育环境，让每一个学生都能在其中找到属于自己的位置与价值。我们期望通过生命教育的普及与深化，培养出更多具备健全人格、积极心态与高尚品德的优秀人才，他们不仅能够在学业上取得成就，更能够在生活中展现出对生命的敬畏与热爱。

同时，我们也期待生命教育能够成为连接家庭、学校与社会的桥梁，促进三者之间的沟通与协作，共同为学生的健康成长营造一个良好的外部环境。通过生命教育的实践，我们希望能够推动教育体系的改革与创新，使教育更加贴近学生的实际需求与成长规律，从而培养出更多能够适应未来社会挑战的人才。

本书在完成过程中，受到了周波、李鋆、史意娟、郑娴娴、吴莹、龚文婷、郭晓婷、伍璐茜、田烨、黄丽梅、曾遥、袁自钰、谷家家、蔡嘉丽、白雪、欧雯菲和钟苗等诸位老师的支持和帮助，他们在生命教育的课堂实践中积累了丰富的经验，这些宝贵的实践经验不仅为我们的创作提供了丰富的素材，更在精神上给予了我们莫大的鼓舞与帮助。我们对此深表感激！